유비쿼터스 컴퓨팅 기술과

정보화 교육

윤승금 | 박석규 | 이선희

태영출판사

머 리 말

본 책은 유비쿼터스 컴퓨팅 기술의 도래에 앞서 폭증하는 뉴미디어의 영향으로 달라지는 학교 수업 환경을 조명하여 이론적으로 설명하고, 이 달라진 수업 환경을 효율적으로 운영할 수 있는 교수－학습 전략을 제시하여 시대에 앞서가는 정보화 교육을 이룰 하나의 방편으로 집필되었다.

앞으로 다가올 사회는 인간의 지적활동이 가장 중요한 사회적, 경제적 자원이 되는 지식기반사회라고 해도 과언이 아니다. 지식기반사회에서는 정보의 창조, 유통, 공유의 중요성이 매우 높아져서 이를 담당하는 미디어의 역할이 변화해야 하며 아울러 정보를 소비하는 일반 대중의 행동양식도 크게 달라져야 한다. 정보사회에서는 인터넷과 같은 컴퓨터 기술이 발달하여 사이버 커뮤니케이션(cyber communication)을 수단으로 정보를 탐색하기 용이하다. 따라서 산업사회에서는 학습을 위하여 한층 진전된 방법으로 개개인이 정보를 탐색하여 자신의 미래에 대한 설계를 구체적으로 할 수 있는 자유를 누릴 수 있다. 정보화 사회에서 정보는 지식과 지혜를 연결시키는 필수적 수단으로 평가되고 있다(전석호, 2003).

정보의 가치는 세 가지 차원으로 나뉘어지는데 첫째는 상업적 가치(commercial value)이고, 둘째는 개인적 가치, 그리고 셋째는 공공적 가치이다(전석호, 2003). 상업적 가치는 정보의 상품성으로 서적, 신문 그리고 방송 산업으로 연장되는 미디어 산업에 잘 나타나 있다. 미디어 산업은 미디어를 통해 정보를 팔고 사는 형식으로 경제활동을 유지하고 있다. 사회에서 미디어에 대한 의존도가 높아 갈수록 상업적 가치는 증가한다. 정보의 상업적 가치는 정보의 경제성을 높이며 동시에 미디어 직업군이 새로운 계층으로 부상하는 발판을 마련해 준다. 정보사회에서는 지식의 중요성이 부각됨에 따라(전석호, 2003) 기존의 최고 권력에 의한 국가 및 사회적 통치체제에서 벗어나 과학기술자 또는 기술관료직의 위상이 부각된다. 이들 지식계층과 기존 권력계층과의 새로운 관계가 형성된다. 그 관계는 상호 경쟁적일 수도 있고 상호 결탁적일 수도 있다.

오늘날 인터넷에 접속할 수 있는 가장 쉽고 인기있는 방법은 월드 와이드 웹(World Wide Web: www)이다. 본래 웹이란, 인터넷에서 텍스트, 그래픽, 음성, 동영상을 동시에 전달하는 프로토콜의 일종인 HTTP(Hyper Text Transfer Protocol) 규약을 지키는 디지털 통신의 한 방법이지만, 인터넷의 급속한 보급과 함께 대다수의 사용자들은 웹을 사용하게 되었고, 인터넷과 웹은 거의 동의어처럼 쓰이게 되었다. 이러한 웹 환경의 등장으로 인터넷은 더욱 중요한 교수도구로써 인식된다. 그에 따라 웹을 이용한 여러 가지 교수모형에 대한 새로운 시각이 나타나고 있다. 이처럼 새롭게 부각하여 각광받고 있는 교수모형을 웹 기반수업(Web Based Instruction: WBI)이라고 부르고 있는데, WBI란 특정한, 그리고 미리 계획된 방법으로 학습자의 지식이나 능력을 육성하기 위한 의도적인 상호작용을 웹을 통해 전달하는 활동이라고 정의내리고 있다. 또한 Khan(1997)은 WBI란 학습을 촉진하고 지원하는 의미있는 학습환경을 만들기 위해 www의 속성과 자원을 활용하는 하이퍼미디어 기반수업 프로그램(hypermedia based instructional program)이라고 했다. 나일주(1999)는 웹에 기반한 교육, 즉 웹의 특성을 교육의 효과성과 효율성의 증진에 활용하는 웹기반 교육을 '웹이 제공하는 풍부한 정보와 개방적이고 통합적 환경을 활용함으로써 이루어지는 원격교육'이라고 정의했다. 이렇게 볼 때 WBI는 의도적이고 계획적으로 설계된 교육내용을 웹을 통하여 구현하는 하이퍼미디어 기반의 교수-학습 프로그램이라 할 수 있겠다.

WBI는 학습이 일어나거나 조장되는 의미있는 학습환경을 조성하기 위하여 웹의 특성과 웹이 제공하는 자료들을 활용하여 전개하는 하이퍼미디어 문자를 비롯하여 그림, 음성, 비디오 등의 매체를 서로 결합시켜 다룰 수 있는 멀티미디어 환경을 말한다. 하이퍼미디어는 하이퍼텍스트를 확장한 개념으로, 문자와 영상, 음성을 하나의 파일로 다룸으로써 정보를 종합적으로 검색하거나 출력할 수 있다(Kahn 1997). 이러한 웹 기반 교육은 최근 교육에 있어서 혁신적 변화를 가져올 수 있는 매체로 주목받고 있는데 그 이유는 종전의 다른 매체들을 통해 이루어졌던 교수－학습 방법이나 전략을 더 효과적으로 활용할 수 있게 할 뿐 아니라 다른 매체들로는 가능하지 않았던 새로운 학습 방법이나 전략을 구현할 수 있는 도구로 받아들여지고 있기 때문이다.

정보화 사회에서 필수적으로 대두되는 웹 기반 수업의 필요성은 폭증하는 뉴미디어의 출현과 더불어 2010년대를 기준으로 시대적으로 사회－문화적 측면에서 깊게 자리 잡은 유비쿼터스(ubiquitous) 기술과 융합되어 협동학습, 자기주도적 학습, 개별화 학습 등을 활성화시켜 나갈 것이다. 유비쿼터스 사회의 교육환경은 다양한 기반기술을 통해 재구성될 것이다. 언제 어디서나, 누구나 편리한 방식으로 지식과 정보에 접근할 수 있는 유비쿼터스 사회는 오프라인과 온라인이 통합된 교수－학습 환경을 제공하여 사람들이 원하는 학습을 하고 다양한 교육기회에 접근할 수 있도록 할 것이다.

유비쿼터스 사회의 도래에 따른 교육 장면의 구체적인 변화 중 하나는 교육 장소의 변화이다. 유비쿼터스 시대에는 지리적으로 고정된 학교에 개인이 구애받지 않는 원격교육, 디지털 도서관, 옥외 교실 등이 활용됨에 따라 어디서든 교육을 받을 수 있게 된다. 더불어 시간적, 공간적 제약이 없어지는 동시에 개인의 연령과 진보에 맞춘 최적의 교육이 가능할 것으로 예상된다.

교육 및 학습방법의 변화도 예상된다. 교실 안이나 밖에서 네트워크를 이용하여 실시간에 현장감 높은 강의내용을 대화형으로 수강할 수 있으며, 원격이용자는 수강 및 복습에 유비쿼터스 기술을 활용하게 된다. 칠판에 써지는 내용도 분자 및 화상인식으로 깨끗하게 배가시킬 수 있다. 또한 강의 영상 및 음성은 물론이고 수업에 이용하는 대량 그래프나 데이터, 영상교재 등을 실시간으로 분배하고, 다양한 네트워크를 통하여 다양한 단말기 및 각종 기기로의 송수신이 가능하게 된다.

학습 선택권의 확대와 다양한 학습자원의 활용도 기대된다. 온라인대학이 실질적인 교수－학습영역으로 자리매김함에 따라 교과목을 자유롭게 선택할 수 있을 뿐만 아니라, 개인의 능력과 진도에 따라 학습이 가능하게 될 것이다. 더욱이 모바일(mobile)을 활용하여 야외에서 학습할 경우에는 실세계 경관 데이터베이스 등을 통하여 곧바로 학습대상 정보를 추출하여 실물에 적용하는 오버레이(overlay)방식이 수업에 활용될 것이다. 또한 그룹에서의 야외체험학습에 각자가 네트워크 단말기를 활용하여 자유롭게 이동하면서 네트워크를 의식하지 않은 채 실시간으로 영상이나 메모 정보를 교환하거나 협동학습을 전개할 수 있다.

이와 같이 유비쿼터스 환경하에서 학습자는 구성주의 철학에 기초한 학습을 수행할 수 있게 된다. 구성주의 철학은 자기주도적 학습을 강조하고 학습자 상호간에 협동학습 효과가 나타나게 해 주어 학습자의 사회성과 창조성, 탐구력 등 문제해결 학습에 주 요인이 되는 능력을 길러준다.

이를 위해 본 책의 1장에서는 유비쿼터스 컴퓨팅 기술에 동반되는 DMB, IPTV, WiBro 등에 대해 다루어 이들 기술적 환경이 정보화 교육을 도모하는데 핵심이 되는 점을 검토하고, 2장에서는 유비쿼터스 시대에 행해질 웹을 통한 다양한 학습의 기초가 되는 철학적 기초로서 행동주의와 인본주의, 객관주의와 구성주의 등 철학적인 기초를 다루었다. 3장에서는 정보사회의 사회－문화적 배경을 이론적으로 분석했다. 4장에서는 광학매체를 비롯한 전기전자 매체의 발전사를 조명하면서 이들을 바탕으로 탄생한 디지털미디어를 이용한 교육적 접근을 다루었다. 5장에서는 유비쿼터스 시대의 수업에의 접근으로 타당하다고 판단되는 체제적 접근을 다루었고, 6장에서는 멀티미디어를 동원한 교육적 소프트웨어 개발에 대해 다루었다. 7장에서는 디지털 하드웨어로서 교육 현장에서 활달히 사용되는 CD, 상호작용 비디오, DVD, 캠코더의 원리 및 구조 등을 소개했다.

하루가 새롭게 변하는 디지털 기술에 수업현장의 여건을 맞추어 나간다는 것은 쉬운 일은 아니다. 그러나 정치, 경제, 가정, 종교 등 타 사회기관이 유비쿼터스 시대로 진입해 가는 점을 감안하여 수업을 유비쿼터스 시대에 걸맞게 개선하여 정보화 교육을 효율적으로 이루어 나가는 일은 시급하다.

본 책이 있기까지 도움을 준 서울산업대학교 매체공학과의 김정훈 조교와 그의 후배로 한국 전력 남동발전소에서 근무하는 오미룡 군과 현재 서울산업대 산업대학원 매체공학 전공 중인 최민회 군 등에게 감사의 마음을 전한다.

2006년 5월

저자 씀

차 례

제1장 유비쿼터스와 교육

제 5 장

체제적 접근

제6장 교육미디어(I) – 인터넷

제 7 장 교육미디어 (II) – 하드웨어

제 1 장

유비쿼터스와 교육

유비쿼터스 컴퓨팅 환경하에서 이루어지는 자기주도적 학습과 협동학습은 유비쿼터스 환경하에서 에듀넷과 인터넷 개념을 기초로한 IPTV, Wibro, DMB 등의 기술에 의해 더욱 강화된다. 먼저 유비쿼터스의 특징을 이들 IPTV, Wibro, DMB와 함께 살펴보고자 한다.

1-1. 유비쿼터스의 정의

유비쿼터스(ubiquitous)란 라틴어로 '편재하다(보편적으로 존재하다)'라는 의미이다. 모든 곳에 존재하는 네트워크라는 것은 지금처럼 책상 위 PC의 네트워크화 뿐만 아니라 휴대전화, TV, 게임기, 휴대용 단말기, 카 네비게이터, 센서 등 PC가 아닌 모든 비 PC 기기가 네트워크화되어 언제, 어디서, 누구나 대용량의 통신망을 사용할 수 있고, 저요금으로 커뮤니케이션할 수 있는 것을 가리킨다.

1998년 유비쿼터스란 용어를 처음으로 사용한 미국 제록스 팰로앨토연구소의 마크 와이저(Mark Weiser) 소장은 유비쿼터스 컴퓨팅이 메인프레임, PC에 이은 제3의 정보혁명의 물결을 이끌 것이라고 주장하였다.

일본의 트론(TRON) 프로젝트를 주도해 세계의 주목을 받은 바 있는 도쿄대 사카무라 켄 교수는 저서 「유비쿼터스 컴퓨팅 혁명」을 통해 '선진국의 경우 저성장 사회로의 이행이 가속화되고 있는데 유비쿼터스 컴퓨팅은 지속적 성장이 가능한 순환형 시스템의 정착을 가능하게 해줄 것'이라고 전망하고 있다. 그는 저서에서 유비쿼터스 환경하에서는 정보습득과 활용이 최적화돼 소모성 자원의 효율적인 사용이 가능해질 것이며, 유비쿼터스 컴퓨팅이 대량 생산의 획일적인 '하드와이어드' 사회를 개개인의 다양성에 적절하게 대응할 수 있는 '프로그래머블' 사회로 탈바꿈시켜 줄 것으로 전망하였다.

세계 최대의 소프트웨어 업체인 마이크로소프트(MS)의 빌 게이츠 회장은 컴덱스 기조연설에서 'SPOT(smart personal object technology)'를 새로운 화두로 제시했다. SPOT의 스마트 오브젝트는 인터넷 기능을 구현해 언제, 어디서나 온라인에 손쉽게 접속할 수 있도록 해주는 알람시계, 부엌용 전자기기, 스테레오 장비 등과 같은 소형 전자기기, 즉 유비쿼터스를 다르게 표현한 것으로 전세계 IT산업에 가장 큰 영향력을 행사하는 인물 중 하나인 게이츠가 유비쿼터스 시대의 본격적인 개막을 선언하였다.

이처럼 유비쿼터스는 최근 전세계적으로 최대 화두로 다뤄지고 있으며, 유비쿼터스의 실현으로 실세계의 각종 사물들과 물리적 환경 전반, 즉 물리공간에 걸쳐 컴퓨터들이 편재되게 하되 사용자에게는 겉모습이 드러나지 않도록 환경 내에 효과적으로 심어지고 통합되는 새로운 정보통신 환경의 구축이 예상된다.

1-2. 유비쿼터스 컴퓨팅 환경의 교육

유비쿼터스 컴퓨팅 사회의 교육환경은 다양한 기반 기술을 통해 재구성될 것이다. 언제 어디서나, 누구나 편리한 방식으로 지식과 정보에 접근할 수 있는 유비쿼터스 사회는 오프라인과 온라인이 통합된 교수학습 환경을 제공하여 사람들이 원하는 학습을 하고 다양한 교육기회에 접근할 수 있다(http : //blog.naver.com/uprightks ? Redirect=Log&logNo=140019735423).

유비쿼터스 사회의 도래에 따른 교육 장면의 구체적인 변화 중 하나는 교육 장소의 변화이다. 유비쿼터스 시대에는 지리적으로 고정된 학교에 개인이 구애받지 않는 원격교육, 디지털 도서관, 옥외 교실 등이 활용됨에 따라 어디서든 교육을 받을 수 있게 된다. 더불어 시간적, 공간적인 제약이 없어지는 동시에 개인의 연령과 진보에 맞춘 최적의 교육이 가능할 것으로 예상된다.

교육 및 학습방법의 변화도 예상된다. 교실 안이나 밖에서 네트워크를 이용하여 실시간에 현장감 높은 강의 내용을 대화형으로 수강할 수 있으며, 원격이용자는 수강 및 복습에 유비쿼터스 기술을 활용하게 된다. 칠판에 써지는 내용도 분자 및 화상인식으로 깨끗하게 배가시킬 수 있다. 또한 강의 영상 및 음성은 물론이고 수업에 이용하는 대량 그래프나 데이터, 영상 교재 등을 실시간으로 분배하고 다양한 네트워크를 통하여 다양한 단말기 및 각종 기기로의 송수신이 가능하게 된다.

학습 선택권의 확대와 다양한 학습 자원의 활용도 기대된다. 온라인 대학이 실질적인 교수-학습 영역으로 자리매김함에 따라 교과목을 자유롭게 선택할 수 있을 뿐만 아니라, 개인의 능력과 진도에 따라 학습이 가능하게 될 것이다. 더욱이 모바일(mobile)을 활용하여 야외에서 학습할 경우에는 실세계 경관 데이터 베이스 등을 통하여 곧바로 학습대상 정보를 추출하여 실물에 덮어씌우는 오버레이(overlay)방식이 수업에 활용될 것이다. 또한 그룹에서의 야외체험학습에 각자가 네트워크 단말기를 활용하여 자유롭게 이동하면서 네트워크를 의식하지 않은 채 실시간으로 영상이나 메모정보를 교환하거나, 협동학습을 전개할 수 있다.

이와 같이 유비쿼터스 환경하에서 학습자는 구성주의 철학에 기초한 학습을 수행할 수 있게 된다. 구성주의 철학은 자기주도적 학습을 강조하고 학습자 상호간에 협동학습 효과가 나타나게 해 주어 학습자의 사회성을 길러 준다. 이 단원에서는 구성주의, 협동학습, 자기주도적 학습에 대해 살펴보고, 후기산업사회에서 벗어나 정보사회로 전환되는 현 시점에서 정보사회의 주요 기계류나 도구가 수업의 장인 교실안과 밖에서 어떤 모양새로 떠오르고 있는가를 소개한다. 이를 보다 효과적으로 수업을 위해 개조하고 적응하는 일이 많은 교수 개발가(instructional developer : ID)들의 새로운 역할로 부각되고 있다. 이제까지 교육 매체분야에서 쟁점으로서 관심의 대상이 되어온 제삼 세계 국가들이 당면한 교육공학적 문제점이 Lumsdane이 발표한 교육공학 Ⅱ를 새삼 적용한다고 해서 해결될 수 있을 지는 미지수이다. 이에 대한 답변으로 Lumsdane은 단지 산업사회를 겨냥해서 교육에 대한 공학의 역할을 언급했을 뿐이라는 점이다. 이미 세계가 사이버 기술로 하나의 촌락으로 생성되는 정보사회로 접어들고 있어서 Lumsdane의 발표는 한계에 부딪치고 있어 사회적으로 대두되는 교육의 문제점을 해결하는 데에는 보다 발전된 구성주의에 기초한 협동학습 및 자기 주도적 학습이론이 첨가되어야 한다.

1-3. 구성주의

구성주의 철학적 주장을 처음으로 제기한 Vico(목영해, 1998)는 인간은 사물을 창조하여 인식한다고 주장한 바 있다. 그 후 Kant는 인식이란 객관적으로 존재하는 실체를 인식 주체인 인간이 수동적으로 받아들인다는 Kant 이전의 인식론을 부인하고 인식 대상을 인식주체인 인간이 구성한다는 입장을 취하였다. Kant에 의하면 인식하는 일이란 인식주체가 일차적으로 절대적 시간과 공간 속에 인식대상을 위치케 하는 일이다(목영해, 1998).

Kant의 이러한 입장을 보다 상세화시킨 인지대상의 재현으로 주어진 세계는 없으며 실제로 있는 그대로의 세계에 대해서 말하거나, 그러한 세계에 대한 우리 인간의 경험을 이야기하는 것은 무의미하다고 주장하였다. Goodman에 의하면, 세계는 언어를 비롯한 부호로 만들어지며 세계는 주어지는 것이 아니고 생성된다는 구성주의 입장을 내세웠다. 즉 Kant가 세계는 마음의 구조에 의하여 구성된다고 주장한 반면, Goodman은 부호의 구조에 의해서 구성된다는 입장을 취하고 있다. 후자에 의하면 세계를 만드는 일은 이미 주어져 있는 세계를 개조하는 일이 된다. 우리에게 존재하는 세계는 Goodman(1984)에 의하면 상징적 부호로 구성된 세계판에 의해 만들어지기 때문에 세계는 인간의 지각이 각기 다른 만큼 많은 수가 될 수 있다.

이와 같은 Goodman의 주장은 개성중심의 개별화 학습전략을 뒷받침해 주는 하나의 이론적 준거가 된다. 정보사회에 우월한 교수매체로 떠오르는 인터넷에 의한 원격화상교육은 시간과 장소를 초월한 상호작용이 교수자와 학습자 그리고 학습자와 학습자 사이에 이루어지는 교수－학습환경을 가능하게 한다. 더욱이 Goodman이 주장한 바에 의하면 각기 다른 개인에 의해서 만들어진 세계관들은 특정 법칙에 의해 형성되거나 소멸되지 않으며, 하나의 기준으로 세계판을 평가할 수 없다는 점은 기준참조평가(criterion-referenced evaluation)의 원칙을 또한 뒷받침해 준다.

따라서 Goodman의 주장은 우주를 인식의 대상으로 살아야 할 21세기 이후 정보사회에서 인간의 생존을 가름하는 중차대한 견해라고 판단된다.

정보사회에서 인간은 정보를 자산으로 그 생활범주가 현재 우리의 상상을 초월할 정도로 넓어진다. 이런 사회에서 인간에게 요청되는 생산성은 정보와 관련된 것으로 보다 고차원적인 창조력에 의해 고조된다. 정보의 생산은 필수적으로 정보의 관리를 비롯하여 저장, 검색 및 활용 등의 작업이 수반되어야 한다(권성호, 1990). 이런 작업을 학습자들이 수월히 해내기 위해서는 보다 진전된 공학적 접근이 적용되어져야 한다.

정보의 생산과 관리, 저장, 검색 및 활용은 이제까지의 산업사회에서 수동적으로 수업에 임하였던 학습자의 행위가 적극적이고 능동적으로 전환되어야 함을 일깨워준다. 이제까지 교실이나 실험실에서 일어나는 모든 작업은 교수자에 의해서 주관되고 완성되는 것을 흔히 찾아볼 수 있었다. 피동체로서 학습자는 단지 모방의 수준을 벗어나지 못하여 인지적 고등정신기능과 아울러 보다 고차원적인 정의적 학습 능력의 발달에 크게 제한을 받아 왔다.

그러나 정보사회의 환경과 사회 문화적 기반은 이와 같은 학습자의 피동적 학습 행위를 허용할 수 없는 새로운 형태로 전환되어 사회의 주체인 학습자와 관련된 모든 교육적 환경에도 일대 혁신이 도래하게 되었다.

교육적 환경의 혁신은 특정 환경이 처한 국가적 차원의 경제적 여건, 가용한 자원, 및 가치체계에 터하여 이루어져야 한다. 우리나라의 교육은 범국가적으로 산업사회에서 정보사회로 전환되는 시점에서 일대 개혁이 요청되는 문제상황에 처해 있다. 산업사회에서의 교육은 그 사회가 필요로 하는 기본적인 수학지식과 아울러 읽기 및 쓰기 등 의사소통에 필요한 기능을 학습자에게 전수하는 일이었다. 반면에 정보사회에서 필요로 하는 기능은 고차원적인 인지기능의 숙달 및 문제해결력의 육성이다. 따라서 정보사회의 교육은 Bloom의 taxonomy에서 고등정신 기능으로 지적되어온 자료의 관계분석력, 종합력 및 평가력 등이다. 따라서 산업사회에 팽배해 있던 회귀적 사고력에서 그치지 않고, 정보사회의 교육에서는 다면적 사고력을 배양시키기 위해서 멀티미디어 등의 뉴미디어를 사용하여 학습자 개개인의 경험의 세계를 인정하는 학습환경의 조성이 필요하다.

집단적 수업과 능력별 반 편성이 우세하던 산업사회와는 달리 정보사회에서는 개인의 특성과 관심 및 욕구를 반영한 수업을 지향하게 된다. 이에 우리나라의 교육은 저급공학이나 고급공학 보다는 자동화의 정도에 한계가 있는 점을 고려하여 중급공학을 먼저 적용하고 자동화가 완벽하게 되는 시점에 대비하여 고급공학을 채택할 준비를 갖추어야 한다.

정보사회에서는 교육에 적응되는 미디어가 상호작용 비디오, 인터넷, 멀티미디어 등으로 컴퓨터가 주체가 된 기계류로서 이들 기계류를 체제적 접근의 기재를 통해 교육에 적응시키는 것이 바람직하다. 이들 기계류를 이용한 개별과 학습 프로그램은 계획, 고안, 실행 및 평가의 측면에서 비용이 적게 들고 개발과 관리에 걸리는 시간이 적게 들어서 경제적이다. 뿐만 아니라 기술적으로 탁월하고 사용자인 교수자나 학습자가 긍정적인 태도를 갖게 된다.

특히 PC 통신과 접속된 인터넷은 원격교육, 재택교육 등을 가능하게 해 주어 학습자에게는 정보를 생산, 정리, 저장, 관리하는데 있어서 선택의 폭이 넓어지고 보다 자유로워지며, 교수자와 학습자 사이에 비동시적 상호작용이 이루어져 상호작용의 빈도수가 잦아지고 상호작용의 내용도 다양해져서 교수－학습의 효과가 높아진다.

이러한 견해는 중급과 고급공학으로 우리의 교육이 당면한 문제점을 단편적으로나마 해결할 수 있다고 판단된다.

구성주의는 "실재란 학습자의 마음 속에 존재한다"고 주장하여 학습자가 자신의 경험을 바탕으로 실재를 구성하며, 따라서 개인 학습자의 구성된 실재의 모습이나 의미가 다르다는 입장을 취한다(나일주 · 정인성, 1996). 다시 말해서 지식은 경험으로부터 구성되는 것이며 객관적으로 존재하는 것이 아니다. 극단적인 구성주의자들은 세상에 공유되는 실재는 없으며, 학습은 세상에 대한 극히 개인적인 이해라고 한다(Duffy & Bednar, 1991).

이러한 구성주의의 학습에 대한 견해는 개별화 학습의 필요성을 적극적으로 지지하는 입장으로 판단된다. 양질의 학습자료와 교수방법이 제시되면 거의 모든 학습자는 주어진 시간 내에 미리 정해진 기준을 달성할 것이라는 견해와 학습자는 서로 다른 학습보조를 가지고 있어서 학습에 소요되는 시간이 각각의 학습자마다 서로 다르다. 이와 같이 구성주의 입장은 개성중심의 개별화 학습 전략의 중요성을 부각시킨다.

구성주의 입장에서의 교수설계는 가르치는 것을 구조적으로 만드는 것이 아니고 학습이 고조될 수 있는 환경을 설계하여야 한다는 것으로서, 이 때의 환경이란 실재와 아주 가까운 복합적이고 역동적인 상황이나 문제가 제시되어야 하며 또한 주제에 대한 다양한 관점을 개발하고 평가할 수 있는 교수－학습의 협력체제가 조성되어야 한다. 이러한 환경하에서는 학습을 안내할 수 있는 지적 도제제도가 가능해야 한다.

이러한 환경의 조성을 보다 용이하게 이룩할 수 있는 도구로서 정보사회에서 활용되는 인터넷, PC 통신, 멀티미디어 등이 있다. 이들 기계류가 교수설계에 적절히 적용될 때에 원격교육과 재택교육을 효율적으로 실행시켜 개별화학습의 완성이 앞당겨지고 교수－학습의 비동시적 상호작용이 효과적으로 이루어진다.

학습의 기본 목적인 지식의 확인과 암기 그리고 활용 등을 성취하기 위한 핵심적인 요인이 학습자의 학습에의 능동적인 참여이다. 학습자는 정보를 능동적으로 처리해야 할 뿐만 아니라 정보를 정교화시키고 해석해야 한다. 학습자의 능동적 참여를 유치하기 위해서 학습환경을 설계할 때에 구성주의 철학적 견해와 뉴미디어를 이용한 정보처리 기술의 적용이 권장된다(나일주 · 정인성, 1996).

나일주와 정인성(1996)에 의하면, 구성주의에 의한 주요 교수전략은 1) 다양한 문제상황 속에서 지식을 적응할 수 있는 기회를 제공하여야 한다. 2) 학습자 스스로가 의미를 구성할 수 있는 기회를 제공해야 한다. 3) 학습자의 학습에의 능동적 참여를 조장해야 한다. 등이다. 이를 실행 가능토록 하기 위해서는 교수설계가 현실상황의 복합성을 나타내는 환경의 구성이 중요하며 아울러 발생학적 지식생성의 환경을 구성하도록 현재의 목표 지향적 교수설계 전략에서 보다 발전된 전략이 생성되어야 한다.

발전된 교수설계 전략은 수업의 목적이나 학습의 목표를 완전히 배제한 입장을 취하는 것이 아니고, 기존에 사용 중인 체제적 접근 모델을 적용하되 교수전략의 측면에서 교수자와 학습자 사이에 비동시적인 상호작용을 부추길 수 있어서 학습이 발견적이고 인지적으로 융통성 있으며 발생적인 지식의 생성을 격려하는 입장이다.

뉴 테크놀로지로서 정보사회의 교육현장에서 활용되어질 수 있는 상호작용 비디오, 멀티미디어, PC 통신기술 및 인터넷, CATV 등은 구성주의 인식론에 입각한 학습환경의 구현이 실현 가능한 것으로서 적극적인 인지보조체제로 간주된다. 이에 학습자는 더 이상 수동적인 정보 입수자가 아니며, 또한 능동적인 정보의 검색 차원을 떠나 조작자(manipulator)로서 정보의 생성과 이에 수반되는 관련 과제를 수월히 해낼 수 있게 되어야 한다(Gerlach & Ely, 1980).

조작자로서 학습자는 고등정신기능, 문제해결력 및 창조적 사고력을 형성하기 위해 자신에게 주어진 학습환경을 조작할 능력이 있어야 한다. 이러한 능력은 주어진 주제에 대해서 무엇인가 기발하고, 지금까지는 없었던 새로운 것을 만들어 내거나 생각해 내는 힘이라 한다(윤종건, 1990). 이러한 힘 또는 능력은 창의력(creativity)이라고도 지칭되며, Long과 Olsan(1980)에 의하면 새롭고 신기한 것을 낳는 힘이며, Taylor(1961)에 의한 "생산적 사고를 표현하는 복잡한 심리과정으로서 인내성과 성취변화, 개선을 구하는 태도, 그리고 큰 소신을 낳게 하는 정열 같은 것"으로 표현되기도 한다. 창조적 과정은 학습자가 완전히 자유로운 상태에 정치되어야 먼저 작용하고 그 다음으로 기능이 작용하므로˙ 혼란에서 행동적 질서가 세워지며, 전통적인 것에서 새로운 것으로 바뀌어지는 것을 일컫는다.

창의력에 대한 보다 구체적인 정의를 살펴보면, 창의력은 한 개인의 독특성에서부터 나오는 그 개인 내부의 힘으로 그에게 가치가 있는 신기한 생각이나 참신한 통찰들을 산출하는 것이다. 따라서 창의력이란 무에서 유를 이루어내는 기적과 같은 것이 아니라, 기존하는 요소, 즉 이미 자신의 머릿속에 간직된 지식이나 축적된 경험을 바탕으로 새롭고 유용한 경험을 이루는 것으로 반드시 누구에게나 새로운 것이어야 할 필요는 없다. 다른 이에게는 이미 익숙한 것이라고 하더라도 자신에게는 지금까지 경험하거나 활용하지 못했던 것이라면 바로 창의적인 것이 된다는 뜻으로 해석된다.

현대는 두 가지 유형의 인간으로 대변된다. 한 인간 유형은 무슨 일을 할 때에 그 일이 실패할 것이라는 이유를 들어 반대하고 자신들의 무기력하고 수동적이며, 소극적인 생각을 감추고 변화와 어떤 일에 대해서 두려워한다. 이들을 20세기형 인간이라고 Reaves는 지칭하였다. 반면에 불가능을 가능토록 만드는 사람들을 21세기형 인간이라고 지칭하였다. 후자는 가능성을 믿고 역경에 도전하며, 실패를 두려워하지 않으며, 항상 새로운 것을 추구하는 사람들이다. 후자가 정보화 시대를 이끌어갈 미래지향적인 사람들로서 이들을 육성하는 핵심 요인은 앞서 언급한 창조력이다.

창조력 육성에 저해요인은 우리의 현재 교육현실에 편재해 있어서 그 요인 제거작업이 대폭적으로 이루어져야 한다. 창조력의 발휘에는 지식의 양이 많으면 많을수록 유리하다. 구성주의가 주장하는 개인의 인식의 세계가 뉴미디어로 구성된 인지 보조체제에 의해서 구성된다면 개인 학습자는 일시에 많은 정보에 접할 수 있는 기회를 가진다. 그러나 과연 기존하는 지식과 정보의 많은 부분이 정확하다고 할 수 있는

가에 대한 답변은 모호하다. 부정확하거나 그릇된 정보는 창조력 사고에 악영향을 미치고 전혀 도움이 되지 않는다.

학습자가 정보를 생산하는데 사용하는 기존의 정보가 정확한 것인가에 대한 점검은 교수자에 의해서 이루어진다. 이러한 점검은 학습 활동에 대한 객관적 평가가 요구되는 것으로 이 객관적 평가를 위한 도구는 뒤에 제시될 창의력 검사도구로 설계되어도 별 무리는 없다고 판단된다.

따라서 서론에서 제기된 연구의 문제점 중에서 두 번째 문제점이었던 구성주의 철학에 근거한 개인의 인식에 의거해서 다양하게 생성되는 지식에 대한 객관적 평가의 어려움은 일차적으로 해결될 것으로 판단된다. 본 연구는 극단적인 구성주의를 다룬다기보다는 세계를 하나의 개인적 주관으로 취급하고, 진리는 주관적으로 선택되는 것이라는 입장을 취하는 실존주의 철학적 견해(이성호, 1996)를 구성주의에 의한 세계관을 해석하는데 혼합시킨 입장이다. 구성주의나 실존주의에 의한 학교교육은 모두 다 학습자의 창조력 계발에 흥미를 가지는 입장으로 해석된다. 실존주의 철학에 의하면 학교가 존재하는 이유를 학습자의 자신에 대한 깨닮음을 일깨우는 데에 있다. 구성주의도 마찬가지로 학교교육의 궁극적인 목적이 학습자의 자아실현과 자기 계발에 있다고 간주하고 학습자의 인식의 세계를 적극적으로 인정하고 장려하는 입장이다. 학습자가 구성하는 세계판은 부딪치게 되는 문제점을 해결하는 데 끊임없이 개조되고 발전하여야 하는 위치에 처한다.

1-4. 협동학습

협동학습은 교육 실제상 전혀 새로운 개념이 아니지만, 최근까지 일부 교사들에 의해 제한된 영역에서만 사용되어 왔다. 그러나 최근 20년 동안의 연구 결과에 의하면 협동학습 방법이 모든 학년에 걸쳐 수학, 읽기, 쓰기, 과학, 기초 기능 영역에서 뿐만 아니라 복잡한 문제해결 기능에 이르기까지 모든 유형의 내용을 가르치는 데 효과적임이 입증되고 있다. 이러한 협동학습은 학생들이 경쟁적, 개별적으로 학습하는 것이 아니라 동료들과 함께 학습하는 방법으로서, 전통적 소집단 학습과 구별되는 기본요소에 따라 다양하게 정의된다(http : //cafe.naver.com/reportshop.cafe ? iframe_url=/ArticleRead.nhn%3Farticleid=15863).

협동학습이란 학습능력이 각기 다른 학생들이 동일한 학습목표를 향하여 소집단 내에서 활동하는 수업방법이다. 여기서 '전체는 개인을 위하여, 개인은 전체를 위하여' 라는 태도를 갖게 되고, 집단 구성원들의 성공적 학습을 위하여 서로 격려하고 도움을 줌으로써 학습부진을 개선할 수 있다고 한다.

Johnson 등(1981)은 학생들이 같이 책상에 앉아 있다는 것만으로, 또는 과제를 먼저 해결한 학생이 늦은 학생을 개별적으로 돕는 것으로, 그리고 경쟁시험 전에 교재를 공유해서 학습하는 것으로는 협동학습이라고 할 수 없다고 하면서, 협동학습의 본질은 공동의 업적을 이루기 위하여 집단 목표를 할당하고 시험에서 집단의 평균성적을 높이며, 정해진 규준에 따라 성적의 양과 질에 근거하여 집단 전체를 보상하는 것이라고 하였다.

1-5. 자기주도적 학습

1-5-1. 자기주도적 학습의 개념

자기주도적 학습이란 학습자가 주도권을 가지고 학습을 진행하는 것을 의미한다. 학습자가 개별적인 특성과 호기심·수준 등에 기초하여 능동적으로 지식을 구성해 가는 과정에서 스스로 수업목표를 설정하고, 학습자원을 확인하며, 중요한 학습전략을 선택하여 실행하고 그 결과를 스스로 평가하는 것을 자기주도적 학습이라고 한다(http://blog.naver.com/lovinglaewon?Redirect=Log&logNo=40020432404).

즉 자기주도적 학습이란 학습자들이 스스로 학습의 내용을 계획·결정하고, 학습을 진행하며, 학습의 결과에 대한 평가를 하는 학습자 중심의 학습형태를 말한다. 이와 관련된 용어로는 자기조절학습(Self-regulated learning), 자기계획학습(self-planning learning), 자기교수(self-teaching), 개별학습(individualized learning) 등 다양한 용어가 사용되고 있지만, 자기주도적 학습이라는 용어가 가장 보편적이며, 일관되게 사용되고 있다(유귀옥, 1997).

자기주도적 학습의 다양한 정의 중에서 대표성을 지닌 것으로는 Knowles(1975)의 정의를 들 수 있다. 그는 이에 대해 "학습경험을 계획하고 필요를 진단하고 자원을 찾고 학습을 평가하는데 있어서 개인이 주도권을 갖는 과정"이라고 말하고 있다.

즉 자기주도적 학습은 인터넷 교육이 확산되면서 개별적으로 학습을 진행할 수 있는 학습자의 학습주도권이 강조되면서 더욱 중요시 여겨지는 개념이라 할 수 있다. 특히 평생교육이 강조되는 성인 학습자들을 위해서는 자기주도적 학습에 기초를 둔 학습활동 전략이 중요한 요소라고 할 수 있다.

자기주도적 학습을 구성하는 핵심요소는 크게 학습전략적 측면과 동기적 측면으로 나누어 생각할 수 있다.

(1) 자기주도적 학습의 학습전략적 측면

학습을 위해 계획을 수립하고, 자기점검을 하고, 수정하는 일련의 활동에 해당하는 초인지전략 및 자기관리 전략이 여기에 해당된다.

'계획(planning)' 단계에서는 주어진 문제를 해결하거나 학습목표에 성공적으로 도달하기 위한 절차와 단계들을 효과적으로 선정하고 배열하는 등의 전반적인 접근방식을 결정한다.

'자기점검(self-monitoring)'이란 인지과정에 대한 계속적인 통제과정으로, 학습과정 및 자신이 선택한 문제해결 절차에 대한 재확인 및 검토과정을 포함한다. 학습자가 자신이 설정한 학습목표에 비춰 학습과정을 지속적으로 관찰하고 해석하는 것이다.

'수정(revision)'은 학습진행 도중 문제가 발생할 때 현재 사용하고 있는 전략들 또는 인지과정을 수정하는 것으로, 이런 수정은 학습성취 결과와 학습과정에 대한 자기주도적인 평가를 전제로 한다. 수정은 어떤 문제나 장애가 발생했을 때 학습자가 취하는 의사결정을 의미하는 것으로, 이 경우 학습자는 어떤 원인 때문에 제대로 이해되지 않았는지 생각함으로써 다른 전략을 시도할 수 있고, 다른 학습목표로 바꿀 수도 있다. 그런 반성적인 사고방식은 자기주도적 학습의 중요한 측면을 형성하게 된다.

(2) 자기주도적 학습의 동기적 측면

자기조절감 혹은 통제인식(perception of control), 그리고 자신감으로 이루어진다.

자기조절감 혹은 통제인식이란 학습자가 학습의 성공과 실패의 책임이 외부의 요인에 있는 것이 아니라, 학습자 자신에게 있다고 이해하는 것이다. 이런 인식은 학습자로 하여금 학습과정과 결과를 스스로 관리하고 조절할 수 있도록 한다. 자기자신감 혹은 효능감(self-efficiency)은 학습자가 주어진 학습상황에서 자신이 성공할 수 있다고 믿는 것을 말한다.

1-5-2. 자기주도적 학습의 특성

자기주도적 학습의 특성은 크게 세 가지로 나누어 볼 수 있다.

첫째, 학습자가 수업의 주도권을 갖고 있다.

이는 교수자가 학습의 주도권을 가지고 무엇을 어떻게 전달하고 가르칠지를 결정하게 되는 교실수업과 반대되는 개념으로서, 학습자가 자신의 전반적인 학습계획을 세우고 스스로 학습목표를 이루기 위하여 학습내용과 활동을 능동적으로 이끌어가는 것을 의미한다. 학습을 하는 속도, 내용의 깊이, 활동의 선택 등이 학습자의 자의적인 선택에 의해 결정된다.

둘째, 학습자 개인의 가치 · 욕구 · 선호 등에 따라 학습의 차이가 생긴다. 다시 말해 학습자의 개인차가 학습에 절대적으로 반영된다. 자기주도적 학습은 학습목표 · 학습수준 · 학습내용 · 학습방법 · 학습평가 기준 등이 처음부터 학습자에 의해서 결정되기 때문에 학습자 자신의 선행지식체계 · 경험 · 환경의 차이 등 개인적인 학습요인들이 학습 전반에 영향을 미치게 된다.

이러한 요소들은 자기주도적 학습을 통하여 더욱 심화될 수 있기 때문에 자기주도적 학습에서는 학습자 개개인의 상태에 맞는 학습목표가 설정되게 되며, 이는 기존의 교실수업과의 커다란 차이라고 할 수 있다.

셋째, 학습결과에 대한 책임이 학습자에게 부여된다.

자기 주도적 학습의 목표설정부터 내용선정, 그리고 학습활동 선택에 이르기까지가 학습자 스스로의 결정에 따라 이루어졌으므로 학습의 결과에 커다란 차이를 보이게 되며, 이는 절대적으로 학습자 자신에게 책임이 있는 것이기 때문에, 학습 후 성취되는 학습결과는 학습자 스스로가 인정하고 받아들여야 한다.

1-5-3. 자기주도적 학습의 필요성

학습자 스스로 학습을 주도하고 이를 통해 독자적인 지식을 구성해 가는 자기주도적 학습의 필요성은 교육의 본질과 시대적 상황의 요구라는 두 가지 차원에서 검토해 볼 수 있다.

교육은 인간의 자아실현 능력을 신장시켜 자기완성에 이르도록 돕는 것이다. 자아실현 능력은 학습자가 학습을 주도할 때 신장될 수 있다. 그러므로 자기주도적 학습은 교육의 본질적인 목적을 실현하는 데 도움을 준다.

21세기는 지식이 가치창출의 원천이 되는 지식기반사회이다. 이러한 사회에서는 부를 획득하고자 하는 지식이 매일 새롭게 쏟아져 나오기 때문에 누군가로부터 이를 배우는 방식으로는 흐름을 좇아갈 수 없다. 그러므로 스스로의 힘으로 학습을 하고 이를 토대로 독창적인 지식을 구성해 내는 자기주도적 학습능력을 습득해야 한다.

1-5-4. 자기주도적 학습능력의 신장을 위한 방안

자기주도적 학습능력을 신장시키기 위해서는 먼저, 학생들에게 목표설정전략, 자기점검전략, 자기평가전략 등의 전략을 가르치고 이를 실천해 볼 수 있는 기회를 제공해야 한다. 이를 위해서는 학습목표나 실행방안 및 과제를 선정할 때 학생들을 적극 참여시켜 대안을 검토하고 선택할 수 있도록 하는 것이 요구된다. 평가의 기준과 방법을 설정할 때와 평가내용을 검토할 때 학생들을 참여시키고, 자기평가의 기회를 제공하는 것도 자기주도적 학습능력을 신장시키는데 도움이 된다.

다음으로 자기주도적 학습을 조장하기 위한 수업분위기의 조성이 필요하다. 교사 자신의 생각이나 개념에 대한 이해를 말하기에 앞서 학생들의 이해를 먼저 확인하고, 학생들에게 개방적인 질문을 함으로써 학생들의 탐구를 유도하며, 학생들이 교사와 동료와의 대화에 적극적으로 참여할 수 있도록 격려하는 등의 방법을 통해 학생들의 자율성과 주도성을 신장시킬 수 있다.

학습자의 주도성을 신장시키기 위해서는 학습자의 적극적인 참여와 주도로 수업이 진행되는 탐구-발견학습, 토론학습, 프로젝트법, 역할놀이 등의 수업방법을 적극

활용해야 한다.

이러한 수업 분위기와 수업방식을 제대로 이끌어 갈 수 있도록 하기 위해서는 지식과 정보를 처리하여 새로운 지식을 획득할 수 있도록 하는 '과정적 지식'을 가르치고 이를 체득할 수 있는 기회가 반드시 제공되어야 한다

1-6. 에듀넷과 인터넷

1-6-1. 에듀넷 소개

유비쿼터스 환경을 마련해 주는데 에듀넷과 인터넷은 기초 역할을 한다. 에듀넷은 교육정보의 효과적인 전달체제를 구축함과 동시에 분산되어 있는 교육 관련 정보를 상호 연계함으로써 학생, 교사, 교육행정가, 학부모 등 모든 국민이 원하는 양질의 교육 정보를 컴퓨터 통신을 통하여 언제, 어디서나 이용할 수 있도록 하는 교육 정보 종합 서비스 시스템이다.

에듀넷이 제공하는 서비스는 온 국민을 대상으로 하고, 각종 교육정보제공서비스, 정보교환서비스, 정보통신서비스, 교육행정지원서비스, 교육상담서비스 등을 내용으로 한다(http : //rdirectory.howdeal.net/detail.html ? no=547745).

에듀넷을 통해 학생들은 때와 장소에 제한받지 않고 다양한 교육용 프로그램을 이용하여 자율적으로 학습할 수 있고, 교사들은 각종 연구자료, 국내외 교수-학습자료, 교육행정 정보를 활용하고 서로간의 정보 교환을 통하여 최상의 교육서비스를 제공받을 수 있으며, 교육행정가들은 효율적인 전자학교 운영 및 민원상담코너 등을 개설하여 대 국민교육 서비스를 개선할 수 있고, 학부모들은 진로 · 진학지도, 유아교육, 영재교육 등 자녀교육에 대한 상담 서비스를 빠르고 편리하게 받을 수 있다.

1-6-2. 인터넷 소개

인터넷은 일종의 컴퓨터 네트워크로 오늘날 전세계를 하나로 연결시키는 역할을

수행하고 있다. 보통의 컴퓨터가 지리적으로 떨어져 있는 몇대 또는 몇십대의 컴퓨터들을 연결시키는 것에 비해, 인터넷은 세계 170여 개국의 수많은 네트워크들을 연결하여 이루어진 거대한 네트워크의 네트워크라고 볼 수 있으며, 사용자 수만해도 5천만명 이상으로 세계에서 가장 큰 네트워크라 할 수 있다. 이러한 인터넷이라는 가상세계는 신속하고 풍부한 정보를 제공하기 위하여 거의 모든 분야에 걸친 방대한 자료를 데이터베이스로 구축하고 있으므로 교육분야에서도 이를 적극활용하기 위한 다각적인 정책들을 제시하고 있다. 정보화 혁명을 선도하고 있는 인터넷을 좀더 잘 이해하고 나아가 이를 교육적으로 적절히 활용함으로써 교육자들은 다음 세대를 키워가는데 그들의 역할을 보다 충실히 수행할 수 있을 것이다.

1-6-3. 인터넷 개념

인터넷은 영문자로 Internet이라고 쓴다. 이 단어는 인터(inter)와 네트워크(network)의 합성어이다. 네트워크는 전화 또는 전용선이 각 가정이나 회사에 거미줄처럼 연결되어 있는 것과 같이 정보를 주고받을 수 있는 선이 서로 연결되어 있는 것을 말하는 것으로 통신망이라고 한다. 이러한 통신망들이 다시 연결되어 있는 것(interconnection)이 인터넷이다. 즉, 전세계에 있는 작은 통신망들이 서로 복잡하게 연결되어 있어 원하는 정보를 주고받을 수 있는 통신망이다. 이와 같이 인터넷은 전세계의 컴퓨터 네트워크가 연결된 망들의 총집합을 의미한다. 물론 단순히 선만 연결된 것은 아니다. 각종 데이터베이스가 들어 있는 주(host) 컴퓨터들이 연결되어 있는 것이다.

1-6-4. 인터넷 역사

1969년 미국 국방성의 고등기술연구소(Advanced Research Projects Agency)가 핵 공격에 대비한 정보교류망 구축과 이에 관련된 연구 및 기술개발을 시작했다. 이를 위해 미국의 4개 대학을 연결하여 ARPANET이라는 통신망이 구축되었다(자세한 것은 제6장 참조).

1-7. 휴대인터넷 (Wibro)

1-7-1. 휴대인터넷의 정의

Wibro란 인터넷 서비스가 무선랜(Wi-Fi)과 같이 무선환경에서 제공되고, 초고속인터넷 서비스처럼 광대역 인터넷 접속을 가능하게 한다는 의미에서 'wireless'와 'broadband'의 합성어인 wireless broadband internet의 줄임말이다. 우리말로는 무선광대역인터넷, 무선초고속인터넷, 휴대인터넷 등으로 풀이된다(김용석 외, 2005).

따라서 이동 중에도 초고속인터넷을 이용할 수 있는 무선휴대인터넷을 지칭하는 것으로 정보통신부·한국정보통신기술협회(TTA)와 이동통신업체들이 중심이 되어 2006년 상용서비스를 목표로 개발하고 있는 무선휴대인터넷 서비스이다.

Wibro는 휴대폰처럼 언제, 어디서나 이동하면서 초고속인터넷을 이용할 수 있는 서비스로 휴대폰과 무선랜의 중간 영역에 위치한다. 한국정보통신기술협회를 중심으로 2003년 6월부터 표준화를 추진하는 한편 국제전기전자기술협회(IEEE)에도 반영하는 등 한국이 국제표준화를 주도하고 있는 3.5세대 이동통신서비스이자 국책사업이다.

1-7-2. 휴대인터넷 서비스 개념

기존 이동전화 기반의 무선인터넷(CDMA 1x, EV-DO, W-CDMA) 서비스는 커버리지 및 이동성 측면에서는 우수하지만 높은 서비스요금, 느린 전송속도, 기대 이하의 품질수준, 불편한 유저인터페이스 등으로 장소에 구애받지 않으면서 자유로이 초고속 인터넷 서비스를 이용하고자 하는 요구를 충족시키기 어렵다. 또 무선 LAN 서비스는 고속의 전송속도를 지원하고 있으나 Hot Spot 위주의 옥내기반으로 구축되어 커버리지가 좁고 ISM(industrial scientific medical) 대역 특성상 전파간섭 등의 취약점이 많아 사용자의 서비스품질 기대에 부응하기 어려운 상황이다. 현재의 이동전화 및 무선LAN 인프라의 한계를 극복하고 이용자가 요구하는 저렴한 무선초고속 인터넷 서비스를 이동 중에도 제공하기 위해 출현한 서비스가 휴대인터넷(portable internet) 서비스로, 휴대인터넷 서비스의 기본개념은 '실내의 유선 초고속인터넷을 휴대형 단말기를 이용해 실외의 정지 및 이동환경에서도 고속으로 인터넷에 접속, 필요한 정보나 멀티미디어 콘텐츠를 이용할 수 있는 통신서비스'라고 할 수 있다.

휴대인터넷은 IMT-2000 서비스 전송속도보다 고속이며, 실내의 유선 초고속인터넷 및 무선 LAN 서비스가 실외 환경에서도 제공 가능한 서비스를 추구한다. 또한 현재의 유선 초고속인터넷 서비스와 유사한 정도의 이용요금을 통해 경제성을 확보하고 노트북, PDA 등 다양한 휴대형 단말을 이용해 유선 초고속인터넷 서비스와 동일한 콘텐츠 및 인터넷접속 환경 제공으로 실질적인 유무선 통합환경을 제공할 것이다. 결국 휴대인터넷은 유선 초고속인터넷의 저가요금을 유지한 채 이동 중에도 안정적인 초고속서비스를 제공할 수 있다는 점에서 무선 LAN 및 IMT-2000 서비스와의 보완재로서 고객의 요구를 충족시켜 무선인터넷 시장을 활성화시킬 것으로 예상된다.

<표 1-1> 휴대인터넷과 무선 LAN, 이동전화의 비교

구분	무선 LAN	휴대인터넷	이동전화
서비스	무선인터넷	무선인터넷	음성, 무선인터넷
가입자당 전송속도	수 Mbps	약 1Mbps	약 100kbps
단말기 이동성	보행 또는 정지 상태	60Km/h 이내	250Km/h 이내
단말기 형태	데스크탑, 노트북, PDA	노트북, PDA, 휴대폰	휴대폰, 일부 PDA
셀 반경	약 100m	약 1Km	1～3Km
이용요금	정액제	종량제＋정액제	종량제

1-8. DMB

DMB(digital multimedia broadcasting)는 이동 중 수신을 목적으로 다채널을 이용하여 텔레비전방송, 라디오방송 및 데이터방송을 복합적으로 송, 수신하는 서비스(1. 개정방송법 제2조 1항 라 참고)라 할 수 있다.

이러한 환경에서 DMB 성공을 위해 사업자가 주목해야 할 점은 콘텐츠와 수익성이라 할 수 있다. 지상파방송, 케이블방송, 위성방송, 인터넷방송, 모바일방송까지 수

많은 미디어와 차별화하기 위해서는 DMB만의 핵심 킬러 콘텐츠가 필수요소이다. 또한 DMB가 성공적인 뉴미디어로 자리잡기 위해서는 시청자의 수용행태를 주시하면서 이동수신, 고품질, 쌍방향성 등 DMB의 미디어 특성을 파악하고 사업 초기 시장조사를 통해 DMB에 적합한 미디어 전략을 수립하여 초기 수용자를 확보하여야 할 것이다. 또한 어떤 콘텐츠를 언제, 누구에게, 어떻게 제공할 것인지 그리고 어떻게 콘텐츠를 확보해야 신규소비자와 동시에 수익성도 확보할 수 있을 것인지를 고민해야 할 것이다.

1-8-1. DMB 미디어의 특성

TU미디어의 위성DMB는 PSMB에서 발전된 방송서비스로 CDMA 기술방식의 System E를, 지상파DMB는 지상파 라디오의 디지털화를 위해 도입된 DAB의 표준기술방식인 Eureka-147에 동영상 전송기술을 더한 System A를 채택하고 있다. 이러한 표준기술의 차이와 상관없이 위성DMB와 지상파DMB는 유비쿼터스 방송을 실현하는데 가장 적합한 미디어로 꼽히고 있다. 왜냐하면 DMB가 이동성 · 개인성을 가진 고품질 멀티미디어로 언제 어디서나 양방향 방송을 볼 수 있는 '내 손안의 미디어'로 평가받고 있기 때문이다. 즉, DMB 서비스의 주된 이용 장소와 시간이 이동환경에서 짧은 시간에 이루어지는 특징으로 인해 DMB는 언제 어디서나 다양한 콘텐츠를 즐길 수 있는 Ubi-Media(2. Ubi-media)는 유비쿼터스 컴퓨팅 환경에서의 미디어로 Universal, Brain, Interactive의 특성을 지닌다.

DMB는 수신기 형태, 콘텐츠, 수익기반 등에서 기존의 방송이나 무선인터넷과는 큰 차이를 보이고 있다. DMB는 오디오 방송인 DAB(digital audio broadcasting)에 비디오와 데이터가 추가된 것으로, 라디오와 DMB는 콘텐츠 종류에서 차이가 난다. 또한 위성 TV방송과 DMB는 수신기 형태가 각각 TV, 휴대 단말이란 점에서 차이가 나지만 다채널이란 점에서는 동일하다. 한편 무선인터넷과 DMB는 주요 콘텐츠가 각각 데이터, 비디오란 점에서 차이가 나지만 휴대 단말을 통해 수신한다는 점에서는 동일하다. 이런 특성 때문에 위성 TV는 시청행태면에서 소극적이고 무선인터넷은 적극적이다. DMB는 이 둘의 중간 정도일 것으로 보고 있다.

또한 DMB는 디지털 기술(전송, 압축 등), 방송통신 네트워크의 통합화, 단말기의 복합화 및 고성능화 등으로 다양한 서비스가 가능하다는 점에서 미래의 방송으로 각광을 받고 있다. DMB는 비디오, 오디오, 데이터 방송으로 구분되지만 유연한 전송방식을 통해 콘텐츠의 형식에 얽매이지 않고 서비스를 제공할 수 있고, 방송콘텐츠 외에 통신망(return channel)을 이용한 쌍방향 서비스가 가능하다. 그리고 이동수신력이 뛰어나 휴대폰, 텔레매틱스, PMP(3 Portable Multimedia Player)와 같은 휴대용 단말기와 결합해 휴대형 개인 미디어로 성장할 수 있다.

따라서 사업시작 단계인 현 시점에서 DMB가 방송 미디어적 특성에 적합한 용도로 사용되겠지만, 성숙기에 접어들면 통신과 융합된 쌍방향 서비스의 사용이 증가해 이것이 DMB의 주력 수익원이 될 가능성이 크다. 다시 말해, 사업초기의 DMB는 주로 방송 프로그램을 시청자들이 시청하는 형태에서 출발하지만 궁극적으로 DMB는 방송통신 융합콘텐츠를 능동적으로 이용하는 행태로 발전할 것이다. 방송통신 융합 콘텐츠의 상용화 시기는 이용자의 필요나 욕구보다는 사업자의 비즈니스 전략에 의존할 가능성이 크다. 왜냐하면, 사업자들이 상당액의 추가비용, 사업성, 사업자간 경쟁 혹은 협력 구도 등을 고려하여 전략적으로 융합 콘텐츠의 서비스 시기를 결정할 것으로 전망되기 때문이다.

1-8-2. DMB 콘텐츠의 특징

DMB 콘텐츠는 형태별로 비디오, 오디오, 데이터로 구분하고 서비스 장르별로는 엔터테인먼트, 커뮤니케이션, 트렌젝션, 인포메이션으로 분류하고 있다. 모바일 콘텐츠는 상거래(transaction), 엔터테인먼트(entertainment), 정보(information), 커뮤니케이션(communication)으로 구분되고 있다. 이는 무선인터넷에 대한 분류이지만 DMB방송도 쌍방향을 지향하고 있다는 점에서 그대로 적용해도 무방하리라 본다. 구체적으로 보면 엔터테인먼트 장르는 드라마, 영화, Radio Page, Visual Radio, 게임 서비스 등 커뮤니케이션 장르는 방송 웹사이트 및 인터넷 온라인 서비스 등으로 구성되어 있다.

트렌젝션 장르는 커머스(commerce), 유료 데이터 서비스, 온라인 투표 등 마지막으로 인포메이션 장르는 뉴스, 교통, 지도, 지역정보 및 고객맞춤 정보제공 등으로 구성되어 있다. 하지만 DMB 사업 초기에는 일방향의 방송서비스가 주를 이룰 전망이기 때문에 양방향 서비스는 추이를 좀더 지켜보아야 할 것이다.

이러한 DMB 콘텐츠는 이동성, 개인성, 쌍방향성, 소화면 등 DMB 매체의 본질적인 속성 때문에 다른 콘텐츠와는 큰 차이를 보이고 있다. 첫째, 이동성의 측면에서 볼 때 이동 중 방송시청이 가능해야 하므로 프로그램의 길이가 짧아야 한다. 너무 긴 프로그램의 경우 집중력이 떨어지고 방송중간에 시청을 중단해야 하는 상황이 발생할 수 있기 때문이다. 둘째, 개인성 측면에서 볼 때, TV 방송이 가족이 함께 보는 매체인데 비해 휴대단말 방송은 개인소유의 개인시청 매체라 할 수 있기 때문에 무선인터넷과 마찬가지로 지상파 방송에서 볼 수 없는 성인 프로그램 등이 선호된다. 셋째, 쌍방향적 특성으로 DMB는 방송에 쌍방향적 요소가 가미되어 이용자의 다양한 요구에 부응할 수 있어야 한다. 즉, 시청자들이 방송 중 자세한 추가정보를 필요로 할 때 본 프로그램과 연동되어 있는 부가데이터를 활용할 수 있어야 한다. 넷째, 화면이 작은 소화면의 단말기를 통해 방송되므로 긴장감이 적고 집중력이 떨어져 섬세한 프로그램보다는 가벼운 프로그램이 중심이 되어야 한다.

<표 1-2> DMB와 타 매체간 차이

서비스 비교	초고속인터넷	무선인터넷	무선랜	휴대인터넷	위성 DMB
서비스내용	고정위치의 인터넷 접속	이동전화 이용 무선인터넷 접속	무선 무선 초고속 인터넷	이동 중 인터넷접속	이동 중 방송수신(TV, 동영상, 음악)
사용범위	실내	실내/외, 전국	실내 HotSpot	실내/외 84개시 (HotZone)	전국
전송속도	초고속 (8-20Mbps)	중저속 (200-300kbps)	초고속 (11Mbps)	고속 (1-2MBPS)	고속 (1.7Mbps)
이동성	없음	매우 높음	낮음	높음	높음
요금	3만원대 정액제	고가의 종량제 (부분 정액제)	저가의 정액제 (유선+1만원)	중저가의 정액 또는 부분정액제 (3만원대)	저가의 정액제 (1만원대)

콘텐츠	인터넷 콘텐츠	무선인터넷 콘텐츠	인터넷 콘텐츠	인터넷 콘텐츠	방송서비스
이용단말기	PC	휴대폰, PDA	노트북, PDA	노트북, PDA, 스마트폰	PDA, 스마트폰, 차량형
상용화 시기	서비스 중	서비스 중	서비스 중	2005년말-2006년초	2005. 5월

* 출처 : "휴대인터넷 연관 서비스간 시장수요 상호영향에 관한 연구", 김상훈 · 이재연, 2004. 9. 〈통신시장〉, 제51호, 71쪽.

1-9. IPTV

1-9-1. IPTV의 개념

IPTV란 기존 초고속 인터넷망을 기반으로 고선명(HD : high definition) 동영상 서비스를 각 가정의 TV와 연결하는 서비스 및 장비를 말한다. 즉, IPTV는 방송용 전파가 아닌 인터넷 프로토콜을 이용하여 인터넷 방송처럼 스트리밍 방식의 방송 프로그램을 시청하는 것이다. 기존의 TV에 전용모뎀(또는 셋톱박스)을 부착하면 되므로, TV나 라디오를 시청하듯이 전원만 넣으면 인터넷을 이용할 수 있다. IPTV서비스는 주문형 비디오(VOD), 디지털 영상저장(DVR) 서비스 뿐만 아니라 TV 스크린을 통한 인스턴트 메시지 전송 서비스 등을 제공한다. 기존 TV 사용자들은 방송사에서 편성한 프로그램을 수동적으로 수용했던 데 비해 IPTV 사용자들은 자신이 원하는 시간에 원하는 방송을 제공받을 수 있다. 즉, 단방향 멀티미디어 서비스가 아닌 양방향 멀티미디어 서비스를 지향한다.

IPTV가 인터넷 방송과 다른 점은 컴퓨터 모니터가 TV 브라운관으로 바뀌고, 키보드 및 마우스가 리모콘으로 바뀐다는 것이다. 따라서 컴퓨터를 다루기 쉽지 않은 이용자까지 서비스를 손쉽게 이용할 수 있다는 장점이 있다. 어린이나 노약자 등 PC에 익숙하지 않은 사람이라도 간단히 리모콘이나 무선 키보드를 이용하여 인터넷 검색은 물론 영화 감상, 홈쇼핑, 홈뱅킹, 홈트레이딩, 화상서비스, 온라인 게임, 노래방, MP3 등 TV인터넷이 제공하는 다양한 콘텐츠 및 부가 서비스를 제공받을 수 있다(권호영. 2004).

1-9-2. IPTV의 등장 배경

IPTV의 등장 배경은 기술적, 경제적, 전략적 관점의 공급측 요인과 쌍방향성, 편리성 관점의 수요측 요인으로 나누어 볼 수 있다.

공급측 요인으로는 첫째, 초고속인터넷 기술의 발전으로 인한 데이터 전송 속도 증가가 IPTV의 가장 큰 성장 동력이 되고 있다. 등장 초기만 해도 약 1Mbps에 머물던 초고속 인터넷 속도가 최근에는 VDSL(very high bit-rate digital subscriber line)과 같은 다양한 기술방식에 의해 최대 100Mbps에 이르고 있다. 이에 따라 동영상 컨텐츠를 스트리밍 형태로 제공하는 것이 점차 일반화되고 있다. HD급 방송이나 VOD(video on demand)를 재생하기 위해 약 20Mbps의 대역폭이 필요한 것을 감안하면 현재의 VDSL방식의 초고속인터넷도 일반 방송 뿐 아니라 HD급 방송도 충분히 제공할 수 있을 정도이다. 향후 정보통신부에서 추진하고 있는 BcN(broadband convergence network)이 완성되고 100Mbps 이상의 속도를 내는 FTTH(fiber to the home)가 보편화되면 초고속인터넷을 통한 동영상 서비스는 더욱 활성화될 것으로 전망된다.

둘째, 방송사업자들이 통신 서비스를 제공할 수 있는 네트워크 기반이 마련되면서 통신 서비스 시장에서의 경쟁은 치열해 질 수밖에 없다. 이는 통신사업자에게는 이미 포화 상태에 따른 통신 시장의 성장 둔화와 함께 경쟁 사업자의 시장 진입은 통신사업자의 수익성을 악화시키는 주요 원천이 되고 있다. 그러므로 새로운 수익원을 찾기 위한 전략적 모색이 필요할 수밖에 없고, 이를 현실화시킬 수 있는 가장 유력한 수단이 네트워크 고도화를 통한 방송서비스, 즉 인터넷 기반의 방송서비스를 제공하는 것이다 이로 인해 통신사업자들이 기존의 인프라를 최대한 활용하여 범위의 경제 효과를 누리기 위해 IPTV 제공에 적극적이라는 점이다. 국내 초고속 인터넷 가입자는 2005년 3월말 기준으로 1200만 가구를 넘어 약 75%의 보급률을 보이고 있다. 사업자들은 안정된 가입자 기반 위에 이미 투자된 초고속 인터넷을 통해 동영상, 방송 등의 부가 서비스를 제공함으로써 매출을 확대하는 동시에 설비 활용도를 제고시키는 일석이조의 효과를 얻을 수 있게 된다. 이러한 거대 흐름은 전 세계적으로 나타나고 있는 방송통신 융합을 가속화시키는 원천이라 해도 무리는 아니다

셋째, 통신사업자는 방송시장에 진입함으로써 방송사업자를 압박하는 무기로 IPTV를 활용하려고 한다. 초고속인터넷은 통신사업자 뿐만 아니라 케이블 방송사업자에게도 새로운 사업 영역을 개척했다. 그런데 케이블 방송사업자들은 VoIP(vocie over IP)를 이용하여 통신사업자들의 고유 영역으로 인식되던 음성통신 시장에 진출하는 상황에 이르렀다. 이러한 방송사업자들의 전략에 맞서 통신사업자들은 역으로 방송사업자를 공격하는 전략을 취하고 있다. 또한 IPTV는 초고속인터넷 시장의 성숙기 진입 및 경쟁 심화에 따라 가입자 이탈을 방지하는 효과도 가져 올 것으로 예상된다.

소비자 측면에서는 첫째, 사용자들이 원하는 컨텐츠만 선택해서 보는 쌍방향 서비스에 익숙하다는 점이 IPTV의 출현을 앞당기고 있다. 인터넷의 등장과 함께 소비자들은 원하는 정보와 컨텐츠를 적극적으로 찾아 보고 있으며, 게임과 같은 쌍방향 서비스에 몰입하고 있다. 방송의 경우에도 소비자는 모든 사람에게 동일하게 제공되는 컨텐츠에 만족하지 않고 원하는 방송을 원하는 시간에 골라서 보기를 원한다.

둘째, 소비자들이 융합형 서비스의 편리성을 요구하고 있다는 점도 IPTV의 등장을 촉진하고 있다. 지금까지 소비자들은 전화, 초고속인터넷, 방송을 다른 사업자들로부터 다른 기술을 통해 제공받고 각기 다른 요금통지서를 받아 왔다. 하지만, 초고속인터넷이 가정에 필수적인 인프라가 되면서 전화(VoIP)까지 한꺼번에 제공받을 수 있게 되었다.

여기에 방송까지 구현되는 IPTV가 제공되면 통합빌링, 가격 할인, 원스탑 서비스까지 제공받을 수가 있어 소비자들의 편리성은 한층 더 제고될 것이다(이영수, 2005).

1-9-3. IPTV의 기술

IPTV 서비스가 구현되는 데 있어 핵심적인 기술은 크게 세 가지이다.

첫째, 액세스 시스템, 액세스 기술은 도달 범위를 확장시킬 수 있는 ADSL 기술을 구현하는 것이다. 현재 KT에서는 ADSL의 고속화된 VDSL과 Ntopia로 서비스 제공이 가능하며 또한 BcN이 구현되는 2007년 홈네트 워킹 구현 환경에는 네트워크의 고도화가 되어 IPTV제공에는 어려움이 없을 것 같다.

둘째, 비디오 압축기술, 비디오 압축기술로 MPEG-4의 실현과 H.264 압축을 갖춘 MPEG-4 뿐 아니라 비디오 스트림을 압축할 수 있는 'Windows Media 9'라는 자체적인 비디오압축 기술을 개발하였다. 마이크로소프트는 MPEG-4에 대항해 공격적인 'Windows Media 9' 마케팅을 추진 중이다. 일부 전문가들은 Windows Media 9가 MPEG-4보다 기술적으로 우월하다고 주장한다.

셋째, 통합적 기능의 셋톱박스 기술이다. 디지털 셋톱박스는 네트워크로부터 수신한 압축 비디오를 풀어서 아날로그 비디오 신호를 텔레비전 수상기에 전달한다. 이러한 단계는 막대한 규모의 컴퓨팅 능력과 메로리를 필요로 한다. 따라서 셋톱박스는 이러한 이용자 인터페이스 실현을 가능케 하는 미들웨어 소프트웨어를 포함하고 있다.

IP TV 셋톱박스는 DVD 플레이어처럼 많은 구성 요소들을 갖추고 있다. MPEG-2 디코더 칩과 프로세서다. 이외에 IPTV 셋톱박스는 Ethernet이나 xDSL인터페이스를 필요로 한다.

제 2 장

철학적 배경

2-1. 행동주의와 인본주의

2-1-1. 행동주의

능력심리학에서 언급하는 능력이란 볼브(Volve)에 의하면 정신 또는 마음이란 하나의 실체(substance)이기 때문에 항상 자기 스스로 상태를 변화시키려는 힘을 가지고 있다. 이것을 표상력(representative power)이라고 한다. 이 힘은 여러 가지의 서로 다른 심리 과정을 불러일으키는 가능성(potentiality)을 갖는데 이 가능성이 능력이다. 부피와 넓이 및 두께를 갖는 물질적 실체인 나무나 돌과는 달리 정신적 실체인 마음은 부피, 넓이, 두께, 무게 등을 갖지 않는다. 그러나 물질적 실체가 속성을 갖듯이 정신적 실체도 인지, 상상, 기억, 이성, 의지 및 감성 등의 속성이 있으며 볼브에 의하면 이들 속성의 하나하나가 능력이라고 하였다. 고로 마음이란 능력의 집합으로서, 능력심리학에서는 이와 같은 일종의 심적 실체를 인정하고, 그 실체를 각각의 능력별로 기술하려고 한다.

행동주의 창시자인 왓슨(Watson, 1878-1958)은 인간의 마음이 객관성을 결여하고 있기 때문에 심리학의 과학적 욕구를 충족시키지 못할 뿐만 아니라, 심리학의 실질적 문제가 되지 못한다고 주장하였다. 왓슨의 심리와 관련된 대상은 객관적으로 관찰

(observation)이 가능하고 충분히 측정될 수 있는 것이다.

손다이크(Thorndike)의 이론 중 '결합'은 왓슨에 의해 재창되어 1920년대에 행동주의의 근본 원리가 되었다. 결합이란 정신적 개념이 삽입되지 않는다. 이와 같이 초기 행동주의는 내성법을 거부하며, 심리의 대상으로서 유기체의 행동을 수용하며, 인간을 포함하는 이 유기체는 감각기관, 효과기관 및 연락기관과 골격, 위장, 간 등의 부수 기관으로 구성되어 있는 기계적 존재로 간주하였다. 따라서 인간의 학습도 동물의 학습과 마찬가지로 자극을 대치시킴으로 해서 조건화(conditioning)를 이루는 것이다.

왓슨의 행동주의는 헐(Hull, 1884-4952), 스키너(Skinner) 등에 의해 신행동주의로 발전하였다. 이들의 입장은 자연계에 존재하는 질서를 발견하는 과학적 방법으로 인간의 마음 속의 질서를 규명하였다. 이들은 인간을 과학적으로 다루기 위한 정신이나 의식과 같은 관념적이며, 추상적인 개념을 취급하기 보다는 인간을 객관적으로 다룰 수 있는 인간의 행위를 근거로 현상(phenomenon)을 설명하려고 시도하였다. 행동에서 원인은 환경으로서의 자극(stimulus)이며, 결과는 인간이 나타내는 반응(response)이다. 따라서 행동의 변수는 독립변수와 종속변수로 나눠진다. 인간은 하나의 유기체로서, 유기체의 행동은 종속변수로 간주하며 지적 환경조건이 독립변수이기 때문에 행동은 환경에 의존하여 일어나는 결과라고 해석하였다. 스키너에 의하면 행동을 탐구하기 위해선 유기체의 외부 조건을 과학적으로 분석해야 한다는 것이다. 마치 물리학자가 무생물을 객관적으로 분석하듯이 행동주의 학자는 환경을 분석해야 한다. 또한, 인간은 자연법칙 내에서 스스로 생활을 분석해야 한다. 또한, 인간은 자연법칙 내에서 스스로 생활을 결정해 가기 때문에 능동적인 존재로 간주하지 못하고, 단지 중립적이며 수동적인 존재로 모든 행동을 학습한다.

스키너 이전의 행동주의 학파는 선재적 자극(antecedent stimulus)의 유도에 의하여 후속적 반응(consequent response)이 일어나는 것에 관심을 두었으나 스키너는 조작(operant)이란 임의의 행동에다가 변별자극(discriminative stimulus)을 적절한 시기에 맞추어 주는 것을 의미하며, 그렇게 해서 행동을 습관화시키는 것을 조작조건화(operant conditioning)라 한다. 요컨대, 전자는 반사 조건화로 S-R 다이어그램이 되지만 조작 반사회는 R-S로 표현한다.

2-1-2. 인본주의

인본주의(humanism)는 스키너나 러의 연합설과 인지설의 바탕을 이루는 실험적 방법에 의존하지 않고 관찰(observation), 감상(impression) 및 사변(speculation)에 근거하고 있다.

매슬로우(Maslow)는 행동주의가 객관적이며 외형적인 행동에 몰두함으로써 인간의 중요한 면들을 간과한다고 비판하였다. 그는 인간은 신비롭고 놀라운 존재로 행동주의에서 동물을 다루는 방법으로 인간을 다루는 것은 전혀 도움이 되지 못한다는 견해를 가졌다. 매슬로우가 행동주의와 정신분석에 의한 인간에 대한 해석의 대안으로 발표한 제3의 심리이론적 관점은 만일 아동에게 자유 선택의 기회가 주어진다면 그는 자신에게 도움이 되는 선택을 할 것이라는 점이다. 따라서 부모나 교사는 아동의 행동을 간섭하거나 그들의 행동을 피동적으로 형성(shaping)시키려 하지 말고 아동을 신뢰하고 그들이 스스로 성장하도록 도와 주는 역할을 하여야 한다.

로저스(Rogers) 또한 정신분석의 방법이 환자로부터 자신이 스스로 해결할 수 있는 독립성을 빼앗아 쓸모없는 무기력한 인간이 되게 한다는 점이 문제라고 생각하였다. 그는 인간이란 자율적인 능력을 갖추고 능동적으로 자기 행동을 통제하는 존재로 간주하여야 하지, 결코 수동적으로 도움을 받고 사는 존재로 취급되어서는 안 된다고 주장한다. 이런 관점에서 로저스는 내담자(Counselee) 중심요법을 주장하게 된 것이다. 이러한 입장은 행동주의에 대한 반대의 뜻을 스스로 취하게 되는데, 이는 내담자 중심요법이 내담자의 능동적 실천 능력을 강조하는 반면에 행동주의에서는 인간이 총알이론(bullet theory)이나 피하주사이론 (hyperdermic needle theory)에서 언급된 수동체로 취급되는 입장을 취하기 때문이다.

로저스는 내담자 중심치료의 원리가 교육에도 적용이 된다고 생각한다. 즉, 교육은 학습자 중심이어야 하며, 이 때에 교사가 갖추어야 할 자질에 대해 언급하고 있다. 첫째, 교사는 학생에게 신뢰감을 줄 수 있어야 한다. 아울러 학습자의 감정과 의견을 소중히 여겨 학습자 자신들이 학습방법을 선택할 기회를 갖게 해 준다. 교사는 모든 교육적 사상을 학생들의 처지에서 볼 수 있는 눈을 가져야 학생들을 진실로 이해할 수 있게 된다.

콤스(Combs)의 인본주의적 입장의 이론정립은 인지적 관점(cognitive view)에 기저하고 있다. 그는 레빈(Levin)의 생활공간에서의 이론과 같이 인간의 모든 행동은 그가 행동하는 순간에 그의 지각(perception)의 장에서 직접적으로 영향을 받는다는 태도를 보였다. 즉, 학생들의 어떠한 행동도 그들의 지각 장의 소산이라는 주장이다. 교사는 학생을 돕기 위해 어떠한 학습 상황에서도 학생들의 관점과 행동을 변화시키기 위해서는 그들의 신념(belief)과 지각을 수정해야 한다는 것을 의미한다. 여기서 콤스가 인지론자와 견해를 달리하는 점은 인지론자는 학습자가 '외적인 학습상황을 어떻게 인지(cognition)'하는 가에 중점을 두는 데 비해, 콤스는 학습자가 '처한 환경 속에서 자신을 어떻게 지각'하는 가에 중점을 둔다.

콤스는 학생 스스로 자신을 지각하는 데에 주력함으로써 적극적인 자기 개념을 개발하도록 돕는 것이 교육의 근본 목적이라고 주장한다. 교사는 학습자가 스스로 바람직한 방향으로 변하도록 돕는 촉진자(facilitator)가 되어야 한다.

이 때에 교사는 ① 해당 과목의 내용에 대해 정통해야 한다. ② 학생들과 동료 교수자들의 감정에 민감해야 한다. ③ 학생이 학습할 수 있는 능력이 있다고 믿어야 한다. ④ 긍정적 자아개념(self concept)을 지녀야 한다. ⑤ 꾸준한 인내와 열의로 학생을 도와야 한다는 신념을 갖는다. ⑥ 다양한 교수방법을 사용해야 한다.

2-2. 객관주의와 구성주의

2-2-1. 구성주의의 자리매김

최근에 열린교육(open education)이라는 교육개혁운동과 더불어 그 이론적 바탕을 제시할 수 있는 학습이론인 구성주의(constructivism)에 관한 관심이 일고 있다. 이러한 구성주의는 학습이론이면서 동시에 인식론에 관한 이론인데, 이것은 광의의 개념으로 요즘 인문, 사회계열에서 일고 있는 포스트모더니즘(post modernism) 혹은 해체주의라는 것과 많은 점에서 그 맥을 같이 하고 있다고 볼 수 있다. 협의의 견해로는 이전의 교수-학습이론의 인식론적 바탕이 된 객관주의 혹은 논리적 실증주의의 대안인 패러다임(paradigm)이라고 하겠다. 이런 구성주의가 구체적으로 널리 논의되기 시작한 것은 1980년 후반기에 구성주의에 관한 논문들에서 찾아볼 수 있다. 구성주의에 대해서 '급진적'이라는 표현을 썼듯이 구성주의 패러다임은 기존 패러다임의 인식론적 전제와 그 패러다임에 의거한 교수-학습전략 및 방법론에 이르기까지 전면적인 의문을 제기한다. 그러나 이것은 17세기 데카르트(Decartes) 이후 20세기에 이르기까지 서구 전통철학의 주류를 이루며 우리의 인식과 실천 세계를 지배해 왔던 객관적이고 과학적 지식에 대한 믿음과 추구에 대한 도전인 만큼 객관주의자들에 의한 반격 또한 거세게 제기되었다.

이와 같이 양 진영의 학자들 간의 열띤 논쟁은 크게 객관주의와 구성주의 패러다임 사이의 인식론적, 철학적 입장과 차이에서 시작해 각각의 교수-학습 원칙과 전략적 차이에 대한 토론으로 이어졌다. 특히 최근 소개되는 국내외 논문의 대부분이 주로 구성주의 이론에 입각하여서 객관주의의 문제점을 지적하고 그 대안으로 구성주의를 소개하는데 주력하고 있기 때문에 상대적으로 객관주의적 입장에서 본 구성주의에 대한 의문점이나 문제점 등은 소홀히 다루어졌다. 그러나 대다수의 사람이 객관주의적 인식론에 입각한 교육제도 하에서 교육받아 왔기 때문에 그들의 전공과 배경에 관계없이 처음 구성주의를 접하면서 제기하는 여러 질문은 대략 몇 가지로 분류될 수 있지만 이러한 의문이나 질문의 대부분은 구성주의에 대한 잘못된 이해나 부분적인 이해에서 비롯된다. 흔히 구성주의에서 토론을 강조하다 보니 토론위주로 이루어지는 학습은 무조건 구성주의가 된다든지, 강의에 비해 토론을 강조한다고 해서 구성주의는 무조건 강의식을 배격한다든지 하는 식의 극단적인 이해를 흔히 찾아볼 수 있다. 혹은 학습자 위주 또는 학습자 주도의 학습을 강조한다고 해서 구성주의에서는 교사의 역할이라든지, 강의계획서, 학습목표조차 완전히 사라지는 것으로 이해되기도 한다. 혹은 평가 방법에서도 기존의 객관적인 평가 방식과 판이한 기준과 방향을 취하고 있다는 이유로 비과학적이고 지나치게 주관적이라는 성급한 판단을 내리기도 한다. 그러나 구성주의에 관한 이해는 대부분 구성주의의 인식론적 이해 없이 구성주의에서 활용하는 교수-학습 전략에만 초점을 둔 결과적 접근이라고 단정하기 이전에 반드시 짚고 넘어가야 할 부분이 구성주의적 인식론이다.

결론적으로 구성주의적 인식론은 한 마디로 상대주의적 인식론이라고 할 수 있다. 객관주의 인식론에 따르면 이 세상에는 시·공간적, 역사적 차이를 넘어 보편적으로 적용할 수 있는 진리와 법칙이 존재하고 있다고 보았다. 따라서 이런 일반적이고 보편적인 형태의 진리와 법칙을 효율적이며 효과적으로 전달하고자 하는 것이 학습의 목표가 된다. 반면에 구성주의에서는 이런 보편적 진리와 법칙이 존재한다는 전제를 부정한다. 왜냐하면, 인간은 태어나면서부터 각기 다른 사회 환경에 접하게 되면서 개별적으로 고유한 형태의 인지적 구조를 지니게 된다.

따라서 과학적이고 객관적인 진리와 법칙을 아무리 잘 전달하더라도, 그것은 개인의 머릿속에 이미 각기 다른 형태로 발전하여 있는 인지적 구조, 즉 스키마(Schema)에 의해 여과되어서 결국은 자신에게 의미 있는 것만이 선택적으로 받아들여지게 된다. 따라서 전달된 내용을 절대적인 형태와 가치를 지닌 '정답' 또는 '진리'로서가 아니라 자신에게 의미있는 것으로 선택적으로 인식을 하고 그것이 자신이 속한 특정 사회의 구성원으로 생활하고 구성원간 상호 의사소통하는데 별 지장이 없으면 그 자체로 가치있는 진리요, 지식이라고 본다. 바로 이런 점에서 구성주의는 상대주의적 인식론을 지닌 것이며 좀더 인본주의적이라고 하는 것이다. 이상의 구성주의의 인식론적 이해를 전제로 객관주의자들에 의해 제기된 구성주의에 '문제점'에 대한 간략한 재고를 통해 구성주의에 대한 인식과 이해를 넓히고, 더 나아가 객관주의에 비해 그 역사가 짧은 구성주의가 앞으로 더 보완되거나 연구되어야 한다.

예를 들면, '열린 교육'과 '컴퓨터 네트워크 교육'이라는 새로운 교육방향으로의 열망과 맥을 같이 하고 있는 구성주의를 그와 상반되는 입장에 있는 객관주의의 시각에서 접근할 때 구성주의에 대한 이해가 좀더 분명해 질 수 있을 것이다.

2-2-2. 구성주의에 대한 객관주의의 도전

객관주의와 구성주의는 그 인식론적 차이로 인해 교수-학습원칙도 서로 대치되는 접근을 한다. 따라서 그만큼 양 진영의 학자들 간의 논쟁과 토론도 매우 열띤 양상을 보인다. 다음에서는 이들 논쟁을 정리하면서, 특히 객관주의자들의 입장에서 제기하였던 구성주의의 문제는 대략 다섯 가지로서 1) 교수전략으로서의 구성주의 2) 철학적 가치로서의 구성주의 3) 극단적 주관주의(상대주의)로서의 구성주의 4) 구성주의의 비실용성 5) 교수 전략의 부재의 쟁점으로 분류되며 이들에 대해서 살펴보도록 하겠다.

(1) 교수 전략의 한 방법으로서의 구성주의

구성주의에 대해 흔히 갖는 잘못된 인식 중의 하나는 구성주의를 교수-학습 전략의 연속선상에 있는 하나의 전략으로 보는 것이다. 대표적인 객관주의적 입장에 의하면 구성주의적 교수 접근은 학습 능력이 뒤지는 학생보다는 학습 능력이 뛰어난 학생에게 적합하다고 한다. 이런 생각은 비단 객관주의자들 뿐만 아니라 구성주의자들 사이에서도 발견할 수 있다. 구성주의적 접근은 수학이나 과학 등과 같이 비교적 잘 구조화되고 체계화된 학문보다는 인문・사회 계통의 학문처럼 정형화된 틀이나 구조로 설명될 수 없는 비구조적 학문에 적합하다고 한다. 따라서 구성주의적 학습 원칙을 바탕으로 한 '인지적 유연성 이론(cognitive flexibility theory)' 역시 단순한 암기가 있어야 하는 초보적 단계의 학습이나, 비교적 학문의 영역이나 세계가 정형화되고 체계적인 틀과 구조로 설명될 수 있는 분야에는 적합하지 않다고 본다. 대신, 불규칙하고 복잡한 특징을 지닌 고급 단계의 학습이라든지 정형화된 틀이나 구조로 접근할 수 없는 비체계적 학문 영역(인문, 사회 계통)에 적합하다고 한다. 또한 교수－학습의 연속선상의 맨 끝에 구성주의적 학습 환경을 두고, 이는 주로 대화나 프로젝트를 중심으로 하여 학생들 간의 인지적 전략의 활성화나 문제해결 능력 함량이 주된 목적일 때 사용하는 교수 전략이라고 하고 있다.

동시에 그 교수－학습 전략 연결선 상의 다른 한쪽에는 세분화된 기술과 지식의 습득, 그리고 단순 암기와 반복 연습을 통해 습득되는 지식을 가르치는 학습 환경을 두고 있다. 구성주의에서는 지식 습득을 세 단계, 즉 초보적 단계, 고급단계, 그리고 전문가단계로 나눈 다음, 이 중에서 구성주의는 고급단계에서 가장 효율적인 교수 전략이라고 규정한 바 있다. 이는 다시 말해 구성주의에 대하여 가장 흔히, 그리고 가장 쉽게 가질 수 있는 오류 중의 하나가 바로 구성주의를 교수 전략의 많은 유형 중의 하나로 본다는 것을 시사하고 있다.

그러나 위의 오류에 대하여 듀피(Duffy)와 조나센(Jonassen, 1992)은 다음과 같이 답변하고 있다.

"학문 내용과 분야를 더 체계적이다, 덜 체계적이다 혹은 더 복잡하고 덜 복잡하다고 나누는 것은 학습자의 입장에서가 아니고 그 학문의 전문가의 입장에서 그렇게 구분하는 것이다. 학습자의 입장에서는 실생활에서의 활용을 전제로 하는 지식과 학문일 경우, 그것이 초보 수준이든 고급 단계이든 상관없이 그 대부분이 사실상 비체계적이고 복잡한 학문이며 지식이다."

다시 말해, 복잡성과 체계성과 규칙성의 정도를 기초로 하여 학문의 내용과 성격을 분류하는 것은 그 학문 분야의 전문가의 입장에서 그렇게 구분하는 것이고, 초보자 경우에는 그 학문의 기초 단계 역시 비체계적이고 복잡한 것이다. 특히 배워야 할 과제가 이론으로서 뿐만 아니라 실제 적용을 전제로 하는 환경일 때는 그 학문을 단계에 따라 비교적 더 혹은 덜 체계적이다. 또 혹은 덜 복잡하다 등으로 분류하는 것이 초보자에게는 전혀 의미가 없다는 것이다. 포스넛(Fosnot)의 경우는 피아제(Piaget)의 인지발달 이론에 근거하여 위에서 언급된 구성주의에 대한 잘못된 견해를 다음과 같이 반박하고 있다.

"학습자들은 자신들의 이해의 수준이 어디에 있든 간에 항상 나름대로 의미 형성과 구성을 계속하고 있다. 따라서 구성주의는 단지 복잡하고, 비체계적인 학문 영역에만 해당하는 이론이 아니다. 구성주의는 학습자들이 어떤 식으로 의미를 만들어 가고 어떻게 구성해 나가는가에 관한 이론이다."

Jonassen(1992)의 경우, 위에서 이미 인용된 같은 논문의 마지막 부분에 자신이 구성주의에 대해 지녔던 초기의 이해, 즉 구성주의를 한 교수 전략으로 본 것이 잘못되었음을 인정한다고 덧붙이면서 다음과 같이 해명하고 있다.

"위에서 언급한 나의 주장(학습의 단계를 셋으로 분류하고 그 중의 한 단계에 구성주의적 접근을 적용하려 한 것)은 효율적 측면에 근거하여, 초기 인지적 구조는 객관주의적 학습 환경에서 가장 잘(가장 효율적으로) 이루어질 수 있다고 한 것이다. 완전히 객관주의적 환경에서 자라고 훈련받아 온 세대로서 이 객관주의적 매력을 물리치기는 상당히 어려운 일이다. Piaget와 Vygotsky의 이론을 이어받은 계통에서 볼 때, 학습자가 어릴수록, 그리고 초보자일수록 가장 구성주의자적 학습자이다. 따라서 대부분의 경우(모든 경우는 아니어도) 지식 습득의 초기 단계에 적합한 환경은 구성주의적 학습 환경이다."

따라서 구성주의는 교수전략의 한 방법이 아닌 객관주의적 인식론에 대한 대응 패러다임으로 봐야 한다.

(2) 철학적 가치로서의 구성주의

구성주의를 교수-학습 전략의 연속선상에서 하나의 전략이나 방법으로 보는 것과 유사한 맥락에서, 구성주의가 인식론적 이해를 강조한다는 이유로 객관주의자들은 구성주의를 하나의 철학적이고 관념적인 가치로 설명하고 있다. 구성주의를 객관주의와 대비되는 패러다임으로 보는 객관주의 간의 부족한 부분을 보완해 줄 수 있는 일련의 가치체제로 보면서 구성주의와 전통적 교수설계(instructional development : ID)와의 통합을 꾀하고 있다. 즉, 객관주의를 보완하는 가치체제로 구성주의를 보면서, 구성주의적 가치를 ID 모델 안으로 결합시켜 사용하려고 한다. Lebrow의 이런 주장은 Reigeluth의 주장과 일맥상통하는 것인데, 구성주의와 객관주의 간의 격렬한 논쟁에서 구성주의를 "교수이론으로서 보다는 커리큘럼 이론에 더 적합한 것으로 본다. 왜냐하면, 구성주의는 어떻게 가르칠 것인가 보다는 무엇을 가르칠 것인가에 더 관심을 두기 때문이다."라고 한다. 물론 이들 생각처럼 구성주의가 하나의 교수 전략이라든지 혹은 좋은 가치제제라고 하면 이미 다양한 이론적 관점을 적절히 결합하고 있는 기존의 여러 ID 모델에 첨가되어 ID 모델의 다양성을 더욱 돋보이게 할 수 있을 것이다.

그러나 구성주의는 하나의 교수전략도 아니요, 하나의 철학적 가치체제도 아니다. 그것은 바로 기존 패러다임인 객관주의에 대한 대응 패러다임이다. 따라서 구성주의는 객관주의의 인식론과 상반되는 하나의 독자적 패러다임이자, 객관주의 교수-학습 원칙과 상반되는 교수-학습 원칙과 이론을 제시하는 것이기 때문에 구성주의를 단순히 하나의 교수 전략으로 축소하거나 혹은 이상적 교육론을 전개하는 철학적 가치 체제로 간주하면서 기존 객관주의 패러다임과 그에 의거한 객관주의적 교육 방법과 환경에 적당히 접목시키려는 것은 구성주의의 본질을 왜곡하는 것이다.

(3) 극단적 주관주의(상대주의)로서의 구성주의

지식이란 사회적 관계 속에서 개인의 인지적 작용을 통해 끊임없이 구성과 재구성의 과정을 반복한다. 따라서 이런 과정을 통해 구성되는 지식에는 학습자의 개별적 의미와 성격이 포함되어 있다. 이와 같은 지식의 구성에 대한 상대주의적 시각 때문에 객관주의자들은 구성주의를 '극단적 주관주의다.'라고 주장한다. 비슷한 문맥에서 역시 구성주의를 '이상론적이고, 교리적이고, 배타적'이라고도 한다. 즉, 구성주의는 '사람들이 공통으로 지니고 있는 현실과 실상에 대한 견해보다는 개인적 지식과 의미의 구성과 형성'을 강조한다는 것이다. 따라서 이런 주관적 지식구성보다는 '객관적이고, 표준적인 기준'을 설정해서 '실용적이고, 전문적이고, 효과적인 결정'을 내릴 수 있어야 한다고 한다.

그러나 이상에서 언급한 주장은 구성주의의 인식론의 두 요소, 다시 말해 지식 구성과 습득에서 개인의 인지적 요소와 사회적 요소라는 두 요소가 상호 밀접한 관계를 이루고 있다는 점에서 지식 구성의 인지적 측면만을 고려하고 지식구성의 사회적 측면은 거의 도외시한 결과이다.

사실 구성주의는 지식구성의 인지적 측면과 사회적 측면 중에서 어디 측면에 더 무게를 두느냐에 따라 인지적 구성주의와 사회 문화적 구성주의로 구분된다(표 2-1 참조). Piaget의 인지적 발달이론을 근거로 하는 인지적 측면의 활성화와 객관적 타당성을 위한 단계로 보고 있다. 반면에 Vygotsky의 인지적 발달이론을 근거로 하는 사회 문화적 구성주의는 우선 이 두 측면의 상호 밀접한 관계에서 출발하여 지식구성의 사회적 측면을 좀더 강조하고 있다.

<표 2-1> 인지적 구성주의와 사회적 구성주의의 비교 (강인애, 1996)

	인지적 구성주의	사회 문화적 구성주의
인지적 발달 기원	머릿속	사회관계에 참여하는 개인
학습이란	적극적인 인지적 구조의 재편성	관련 공동체에서의 문화적 동화
최종 목표	개인 경험의 사회-문화적 타당성 검증	개인들 간의 활발한 상호작용에 의한 사회-문화적 관습 습득
이론적 관심	개인의 인지적 발달 과정	사회-문화적 동화 과정
분석 내용	사회적 상황에 의거한 인지적 재구성 과정	관련 공동체에 참여를 통한 사회-문화적 행동양식 습득 및 동화과정
수업 환경	교사와 학생 간의 문화 조사	공동체의 문화를 반영하는 학습 교육 실태 조사
그룹 간의 환경	상이성 강조	동질성 강조

그러나 이와 같은 지적은 사회 문화적 구성주의에서 강조하는 지식의 구성과 형성의 사회적 측면의 이론적 근거가 Vygotsky의 '근접발달의 영역(zone of proximal development)'에 두고 있음을 간과한데서 비롯된 것이다. Vygotsky의 이론에 따르면, 학습할 영역에 대해 전문적 지식과 기술을 지닌 사람(동료 학습자, 교사, 부모)이 학습자의 학습을 도와 줄 경우 학습자 개인이 혼자 도달할 수 있는 인지적 발달

수준보다 더 나은 수준에 이를 수 있다고 한다. 이때 학습자의 학습을 도와 주는 사람이 어느 경우에는 부모가 될 수 있고, 대부분은 선생이나 동료 학생일 수도 있으며 직접적으로 지식을 전달하는 형태와는 달리 '안내자, 조언자(guidance, scaffolder)'의 형태를 지닌다. 그러나 이런 역할도 학습자 스스로 문제해결의 전 과정을 완전히 다룰 수 있는 단계에 이를 때까지 점진적으로 안내자, 조언자의 참여, 간섭을 줄여 가고 결국에는 완전히 사라지는 것을 전제로 한다. 이 이론이 실제 교수-학습 환경에서 어떤 식으로 쓰일 수 있는지를 보여주는 구체적인 예로는 Collins의 '인지적 도제 이론'에 의한 학습 환경이 있다.

결국, 구성주의는 극단적인 주관주의 혹은 지나치게 개인적 지식구성이나 의미해석으로 전개될 수 있는 위험을 '사회구성원으로서의 참여'라는 검열 기제를 통해 방지하고 있는 것이다.

(4) 구성주의의 비효율성과 비실용성

구성주의적 교육환경은 비용과 시간면에서 비경제적이고 실제 교수-학습 환경에 적용시 비실용적이다고 지적하고 있다. 구성주의에 따르면, 학생들은 그들 자신에게 의미있고, 동료 학생들과 혹은 교사와 활발한 상호작용을 요구하는 학습 환경에 참여함으로써 학습에 대한 인지적 모델을 형성할 수 있다고 한다. 그러나 이러한 학습 환경은 실제 상황에서는 비용이 많이 들고 흔히 학습을 이루기에 충분한 환경도 아니며 대부분의 학습 과제에 적용될 수 있는 것도 아니다.

물론 어떤 학습 환경이든 '효과성', '효율성'은 매우 중요한 요소가 아닐 수 없다. 그러나 과연 교육의 효과성이나 효율성의 참된 의미는 무엇일까? 만일 교육의 효과성이나 효율성이 주어진 학습환경 내에서 주어진 시간 내에 주어진 내용의 습득에 대한 것에 국한되어 있다면 당연히 객관주의적 접근이 구성주의에 비해 학습의 효과성이나 효율성이 높을 수 있다. 만일 같은 조건에서 구성주의식 접근을 하면 그 시간 내에 다루어지거나 익힐 수 있는 학습의 양은 당연히 좁아질 수밖에 없다. 우선 교사가 계획한 다양한 내용을 모든 학생들이 다룰 수 없을 것이며 학습은 주로 학습자들의 수준 또는 관심을 중심으로 편협하게 펼쳐지게 될 것이다.

그러나 만일 우리가 교육의 효율성, 효과성을 좀더 넓은 범위에서 생각하면, 즉 교실 내에서 익힌 지식이나 기술이 교실 밖에서 실제로 적용되는 상황에 적용하게 될 때 과연 객관주의적 접근이 구성주의적 접근보다 그 효율성이나 효과성에서 높을지는 의심스럽다.

구성주의는 비록 다루는 학습내용의 넓이는 좁더라도 그 깊이는 객관주의보다 깊을 수 있으며 특히 학습자의 스스로 관심에 의해 자율적으로 전개되는 학습이기 때문에 객관주의적 교육환경에서보다 학습에 대한 좀더 높은 동기부여를 기대할 수 있다. 또한, 구성주의적 학습환경은 다루는 과제들의 성격이 매우 실질적이고 실제적이어야 한다는 전제로 전개되기 때문에 '학습의 전이'라는 측면에서 객관주의적 학습 환경보다 더 효과가 있다.

미국은 교육 체제 전반에 대한 의문으로부터 시작하여 적극적으로 개혁을 하려는 교육 개혁 운동이 80년대 중반부터 시작된 이후 2000년대를 넘어선 현재 새로운 교육 방식과 체제를 선택하는 학교가 급속히 늘고 있다. 특히 미국 심리학협회에서 학습자 중심 학습 환경 원칙을 제정하면서 미국 교육의 방향을 구성주의적 방향으로 전개할 것을 공식적으로 발표한 바 있다. 실제로 구성주의적 방식에 관심이 있는 교사와 교수들을 중심으로 구체적인 교과과목에 구성주의적 접근을 활용하고 있는 예를 쉽게 찾을 수 있다. 특히, 수학교육, 과학교육, 언어교육, 작문교육에 이르기까지 개별적 수업에 구성주의적 원칙을 적용하고 있는 사례 연구가 많이 발표되어 있다. 또한, 구성주의적 실천안은 비단 전통적인 교실 내 수업환경에서 뿐 아니라 하이퍼미디어 시스템이라는 매체를 통해서도 이루어지고 있다. 예를 들어, Vanderbilt대학의 Cognition and Technology Group(CTGV)에서 개발한 비디오 CD를 이용한 학습 프로그램(일명 '제스퍼 시리지')은 그들의 구성주의 모델이 적용된 것이며, Spiro와 그의 동료는 그들의 구성주의 모델을 이용해 하이퍼미디어 프로그램 '인지적 유연성 하이퍼미디어'를 개발했다. 그리고 가장 최근, Duffy는 Collons의 '인지적 도제이론'을 중요 이론적 근거로 하여 앞으로 교사가 될 학생들이나 이미 교사인 자들에게 구성주의 방식에 의한 새로운 교수법을 지도하는 목적으로 사용될 수 있는 하이퍼미디어 프로그램을 개발하였다.

물론 구성주의적 이론이 구체적으로 실천되고 있는 많은 예가 하이퍼미디어 환경의 코스웨어로 구현되고 있기 때문에 구성주의는 비용상, 관리상으로 비실용적이라는 지적을 받을 수 있다. 그러나 상호작용을 촉진하는 테크놀로지(technology)의 발달에 의해 실지 세계의 축소판(micro world), 시뮬레이션, 상호작용적 환경 등이 가능하게 되었고, 하이퍼미디어는 많은 교육적 환경의 변화를 촉진하고 있다. 실제로 기존 객관주의 원칙하의 교수-학습 환경과 전략들을 하이퍼미디어를 통해 실현하려는 많은 시도가 이루어지고 있다. 따라서 하이테크놀로지를 교수-학습 환경에서 활용하고자 하는 것은 비단 구성주의 만의 시도가 아니며, 이런 의미에서 구성주의적 학습 환경의 비경제성에 대한 논의는 설득력을 잃게 된다.

구성주의적 접근에 대한 관심과 실천은 단지 외국의 경우만이 아니다. 한국에서도 1995년 5월 31일 교육개혁안의 발표 이후 새로운 교육환경 구축에 대한 논의와 관심이 증가하고 있는데, 그 논의의 상당 부분이 구성주의적 입장과 매우 유사하다. 즉, 새로운 교사와 학생의 역할을 강조하면서 많은 부분에 학생의 선택권을 할애하고, 이전에 세분화된 교과목을 중심으로 이루어지던 단편적이고 세분화된 지식의 습득을 지양하고 여러 관련 과목들의 통합적 접목을 통해 문제해결 능력을 키우고자 하는 이른바 '열림 교육'을 실천하려고 하는데 이것은 바로 구성주의자들이 주장하는 바와 매우 흡사하다.

또한, 요사이 컴퓨터 네트워크에 의한 수업의 교육적 활용과 영향이 학교교육과 기업교육에서 매우 활발히 연구되고 있는데, 이 수업 방식의 이론적 전제의 근본 역시 구성주의와 연결하여 생각하지 않을 수 없다(강인애, 1996). 결국, 열린교육의 개혁운동이나 하이퍼미디어를 활용한 코스웨어 개발, 그리고 컴퓨터 네트워크에 의한 수업 등과 같은 일련의 예들이 보여주듯이 현재 우리의 관심은 구성주의적 학습 환경의 비경제성, 비효율성에 대한 논의에 앞서 지식 정보시대를 맞이하여 그 시대적 요구에 적합한 학습 환경으로서 제기되고 있는 구성주의적 대안으로 모색되어야 한다.

(5) 교수 전략의 부재

객관주의자들은 구성주의 원칙이 매우 그럴 듯 하지만 실제 교육환경에서 언제, 어떻게 사용해야 하는지를 알려 줄 수 있는 구체적인 교수 기법이나 전략을 제시하지 못하고 있다고 지적했다. 사실, 객관주의는 3백여 년에 걸쳐 우리의 인식론적 세계를 지배해 오면서 수많은 교수전략과 교수기법 등을 개발했고, 이들을 체계 있게 정리하여 다양한 교수이론이나 모델을 탄생시켰다. 그리고 객관주의적 수업설계의 여러 모형을 통해 개발된 '요구분석', '내용분석', '학습자분석', '과제분석' 등의 많은 교수

기법이 교육 상황에서 활발히 사용되고 있다.

그러나 구성주의는 분명 교수이론은 아니다. 그것은 학습자가 어떤 식으로 의미를 구성하고, 학습을 이루어 가는지를 다루는 '학습이론'이다. 따라서 실제 교육현장의 다양한 상황성을 초월해 어느 상황에서든지 적용될 수 있는 '도구'와 같은 형태의 기법이나 전략은 제시하지 못한다. 대신 구성주의의 중요한 학습 원칙에 대한 확고한 인식을 기반으로 하여 각기 독특한 상황에 맞는 창의적이고 유연한 전략을 개발해야 한다. 다시 말해 구성주의적 원칙에 맞도록 학습환경의 틀을 마련한 뒤에 각기 세부적 상황에 대한 설계를 해 나가는데 필요하다면 객관주의적 전략이나 기법을 충분히 활용할 수 있다는 것이다.

구성주의와 객관주의는 인식론적 전제를 달리함으로 인해 궁극적 학습목표도 다르다. 따라서 그에 따라 학습 전개 과정이나 평가준거와 방법 역시 다를 수밖에 없다. 이에 따라 객관주의적 시각에서 구성주의를 보면 구성주의적 학습 전개 과정과 평가는 문제 투성이로 보인다. 우선, 객관주의자들은 구성주의에서는 수업이 이루어지는데 필수적인 학생들의 선수지식(entry level) 분석이 이루어지지 않고 있다고 한다. 물론 이들이 지적했듯이 구성주의에서는 학생들의 선수지식 정도를 알아내기 위한 '객관적 분석'이나 '기법'을 적용하지 않는다. 그러나 구성주의적 학습 환경의 출발점은 학습자의 지식과 경험을 바탕으로 하는 학습의 전개와 구성에 두고 있다. 따라서 구성주의에서는 선수 지식에 대한 관심이 없다는 것이 아니고 그 접근과 이해가 객관주의의 그것과 다를 뿐이다. 즉, 객관주의에서는 학습자의 선수지식에 대한 분석이 수업 전에 이루어진다. 그를 바탕으로 수업 내에 이루어질 내용이 확정되는 것이기 때문이다. 반면에 구성주의에서는 학생들의 선수지식에 대한 분석은 수업을 진행해 가는 과정 중에 이루어진다. 다시 말해 선수지식의 평가는 과제를 수행해 가는 상황 안에서 학생들과의 대화를 통해 개개인 학생들의 선수지식을 판단하는 것이다. 교사는 학생 개개인의 인지적 구조(스키마)를 자극할 수 있는 과제(약간의 인지적으로 도전적이고 어렵고 복잡한 성격의 과제)를 내주고 그룹으로 혹은 개인으로 그 문제를 풀어가도록 한 뒤에 "교실을 돌아다니면서 질문을 던지면서 학생들이 사용하고 있는 인지적 전략과 학생들의 동화단계의 스키마 구조를 알아본다."라고 한다. 다시 말해, 객관주의처럼 수업 전 미리 선수지식의 분석이 이루어지는 것이 아니고 실제 어느 특정 과제를 풀어 가는 과정에서 자연스럽게 분석이 이루어지는 것이다.

구성주의의 교수 전략의 부재로서 흔히 지적되는 또 다른 문제는 학습 후의 평가에 대한 문제이다. 전통적 수업설계에서는 학습의 평가기준이 되는 것이 학습 목표이다. 일단 학습 목표가 결정되고 나면 바로 학습 평가기준이나 항목들이 결정된다. 즉 학습목표와 학습평가 항목과 기준이 실제 교실에서 학습이 이루어지기 전에 미리 결정되는 것이다.

그러나 구성주의에 의하면 학습평가는 학습목표에 의해 수업이 이루어지고 난 후 연이어 이루어지는 분리된 단계가 아니다. 대신 학습목표와 마찬가지로 학생이 실제 과제에 참여하는 상황 속에서 자연 발생적으로 지속적으로 이루어진다. 수업의 출발점이 그 내용이나 수준에서 다르다 보니 그 결과 도달하게 되는 지점도 다른 내용과 수준이 되는 것이다.

객관주의적 입장에서 보면 이와 같이 사전 학습목표 없이 이루어지는 수업은 자칫 자유방임적 수업으로 보일 수 있다. 사실 구성주의적 평가방법을 '목표－방임적(goal-free)' 방법이라고 했다. 그러나 그는 이 용어는 객관주의자들이 구성주의적 학습에 우려를 하면서 지적하듯 '방향없이, 즉흥적으로 진행되는 학습'을 말하는 것은 아니다.

구성주의적 학습을 목표－방임적이라 했을 때 그 의미는 수업설계자에 의해 미리 결정되고, 그로 인해 그의 개인적 '편견'이 개입되어 설정된 학습목표와 평가를 지양한다는 의미이다. 따라서 오히려 학습내용에서 학생의 흥미와 수준을 고려해 넓은 선택권을 준다는 의미의 내용－방임적(content-free), 혹은 목표－지향적(goal-directed)으로 해석할 수 있다. 즉, 객관주의적 학습 환경에서처럼 수업설계자에 의해 미리 학습 목표를 결정하는 것이 아니고 학습자들이 스스로 자신의 학습 목표와 그 방향을 결정하도록 하는 것이다. 이로 인해 구성주의적 학습환경에 있는 학습자들은 자신들이 원하는 결과를 얻기에 가장 적합한 목표를 스스로 설정하고 그것을 이루기 위해 의식적으로 노력하는 말 그대로 '적극적 학습자'가 되는 것이다. 결국, 구성주의의 궁극적 목표는 학습자가 처음(개인적 학습목표를 설정하는 단계)부터 마지막(스스로 설정한 목표에 도달했는지에 대한 평가단계)까지 학습의 진정한 주체로서의 구실을 하는 것이다. 물론 이 과정 중에 수업설계자나 교사는 학습자가 추구하는 목표에 대한 공감대를 형성하고 그것을 토대로 하여 학습자에게 유익한 피드백과 학습상 도움을 주어야 한다. 비록 구성주의가 학습에 대한 절대적 주인 의식을 지니고 자율적으로 학습을 추구해 나가는 적극적 학습자를 강조한다고 해서 교사나 수업설계자의 필요성조차 부정하는 것은 결코 아니다. 단지 기존의 교사나 수업설계자의 역할과 다른 역할, 즉 학습자가 학습에 대한 자율성과 책임성을 지니고 학습을 전개할 수 있도록 조언을 하고 방향을 제시하고 나아가 학습자들과의 대화에 참여하여 학습자들을 더욱 잘 이해하고, 주어진 과제에 대한 새로운 관점을 익히게 되는 역할을 강조하는 것이다.

마지막으로 논의될 수 있는 구성주의적 문제는 구성주의의 평가 방법이 주관적일 수 있다는 것이다. 다시 말해 객관적 신뢰도가 미약하다는 것이다. 그러나 구성주의자들은 가능한 많은 평가자료를 수집해야 한다. 학생들을 관찰하고, 그들과 대화를 나누고 동료 교사들과 의견을 교환해야 한다. 학생들의 수업일기를 읽고, 학생들의 수업모습을 비디오로 녹화하고, 그것을 다른 학생과 동료 교사와 같이 보고 토론을 한다. 학생들에게 개인적이든 그룹으로든 가능한 많은 과제를 내주어야 한다. 그리고 기존의 객관적 시험 결과도 참고해야 한다. 이러한 다양한 정보를 충분히 활용해야 한다.

구성주의적 학습에서는 가능한 '여러 상황'을 제시하고 그 안에서 실제로 문제를 풀어 가는 '과정'을 중시하고 가능한 여러 형태의 '다양한 평가기준'을 도입해서 학습자에게 공평하고 실질적인 평가를 해 줄 수 있어야 한다는 것이다. 구체적으로 객관식 시험도 평가방법의 한 방법으로 포함하면서 주로 포트폴리오 형식, 과제 중심적 평가방법을 도입하여 이 모든 것을 종합해서 평가한다. 또한, 단지 교사에 의한 평가 외에도 학습자가 스스로 평가하는 개인평가, 자신의 조원들에 대한 조원 평가, 다른 조에 대한 평가 등을 포함할 수 있다. 이때 비로소 객관주의자들에 의해 지적된 '주관적 평가'의 한계를 넘어설 수 있으며, 진정한 의미에서 '학습자 중심의 학습환경'을 실천할 수 있다. 학습의 처음부터 마지막까지 학습자들의 공평한 참여가 이루어지는 수업을 이루어 가는 것이다.

2-2-3. 구성주의와 객관주의의 관계 : 대립에서 대화로

이제까지 객관주의에서 제기하는 구성주의의 문제점이 무엇인가 살펴보았다. 이를 통해 객관주의에서 지적한 구성주의적 문제점의 대부분이 사실은 구성주의에 대한 부분적 이해(특히 인식론적 부분에 대한)에서 비롯됨을 알 수 있었다. 그러나 객관주의가 던지는 이러한 질문과 도전은 구성주의가 이론적으로 그리고 실천적으로 좀더 발전을 하기 위해 매우 필요한 것이다. 즉, 객관주의자들이 지적한 구성주의의 비실용성, 교수－학습 전략과 기법의 부재 등은 구성주의자들이 좀더 연구하고 개발해야 할 과제임이 분명하다. 또한, 끊임없이 제기되는 교육개혁에 대한 많은 요구는 객관주의든, 구성주의든 그 구분을 떠나 교육에 관계하고 있는 우리 모두가 공동으로 진지하게 접근하여 해결해야 할 문제가 산재해 있음을 나타내고 있다.

이미 언급하였듯이 구성주의자라고 해서 결코 객관주의자들이 지난 수백 년간 이루어 놓은 공적을 무시한다든지, 객관주의적 접근에 배타적인 것은 아니다. 구성주의와 객관주의의 문제는 결국은 어느 것이 더 좋은 이론이냐와 같이 우위를 다루는 문제로 접근해서도 안 된다. 대신 현재의 시점에서 어느 것이 시대적, 사회적 요구에 좀더 적합한 것인가를 따지는 '상황'과 '선택'의 문제여야 한다. 지난 수백 년간 수많은 연구와 과학적 검증 단계를 거쳐 그 효과와 효율성이 증명된 많은 교수－학습 전략과 기법이 지니는 가치는 그것이 객관주의적이냐 구성주의적이냐를 넘어서서 인정되어야 한다. 다만, 구성주의는 과연 학습자들이 어떤 상황에서 어떤 과정을 통해 학습을 이루어 가는가에 대해 다른 각도와 시각으로 접근해 보는 것이다. 실제 수업을 받아야 할 학습자들의 요구와 흥미가 고려되고 있는지, 그들 개개인의 사회, 문호, 역사적 배경이 고려되고 있는지, 그들이 지니고 있는 개인의 경험적 지식, 그들의 목소리가 진정으로 가치 있게 받아들여지는지, 그들이 이 수업에서 다루는 과제가 실제 생활과 유사한 환경과 특성을 지니면서 그들과 관련된 문제로서 제시되고 있는지, 실제 교실에서 학습의 주체가 교사가 아닌 학생인지, 학생들의 다양성이 충분히 인정되고 있는지 하는 일련의 모든 문제에 대한 논의와 관심이 바로 구성주의이며 그것이 추구하는 방향이며 목표이다. 이 경우 객관주의적 교수－학습 전략과 기법은 이러한 구성주의적 논의 사항을 수행해 나가는데 많은 도움을 줄 수 있다. 중요한 것은 수단과 목적 간의 구분이다.

구성주의의 원리를 바탕으로 교육 목표와 학습 환경을 설정하고, 상황에 따라 객관주의적 패러다임에 입각한 교수－학습 전략과 기법을 도입하여 교육적 효과를 증진시킬 수 있는 것이다.

결국, 교육의 이상적인 개혁과 발전을 위해 이루어져야 할 것은 객관주의, 구성주의로서의 입장에 대한 개별적 주장이나 각 이론에 대한 대립적 태도보다는 대화를 통해 각 패러다임에 대한 확실한 이해와 공감대를 형성하고, 궁극적으로 진정한 의미에서 학습자에 대한 배려와 신뢰가 있는 교육환경을 구현하는 것일 것이다.

2-3. 구성주의 철학

2-3-1. 구성주의 철학과 정보사회의 교수매체 활용 방안

후기 산업사회에서 벗어나 정보사회로 전환되는 현 시점에서 정보사회의 주요 기계류나 도구가 수업의 장인 교실 안과 밖에서 어떤 모양새로 떠오르고 있는가를 살펴보고 이를 보다 효과적으로 수업을 위해 고치고 적응하는 일이 많은 교수개발가(instructional developer : ID)들의 새로운 역할로 부각되고 있다. 이제까지 교육매체분야의 쟁점으로서 관심의 대상이 되어온 제3 세계 국가들이 당면한 교육공학적 문제점이 Lumsdane이 발표한 교육공학 Ⅱ를 새삼 적용한다고 해서 해결될 수 있을지는 미지수이다. 이에 대한 답변으로 Lumsdane은 단지 산업사회를 겨냥해서 교육에 대한 공학의 역할을 언급했을 뿐이라는 점이다. 이미 세계가 사이버 기술로 하나의 촌락으로 생성되는 정보사회로 접어들고 있어서 Lumsdane의 발표는 한계에 부딪히고 있어 사회적으로 대두하는 교육의 문제점을 해결하는 데에는 더욱 발전한 이론이 첨가되어야 한다.

이러한 한계를 극복하고 더욱 새로운 방향에서 정보사회에서 교수매체를 활용하는 방안을 모색하기 위해서 먼저 정보사회의 특성을 알아보고, 그 특성에 비추어 주요 기계류인 컴퓨터를 이용한 여러 가지의 프로그램들의 교육적 역할을 올바로 부여하기 위한 방편의 하나로 구성주의 철학이 교수매체 활용에 던져주는 시사점을 알아보기로 한다.

우선적으로 해결되어야 하는 문제점들은 다음과 같다.

1) 공학을 저급, 고급 및 중급으로 분류하고 각 수준에 의거 특정문화가 안고 있는 교육의 문제점들을 해결할 수 있는 적절한 교수매체 프로그램들의 개발이 수월하게 이루어질 수 있는가?

2) 정보사회에서 활용되는 교수매체를 이용함에 구성주의 인식론에 근거하여 허용

하고 실행시킨 학습자의 주관적 해석과 분석의 결과를 객관적으로 평가하는 것이 타당한가?

먼저 정보사회의 다양한 인식의 세계 속에서 살고 있는 학습자 개개인의 욕구를 분석하는데 도움이 되는 구성주의 철학을 살펴보고 그 결과를 정보사회의 교수매체의 활용에 적용하기 위한 방안을 모색해 보기로 한다. 정보사회에는 산업사회에서 흔히 쓰이던 교수매체의 기능이 보완된 뉴미디어의 출현으로 수업상황이 발전한 상태이기 때문에 전에 흔히 논의가 되어 왔던 이론이나 철학적 기초들은 매체의 활용에 능동적이라고 할 수 없다. 따라서 90년대에 이르러 교육공학자들의 관심거리가 되기 시작한 구성주의 철학을 교육에서의 뉴미디어의 활용에 중심을 이루는 이론적 기초를 살펴보자.

구성주의 철학적 주장을 처음으로 제기한 Vico(목영해, 1998)는 인간은 사물을 창조적으로 인식한다고 주장한 바 있다. 그 후 Kant는 인식이란 객관적으로 존재하는 실체를 인식 주체인 인간이 수동적으로 받아들인다는 Kant 이전의 인식론을 부인하고 인식 대상을 인식 주체인 인간이 구성한다는 태도를 보였다. Kant에 의하면 인식하는 일이란 인식 주체가 일차적으로 절대적 시간과 공간 속에 인식대상을 위치케 하는 일이다(목영해, 1998).

Kant의 이러한 입장을 보다 상세화시킨 Goodman(1978)은 인지 대상의 재현으로 주어진 세계는 없으며 실제로 있는 그대로의 세계에 대해서 말하거나, 그러한 세계에 대한 우리 인간의 경험을 이야기하는 것은 무의미하다고 주장하였다. Goodman에 의하면, 세계는 언어를 비롯한 부호로 만들어지며 세계는 주어지는 것이 아니고 생성된다는 구성주의 입장을 내세웠다. 즉 Kant가 세계는 마음의 구조에 의하여 구성된다고 주장했지만 Goodman은 부호의 구조에 의해서 구성된다는 태도를 보이고 있다. 후자에 의하면 세계를 만드는 일은 이미 주어져 있는 세계를 고치는 일이 된다. 우리에게 존재하는 세계는 Goodman(1984)에 의하면 상징적 부호로 구성된 세계판에 의해 만들어지기 때문에 세계는 인간의 지각이 각기 다른 만큼 많은 수가 될 수 있다.

이와 같은 Goodman의 주장은 개성중심의 개별화 학습전략을 뒷받침해 주는 하나의 이론적 준거가 된다. 정보사회에 우월한 교수매체로 떠오르는 인터넷에 의한 원격 화상 교육은 시간과 장소를 초월한 상호작용이 교수자와 학습자 그리고 학습자와 학습자 사이에 이루어지는 교수-학습 환경을 가능하게 한다.

정보사회에서 인간은 정보를 자산으로 그 생활 범주가 현재 우리의 상상을 초월할 정도로 넓어진다. 이런 사회에서 인간에게 요청되는 생산성은 정보와 관련된 것으로 더욱 고차원적인 창조력에 의해 고조된다. 정보의 생산은 필수적으로 정보의 관리를 비롯하여 저장, 검색 및 활용 등의 작업이 수반되어야 한다(권성호, 1990). 이런 작업을 학습자들이 수월히 해내기 위해서는 더욱 진전된 공학적 접근이 적용돼야 한다.

정보의 생산과 관리, 저장, 검색 및 활용은 이제까지의 산업사회에서 수동적으로 수업에 임하였던 학습자의 행위가 적극적이고 능동적으로 전환되어야 함을 일깨워 준다. 이제까지 교실이나 실험실에서 일어나는 모든 작업은 교수자에 의해서 주관되고 완성되는 것을 흔히 찾아볼 수 있었다. 피동체로서 학습자는 단지 모방의 수준을 벗어나지 못하여 인지적 고등정신 기능과 아울러 더욱 고차원적인 정의적 학습 능력의 발달에 크게 제한을 받아 왔다.

그러나 정보사회의 환경과 사회 문화적 기반은 이와 같은 학습자의 피동적 학습행위를 허용할 수 없는 새로운 형태로 전환되어 사회의 주체인 학습자와 관련된 모든 교육적 환경에도 일대 혁신이 도래하게 되었다.

교육적 환경의 혁신은 특정 환경이 처한 국가적 차원의 경제적 여건, 가용한 자원 및 가치체계에 대하여 이루어져야 한다. 우리나라의 교육은 범국가적으로 산업사회에서 정보사회로 전환되는 시점에서 일대 개혁이 요청되는 문제 상황에 처해 있다. 산업사회에서의 교육은 그 사회가 필요로 하는 기본적인 수학지식과 아울러 읽기 및 쓰기 등 의사소통에 필요한 기능을 학습자에게 전수하는 일이었다. 반면에 정보사회에서 필요로 하는 기능은 고차원적인 인지기능의 숙달 및 문제해결력의 육성이다. 따라서 정보사회의 교육은 Bloom의 taxonomy에서 고등정신 기능으로 지적되어온 자료의 관계분석력, 종합력 및 평가력 등이다. 따라서 산업사회에 팽배해 있던 회귀적 사고력에 그치지 않고, 정보사회의 교육에서는 다면적 사고력을 배양시키기 위해서 멀티미디어 등의 뉴미디어를 사용하여 학습자 개개인의 경험의 세계를 인정하는 학습 환경의 조성이 필요하다.

집단적 수업과 능력별 반편성이 우세하던 산업사회와는 달리 정보사회에서는 개인의 특성과 관심 및 욕구를 반영한 수업을 지향하게 된다. 이에 우리나라의 교육은 저급공학이나 고급공학보다는 자동화의 정도에 한계가 있는 점을 고려하여 중급공학을 먼저 적용하고 자동화가 완벽하게 되는 시점에 대비하여 고급공학을 채택할 준비를 하여야 한다(Long & Olson, 1980).

정보사회에서는 교육에 적응되는 미디어가 상호작용 비디오, 인터넷, 멀티미디어 등 컴퓨터가 주체가 된 기계류로서 이들 기계류를 체제적 접근의 기재를 통해 교육에 적응시키는 것이 바람직하다. 이들 기계류를 이용한 개별화 학습프로그램은 계획, 고안 실행 및 평가의 측면에서 비용이 적게 들고 개발과 관리에 걸리는 시간이 적게 들어서 경제적이다. 그뿐만 아니라 기술적으로 탁월하고 사용자인 교수자나 학습자가 긍정적인 태도를 갖게 된다.

특히 PC 통신과 접속된 인터넷은 원격교육, 재택교육 등을 가능하게 해 주어 학습자에게는 정보를 생산, 정리, 저장, 관리하는 데 있어서 선택의 폭이 넓어지고 더욱 자유로워지며, 교수자와 학습자 사이에 비동시적 상호작용이 이루어져서 상호작용의 빈도수가 잦아지고 상호작용의 내용도 다양해져서 교수－학습의 효과가 높아진다.

이러한 견해는 중급과 고급 공학으로 우리의 교육이 당면한 문제점을 단편적으로나마 해결할 수 있다고 판단된다.

구성주의는 “실재란 학습자의 마음 속에 존재한다.”라고 주장하여 학습자가 자신의 경험을 바탕으로 실재를 구성하며, 따라서 개인 학습자의 구성된 실제의 모습이나 의미가 다르다는 태도를 보인다(나일주 · 정인성, 1996). 다시 말해서 지식은 경험으로부터 구성되는 것이며 객관적으로 존재하는 것이 아니다. 극단적인 구성주의자들은 세상에 공유되는 실재는 없으며, 학습은 세상에 대한 극히 개인적인 이해라고 한다(Duffy & Bednar, 1991).

이러한 구성주의의 학습에 대한 견해는 개별화 학습의 필요성을 적극적으로 지지하는 입장으로 판단된다. 양질의 학습자료와 교수방법이 제시되면 거의 모든 학습자는 주어진 시간 내에 미리 정해진 기준을 달성할 것이라는 견해와 학습자는 서로 다른 학습보조를 하고 있어서 학습에 걸리는 시간이 각각의 학습자마다 서로 다르다는 구성주의 입장은 개성중심의 개별화 학습 전략의 중요성을 부각시킨다.

구성주의 입장에서의 교수설계는 가르치는 것을 구조적으로 만드는 것이 아니고 학습이 고조될 수 있는 환경을 설계하여야 한다는 것으로서, 이 때의 환경이란 실제와 아주 가까운 복합적이고 역동적인 상황이나 문제가 제시되어야 하며 또한 주제에 대한 다양한 관점을 개발하고 평가할 수 있는 교수-학습의 협력체제가 조성되어야 한다. 이러한 환경 하에서는 학습을 안내할 수 있는 지적 도제제도가 가능해야 한다.

이러한 환경의 조성을 더욱 쉽게 이룩할 수 있는 도구로서 정보사회에서 활용되는 인터넷 PC통신, 멀티미디어 등이 있다. 이들 기계류가 교수설계에 적절히 적용될 때에 원격교육과 재택교육을 효율적으로 실행시켜 개별화 학습의 완성이 앞당겨지고 교수-학습의 비동시적 상호작용이 효과적으로 이루어진다.

학습의 기본 목적인 지식의 확인과 암기 그리고 활용 등을 성취하기 위한 핵심적인 요인이 학습자의 학습에의 능동적인 참여이다. 학습자는 정보를 능동적으로 처리해야 할 뿐만 아니라 정보를 정교화시키고 해석해야 한다. 학습자의 능동적 참여를 유치하기 위해서 학습환경을 설계할 때에 구성주의 철학적 견해와 뉴미디어를 이용한 정보처리 기술의 적용이 권장된다(나일주 · 정인성, 1996).

발전한 교수설계 전략은 수업의 목적이나 학습의 목표를 완전히 배제한 입장을 취하는 것이 아니고 기존에 사용 중인 체제적 접근모델을 적용하되 교수전략의 측면에서 교수자와 학습자 사이에 비동시적인 상호작용을 부추길 수 있어서 학습이 발견적이고 인지적으로 융통성 있으며 발생적인 지식의 생성을 격려하는 입장이다.

뉴테크놀로지로서 정보사회의 교육현장에서 활용될 수 있는 상호작용 비디오, 멀티미디어, PC통신기술 및 인터넷, DMB, WiBro, IPTV 등은 구성주의 인식론에 입각한 학습 환경의 구현이 실현 가능한 것으로서 적극적인 인지보조체제로 간주한다. 이에 학습자는 더는 수동적인 정보 입수자가 아니며, 또한 능동적인 정보의 검색 차원을 떠나서 조작자(manipulator)로서 정보의 생성과 이에 수반되는 관련 과제를 수월히 해낼 수 있게 되어야 한다.

조작자로서 학습자는 고등정신기능, 문제해결력 및 창조적 사고력을 형성하기 위해 자신에게 주어진 학습환경을 조작할 능력이 있어야 한다. 이러한 능력은 주어진 주제에 대해서 무엇인가 기발하고, 지금까지는 없었던 새로운 것을 만들어 내거나 생각해 내는 힘이라 한다(윤종건, 1990). 이러한 힘 또는 능력은 창의력(creativity)이라고도 지칭되며 Long과 Olsan(1980)에 의하면 새롭고 신기한 것을 낳는 힘이며, Taylor(1961)에 의한 생산적 사고를 표현하는 복잡한 심리과정으로서, 인내성과 성취 변화, 개선을 하는 태도, 그리고 큰 소신을 낳게 하는 정열 같은 것으로 표현되기도 한다. 창조적 과정은 학습자가 완전히 자유로운 상태에 정지되어야 가능하게 이루어질 수 있으며, 숙달된 이해력이 먼저 작용하고 그 다음으로 기능이 작용하므로 혼란에서 행동적 질서가 세워지며, 전통적인 것에서 새로운 것으로 바뀌는 것을 일컫는다.

창의력에 대한 보다 구체적인 정의를 살펴보면, 창의력은 한 개인의 독특성에서부터 나오는 그 개인 내부의 힘으로 그에게 가치가 있는 신기한 생각이나 참신한 통찰들을 산출하는 것이다. 따라서 창의력이란 무에서 유를 이루어내는 기적과 같은 것이 아니라, 기존하는 요소, 즉 이미 자신의 머릿속에 간직된 지식이나 축적된 경험을 바탕으로 새롭고 유용한 경험을 이루는 것으로 반드시 누구에게나 새로운 것이어야 할 필요는 없다. 다른 이에게는 이미 익숙한 것이라고 하더라도 자신에게는 지금까지 경험하거나 활용하지 못했던 것이라면 바로 창의적인 것이 된다는 뜻으로 해석된다.

창조력 육성에 저해요인은 우리의 현재 교육현실에 편재해 있어서 그 요인 제거작업이 대폭적으로 이루어져야 한다. 창조력의 발휘에는 지식의 양이 많으면 많을수록 유리하다. 구성주의가 주장하는 개인의 인식은 세계가 뉴미디어로 구성된 인지 보조체제에 의해서 구성된다면 개인 학습자는 일시에 많은 정보에 접할 기회를 가진다. 그러나 과연 기존하는 지식과 정보의 많은 부분이 정확하다고 할 수 있는가에 대한 답변은 모호하다. 부정확하거나 그릇된 정보는 창조력 사고에 악영향을 미치고 전혀 도움이 되지 않는다.

학습자가 정보를 생산하는데 사용하는 기존의 정보가 정확한 것인가에 대한 점검은 교수자에 의해서 이루어진다. 이러한 점검은 학습 활동에 대한 객관적평가가 요청된다.

본 서에서는 극단적인 구성주의를 다룬다기보다는 세계를 하나의 개인적 주관으로 취급하고, 진리는 주관적으로 선택되는 것이라는 입장을 취하는 실존주의 철학적 견해(이성호, 1996)를 구성주의에 의한 세계판을 해석하는데 혼합시킨 입장이다. 구성주의나 실존주의에 의한 학교교육은 모두 다 학습자의 창조력 개발에 흥미를 느끼는 입장으로 해석된다. 실존주의 철학에 의하면 학교가 존재하는 이유를 학습자의 자신에 대한 깨달음을 일깨우는 데에 있다. 구성주의도 마찬가지로 학교교육의 궁극적인 목적이 학습자의 자아실현과 자기 계발에 있다고 간주하고 학습자의 인식의 세계를 적극적으로 인정하고 장려하는 입장이다. 학습자가 구성하는 세계판은 그의 인식의 세계에 대한 표상으로 학습 상황에서 부딪치게 되는 문제점을 해결하는 데에 끊임없이 개조되고 발전하여야 하는 위치에 처한다.

구성주의에 의한 교수-학습 설계 모델은 수반되는 교수매체의 속성상의 우월성으로 인해 전통적 재래식 교수매체를 수반한 종래의 교수-학습 설계 모델에 비해서 탐구에 더욱 중요한 가치를 부여한다. 그리고 이러한 가치의 부여는 탐구 소산에 질적 향상을 가져온다(Coleman et al., 1997). 구성주의에 의해 설계된 학습상황은 탐구를 하는 방식이 독특하고 탐구의 목적은 연합적이며 복합적인 의미를 구성하기 위한 학습상황을 이해하고 학습자들 사이의 서로 다른 견해를 나누는 것이다.

이와 같은 구성주의적 학습 상황 아래에서는 학습에 필요한 매체가 인터넷을 이용한 원격이나 재택학습이 되어 교수자와 학습자, 학습자와 학습자 사이에 편리에 따른 비동시적 상호작용이 활달해져서 더욱 경제적인 학습이 이루어질 수 있다. 이런 학습상황에서 학습자는 정보생산을 위한 검색을 위해 웹을 자유자재로 드나들며 떠다니는 정보를 찾아서 수집하여 조직화시킨다. 이러한 검색과 조직화의 과정은 Bloom(1976)의 taxonomy에서 고등정신 기능으로 지칭되는 것으로 탐구에 기본이 된다. 탐구는 산재해 있는 지식을 해석 및 분류하여 종합하는 지적기술로서 창조력이 요청되는 작업이다.

구성주의 철학이 주장하는 세계관은 특정사물에 대한 개인의 인식이 서로 다름을 나타내 주는 것으로 학습자 개성중심의 개별화학습이 필수적으로 대두한다. 세계관의 수는 개인 학습자의 수만큼이나 많다. 개인 학습자는 사물이나 사실에 대한 자신의 가치를 나름대로 판단 준거에 의해서 창조할 때에 편리함을 느낌도 안정된다. 재택교육과 원격교육에 의한 학습상황은 학습자 개인의 흥미, 적성, 취향에 따라서 조성되기 때문에 종래의 재래식 학교교육이 제공할 수 없었던 편의성과 안정성을 갖추게 된다.

정보사회를 살아갈 사람들에게 펼쳐질 활동의 무대는 우주 전체가 될 것으로 예측된다. 이 때에 인류는 과거의 공룡이 사라진 것과 같은 위기를 모면해야 하는 힘이 있어야 하며, 일상생활에서 부딪치는 문제를 신속히 처리할 수 있는 능력을 갖추어야 한다. 이 능력의 중심이 되는 요인이 창조성으로 판단되며, 이러한 창조성은 구성주의 철학에 기초하여 설계된 교수-학습 과정을 적절히 실천할 때에 배양된다. 즉, 정보의 생산이 초고속으로 이루어져 정보의 홍수시대가 도래될 가능성에 대비하여 어느 정보를 택하고 저장하고 활용할지에 대한 신속하고 정확한 판단은 각자의 가치 준거에 의해 이루어진다. 가치 준거는 개인이 소속한 부분문화(subculture)에 의해 정해질 가능성이 크다. 정보사회에서는 문화의 다양성이 대단한 것으로 간주하며, 개인은 각 문화에 여하히 동화될 수 있는 여력을 갖추어야 한다.

구성주의 철학에 의해 설계된 교수-학습 상황에서 학습자에게 배양될 탐구 능력은 정보사회의 다면적 문화를 소화 및 조절하는 데 얼마나 도움이 될지에 관한 여러 가지 견해는 후속연구에서 심도 있게 다루어져야 한다.

이제까지 논의된 정보사회의 학습자 능력에 관련된 문제점을 살펴보면, 1) 비동시적 상호작용에 익숙해진 학습자가 동시적인 상호작용에도 마찬가지로 적응을 잘할 수 있을 것인가? 2) 기술적으로 뒤진 제 삼세계의 학습자들에게도 정보사회의 주역을 이루는 학습자가 받는 혜택이 주어질 수 있는가? 3) 전통적 재래식 학습 환경에서의 탐구는 구성주의 철학에 의해 설계된 교수-학습 상황에서의 탐구와 우열이 가려지는가?

<표 2-2> 탐구에 대한 전통적 견해와 구성주의 견해(Cuba & Lincoln, 1989)

전통적 견해	구성주의적 견해
명제의 진과 위는 자연 그대로의 세계에서 실증적으로 검증을 통해 밝혀진다.	명제의 진과 위는 명제와 관련된 것에 대한 서로 다른 구성을 하는 전문가에 의해 판단된다.
세상에 존재하는 모든 것은 측정할 수 있다. 측정할 수 있지 않은 것은 존재한다고 할 수 없다.	사물에 대한 구성적 인식은 측정 가능하지 않다. 만일 측정이 가능하더라도 보조적 기능에 지나지 않는 측정이다.
사실은 자연세계에 대한 탐구가 이루어지지 않은 이론에 의존하지 않는다.	사실은 이론 및 가치 지향적으로 설명된다. 이론과 가치의 틀을 벗어난 실은 의미를 상실한다.
모든 관찰의 결과는 원인을 가지며 원인은 결과를 동반한다.	모든 관찰된 행위는 많은 수의 사람들의 상호보완적이고 동시 발생적인 세계관으로서 즉각적으로 설명된다. 이들 세계관 중에서 오직 소수만이 특정 목적을 위해 선택되어진다.
과학적으로 고안된 문제해결책은 많은 분야에서 응용되어진다.	재구성에 의해 고안된 문제해결책은 지엽적이고 임시로 응용될 뿐이다.

2-4. 개별화 학습

2-4-1. 개별화의 원칙

학습을 계획한다는 것은 인간의 인지적, 정의적 및 심체적 측면의 모든 행위를 바람직한 방향으로 변화시키기 위해 학습자의 특성에 맞는 수업환경을 마련하는 일련의 활동이다. 따라서 수업은 더욱 많은 학습자를 주어진 목표에 효과적으로 도달하도록 여러 가지 활동, 자료, 및 전략으로 형성된다. 양질의 학습을 고안하기 위해서 교사나 수업설계 전문가들은 반드시 학습자에게 가르치려는 학습과제의 특성을 분석하여 효과적인 학습목표와 과제의 구조를 파악하여야 하며, 또한 학습자의 특성에 맞는 수업 환경을 제공해야 한다.

학습자는 각기 다른 학습 속도로 진행을 하는데 그 큰 원인은 학습자 개인이 서로 다른 특성이 있기 때문이다. 이 장에서는 요인에 의해 학습을 어떻게 진행해야 할 것인가에 초점을 둔다.

다양한 교수전략이나 교수기법을 쓸 여건이 주어지지 못했던 종래의 교시에서는 설명식 강의로 다수의 학생에게 정보를 전달하고, 교과서 위주의 수업을 진행해 왔었다. 때문에 많은 학생이 학습부진 또는 학습결손을 체험하곤 했다.

흔히 학생의 교육적 욕구는 재래식 설명적 교수 기법과 교과서만으로는 충족이 될 수 없다고 들 한다. 이런 교수기법이나 자료는 학습자가 학습할 수 있는 분위기 조성에 주안점을 둔 교육목표 달성이 어려울 때가 종종 있다.

Cronbach는 주장하기를 학교는 모든 학생들이 성공적으로 수업목표에 도달할 수 있는 기준을 확인하는 재량권이 주어져야 하며 동시에 학교는 학생 개개인의 욕구를 만족시킬 수 있도록 다양한 교수 방법을 마련하는데 주력해야 한다고 했다. 그는 또한 "한 여건하에서 잘 생존하는 유기체는 다른 여건 속에서도 마찬가지로 생존을 할 수 있다는 보장은 없다. 어떤 특정 환경 속에 잘 적응하는 유기체가 있다고 가정하면 각 유기체에는 적응하기에 적합한 환경이 있을 것이다."(Cronbach, 1957) 라고 언급하여 학생 개개인은 그가 잘 적응할 수 있는 교수방법으로 가르침을 받아야 한다는 점을 시사하고 있다.

Bloom(1976)과 Lesser(1970)에 의하면 학습자 개개인은 다양한 가정환경과 독특한 학습경험을 가지게 된다. 개인은 저마다 독특한 학습지향성을 지니고 있다고 보았다. Bloom(1974)은 학습자는 저마다 다른 속도로 학습을 한다고 주장했고, 그의 논문에 완전학습 전략을 사용해온 미국 교사들이 성취 수준을 고정해 놓고, 그 고정된 성취 수준에 도달하는 학습 속도를 측정하려고 노력했다고 보고한 바 있다. 완전학습(mastery learning)에서는 양질의 교수 여건 하에서는 학습자의 거의 전부가 제한된 시간 내에 주어진 성취수준에 도달할 수 있다고 주장한다. Carroll은 학습시간, 즉 학습자가 주어진 과제를 습득하는데 소비하는 절대시간은 학생의 능력과 교수 처방에 따라 다르다는 점을 지적하고 있다. 여기에서 완전성취(mastery)라는 것은 기준준거의 항목 중 80% 내지 85% 이상을 정확하게 답할 수 있는 것을 의미한다.

학생 개인의 특성이나 적성이 무시되고 성취 수준은 고정되어 있는 수업 여건에서는 학습에 걸리는 시간이 학습자 개개인마다 매우 다르게 나타나는 것을 교육의 현실에서 흔히 찾아볼 수 있다. 따라서 개인차를 미리 예측하지 않을 때 성취수준에 도달하는데 걸리는 시간은 학습자별로 다를 것이 예측된다.

Nunny와 Hill(1972)이 보고한 개성중심 교육 프로그램(personalized educational program : PEP)에서와 같이 교수법이 학생의 개인적인 특성을 고려한 것이라면 성취 수준에 도달하는데 소요되는 절대 학습 시간은 그 다양성의 폭이 상당히 줄어들 것이다.

1963년에 피츠버그 대학교의 학습 연구개발 센터와 볼두인 화이트홀 공립학교의 공동 협력으로 시작된 개별 처방 교수학습(individually prescribed instruction : IPI)체제는 학습자 요구의 검증, 진전 상황의 관찰, 프로그램의 수정과 개선을 위해 검사를 강화하고 있으며, 또한 이에 필요한 막대한 업무는 필연적으로 보조교사의 채용과 컴퓨터의 활용을 불가피하게 만들었다. IPI 체제에서 컴퓨터 교수－학습은 단순히 교사의 수업을 보조하는 컴퓨터 보조학습(CAI)이 아니라 컴퓨터가 교수－학습 과정에 활용되는 컴퓨터 관리학습(computer-managed instruction : CMI)이다. 이것을 IPI운영 및 정보체제(management and information system : MIS)라고 부른다. MIS가 수행하는 기능은 크게 네 가지로 나뉜다. 즉, 자료를 수집하는 일, 학습자의 발달 상황을 점검하는 일, 교수학습 처방의 기초자료를 제공하는 일과 학습자의 취약점 및 곤란점을 진단하는 일 등이다.

IPI의 교수-학습 모형은 다음과 같은 요인들로 요약될 수 있다.

1) 관찰과 측정이 가능한 학습자의 행위와 그 행위가 증명이 될 수 있는 조건으로 행동목표가 설정된다.

2) 학습자가 특정한 교수-학습 과정을 시작할 때, 그 교수-학습에 관련이 되는 학습자의 능력이 진단된다.

3) 학습자의 능력과 맞는 학습자료가 제시된다.

4) 학습자의 학업성취 정도가 계속 평가된다.

5) 다양한 교수-학습 방법과 학습자의 성취도와의 관계를 살피면서 교수-학습이 진행된다.

6) 평가 결과와 기타 수집된 자료는 교수-학습 체제의 개선에 환원된다.

2-4-2. 개별화의 방법

교사중심 집단 수업에 의한 주입식 교수법과 암기식 학습 방법은 학습자를 수동적 피동체로 취급하여 학습자 측의 자율성 상실 및 창조력 개발의 기회를 놓치기 쉽다. 이를 극복하려는 시도는 학습자 중심의 개별학습에 대한 관심을 높여 왔다. 지식의 증가는 날이 갈수록 그 속도가 빨라져서 세대마다 두 세배의 지식이 늘어가고 있다. 이런 변화에 대처할 수 있는 인간의 육성은 기존의 교사중심 수업 방식으로는 적절하지 못하다. 따라서 수업 모델 자체가 현대사회의 급격한 변화에 탄력있게 대처할 수 있는 모델이어야 한다. 종래의 수업에서처럼 뚜렷한 수업목표의 설정과 실행이 뒤따르지 못하는 체제하에서는 교육의 책무성에 대한 의아심을 갖게 된다. 또한, 교사가 모든 것을 조정하고 학습자는 일률적으로 같은 순서로 같은 시간에 학습하는 것도 바람직하지 못하다. 이것은 왜냐하면 각각의 학습자의 출발점 행위가 서로 다르고 학습 환경에 대처하는 방법도 서로 다르기 때문이다. 교육 자료의 측면에서도 교과서는 물론 비디오 및 오디오 프로그램, 투시물과 슬라이드, 영화 등을 손쉽게 구할 수 있을 뿐만 아니라, 컴퓨터 하드웨어와 소프트웨어를 주변에서 손쉽게 구할 수 있어 적은 비용으로도 교육의 질을 높일 수 있는 확률이 높아졌다.

이상에서 언급한 교육여건은 학습자중심 개별학습의 도입을 가능하게 하고, 그 결과로 학습과정에 필요한 많은 결정사항을 학습자에게 위임하여 자율학습의 기회가 증대될 수 있다. 즉, 학습속도, 학습순서, 학습내용, 그리고 평가에 관한 결정을 학습자 스스로 내릴 수 있는 교수전략의 실현을 가능하게 한다.

개별 학습을 설계하는 방법에서 중요시 간주하여야 하는 것은 학습자의 자율적인 판단과 결정을 할 기회를 제공하는 것이며, 기대하는 학습결과를 가져올 수 있도록 다양하고 융통성 있는 학습 환경을 꾸미는 것이다. 학습자중심 수업의 성공적 비결은 학습환경의 구성에 달렸다고 할 수 있다. 학습환경에는 학습자들이 바람직한 행동을 일으키도록 유도하는 자극의 요소와 학습자의 행동을 강화하거나 소멸시키는 결과적 요소가 있다. 수업설계자들은 이런 요소들을 심각하게 고려하여 수업을 설계하여야 한다.

개별학습 체제로서 효율적으로 활용되고 있는 예로서는 Keller Plan, 프로젝트 PLAN(program for learning in accordance with needs), IPI(individually prescribed instruction), The Contract Plan, ATI(audio tutorial instruction) 등이 있다.

Keller Plan은 PSI(personalized system of instruction)이라고도 불리는데 이 체제는 실행기관마다 약간의 차이는 있으나 기본적인 특징을 살펴보면 다음과 같다.

① **개별 학습 진도**(Self-Paced Learning) : 학습자들이 진도를 나갈 때 자신의 능력과 흥미도에 따라 자율적으로 학습을 진행한다.

② **기준 준거**(criterion-referenced) **또는 완전학습을 중점으로** : 명백히 제시된 성취수준에 달성하도록 학습하며, 학습결과는 앞서 명시된 기준에 도달했는가를 반영한다. 학습자는 필요에 따라 시간에 구애되지 않고 설정된 기준에 도달할 때까지 수시로 반복학습을 하며 동시에 검사도 되풀이하여 받는다. 이때에 받게 되는 검사는 형성평가로 학습자의 최종성적에는 반영되지 않는다.

③ **개인지도**(tutorial) : 교사나 학습 진도가 앞선 학습자들이 새로 과제를 시작하거나 학습의 곤란도를 겪고 있는 문제의 학습자를 개인별로 지도한다.

④ **선택적 학습활동** : 학습안내 자료는 보통 인쇄된 것으로, 학습자들이 다양한 시청각자료를 사용하여 심화학습을 할 수 있도록 돕는다.

프로젝트 PLAN은 컴퓨터 관리 학습(computer managed instruction : CMI)의 대표적인 사례이다. 이 체제는 컴퓨터에 의해 이루어지지만, CAI에서처럼 컴퓨터가 내용을 직접 가르치지 않고, 따라서 컴퓨터와 학습자가 직접적으로 상호 교환 작용을 하지 않는다. 이 프로그램의 목적은 교사가 학생들과 함께 학생들의 학습 욕구에 알맞은 학습 목표를 명백히 진술하는 것이다. 컴퓨터에는 학생들의 적성, 학습유형, 흥미, 학습 경험의 배경 등에 대한 정보가 저장되어 있다. 학습자가 지정된 과제를 독립적으로 끝낼 때마다 그들의 성취도에 관한 정보가 컴퓨터에 입력된다.

또한, 컴퓨터에는 각 학습 단원과 해당 과제의 목록이 저장되어 있다. 학습자가 과제를 선택할 때에는 먼저 수행한 과제에 대한 성취도와 형성평가와 종합평가 자료를 고려해서 이루어진다. 학습자가 학습 목표를 이미 달성한 것으로 판정되면, 그 과제는 건너뛰고 다른 과제물로 넘어간다. 프로그램에 쓰이는 자료는 기본단위(module) 집합에서 선정되어진다. 단위, 즉 module은 학습자가 학습할 내용과 전체대상 학습자에 대한 관련 학습 진전 상황 등으로 색인(indexing) 되어 컴퓨터에 저장되어 있다.

개별 처방 학습(IPI)은 앞의 단원에서도 언급한 바와 같이 각 학과목의 교육과정이 합리적인 소단위, 즉 module로 나누어져 있다. 수학과목은 예를 들어, 430개의 행동목표가 설정되어 있고, 이 목표들은 100여 개의 단원으로 묶이는데, 각 단원들은 행동목표와 함께 절대적인 평가를 포함하고 있다. 따라서 학습자는 미리 정해진 순서에 따라 수업을 진행해 간다. 과제에 앞서 행해지는 사전검사(pretest)의 결과는 학습자의 준비도를 밝혀 주고, 특정 해당 과목에 대한 학습자의 욕구(need)를 암시해 준다. 학습자의 준비도와 욕구에 기초해서 학습계획이 설계된다. 각각의 학습자들은 각자에게 필요하다고 간주하는 단원만을 하도록 되어 있으며, 선택 단원도 주어진다. 각 단원의 학습은 개별적으로 이루어지며, 대략 한 시간 정도의 학습 시간을 요한다. 학습자가 그에게 주어진 단원을 끝내면 교사는 대개 필답고사 형식으로 학습자의 성취여부를 조사하고 전체 계열에 비추어 보아 그 시점에서 적절하다고 판단이 되는 다른 단원으로 넘어가게 해준다. 이 프로그램에서는 이와 같이 과제선정－학습 －평가－피드백의 과정을 반복하도록 구성되어 있으며, 학습자의 매일의 학습 활동의 반 이상을 차지한다. IPI는 자동화 프로그램으로 시작이 된 것은 아니지만 IPI/MIS라고 불리는 CMI 체제로 전환되어 각 학습자의 배경, 진도, 제시된 과제의 처방 및 학습상의 곤란도 등이 분석, 저장되어 개별화 학습을 가능하게 한다.

계약학습체제는 개별화 학습의 폭과 깊이가 있는 학습의 기회를 제공해 준다. 학생과 학습 계약을 하는 데 있어서 교사는 학생의 흥미와 능력의 광범위한 차이,

특정 학습단원에 관련된 다양한 목표, 가용한 자원 및 학습에 필요한 시간 등을 고려한다. 학생들에게 제시되는 교수계획서(syllabus)에는 수업목표, 목표 달성을 위한 학생활동사항 및 성적평가근거, 계약조건으로 된 학습 활동의 자세한 내용 등이 명기되어 있다. 학습활동의 내용은 아주 상세히 진술되어 학습자가 독립적으로 자신의 학습속도에 맞추어 시간과 장소의 제약 없이 학습할 수 있게 되어 있다. 평가는 학습자가 수행한 과업의 양, 질, 심도에 관해 이루어진다.

2-4-3. 컴퓨터와 학습의 개별화

학습의 개별화는 전 세대 매체인 영화, 슬라이드, 줄, 사진, 그림, 비디오 프로그램 등으로도 이루어질 수 있으나, 학습자와의 상호교환작용이 용이하고 즉각적인 피드백이 가능한 컴퓨터에 의한 학습이 보다 진취적이다. 효과적인 컴퓨터학습은 신중하게 개발되고 체제적 접근 모델을 사용한다. 수업에 필요한 컴퓨터자료를 선정할 때에는 그 자료의 개발 절차에 관심을 둬야만 한다. 컴퓨터자료의 개발절차는 다음과 같은 모델에 의해 이루어질 수 있다.

수업목표의 확인 ⇒ 수업목표의 분석 ⇒ 대상특성 분석 ⇒ 행동목표와 과제 설정 ⇒ 학습내용의 개별화 ⇒ 교수전략에 대한 계획 ⇒ 원고작성 및 시범 프로그램 제작 ⇒ 자료의 실행 및 개정 ⇒ 최종 프로그램 작성

이와 같은 과정을 거친 컴퓨터 보조학습 자료는 그 질적인 면에서 얼마나 신중하게 작업이 이루어졌는가에 의해 크게 평가 결과가 달라진다. 위의 9단계 작업에서 목표설정을 위한 요구 사정(need assessment)과 과제분석(task analysis)이 기초 작업으로 중요하며, 다음으로 학습 자료를 선택하여 사용할 수 있는 특정 대상에 대한 면밀한 검토가 관건이 된다. 거의 모든 수업자료 개발 모델들은 수업의 대상이 되는 학습자들에 대해 상당한 관심을 둔다. 대상의 특성에 따라서 포함할 내용이 달라지고 내용을 포함하는 방법도 달라진다. 효과적으로 가르친다는 것은 효과적으로 의사소통을 위한 연설이나 대화와 같이 목표로 하는 대상에 적절하게 계획돼야 한다. 컴퓨터 자료에 포함되는 내용은 수업의 목표달성을 위해서 학습자에게 무엇이 필요한지를 신중하게 고려하여 도출해야 한다.

이와 같이 학습자의 특성이 신중하게 고려된 컴퓨터 자료는 학습 속도의 다양성을

대폭으로 감소시킬 수 있다. 따라서 컴퓨터 자료 설계자는 학습자가 배울 수 있다고 기대되는 수단에 관심을 기울여야 한다. 특히 주어진 내용을 어떻게 전달해야 학습자가 이해할 수 있는가에 대해 연구해야 하며, 학습자가 배우는 방식과 효과적인 수업이란 무엇인가에 대해 관심을 기울여야 한다.

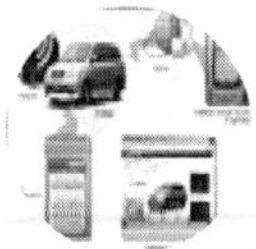

제 3 장

정보사회

3-1. 정보의 개념

정보(information)에 대한 개념적 정의는 일관적이지 않다. 정보는 그 용어가 쓰이는 상황에 따라 각기 다른 의미로 해석될 수 있기 때문이다. 정보의 원어는 중세 라틴어인 'informatio'에서 출발한다. 당시의 의미는 주어진 어떤 '형상', '구성' 또는 '교시' 등을 뜻했던 것으로 알려져 있다. 또한 프랑스에서는 고전적 원어로서 주로 법적인 차원에서 '어떤 진상에 대한 수집 및 처리'의 의미로 사용되었다.

그러나 오늘날 현대사회에서 정보라는 용어는 더욱 복합적인 의미로 사용되고 있다. 따라서 정보에 대한 일관적인 정의를 내리기는 힘들며, 전공분야에 따라 마음대로 다르게 사용되고 있다. 사전적인 정의로서 정보란 두 가지 의미를 지닌다. 첫째는 '알리는 행위'(telling)로서 어떤 주어진 사실이 전달되는 행위를 뜻한다. 둘째는 '알려지는 사실'(being told)로서 구성된 형태 그 자체를 의미한다. 이러한 두 가지의 사전적 의미는 과학적인 견지에서 살펴보아도 큰 무리가 없다. 즉 전자는 정보를 하나의 '과정'(process)으로 간주하고 후자는 '상태'(state)로 규정하는 것이다.

Debons는 정보란 주어진 환경 속에서 인간의 모든 지적행위를 구조화시키는 유형적 표상의 '결과' 또는 '상태'(event 또는 state)이자 인간의 정신적 활동에 필요한 자료의 수집과 해석을 지속시켜 주는 '과정'으로 정의한 바 있다.

정보의 실용적인 의미와 평가는 정보를 이용하는 개인의 주관적인 상황에 따라 다르다. 한 개인의 사고와 행위를 포함한 인식작용에 개입될 때의 정보는 '인지적 정보'(cognitive information) 또는 '정보처리'(information processing)라는 과학적 분석의 대상으로 구체화된다.

Machlup은 정보를 개개인의 '정보인지'와 '정보처리'라는 주관적 상황에서 어떤 사실을 깨닫게 하거나 확인시키는 인지체로 규정한다.

한편 Farradane은 정보가 실리는 형태와 정보를 전달하는 매개체(media)에 따라 다르게 해석된다고 주장한다. 그는 정보를 '커뮤니케이션에서 일어나는 물리적인 표상이나 사고의 모든 형태로 정의하면서 특히 커뮤니케이션 미디어의 종류에 따라 정보의 의미가 다르게 규정될 수 있음을 강조한다. 즉 같은 의미의 정보라 해도 그 의미의 표출이 영상, 문자, 소리, 도형 등 어떤 형태로 다루어지느냐에 따라 다르므로 의미를 전달하는 커뮤니케이션 미디어의 매개적 속성이 매우 중요하다는 것이다.

3-1-1. 정보, 데이터, 지식, 커뮤니케이션

정보의 개념을 좀더 자세히 이해하기 위해서는 정보와 유사한 몇 가지 개념들을 관련지어 살펴볼 필요가 있다. 정보와 유사하게 사용되는 용어로서 데이터와 지식, 그리고 커뮤니케이션을 들 수 있다.

데이터(data)는 정보를 구성하는 요소다. 데이터는 정보의 형태로서 전환해 주는 상징 또는 신호의 형태로 정보라는 완전한 실체로 구현되기까지 수록되고 검색되는 대상을 의미한다. 이와 같은 의미에서 정보는 아직 체계화되지 않은 데이터와 구분된다.

그러나 정보는 아직 완전한 형태로 축적된 구성체가 아니라는 점에서 지식과 구분되기도 한다. 물론 지식과 정보는 거의 같게 사용되기도 한다. Machlup은 지식이란 '정보들이 집합된 상호관련적 체계로서 기본적인 인과적 구조가 갖추어진 형태'로 정의한다. 따라서 지식의 개념에는 이미 정보의 속성이 내재하여 있기 때문에 일상적인 용어의 차원에서 두 개념이 상호 교환적으로 통용될 수 있다는 것이다. 그러나 Machlup 역시 지식과 정보의 차이점을 지적하는데, 정보는 '알려지는 것'인 반면에,

지식은 '사고되는 것'으로 구분하고 있다.

또한 Kochen은 지식은 인간의 사고와 행위에서 주어진 관점에 따라 다르게 해석되고 이해되기 때문에 고정된 상태의 정보와는 다른 개념으로 파악되어야 한다고 주장한다. 정보는 구성된 한 상태로서 단순히 어떤 사실을 깨닫게 하고 이해하는데 도움을 주는 일차적인 기능에 그칠 뿐이라는 것이다. 다만, 정보는 지식으로부터 한 단계 진보된 '이해'(understanding)와 그 이해를 시공간적으로 가장 적절한 행위로 이끌어 가는 '지혜'의 단계로까지 연결하는데 가장 기본적인 요소라는 점에서 그 중요성을 부여할 수 있다.

한편, 정보는 그와 유사한 용어인 메시지(message)와 혼용되기 쉬운데 메시지는 주로 '의미'가 부각되는 반면에, 정보는 주로 외형적인 상징으로 구성된다. 정보의 형태를 일컬어 '상징의 집합'(a set of symbols)으로 정의하는 것도 이 때문이다.

커뮤니케이션은 정보의 교환을 의미한다. 정보의 교환은 단절된 한 시점에서 이루어지는 것이 아니라 상호작용적인 인간관계의 연속적인 순환과정에서 이루어진다. 따라서 커뮤니케이션과 정보는 밀접한 속성을 지니고 있다. 그러므로 커뮤니케이션은 '일종의 특별한 정보처리'로 정의 내림으로써 두 개념을 동일시하기도 한다.

한편, 정보는 모두 유익하고 교육적인 것은 아니다. 정보와 상반된 개념으로는 '첩보'(disinformation)를 들 수 있다. 첩보란 특히 2차 세계대전 중에 쓰이기 시작하였는데 상대 적군을 교란시키기 위해서 의도적으로 비밀처럼 유통하는 잘못된 정보를 의미한다. 또한 '오보'(misinformation)라는 개념도 관련이 있다. 오보는 비의도적으로 사실과 다른 내용이 유포되는 정보를 일컫는다. 사회가 혼란하고 민심이 어지러울 때 오보가 유통하는 경향이 있으며 전쟁과 같은 국란 상황이나 독재주의 사회에서는 첩보가 많아진다. 비슷한 개념으로 사실 여부가 확실치 않은 정보를 '소문'(rumor)이라고 하는데 좀더 부정적인 의미를 담는 '유언비어'도 이에 속한다.

3-1-2. 정보와 불확실성의 감소

정보과학분야 이전에 정보에 대한 정의가 처음 구체화된 것은 전기공학자인 Claude Shannon이 저술한 「커뮤니케이션의 수학적 이론」이 1949년에 발간되면서부터이다. 그는 자신의 연구에서 정보란 '자유롭게 메시지를 선택할 수 있는 하나의 수단'으로 정의하고 상용대수인 '비트'(bit)를 단위로 하는 수량적 관점으로 개념화시켰다. 그는 '단위정보'와 '연속정보' 등을 제시하며 정보는 그 내용의 의미와 관계없이 어떤 상황이라도 신호의 전달과정에서 확률적으로 활용되기 때문에 정보에 대한 양적인 측정이 가능하다는 이론을 구축했다. 그의 물리적 정보관은 당시의 전화 통신 및 컴퓨터 기술 발전에 중요한 이론적 근거를 제공하였다. 그뿐만 아니라 심리학과 언어학 등 사회 과학 분야에 정보의 수학적 정의가 미친 영향도 지대했다.

이러한 Shannon의 정보개념을 바탕으로 일반 커뮤니케이션학이나 의사결정이론, 경영학, 경제학 등의 분야에서는 공통으로 정보를 '불확실성의 감소에 필요한 어떤 사실들'로 정의하고 있다. 즉 의사결정 행위에 의존되는 모든 대상은 불확실성을 감소시키기 위해 반드시 정보가 필요하며 이 때문에 쓸모 있는 정보란 교환 가치와 이용 가치를 포함하는 경제적 가치를 내포한다.

의사결정에 필요한 정보란 일련의 새로운 사실들을 일컫는다. 따라서 정보를 이용하는 개인이나 집단에 이미 알고 있는 사실이 담겨있는 정보는 아무런 의미가 없다. 어떤 개인에게는 새로운 사실을 깨우쳐 주는 정보라고 해도 그 정보의 사실을 알고 있는 다른 개인에게는 쓸모없는 정보에 그칠 수 있다. 결국, 정보는 개인마다 상대적으로 이용된다. 그러나 이용 이전에 구성된 정보 자체는 모든 인간의 의사결정에 필요한 요소로서 '새로운 것', '확신시켜 주는 것' 또는 '재확인시켜 주는 것' 등의 기능을 잠재적으로 내포하고 있다.

그런데 현대사회에서는 인간의 의사결정 행위가 폭넓어지고, 복잡해지고 전문화되는 추세인 만큼 그에 부응할 수 있는 정보에 대한 의존도는 갈수록 높아진다. 현대사회에서 정보의 가치가 높아진다는 의미는 곧 현대사회 체제의 복합성, 상호의존성, 그리고 전문성의 증가와 맥을 같이하는 것이다. 그리고 이에 부합하는 정보의 수요와 공급이 늘어남에 따라 사회 내의 정보 유통량이 많아지며 정보의 실용적 가치도 높게 부여되는 병행적 관계가 성립된다.

3-2. 정보사회의 특성

다음에 소개될 정보사회를 바라보는 여러 시각이 제시하는 개념의 쓰임새를 먼저 파악하는 것은 그 주장을 올바로 이해하는 데 많은 도움이 된다는 것과, 특히 연속성을 강조하는 논의보다는 정보사회를 현재 사회와 단절된 새로운 사회로 설계하는 학자들이 의미하는 '정보사회'가 과연 무엇인지를 파악할 필요성이 있다는 웹스터(Frank Webster)의 제안에 동의한다. 그의 분석에 따르면 '새로운' 것을 확인하는 기준으로 제시된 다섯 가지의 정보사회 개념 정의를 발견할 수 있는데, 그것은 "기술적(technological), 경제적(economic), 직업적(occupational), 공간적(spatial), 문화적(cultural)" 정의들이다.

3-2-1. 기술적 정의

웹스터에 의하면 정보사회를 설명하는데 가장 흔히 거론되는 정의는 기술혁신을 강조하는 것이다. 컴퓨터에 의한 정보의 처리, 디지털 압축 기술에 의한 획기적인 저장과 전송 기술의 발전으로 사회의 거의 모든 부분에 정보기술이 활용되고, 통신망의 발달로 모든 사회는 상호연결(network)된다는 것이다. 예를 들어, 종합정보통신망(integrated services digital network : ISDN)이 확산하면 산업사회에서 철도나 도로가 했던 것과 같이 정보사회의 하부구조(infrastructure)를 제공한다는 것이다.

앞으로 논의할 피오레와 세이블(Michael Piore & Charles Sabel)의 유연전문화라는 새로운 노동방식을 제공하는 것이 바로 진보된 컴퓨터와 통신기술이라는 것이다. 이러한 기술을 통해 정보가 중소기업의 대처 능력을 향상시키고 다양한 기술과 적응력이 강한 숙련공으로 대량 생산의 시대를 주문생산의 시대로 대체하게 된다고 주장한다.

정보사회에 대해 기술적 정의를 내리고 있는 논지를 한 마디로 요약하면 산업혁명에 대한 기계화의 역할과 정보시대에 대한 컴퓨터 기술의 역할이 같다고 보는 입장이다. 이와 같은 입장은 기술의 현재성(herence) 때문에 자명한 것처럼 보이지만 웹스터의 반문처럼 "우리 사회에 얼마나 많은 정보기술이 존재하며 이 기술이 정보사회로 옮아가는 데 얼마나 이바지하는가? 정보사회가 되기 위해서는 얼마나 많은 정보기술이 필요한가?"라는 물음에 실제적이거나 검증할 수 있는 척도를 제시하지 못하고 있다. 또한, 기술에 의한 사회 변화를 설명하려는 시도는 앞에서 지적하였듯이 기술결정론적 입장이라는 비난을 면하기 어렵기도 하다.

3-2-2. 경제적 정의

정보사회의 존재 혹은 성숙의 정도를 정보 관련 산업의 성장과 규모로 파악하려는 경제학적 접근법의 창시자 매칠럽(Fritz Machlup)은 정보관련 산업을 50개 하위영역으로 분화되는 5개의 대 산업군(교육, 통신매체, 정보기기, 정보서비스, 기타 정보활동)으로 나누고 그 영역의 경제적 가치가 GNP에서 차지하는 정도를 산출하였다. 이러한 연구를 한 학자들로는 드러커(Peter Drucker), 포랫(Marc uri Porat)이 유명한데 특히 포랫은 매칠럽의 접근법이 다른 산업의 내부에 포함되어 잘 드러나지 않는 지식산업 부분을 계산하기 위해서 1차 정보부문, 2차 정보부문, 비정보 부문의 세 부분으로 나누었다.

매칠럽의 연구(1958년 미국 GNP 중 지식산업의 비중은 29%)나 포랫의 연구(1978년 : 46%)는 정보의 경제적 중요성을 확인시켜 주는 역할을 했다고 할 수 있다. 그러나 이러한 정보경제학적 접근의 문제는 객관적인 통계치를 추정하는 과정에 개입되는 주관적인 가치 판단을 완전히 배제할 수 없다는 문제점이 있다. 다시 말해 정보산업과 비정보산업으로 모든 경제 활동을 분류하는 작업에는 자의적인 해석과 판단이 포함되어 있다는 것이다. 포랫이 나눈 정보 배분자에는 고급신문의 언론인과 신문배달원이 모두 같은 집단에 속해 있다.

포랫은 2차 정보 부문에 제조업회사의 연구 개발비나 정보수집비용 등을 포함하고 있는데 이러한 부분이 제조분야와 밀접한 관계를 하기 때문에 구분이 모호한 경우가 있음에도 제조업분야에서 분리되어 정보분야로 구분되어야 하느냐는 의문이 제기되기도 한다. 이보다 더 중요한 비판은 이러한 경제학적인 접근이 정보의 질적인 차원을 구분하지 못한다는 점이다.

1시간짜리 멜로드라마가 10분짜리 뉴스보다 경제적으로 더 가치가 있을지는 모르지만 더 많은 정보를 가졌다고 보기는 힘들다. 또한, 정보산업의 증가 역시 어느 수준부터 정보사회로 볼 것이냐 하는 문제를 해결하지 못하고 있을 뿐 아니라 매칠럽과 포랫의 후속연구들은 1970년대 이후 정보부분에서의 GNP기여도는 그 이전 연도에 비해 거의 증가가 없음을 보여주었다.

3-2-3. 직업적 정의

정보사회의 등장을 뒷받침하기 위해 산업 구조를 이루는 직업 구성의 변화를 주장하는 논의도 많은 편이다. 주로 앞서 설명한 경제적 정의와 함께 이용되는 경우가 많은데 정보 산업 부문에 종사하는 인구의 증가를 강조함으로써 사회의 변화 조짐을 설명하려는 것이다. 이러한 현상은 비단 미국에서만 일어나는 일은 아니다. 경제협력개발기구(OECD)에서 발간한 보고서에 따르면 모든 회원국에서 정보 관련 직업의 지속적인 성장이 보고되었다고 한다.

앞으로 논의할 벨의 후기 산업 사회론에서 서비스, 즉 정보 산업 종사자의 증가는 상당한 중요성을 가진다. 기술에 의한 생산성 향상으로 산업노동은 쇠퇴하고 증가한 잉여로 생겨난 욕구를 만족시키기 위해 새로운 서비스업의 종류와 종사자가 증가한다는 것이다. 화이트 칼라 계급의 증가는 마르크스가 주장한 계습 간의 갈등을 희석시키고 인간과의 관계가 중요시되는 새로운 사회의 도래를 알리는 징표로 삼았다.

그러나 경제적 정의에서 산업구분의 집합적인 처리가 한계를 가지듯이 직업적인 분류도 어디까지 정보노동으로 보아야 할지를 결정하는 것은 주관적인 판단이 관련되는 일이다. 웹스터의 지적처럼 "많은 부분이 자동화되어 육체노동은 거의 필요 없고 철로의 상태나 선로, 기차 시각 등등의 지식을 가지고 있어야 하는 철도 신호원"은 산업사회의 육체노동자에 속하는 반면, "자기가 맡은 제품의 지식 외에는 아는 바가 없는, 무덥고 먼지가 많고 쾌적하지 못한 환경에서 일을 해야 하고 무거운 기계를 움직이고 부품도 교체할 수 있는 힘도 필요한 복사기 수리공"은 새로운 시대의 기계를 다루기 때문에 정보노동자로 분류되는 것이다. 이는 정보 관련 종사자에 대한 수치에 한번쯤 회의적일 필요가 있음을 시사하는 단적인 일례라 하겠다.

경제적인 정의가 정보의 양적인 면과 질적인 면을 구분하지 못하였듯이, 직업적인 범주화(예를 들어, 정보생산자, 정보분배자 등)와 단순히 범주된 사람들의 머릿수를 세는 방법도 정보사회에서 핵심적으로 중요한 정보 직업을 구분하지 못하게 한다. 정보사회에서 중요하다고 지적되는 이론적 전문 지식을 가진 정보노동자와 그 사람의 지시에 따르기만 하는 정보노동자는 구분이 되어야 한다는 지적이다. 더구나 진정한 정보사회가 도래한다고 하여도 전체 사회에 대해 각별히 중요한 정신노동자들은 언제나 소수일 뿐인 것을 고려한다면 단순한 정보노동 종사자의 수적인 지표는 의의가 약하다고 할 것이다.

3-2-4. 공간적 정의

정보사회를 설명하는 공간개념은 전 세계를 연결하는 정보통신망(network)의 중요성을 강조한다. 온라인 서비스나 인터넷 가입률에서 알 수 있듯이 통신망에 연결되는 사람의 수가 점점 증가하고 통신망 자체의 범위와 용량도 확장되고 있다. 나아가 전 세계적인 차원의 '연결망 사회(wired society)'를 이룰 수도 있을 것이다.

정보유통의 양과 속도의 증가로 얻어지는 '시공 축약'(time-space compression)은 이전 사회에서는 불가능했던 많은 일을 가능하게 함으로써 정보사회를 이전 사회와 구분시키는 구성요소로 간주할 수 있을 것이다. 옛날 같으면 며칠씩 걸릴 출장으로 파악될 업무 사항들이 화상 회의나 전자 메일로 실시간에 이루어질 수 있다는 것만으로 기업의 운영 방식이나 인간의 생활 방식에 변화가 있는 것이 사실이다.

그러나 통신망의 등장을 근거로 정보사회를 규정한다면 무엇이 통신망을 구성하는지 명확한 규정이 먼저 있어야 한다. 그것이 없이는 전화 연결망부터 종합정보통신망(ISDN)까지 다양한 범위의 통신망을 어떻게 분류할 것이며 어느 수준이 되었을 때 정보사회가 도래했다고 할 것인지 정의할 수 없는 것이다.

3-2-5. 문화적 정의

정보사회와 관련한 문화적 정의는 커뮤니케이션 미디어의 폭발적인 증가로 인해 증폭된 정보의 양과 관련이 있다. 미디어를 통해 전달되는 정보와 더불어 우리가 자신의 이미지에 대응하는 방식, 예를 들면 머리 모양, 의상, 화장 등에도 정보를 담고 있다. 최근 들어 미디어를 통해 전달되는 다양한 생활양식에 대한 이미지의 제공으로 개인의 신체나 가구, 집과 같은 사적 영역도 상징적인 의미로 채우도록 강요당하고 있다고 본다. 유행에 따른 복장뿐 아니라 가구며 침실도 TV드라마를 통해 또는 광고, 책을 통해 받아들인 상징적 표현양식으로 의미화시키게 되었다. 정보사회로의 진입은 이러한 의미화의 폭발적인 증가로 인식되며, 어디서나 너무나 다양한 기호와 부딪치게 되기 때문에 더는 기호들이 의미가 있지 않는다고 보드리야르(Jean Baudrillard)와 같은 포스트모더니즘 학자들은 주장한다. 이전 사회에서 기호에 대응되어 공통으로 통용되던 의미를 사라지고 기호 자체만 존재한다는 것이다. 이들의 주장은 정보사회에 더 많은 양의 커뮤니케이션이 진행되고 있다는 것만을 주장하는 것이 아니라 포스트모던 문화는 그 이전과 결정적인 단절성을 가지고 있다는 것이다.

그러나 포스트모더니즘이 주장하는 의미화나 상징적 상호작용에 대한 증대가 감각적으로는 짐작이 가지만 이들을 측정할 기준이 없는 상황에서 그들이 주장하는 정보사회의 문화양식을 이해하는 것은 불가능하다는 의문이 제기된다.

3-3. 정보혁명과 정보사회

현대사회를 '정보혁명', '컴퓨터 혁명' 또는 '커뮤니케이션 혁명'으로부터 파급된 정보사회라고 부른다. 정보사회란 급속한 정보 기술 혁신의 진척과 함께 정치, 경제, 문화 등 사회구조 전반에 걸쳐 정보와 지식의 가치가 높아지는 사회현상을 지칭한다.

정보사회라는 용어는 1960년대 중반에 일본의 연구자들에 의해 처음 사용되었고 비슷한 시기에 미국에서는 '후기 산업사회'라는 개념이 대두하였다. 그 후 정보사회 개념은 주로 학자들 간에 다양한 접근을 통하여 꾸준히 다루어졌다. 그러나 학술적인 차원에서의 정보사회에 대한 논의 못지않게 시사적인 용어로서 정보화가 일반적으로 확산한 것은 1970년대부터 컴퓨터 및 정보통신 기술의 대중화가 점차 가시화되기 시작하고 이러한 현상을 간파한 일부 미래학자들의 저술을 통해서 파급되었다.

대표적인 사례로 토플러(Toffler)의 '미래의 충격'(Future Shock)이나, '제3의 물결'(The Third Wave) 같은 상징적인 용어들이 그의 저술을 통해서 일반인들에게 널리 알려졌다. 토플러는 인류 역사의 변화 과정을 일만 년 전 농업의 시작으로 인해 출발한 '제1의 물결'과 산업혁명으로 시작된 '제2의 물결'을 거쳐 현재의 정보화 현상 추이를 '제3의 물결'로 표현한다. 제3의 물결이 가져다줄 새로운 문명은 고도의 과학기술에 바탕을 두고 산업사회의 특징인 표준화, 동시화 등의 제약을 벗어나는 새로운 정보사회로 전망하였다. 이러한 미래학적 통찰은 새로운 사회 변동의 전환기적 인식을 일반인들에게 불어넣었지만 미래사회를 지나치게 낙관적으로 간주했다는 점에서 충분히 객관적으로 다루어진 주장은 아니었다. 낙관론자들이 전망하는 방향과 속도만큼 실제 사회의 정보화가 도래되는 것은 아니기 때문이다.

정보사회의 개념은 가시적인 기술적 발전만을 주제로 이해해서는 안 된다. 정보사회가 내포하는 역사적 또는 사회 변동론적 성격을 이해하기 위해서는 단순히 그 기술적 변모의 추적이 아니라 그 기술이 파생되는 역사적인 배경과 동기를 비판적으로 탐색해야 한다. 특히 기술발전의 전개과정에 개입된 추진체(driving forces)들 간의 역동관계를 분석함으로써 앞으로의 사회발전에 대한 체계적인 예측이 가능해질 것이다.

정보사회 도래의 일차적인 동인은 정보기술이다. 정보 기술은 지난 수 세기 동안 산업사회를 주도해온 산업기술과 근본적으로 차이가 있다. 그것은 산업기술의 근간이 '인간의 근육'을 확대한 것이라면 정보 기술은 '인간의 두뇌'를 확장시킨 것이라는 점이다. 따라서 정보기술에 부여되는 혁명의 의미는 이전과 다른 정보기술의 차별적 속성을 이해할 필요가 있다.

'커뮤니케이션 혁명' 또는 '컴퓨터 혁명'은 정보사회의 근간을 이루는 원인으로서 상당히 설득적인 개념이 될 수 있다. 그렇지만, 혁명의 본래 의미와 특정 기술의 혁명적 속성에 대한 구체적인 검토는 비교적 소홀히 다루어져 왔다. 정보사회는 특정 사회 내의 정보유통량이 팽창함에 따라 그 정보를 효율적으로 처리, 전달할 수 있는 정보 기술의 고도화가 불가피해지며 이에 따른 정보의 경제적 가치가 높게 부여되는 사회로 정의할 수 있다. 다시 말하면 새로운 정보기술이란 정보 유통량의 증가가 불가피했던 사회 구조적 배경을 원인으로 하여 태동된 기술적 '결과'인 동시에, 그 정보 기술은 다시 새로운 차원의 정보 환경과 정보가치를 창출하는 기술적 '원인'으로 작용하고 있는 독특한 순환적 역사성을 내포하고 있다. 그러므로 새로운 정보기술을 혁명적(revolutionary)으로 규정하는 것은 원인의 측면에 국한한 것이며 결과까지를 포함하는 전반적인 정보기술의 역사성을 고려한다면 결국 진화적(evolutionary) 기술 산물로 보아야 할 것이다.

Simon은 혁명의 개념이 내포하는 속성으로는 ① 비교적 짧은 기간에 ② 광범위한 사회 구조의 변동을 파급시키는 ③ 갑작스러운 사건으로 정의한다. 그리고 그는 산업혁명의 원동력으로 간주하는 증기기관은 James Watt에 의해 처음 착상되어 산업구조의 변화에 막대한 영향을 미치는데 무려 150여 년의 기간이 소요되었던 점을 들어 혁명적 평가에 대한 재고를 지적한다.

정보사회를 설명하는데 통용되는 '커뮤니케이션 혁명'의 개념도 예외가 아니다.

정보기술이 사회 환경에 정착하기까지는 수많은 파생기술의 발명(derivative inventions)의 누적이 그 근간을 이룬다. 따라서 정보기술은 진화적 측면의 접근에서 시대적 상황에 따른 정치, 경제적 이해관계로부터 도출된 '기술적 반응'으로 간주할 필요가 있다.

정보의 가치는 개인 또는 사회집단의 정보의존도에 따라 결정된다. 즉 정보의 가치가 높아진다는 것은 비교적 그만큼 정보에 대한 의존도가 높아지는 것을 의미한다. 전술한 바와 같이 정보의 가치가 중요하게 부각되기 시작한 것은 19세기 말엽부터이다. 산업혁명 이후 관료제(bureaucracy)를 배경으로 정보 조직과 일반 사회 조직의 분화 및 확대는 정보의 유통량을 증가시켰다. 특히 과학 기술의 발전과 교육의 확대, 일반 교육 수준의 증대, 경제 발전에 따른 개인 소득의 증가, 산업 구조의 변화와 서비스업의 확대, 경영 조직의 비대화, 국제 교역의 증대, 방위 산업의 육성 등 금세기 중반에 이르기까지 일련의 급변하는 사회 경제적 변동은 더욱더 정보 및 정보 처리 기술의 의존도를 높이는 결과를 낳았다.

정보사회의 전개는 이와 같이 19세기 말엽부터 20세기 초까지 사회조직의 변화가 낳은 '필요의 정보'로부터 시작하여, 컴퓨터와 전자공학 기술이 등장하는 20세기 중반부터는 새로운 사회조직의 변화를 야기하는 '원인의 정보'로 역조되는 과정을 밟고 있다. 즉 20세기 중반부터는 고도화된 정보기술의 등장으로 인하여 새로운 생산 체제와 인력 구조가 형성되기 시작했고 결국 새로운 산업구조를 창출함으로써 이른바 산업의 정보화를 추진시키는 원동력이 되었던 것이다.

한편, 정보사회, 즉 '정보의 사회화'는 '산업의 정보화'에 비해 더욱 넓은 의미의 개념이다. 산업의 정보화가 생산을 위한 경제적 측면의 정보행위를 주로 다루는 반면, 정보의 사회화는 사회 전반에 걸친 정보 행위를 내포하고 있다. 즉 사회가 정보화한다는 것은 산업뿐만 아니라 사회, 정치, 문화, 개인 생활 등을 포함하는 질적인 정보환경의 변화를 의미한다.

산업의 정보화는 새로운 정보 기술 장비를 생산 과정에 도입함으로써 짧은 시간 내에 현실화시킬 수 있다. 반면에 정보의 사회화는 일반인의 정보에 대한 인식이 고양되어야 하고 경제적이나 심리적인 수용 능력을 수반해야 하기 때문에 단시간에 이루어질 수 없는 것이다.

정보사회는 산업의 정보화와 아울러 궁극적으로 정보의 사회적 가치가 높아질 때, 즉 정보의 사회화가 현실화될 때 참 의미가 있게 된다. 다시 말하면 정보화 과정에서 필요한 개개인의 인지, 태도, 가치관 및 행동의 변화와 새로운 정보환경의 변화가 얼마만큼 서로 상호조화를 이루느냐에 따라 이상적인 정보사회의 실현이 앞당겨질 수도 늦춰질 수도 있다. 이는 정보의 사회화 과정에서 기대와 실천이 항상 병행되지 못하고 이에 따른 득과 실의 결과 역시 불가피하게 공존하기 때문이다.

3-4. 정보사회와 학습 콘텐츠 구성

3-4-1. 정보사회와 교육

1970년대 마이크로프로세서의 발명을 계기로 급속도로 발전하는 컴퓨터 기술과 통신기술이 혼합되어 정보 기술을 이뤄 토플러가 예측한 제삼의 물결이 밀어닥치기 시작한 지 어느덧 30년이 흘러 정보시대로 접어들고 있다. 홍수와 같이 쏟아지는 정보의 유통이 팽창함에 따라서 더욱 높은 정보의 질적 수준이 요청되고 있는 현상을 볼 수 있다. 이를 위해 각계 각층에서는 정보 기술의 발전을 위한 방안을 모색하는 동시에 교육의 분야에서도 컴퓨터와 통신기술을 이용한 인터넷교육, 가상교육 등을 추진 중이다.

정보화 사회에서 생활하는 학습자 개인은 무분별하게 쏟아지는 정보와 지식의 홍수 속에서 자신에게 유용하고 즉각적으로 합당한 정보와 지식을 선별해 내기 위한 전략이 있어야 한다. 다시 말해 인터넷상에 무순으로 접근할 수 있는 이들 정보와 지식에 어떤 기재로 접근을 하고 상호작용을 하는 것이 효과적인지에 대해서 알 필요가 있다. 이러한 접근의 기재를 무시한 채 인터넷에 접속할 때 학습자는 일부 편협적으로 정보나 지식을 접하게 되고 다른 한편으로는 무분별한 접근으로 중도에 헤매거나 아예 흥미를 잃어버리게 될 가능성이 내재하여 있다. 아이디어와 정보가 정보사회를 살아가는 우리에게 생활을 영위하는 주요 자본이 되고 있고 정보의 창출과 유통이 사회의 중심이 되는 지식중심적 정보사회에서 개인학습자에게 요청되는 기술은 개개인의 생활과 학습의 필요에 따라 정보를 효율적으로 수집, 분석 및 종합하여 이를 효과적으로 활용할 수 있는 정보 처리 기술과 자신의 필요에 맞도록 정보를 창출하고 활용할 수 있는 정보 생산능력이다.

Farradane은 정보는 정보가 실리는 형태와 정보를 전달하는 매개체(media)에 따라 다르게 해석된다고 주장한다. 그는 정보를 커뮤니케이션에서 일어나는 물리적인 표상이나 사고의 모든 형태로 정의하면서 특히 커뮤니케이션 미디어의 종류에 따라 정보가 다르게 규정될 수 있음을 강조한다. 즉 같은 의미의 정보라 해도 그 의미의 표출이 영상, 문자, 소리, 도형 등 어떤 형태로 다루어지느냐에 따라 다르므로 의미를 전달하는 커뮤니케이션 미디어의 매개적 속성이 중요하다는 것이다.

이러한 정보의 유통이 팽창함으로써 정보의 높은 질적 수준이 요청된다. 정보의 질적 수준을 높이고 정보를 쉽고 편리하게 활용하기 위해서는 적절한 기술수단, 즉 정보기술(information technology)을 필요로 한다(전석호, 1998). 정보기술이란 정보의 수집, 축적, 처리, 검색, 전송 등 정보유통의 모든 과정에 사용되는 기술수단을 총체적으로 표현하는 넓은 의미의 개념이다.

정보기술은 특히 20세기 중반, 컴퓨터 및 통신 분야의 기술 혁신이 두드러지면서 비롯된 용어이다. 정보의 가치가 높아지고 이에 따라 정보기술의 확산이 증가하는 변화의 추진체는 정보산업이다. 정보산업은 정보 테크놀로지가 다루는 모든 정보 유통분야에 자본과 경영, 전문 인력과 연구 개발 등을 개입시켜 이윤 추구를 목적으로 사업 활동을 유지하는 조직을 말한다. 이러한 사업 활동의 한 분야가 교육으로서 교육은 정치, 경제, 문화와 함께 정보 의존도가 높은 분야이다. 이와 같이 정보 의존도가 높은 정보사회의 학습자들에게 요청되는 것은 정보 창출과 정보 생산 능력이다.

정보 창출과 정보 생산 및 활용의 능력이 배양되고 동시에 학습자 위주의 교육이 이루어질 수 있도록 하기 위한 방법의 하나로 소프트웨어의 콘텐츠 구성을 어떤 방향으로 전개하느냐가 주된 관심사가 된다. 이를 위해 조사 분석되어야 할 사항은 1) 인터넷에 올릴 수 있는 교육용 자료의 특성, 2) 해당 자료의 콘텐츠 구성이 이루어져야 할 방안 모색, 3) 자료와 학습자 사이의 활달한 상호작용을 마련하는 길을 모색하며, 4) 상황에 따라 이루어지는 피드백의 유형을 조사하는 일이다.

아울러 위의 사항들을 연구하는데 기본적인 틀을 제시할 구성주의 철학적 견해를 살펴보고 구성주의 견해에 따른 개별화 학습(individualized learning)의 완성이 인터넷 가상교육을 통해서 성취될 수 있다는 점을 검토하고자 한다.

구성주의 철학적 견해에 따르면 인식하는 일이란 인식주체가 일차적으로 절대적 시간과 공간 속에 인식 대상을 위치케 하는 일이다(목영해, 1998). Goodman(1984)

에 의하면 세계는 언어를 비롯한 부호로 만들어지며 세계는 주어지는 것이 아니고 생성된다는 것이다. 이러한 구성주의의 입장은 학습자를 단순한 수동적 존재로 보는 견해를 멀리하고 능동적이며 조작적인 존재로서 자신이 원하는 정보와 지식을 얻기 위해 자료 검색 및 검색된 자료의 내용 탐색을 수행하는 데 있어서 적극적인 자세를 가질 수 있다고 해석한다. 적극적인 자세란 주어진 자료를 수렴함에서 자신의 의도에 맞도록 분석하고 기타 관련 자료와 조화롭게 혼합하는 일에 익숙한 상태로 판단된다. 이렇듯 자신에게 유용한 지식이나 정보를 생산해 내기 위해서 학습자는 자료를 실린 교수자나 다른 송신자와의 적극적인 상호작용을 하고 후자는 학습자의 반응에 대해서 충실한 피드백을 주는 것이 교수-학습의 효과적인 커뮤니케이션이라고 말할 수 있다.

3-4-2. 정보사회의 수업설계

정보사회에서 인간은 정보를 자산으로 그 생활 범주가 현재 우리의 상상을 초월할 정도로 넓어진다. 생산성은 정보와 관련된 것으로 고차원적인 창조력에 의해 고조된다. 정보의 생산은 필수적으로 정보의 관리를 비롯하여 저장, 검색 및 활용 등의 작업이 수반되어야 한다(권성호, 1990). 이런 작업을 학습자들이 수월히 해내기 위해서는 더욱 진전된 공학적 접근이 적용되어야 한다.

정보의 생산과 관리, 저장 및 검색과 활용은 이제까지의 산업사회에서 수동적으로 수업에 임하였던 학습자의 행위가 적극적이고 능동적으로 전환되어야 함을 일깨워준다. 이제까지 교실이나 실험실에서 일어나는 모든 작업은 교수자에 의해서 주관되고 완성되는 것을 흔히 찾아볼 수 있었다. 피동체로서 학습자는 단지 모방의 수준을 벗어나지 못하여 인지적 고등정신기능과 아울러 보다 고차원적 학습능력의 계발에 크게 제한을 받아 왔다. 그러나 정보사회의 환경과 사회문화적 기반의 변화는 이와 같은 학습자의 피동적 학습행위를 허용할 수 없는 새로운 형태로 전환되어 사회의 주체인 학습자와 관련된 모든 교육적 환경에 일대 혁신을 가져오게 되었다.

정보사회에서 필요로 하는 기능은 고차원적인 인지 기능의 숙달 및 문제해결력의 육성이다(윤승금, 1999). 따라서 산업사회에 팽배해 있던 회귀적 사고력에서 그치지 않고 정보사회의 교육에서는 다면적 사고력을 배양시키기 위해서 멀티미디어와 하이퍼미디어 등의 뉴미디어를 사용하여 학습자 개개인의 경험의 세계를 인정하는 학습 환경의 조성이 필요하다.

정보사회에서는 이들 뉴미디어를 이용한 개별화 학습프로그램은 계획, 실행 및 평가의 측면에서 비용이 적게 들고 개발과 관리에 드는 시간이 적게 들어서 경제적이다. 그뿐만 아니라 기술적으로 탁월하고 사용자인 교수자나 학습자가 긍정적인 자세를 가지게 된다.

특히 PC통신과 접속된 인터넷은 원격 교육, 재택 교육 등을 가능하게 해 주어 학습자에게는 생산, 검색, 정리, 저장, 관리하는 데 있어서 선택의 폭이 넓어지고 더욱 자유로워지며, 교수자와 학습자 사이에 비동시적인 상호작용이 이루어져서 상호작용의 빈도가 높아지고 상호작용의 내용도 다양하고 충실해져서 교수－학습의 효과가 제고된다.

HTML을 이용하여 정보를 수집하고 분석 및 종합한 결과를 웹(web)에 올리는 것은 그다지 어렵지 않으나 웹에서의 수업 설계 기법은 거의 이용되지 않고 있다(백영균 · 설양환, 1998). 수업은 학습의 촉진이라고 하는 궁극적인 목적을 위해서 정보를 치밀하게 조직화시켜서 제시하는 활동이다. 웹 기반 수업의 설계에서 적절한 수업 설계 이론에 맞게 자료가 제시되지 않으면 학습자들이 수업목표에 도달하기 어렵다.

전통적인 객관주의 수업 설계 체제 모델들은 효과적인 수업 자료를 만들 수 있는 일련의 단계를 제시하고 있다. 이런 모델들을 사용하는 경우에 다루는 내용이 절차적이고 가시화될 수 있다면 효과적이다. 그러나 다루고자 하는 내용이 서술적이거나 고차원적이었으면 전통적인 객관주의 수업설계모델은 효과적이지 못한 경우가 허다하다.

반면에 인지 융통성 이론은 구조화가 어려운 지적 영역에서 발생하는 고차원적인 학습목표를 달성하는데 필요한 사항들을 다룬다(Spiro, Feltovich, Jacobson & Coulson, 1991). 아울러 복합적인 교과에 대해서 단선적이 아닌 다차원적인 접근방법으로서 서로 얽혀있는 영역에 대한 비유를 제안한다. 복합적인 지식에 대해서 다원적인 시도를 하는 것은 인터넷 환경, 특히 웹 하이퍼미디어 활용에 유용하다.

하이퍼미디어 모델에 의한 수업 설계를 할 때에는 1) 먼저 학습자에게 제시하고자 하는 학습 범위를 정한다. 학습 범위가 좁을수록 수업은 상세화된다는 점을 고려한다. 복잡하고 구조화가 어려운 학습영역에서 중간 수준 및 전문적 수준의 지식탐구를 주로 다루게 된다. 만약 학습 영역이 단순하고 구조화되기 쉬운 것이라면, 전통적인 ISD 모델을 사용해야 한다. 2) 학습 범위가 정해지면 학습해야 할 다양한 요소 및 사례를 구체화하는 일이 중요하다. 텍스트, 그래픽, 사운드 및 비디오와 같은 수업상의 요소들 뿐만 아니라 그 영역을 이루고 있는 서술적 지식과 절차적 지식이 모두 포함된다. 이 때에 이 모델은 같은 비중을 가진 안내 경로(guided paths)와 학습자 통제 경로(learner controlled paths)의 두 가지 경로로 나누어진다. 안내경로에서는 설계 목적을 상세화하고, 학습자를 해당 학습내용으로 이끌어 주는 탐색 폿대(trails)를 전 학습영역에 걸쳐서 만들어 주어야 한다. 학습자 통제경로는 설계자가 만든 탐색 폿대의 조력이나 개입없이 학습자 스스로 학습 내용을 상세화하고 그것에 대해 탐색을 하도록 한다. 3) 다음에는 설계 목적들의 구체화와 상호작용 비유의 개발이 뒤따른다. 해당 영역에서 가장 중요하다고 생각되는 학습 요소를 선택한다. 이들은 해당 영역 모두를 포괄한다고 생각되는 일단의 서술적 지식과 절차적 지식이다. 또한, 상호작용에 대한 설계는 수업에 대한 전이를 도와 주도록 가능한 한 환경을 설계에 가깝게 만들어야 한다. 4) 주제를 나타내는 다중 경로를 그리는 작업이 뒤따른다. 학습의 전이를 촉진하는 도식을 만들기 위해서 이들 경로가 상호 중첩된 영역(criss-crossed landscape)이 되어야 한다. 5) 구성주의적 환경에서는 학습자 자신이 학습목표를 만들어 내는 것이 중요하다. 만일 학습자가 만든 목표가 설계자의 것과 다르다면 학습자는 학습영역에 대한 자신만의 탐색 도구를 가졌다고 할 수 있다. 학습자는 이 도구를 가지고 핵심적인 탐색뿐만 아니라 무작위 링크 생성(random link creator)도 할 수 있다. 6) 개개인의 학습자가 자신의 학습 목표를 설정하기 때문에 수업목표의 성취 여부를 가름하기 어려우므로 설계자는 학습자 자신의 자기평가를 할 수 있는 지침을 마련해 주는 것이 바람직하다.

웹 기반 수업에서 인터넷은 내용제시자로서의 구실을 한다. 외부 웹 페이지와의 무한정한 연결은 수업의 영역을 넓혀 주고 학습자의 사고의 범주를 확장시켜준다. 이러한 환경에서 학습자는 비직선적이고 다차원적 관점을 가지게 되는데 이는 인터넷상의 토의학습장치와 결합한 월드 와이드 웹(world wide web : WWW)의 하이퍼미디어를 이용하는 것이 바람직하다. 이런 방법으로 학습을 하면 학습자는 같은 정보를 여러 경로를 통해서 탐색할 수 있어 인지적 구성이 강화된다. 필요하다면 학습자와 평가가 간의 전자 우편에 의한 의사소통을 하여 토의 집단에서의 평가가 이루어질 수 있다(백영근 · 설양환, 1998).

이상의 수업과 같은 상황은 구성주의의 견해를 구현한 경우라고 해도 과언은 아니다. 구성주의 이론에 기초한 인지적 융통성 이론은 상호작용적 공학 기술인 비디오디스크와 하이퍼텍스트 등의 이용을 뒷받침하기 위해 등장하였다. 인지적 융통성 이론은 복합적이고 구조화되지 않은 지식 영역의 학습의 본질과 관련된 이론으로 급속히 변화하는 상황적 요구에 적응하면서 다양한 측면에서 학습자의 지식을 마음대로 재구조화시키는 능력이라고 한다(Spiro & Jehng, 1990).

구성주의 철학적 주장을 처음으로 제기한 Vico(목영해, 1998)는 인간은 사물을 창조하여 인식한다고 주장한 바 있다. 그 후 Kant는 인식이란 객관적으로 존재하는 실체를 인식 주체인 인간이 수동적으로 받아들인다는 Kant 이전의 인식론을 부인하고 인식대상을 인식 주체인 인간이 구성한다는 태도를 취하였다. Kant에 의하면 인식하는 일이란 인식 주체가 일차적으로 절대적 시간과 공간 속에 인식 대상을 위치케 하는 일이다(목영해, 1998).

Kant의 이러한 입장을 보다 상세화시킨 Goodman(1978)은 인지 대상의 재현으로 주어진 세계는 없으며 실제로 있는 그대로의 세계에 대해서 말하거나 그러한 세계에 대한 우리의 경험을 이야기하는 것은 무의미하다고 주장하였다. 즉 세계는 언어를 비롯한 부호로 만들어지며, 세계는 주어지는 것이 아니고 생성된다는 것이다. 이러한 구성주의 입장은 인터넷상에서 복잡하고 다양한 경로를 통해 학습자가 선택하는 정보와 지식을 학습자가 재구성하는 작업을 설명해 준다.

3-4-3. 정보사회의 학습유형

또한 Goodman(1984)에 의하면 인간에게 존재하는 세계는 상징적 부호로 구성된 세계판에 의해 만들어지기 때문에 세계는 인간의 지각이 각기 다른 만큼 많은 수가 될 수 있다. 이와 같은 Goodman의 주장은 학습자 개성중심의 개별화학습을 뒷받침해 주는 하나의 이론적 준거가 된다. 정보사회에서 우세한 매체로 간주하는 인터넷에 의한 원격화상교육은 시간과 장소를 초월한 학습자와 교수자 간의 상호작용을 가능케 하는 교수-학습 환경으로 인터넷에 올리는 자료의 특성은 무순으로 검색되며 다른 관련 자료와 혼합되어 새로운 지식과 정보를 학습자를 위해서 인터넷에 올리는 자료

중 가장 손쉬우며 유용한 것은 CAI(computer assisted instruction) 자료로서 교수자와 학습자 사이에 정보를 교환하는 상호작용이 역동적으로 일어난다. 컴퓨터는 학습자의 반응에 따라 학습자의 특성과 능력을 평가하며, 그 평가 결과에 의거 학습자에게 적절한 과제를 선정하여 제시할 수 있으며, 어떤 반복학습에서도 인내를 가지고 계속 학습자를 상대해 준다(권성호, 1990).

CAI의 개별화된 패키지는 학습자가 이해한 것을 주기적으로 모니터하여 학습자의 요구에 맞도록 응답해 줄 수 있으며, 학습 태도와 학습 능력의 수준이 다른 개별 학습자를 동시에 수용하여 기대하는 성취 수준에 도달하게 해준다. 또한, 학습자의 연령과 흥미, 그리고 관심을 고려하여 적절한 피드백을 주어 학습을 강화시킬 수 있는 장점이 있다(윤승금, 1994, 1997).

CAI 코스웨어는 내용의 전개와 화면 처리에서 학습을 흥미롭게 이끌어 갈 수 있다. 학습자에게 중요한 내용을 반복 연습시키는 경우에 앞의 화면을 얼마든지 반복적으로 되풀이해서 보여줄 수 있다. 또한, 재미있는 게임의 형식으로 내용을 제시하여 학습의 흥미를 돋우고 애니메이션, 색채 및 음향 등 컴퓨터의 속성을 이용한 더욱 역동적인 학습이 될 수 있다. 또한, 문제 상황을 제시하여 학습자는 문제해결을 위해서 웹 surfing을 통해서 다양한 자료에 접하는 기회를 갖는다. 필요시에는 학습자 자신의 학습행위에 대한 피드백을 교수자에게 요청하여 받을 수도 있다.

또한, CAI 코스웨어는 관찰을 하기에는 시간이 너무 오래 소요되거나, 비용이 많이 들거나 직접 실험을 해보기에는 위험부담이 컸으면 시뮬레이션(simulation)으로 내용을 전개해 효율적이고 효과적인 학습을 할 수 있게 해준다. 교수-학습의 내용을 구성하는 데 있어서 많은 과제가 다차원적이고 비선형적이어서 현실 세계의 시스템이 분석적으로 평가될 수 있는 실제의 모델을 구성하기에는 너무 복잡하고 어렵다. 따라서 시뮬레이션에 의한 방법으로 고찰해야 한다. 시뮬레이션은 종류별로 많으나 시간 주기마다 수치상으로 모델을 평가하기 위한 컴퓨터 수리적 시뮬레이션도 있다. 이 시뮬레이션의 한 예로, 공장을 좀더 확장시키려고 하고 있는 제조회사에서 추가로 생산된 소득으로 추가 가설비용을 충당할 수 있을지는 의문이지만 공장을 확장하였다가 큰 소득이 없어서 다시 철거하는 것은 매우 비경제적이다. 이때 시뮬레이션을 통하여 공장을 확장하지 않은 상태와 확장한 경우의 운영을 관찰함으로써 문제해결의 실마리를 찾을 수 있다(이영해 · 백두권, 1996).

시뮬레이션 모델은 정적(static) 혹은 동적(dynamic), 결정적(deterministic) 혹은 확률적(stochastic), 이산(descrete) 혹은 연속(continuous) 형으로 구분할 수 있다. 정적 시뮬레이션 모델(static simulation model)은 특정 시각의 시스템에 관한 표현이다. 몬테칼로(Monte Carlo) 시뮬레이션 모델이 정적 시뮬레이션 모델의 대표적이다. 반면 동적 시뮬레이션(dynamic simulation model)은 시간에 따라서 전개되는 시스템에 관한 표현이다.

그 예로는 은행 시스템을 들 수 있다. 확률 변수를 포함하지 않는 시뮬레이션 모델을 결정적이라고 한다. 이 모델은 주어진 입력 집합에 대해 유한한 출력의 집합이 존재한다. 한편, 시뮬레이션 모델이 하나 이상의 확률 변수를 포함한다면 이 모델은 확률적(stochastic)이다. 확률적 모델의 출력 자료는 임의적(random)이며 모델의 특성에 관한 추정량이다. 은행의 시뮬레이션 모델은 확률 분포로서 고객들의 도착시각 간격과 고객에 대한 서비스 시간을 취한다. 이 확률 변수들은 각각 자신의 고유 확률분포를 하고 있다, 이산 모델(descrete model)은 항상 이산 시스템(descrete system)을 모델화시키기 위해서만 이용되는 것이 아니며 연속 모델의 경우도 마찬가지이다. 어느 특정 시스템에 대하여 이산 모델을 사용할 것인지 아니면 연속 모델을 사용할 것인지에 대한 결정은 연구대상에 따라 다르다. 도로의 교통량에 대한 모델은 각 자동차의 특성과 움직임을 중요시해서 이산적이 된다. 그러나 반대로 자동차들을 하나의 집합체로 취급한다면 교통량은 연속 모델의 미분방정식으로 묘사할 수 있다.

이상의 시뮬레이션은 시스템 공학과 관련된 것으로 사회과학적으로 많이 쓰이고 있는 시뮬레이션의 분류는 물리적(physical), 절차적(procedural), 상황적(situational) 및 과정적(process) 시뮬레이션으로 구분된다(권성호, 1990). 특히 상황적 시뮬레이션과 과정적 시뮬레이션은 정답이 없이 여러 번 시행착오를 거친 끝에 최선의 방책을 스스로 찾을 수 있도록 유도하는 것이 특징이다(허운나, 1985). 상황적 시뮬레이션은 복잡하고 다양한 대인관계에 대한 이해를 높이고 여러 가지 상황 속에서 문제를 해결할 능력을 기르기 위해 여러 가지 역할을 수행토록 한다. 과정적 시뮬레이션은 여러 가지 변인을 상호작용시켜서 사건이 일어나는 과정이 어떻게 변하는가를 파악하도록 하는 것을 일컫는다(권성호, 1990).

Alessi와 Trollip(1985)은 시뮬레이션의 구조와 절차를 다음과 같이 설명한다.

시뮬레이션의 기본 구조에서 먼저 개요로서 학습목표와 학습활동에 대한 명확한 지시사항이 제시된다. 다음으로, 시뮬레이션 상황이 전개되는 시나리오를 제시하며 다양한 형태로 학습자가 반응을 입력하면 반응에 대한 피드백이 주어지며 동시에 수정된 시나리오가 제시된 후에 가능하고 적절한 때에 이르러 학습결과에 대한 요약을 해준다.

학습의 과정을 1) 새로운 정보의 제시, 2) 정보의 획득 기회 제공, 3) 기억과 숙달을 위한 연습 기회 제공, 4) 평가 등의 네 단계로 나눌 때 개인교사형(tutorial) CAI 프로그램은 1)과 2)에 초점을 맞추고, 반복 연습형(drill & practice) CAI 프로그램은 3)에 역점을 두고 있으나 시뮬레이션 CAI 프로그램은 네 가지 단계 모두에 유용하게 사용될 수 있다(정인성 · 나일주, 1996).

시뮬레이션은 실제로 존재하는 물리적이거나 사회적인 현상을 소규모로 모방한 가설적 상황으로 학습자는 그 현상에 대한 자료를 수집하고 후속되는 의사결정 행위를 얻을 수 있도록 해 주는 행동을 선택하는 가정적 상황에 몰입하게 된다. 시뮬레이션은 능동적 학습 환경으로서 위험스럽지 않고 비용이 저렴하고 시간상으로 경제적인 범주 내에서 변인을 조작하고 문제해결 접근법을 찾아내는 기회를 제공해 준다(Billings, 1986).

시뮬레이션은 시나리오, 자료 수집, 관리 선택(management option), 그리고 자료수집과 관리 및 선택을 연계시켜 주는 다리로 구성되어 있다. 시나리오는 연습환경을 묘사하고 해결되어야 할 문제를 설명한다. 자료수집과업은 학습자에게 관리대상에 접근할 기회를 제공하거나, 문제가 진전될 때에 자료를 수집할 기회를 준다. 관리 선택단계는 문제해결을 위한 필요사항을 제공해 준다. 시뮬레이션은 학습자가 문제를 해결했을 때에 종료된다.

모든 시뮬레이션은 세 가지 유형의 해답을 가진다. 하나는 최적의 해결책이고, 두 번째는 보통의 해결책이며 다른 하나는 위험부담이 높은 해결책이다. 따라서 시뮬레이션에 참여하는 학습자는 때에 따라서 성숙하지 않고 위험 부담이 높은 해답을 찾고 헤맬 수도 있다. 이를 위해 시뮬레이션 프로그램은 직선형과 분기형을 혼합한 형태로 짜여서 학습자에게 선택의 여지를 할애한다.

시뮬레이션의 기본 목적은 학습자에게 문제를 해결할 기회를 제공하는 데 있다. 이 때에 교수자의 목표는 학습자가 최적의 해결책을 찾도록 도와 주는 데에 있다. 학습목표는 고등정신기능을 습득하도록 진술되고 따라서 학습목표는 적용력과 분석력 이상의 인지능력을 배양토록 하는 데에 전력을 기울인다(Billings, 1986).

교수-학습의 원리는 학습자가 문제의 해결책을 찾도록 도와 주는 차원의 것으로 선정된다. 콘텐츠의 시퀀스, 피드백 그리고 동기유발 등이 시뮬레이션 설계의 주요 요인들이다.

시뮬레이션의 시퀀스는 질문, 학습자 반응, 그리고 결과로 구성된다. 하나의 시뮬레이션이 예전에 학습한 내용을 적용하는 것과 관련이 있기 때문에 이 전략에서는 교수법에 대한 진술이 생략된다. 시뮬레이션의 시퀀스는 과제분석을 통해 확인된 문제해결 단계를 밟는다. 최적의 통로에서 거쳐야 하는 시퀀스의 단계는 전진을 요구할지라도 비최적의 분지기 통로가 다양한 방향으로 가지를 칠 수도 있다.

과제분석의 절차는 다섯 단계로 이루어진다. 첫 번째 단계는 주요 업무의 진술이다. 다음의 단계는 모든 부문 업무(subtask)를 확인하는 일이다 이 단계에서 관련이 되는 모든 상세한 요인을 단계별로 목록화시키는 일이 포함된다. 세 번째 단계에서는 이 모든 요인들을 논리적인 순서로 나열해 놓고 처음에 일어나야 할 요인과 맨 나중에 일어날 요인을 순차적으로 계열화시키는 일이다. 다음의 두 단계는 어떤 요인이나 단계가 지시 사항이 필요하며 동시에 학습 곤란도를 가지고 있는지를 구분하는 일이다. 마지막으로 각각의 부문 과업의 학습 난이도의 정도를 추정하는 일이다. 주제와 학습자에 대한 과거의 경험으로 미루어서 학습 난이도를 추정할 수 있다. 내용을 가르쳐 본 과거의 경험이나 과거의 시험을 참조로 잠정적인 학습 난이도를 추정할 수도 있다.

시뮬레이션의 콘텐츠에 포함되는 주요 요인의 하나는 개념이다. 개념은 집단의 예제로 구성된 특성과 속성의 집합이다. 하나의 개념을 학습자에게 가르치기 위해서 개념과 개념의 속성을 확인하고 학습을 촉진하는 예제와 비예제를 선정하는 일이 필요하다.

개념을 분석하는 방법에는 여러 가지가 있다. 간단한 방법의 하나는 개념 요약(concept outline)이다. 이 방법은 개념을 정의하고 제목을 정하고 제목을 보조할 부문 제목(subheadings)을 작성한 후에 이들의 종속적인 요인들 간의 관계를 형성한다. 개념 요약 방법은 무엇을 포함할 것이고 무엇을 제거할 지를 결정하고, 어떤 식으로 하부 요인 간의 관계를 보여주고, 내용을 어떤 식으로 계열화하는 것이 유용한가를 보여준다. 좀더 복잡한 개념 분석의 방법으로는 1) 개념을 진술하고, 2) 중요한 속성을 확인한다. 3) 개념을 설명해 줄 예제를 고르고 부적절한 속성을 제거하는 일이다. 4) 개념 분석의 마지막 단계는 개념의 속성을 가르치기 위한 순서로 나열하는 일이다. 이 때에 순서는 단순한 것에서 복잡한 것, 일반적인 것에서 상세한 것, 친숙한 것에서 낯선 것 등으로 요인들을 나열하는 것이다.

개인교사형이나 반복 연습형 CAI프로그램에서와는 달리 시뮬레이션에서의 피드백은 데이터 요청에 대한 하나의 반응이거나 교수전략에 대한 반응이다. 시뮬레이션에서 피드백은 교정적 성격을 띠지 않으며 학습자가 잘못된 선택을 하지 않는 한 올바른 반응을 얻기 위한 두 번째 노력의 기회가 주어지는 것이다. 문제해결을 하는 데 있어서 성공한 경우나 성공하지 못한 것에 대한 피드백은 시뮬레이션이 종결될 때까지 미루어진다. 시뮬레이션이 종결될 때에 주어지는 피드백은 점수로 주어지거나 각 시뮬레이션이 행해진 후에 주어지는 하나의 요점으로서 간주한다. 이러한 요점은 학습자에게 청사진을 제시하는 것으로서 이 청사진을 통해서 학습자는 자신의 행동을 조감해 보고 따라서 이러한 피드백은 시뮬레이션을 실행한 후에 주어지는 것이 바람직하다.

HCI(human-computer interaction)의 견해로 볼 때에 교육의 첫째 목적은 학습자인 컴퓨터 사용자(users)와 학습자가 당면한 과제를 상세히 이해하는 일이다. 그렇게 함으로써 학습자가 수용할 수 있고 과제를 효율적으로 해낼 수 있게 해 주는 정보기술을 개발할 수 있다(Collis, 1997). 다시 말해서 HCI 전문가들은 사용자인 users의 특성과 다양성을 이해하고 관심분야 주제에 대한 users들의 지식수준을 파악하려고 노력한다. HCI 전문가들은 과제에 대한 적절한 분석, user의 적합한 정보, 기술요구(skill needs)를 알아볼 필요가 있다. 왜냐하면, 유용하고 효율적인 학습자의 특성을 이해하기 위해서 Charles(1980)가 제시한 세 가지 학습자 유형에 따른 피드백을 HCI 시스템을 디자인하기 위해서이다. 예를 들면, 해당 영역에 대해서 많은 지식을 가지고 있는 user는 스크린에 정보가 밀집되어 제시되는 것을 선호하고 용어에 대한 불필요한 설명을 원치 않는다. 그러나 해당 영역에 대한 지식이 별로 없는 user는 스크린상에 정보가 조금 제시되는 것을 선호하고 용어에 대한 많은 설명이 주어지는 것을 좋아한다. 그러므로 HCI에 기초한 스크린 디자인은 이러한 학습자의 분석에 기초하여야 한다. 그렇지 않으면 컴퓨터와 상호작용하는 데 있어서 user의 요구를 만족시키기 어렵다. 해상도가 높은 컴퓨터 스크린에 상호작용을 하고 있을 때에 해상도가 낮은 컴퓨터에 할 때보다 user는 정보를 검색하는데 문제를 덜 겪는다. 잘 고안되거나 사용 가능한 컴퓨터 기술을 어떻게 획득하느냐에 대한 직관을 가지고 HCI 전문가는 교육적으로 컴퓨터 콘텐츠를 구성한다(Dillon & Ghu, 1997).

3-4-4. 컴퓨터 학습자를 위한 피드백

Billings(1986)에 의하면 학습의 자신감이 높고 성숙한 학습자에게는 피드백이 비교적 덜 필요하다. 따라서 만일 학습자가 주어진 과제를 잘 이해하면서 학습을 진행한다면 피드백은 지연돼도 좋고 반응마다 피드백을 주는 것보다는 때때로 필요한 때에만 주는 것이 바람직하다.

Harley & Lovell(1984)은 학습자의 개성을 중심으로 피드백이 고안돼야 한다고 주장한 바 있다. 학습자의 개성은 각 학습자가 소지한 특질(trait)의 혼합으로 타인에게 비추어지는 것으로서 개인이 소지한 특질은 그 개인의 평상적 버릇에서 추측된다(Liebert & Spiegler, 1978). 버릇은 개인이 어떤 환경에 처했을 때 반응을 보이려는 의향, 또는 성향으로써 버릇들이 혼합되어 개인의 성격(personality)을 형성한다. 이와 같이 성격은 여러 가지 특성에 의해 규정지어지는 것으로 피드백이 학습 과정에 주어질 때 유사한 특성이 있는 학습자에게는 피드백의 유형도 유사하게 주어져야 효과적이다.

Charles(1980)에 의하면 학습자의 특성에 따라 다른 유형의 피드백이 주어져야 한다. 예를 들어, 모험을 즐기는 학습자는 타인으로부터 오는 피드백에 별로 신경을 쓰지 않는다. 이들은 자신의 내면적 감정의 성취 욕구를 만족하는데 관심을 둔다. 따라서 이들에게는 새로운 과제에 도전하게끔 해 주어 자신이 처한 입지를 확대해 나갈 수 있게 해야 한다.

신중한 성격의 학습자는 모험을 즐기는 학습자와는 다른 형태의 피드백을 원한다. 전자는 그가 하고 있는 학습이 옳은지 틀린 지에 매우 관심을 기울이며 동시에 타인으로부터의 피드백이 학습 효과를 높인다. 따라서 이들은 평가적 피드백을 탐구하고 물론 긍정적 피드백을 추구하며 잘못 학습한다고 생각할 때에는 무엇이 잘못인지 알기 원하고 고치려고 노력한다. 이런 유형의 학습자는 긍정적 강화에 반응하고 행위 개선(Behavior modification)의 프로그램에 매우 잘 반응을 한다.

방황하는 성격을 지닌 학습자는 산만하게 작업하는 습성이 있어 항상 학습에 대한 지침과 피드백을 요청한다. 이런 유형의 학습자는 자신이 학습하는 분야에 권위가 있는 교수자가 물리적으로 구조적으로 가까이 있는 환경에 한하여 학습효과가 높아진다. 이들은 끈기가 없고 혼자서 스스로 학습하고자 하는 의지가 약하기 때문에 끊임없는 성취감을 느끼도록 학습을 긍정적으로 강화시키면서 이끌어 가야 한다.

정보사회를 살아가는데 문자에 대한 이해는 절대적이다. 문자는 일상생활을 하는데 필요한 정보 획득의 수단으로 필요할 뿐만 아니라 인간이 사회적 관계를 유지하는데 필요한 정보집합체로써 필요하며 매스미디어를 이해하는데 필요하고 개인간의 정보 교환을 하는데 필요한 용도를 가지고 있다. 이와 같은 문자적 도구를 다 활용하는 사람은 문해인이고 이 중 한 가지라도 이해할 수 없는 사람을 비문해인이라고 간주하는 경우에 우리나라에 비문해인은 UNESCO에서 설정한 비문해율(illiteracy rate)을 훨씬 초과하게 된다.

실제로 우리 주변에 문자를 도구로 사용하는 여러 가지 경우는 많은 사람을 비문해인으로 소외시킨다.

비문해인을 대상으로 하는 교육이 컴퓨터를 이용한 학습의 형태를 적용할 때 이들의 흥미 욕구에 비추어 피드백이 주어져야 계속해서 학습하고자 하는 의지가 생성된다. 이들 대부분의 정규교육에서 체계적인 수업을 못 받은 비특혜인 들로서 일상생활의 단순한 일에는 끈기와 인내심으로 부지런히 일한다. 그러나 문자의 해독과 같이 지적 발달이 수반되는 문해교육의 현장에서는 끈기가 없고 하고자 하는 의지를 상실하기 쉽다. 이들을 위한 문해교육은 이들을 일단을 방황하는 성격의 학습자로 간주하는 것이 타당하다.

따라서 이런 유의 학습자들은 산만하게 작업하는 습성이 높아서 학습의 단원마다 상세한 지침과 아울러 피드백이 제공되어야 한다.

이들 비문해인의 지적 수준은 대체로 구체적 조작 기를 넘지 못한 관계로 문제 상황에 처했을 때 이미 알고 있는 개념이나 해결방법을 동원하지만 이로써 문제 상황이 해결되지 못할 때에는 형식적 조작기에 조작능력이 없기 때문에 새 방법을 기존의 방법에 조화시키려는 탐색 능력이 부족하다. 이들에게는 구체적 조작기에서 형식적 조작기로 넘어가는데 필요한 동화와 조절에 익숙해지도록 유도하는 피드백이 필요하다.

문해인의 카테고리 내에 속한 사람이라도 정규교육 9년 이하의 학력을 소지한 사람은 형식적 조작기에서 발달하는 가상적 상황에 대한 추리 능력, 가설을 탐색하는 체계성 및 철저함, 그리고 고차적인 명제나 규칙에 불일치성의 탐지에는 미약하기 쉽다. 이들에게는 가상적 문제 상황에 대한 사고를 반복적으로 되풀이할 수 있는 학습의 제공이 필수적이다. 그러나 이들은 비문해인과는 달리 방황적이지 않고 오히려 신중한 학습자로 판단된다. 이들에게는 학습에 대한 자신의 반응이 맞았는지 틀렸는지에 대한 관심을 돋구어줄 수 있는 타인으로부터의 피드백이 주어져야 한다. 피드백의 유형은 평가적이면서 긍정적인 때에 효과적이다. 자신의 오답에 대한 관심이 매우 크기 때문에 왜 틀렸는지에 대한 철저한 설명이 필요하며 자신의 행위개선에 강한 욕구를 가진다.

정규 교육을 12년 이상 받은 문해인을 위한 교육은 대상을 일단은 변증법적 조작을 할 능력이 있다고 간주해야 한다. 이들을 위한 피드백 전략은 비문해인이나 신중한 학습자로서의 문해인 보다는 모험가를 위한 것이어야 한다. 모험을 즐기는 학습자는 자신의 반응에 대한 피드백을 별로 즐기지 않는다. 이들은 변증법적 조작에 익숙하여 인지적 모순과 다양한 사고로 빚어지는 내적 갈등에 관심을 둔다. 이들이 성인이 되기 이전에 이루어진 원시적 학습의 결과는 성인이 된 후에 지속적으로 향상되고 아울러 지능도 지속적으로 발달한다.

이들에게는 도움이 되는 내적 갈등이 인지 발달의 자극제가 된다. 이러한 인지적 작용으로 인해 문해인으로 명명 지어진 집단은 맡은 과업의 완수를 위한 중간과정에서 피드백을 별로 필요치 않는다. 이것은 해당 영역에 많은 지식을 갖춘 학습자는 시뮬레이션은 피드백을 학습이 끝날 때까지 미루어야 효과적이라는 점과 일치한다.

제 4 장

디지털 미디어 교육

4-1. 미디어의 발달사

4-1-1. 광학매체

광학매체가 사회에 영향력을 미치는 데에 지대한 역할을 한 것은 영화(motion picture : MP)라고 해도 과언이 아니다 영화는 애칭으로 movie라고 불리며, 인쇄매체의 생성과 발전이 사회적으로 연계를 가지는 것과는 다른 맥락으로 생성되고 발전하여 왔다. 영화는 인쇄매체인 신문이 발전해야 하는 절실한 사회적 요청과는 달리, 빛의 굴절과 인간의 시신경에 관심을 둔 물리학자와 신경학자들의 연구의 소산으로 처음부터 메시지를 전달하는 매체로서 그 역할이 미비했다. 이들 물리학자와 시신경에 관심을 둔 신경학자들은 영화라는 매체 자체에 관심이 있다기보다는 빛의 굴절과 반사의 원칙 및 인간의 시력을 뒷받침해 주는 신경의 작용에 관심을 두었다.

그러나 인류의 역사를 통해 그림자 영상을 투영하는 원리에 입각하여 오락매체를 개발하는 일에 관심이 있어온 것은 명백하다. 이러한 관심과 더불어 빛의 굴절 반사의 원칙 및 인간 시력의 기재(mechanism)는 산발적으로 연결되어 오늘날의 영화가 만들어진 것이다. 영화는 빛의 굴절과 반사의 원칙을 기본 원리로 생성된 것이므로 영화가 만들어지는 도중에 타 광학매체인 사진, 투시화(transparency), 슬라이드 등과 이들 기자재에서 투사하는 빛을 받아줄 수 있는 스크린이 개발되었다.

그림자 영상을 투사하기 위한 수단으로 어두운 방에서 투시화를 사용하게 된 것이 오늘날의 슬라이드의 시초라고 할 수 있다. 이즈음 동시에 발달한 것이 스크린으로, 이 스크린과 슬라이드의 원리를 합성해서 만든 암상자(camera obscura)가 등장하게 되었다.

Camera obscura는 처음에는 암상자의 한쪽 벽을 스크린으로 하고 맞은편 벽에는 연필심으로 구멍을 뚫어 이 구멍을 통해 광원을 받은 피사체의 이미지가 거꾸로 스크린에 비치도록 고안된 것이다. 이 때의 광원은 자연적이었으나 차츰 인공광원에 의해 피사체의 이미지가 스크린에 비치도록 발전하였다. 그 다음 단계로 스크린에 맺힌 상을 바로 세우기 위해 거울이 상자 안에 설치되었고 렌즈가 설치되어 이미지의 초점을 맞추도록 고안된 최초의 정사진 카메라(still camera)가 고안된 것이다. 이 camera obscura는 천문학을 연구하는데 도움이 되었고 화가가 풍경화를 그리는데 보조 수단으로 쓰였다.

이런 스틸 카메라에 움직이는 이미지를 부여한 사람은 Della Porta이며 Porta는 'Strange Glasses'라는 책을 저술하여 렌즈와 거울을 이용한 이미지의 처리에 대해 기술하고 아울러 camera obscura가 연극이나 오락에 쓰일 수 있는 방법을 제안했다. Porta는 과학자이었으나 마술사나 마녀들이 그 당시 그랬던 것처럼 사람들을 놀라게 하는데 관심을 뒀다. 어쨌든 camera obscura는 발명이 된 17세기 중반 이후부터 한동안 유럽의 갑부들과 특권 계층을 위한 오락물이 되었다.

한편, Kircher는 그가 개발한 투영기(project)를 사용하여 손으로 색을 입힌 투명 슬라이드에 이미지가 맺히도록 하여 수많은 관중을 놀라게 하였다. 그는 또한 컬러 이미지에 이야기를 부여하여 이미지에 대한 관중의 몰입도를 증진시켰다. 그 후 많은 발명가는 이 현상을 마술 등불(magic lantern)이라고 칭하기도 하였으며 다른 이들은 이것을 사용하여 대중을 즐겁게 해 줄 방법을 탐색하였다. 이로써 영화는 원시적인 형태로 17세기 중반에 완성이 된 것이다.

영화가 다음 단계로 발전하는데 필요한 기술은 연속적인 동작을 재현하는 과제를 안게 되었다. 연속적인 동작의 재현은 인간시력의 착각(illusion of human vision)의 원리를 적용하는 것이다. 인간시력의 착각은 인간시력이 갖는 제한점인 시각지체(visual lag)를 이용하는 것이었다. 인간이 눈으로 감지할 수 있는 움직임의 실체는

1/16초 이내의 것으로 이 범주가 벗어나면 인간의 눈은 피사체가 움직이는 것으로 착각한다는 점이다. 19세기 초에 이르러 런던과 파리에 토마트로프(thaumatrope)라고 불리는 장난감이 어린이들에게 인기가 있었다.

토마트로프는 축 위에 10㎝ 이하의 반경을 가진 회전체로 앞면에 그림이 그려져 있고 뒷면에도 다른 그림이 그려져 있어서 끈으로 돌리면 두 가지가 합성된 또 하나의 이미지가 창출되도록 고안된 것이다. 이 장치는 John Paris에 의해 창안된 것이었다.

이를 계기로 하여 시각 지체에 대한 연구가 활달해졌다. 시각 지체는 인간시력이 갖는 제한점으로 이를 이용하여 1/16초보다 빠른 속도로 피사체를 움직이면 인간은 움직임을 감지할 수 없게 된다. 예를 들어, 선풍기의 날개가 3개이지만, 이들 날개를 빠른 속도록 움직이면 인간의 눈으로는 개개의 날개를 식별할 수 없게 되고, 또한 선풍기는 다른 형상으로 보인다. 또 불꽃 놀이에서 우리는 불의 줄기를 보게 되는 것이 고작이지만, 사실은 우리 눈에 비치는 불줄기는 빠른 속도로 움직이는 불덩어리의 행렬이라는 점이다. 이와 같이 우리의 눈이 어떤 물체를 감지하기 위해서는 어느 정도의 시간 동안 멈추어 있어야 한다. 이러한 우리 눈의 약점을 이용해서 동화(animation) 등의 활동사진, 즉 motion picture가 등장하게 된 것이다.

영화의 발달과 병행하여 나타난 것이 스틸사진(still picture photograph)이다. 사진 기술은 빛의 움직임에 의해 재현되는 이미지를 영구적으로 보존할 수 있도록 만드는 필름의 출현으로 가능하게 되었다. 암상자(camera obscura)의 한쪽 벽에 비친 이미지를 오랫동안 보존하기 위해서는 화학적 작용이 적용되어야 한다. 이런 기술은 레오나르도 다빈치 시대에 나타난 기술로서, 오늘날 필름에 거꾸로 맺힌 상(image)을 빛에 예민한 화학물질의 작용에 의해 필름에 새겨진다. 17세기에는 다양한 종류의 은 소금(salts of silver)이 빛을 받으면 변하는 원리를 이용하여 은 소금을 종이에 발라서 종이의 표면에 적절한 빛을 비추면 그 빛을 받은 자리가 희게 변한다. 이것이 오늘날에 발달한 노출, 현상, 인화 등의 사진 기술로 19세기 후반에 이르러서 완성되었다.

사진기술은 세 사람의 노력으로 오늘날의 기술에 가까운 완벽성을 가지게 되었다. 이들은 자신의 작업을 독립된 위치에서 수행하고, 서로에게 알리지 않았지만 거의 동시에 발표를 하였다. 프랑스의 Louis Daguerreo, 영국의 William Talbot, 그리고 영국의 John Herschel은 같은 사진기술의 일반 원리에 의해 그러나 각각 기술적으로는 특이한 방법을 제안하였다. Daguerreo는 1839년에 동판에 은 메탈을 발라서 요오드(iodine) 불에 그슬려 은 요오드 (silver iodide)를 형성케 하였다. 이 결과는 매우 선명하고 깨끗한 이미지를 만들었고 Daguerreo에 의한 뛰어나고 선명한 이미지는 오늘날의 사진과 같은 질적인 면을 지녔다. 그러나 Daguerreo에 의한 기술은 한 번에 한 장만의 양화(positive)만을 만들 수 있을 뿐이었다. Talbot와 Herschel이 창안한 기술은 동판 대신 종이에 Daguerreo가 사용한 빛에 예민한 화학 물질(chemical)을 발라서 음화(negative)를 만든 다음에 양화를 만들어내는 것이다. 그러나 그 당시 종이에 이미지를 창출하는 방법은 양화와 음화를 동시에 생산한다는 점에서는 훨씬 뛰어나지만 Daguerreo형의 사진에 비해 화질이 떨어져서 Louis Daguerreo는 호평을 받고 Daguerreo type은 대단한 성공을 이루었다. 실제로 Daguerreo type은 오늘날에 제작되는 양질의 사진보다도 더 나은 화질을 나타냈다. 텔레그래프에 조예가 깊어 잘 알려진 F. B. Morrse는 1839년에 Daguerreo type을 재빨리 파리로부터 도입하여 뉴욕의 Daguerreo typist가 되었다. 그는 화가이면서 뉴욕대학의 교수로 초상화를 만들었다. 동시에 학교 학생들에게 가르치면서 미국정부로부터 텔레그래프 개발에 필요한 재정적 지원을 기다렸다.

초상화의 제작은 Daguerreo type의 예술과 돈을 버는 예술을 빠른 속도로 연결했다. 따라서 사진사라는 새로운 직업이 탄생하게 되었다. 당시의 미국은 불황을 맞아 많은 젊은이가 비교적 소자본으로 돈을 벌 수 있는 사진사의 길을 택하였다. 하나의 초상화는 화가가 그리는 것보다 Daguerreo type에 의해 만드는 것이 비교도 안 될 정도로 저렴한 가격이어서 초상화를 갖는 것이 대중화되었다. 그러나 전문적인 교육을 받지 않은 많은 사진사가 자세와 기술적 정밀도에 약하여 저질의 초상화를 만들곤 하였다. Daguerreo type은 대장간, 수선공, 시계수리, 치과의사 등 다른 직업세계에서 사용되어 한 곳에서 구두를 닦으면서 사진을 찍은 등 여러 가지 일을 동시에 할 수 있는 "패키지 거래(package deal)"가 유행하게 되었다. 상류사회를 위한 사진관도 나타나서 대중을 위한 사진과 상류사회를 위한 사진 등 두 유형이 사진 제작을 통해서 남북전쟁이 일어나기 전인 1850년대에 1년 동안 삼천만 장이 넘는 사진이 제작되었다.

사진기술은 점차로 발달하여 미국 산업사회의 주요한 역할을 차지하게 되었다. 사진 약품, 사진기기 및 필름(photographic plates)을 대량으로 제조하는 공장들이 세워지기 시작하였는데 이들 중에 잘 알려진 것이 George Eastman이었다. Daguerreo type 사진술을 바탕으로 다른 기술들이 발표되었다. Ambrotype이 먼저 발달하다가 사라졌고, 남북전쟁 중에는 tintotype이 유행하였다. 그 후 유리판에 얇은 collodion막을 입혀 이미지를 만드는 wet-plate processes가 한동안 이용되었으나, 그 후 dry-plate가 나옴으로 인해, 이를 위한 사진 재료들이 공장에서 제조되고 대중적으로 배포되어 거래가 활발하게 이루어졌다. 소형카메라와 아마추어를 위한 카메라가 선을 보이고 곧 유행하게 되었다. 초보자도 사용할 수 있는 fool-proof 카메라가 나타나 19세기에 미국은 이미 사진이 보편화하였다.

오늘날 광학 매체의 중심이 된 영화(motion picture)는 Thomas Edison의 실험실에서 처음 제작된 영화 카메라와 환등기에 의해 19세기 후반인 1894년에 시카고에서 상영된 kinetoscope가 시조이며, 1895년 파리에서 Cinematographe가 상영됨으로 인해서 대중매체로 자리를 잡았다. 그 후 Cinematographe는 뉴욕에서도 상영이 되었고 곧이어 1896년에 영국의 런던에서 상영이 됨을 계기로 영화는 대중을 위한 오락 매체로 발전을 시작하였다.

4-1-2. 전기전자매체의 역사

전기전자매체는 대중을 위한 방송과 직결된다. 라디오나 텔레비전의 출현은 무선전신의 발명으로부터 이루어진 것으로 축음기 등 음향매체와 전화기와 함께 대중을 위한 매체로서 사용되기까지 많은 사회적 갈등과 갈등의 해소과정을 거쳤다. 19세기에 사회적으로 신속하게 먼 거리 통신을 할 수 있는 매체에 대한 욕구가 증가하기 시작하였다. 각국의 정부나 군대뿐만 아니라 먼 거리 항해를 하는 선박들 간에 통신에 대한 사회적 요구는 심화하여 갔다.

인간의 창조성은 광범위하며 역사적으로 모든 시대를 통해서 사람들은 시대가 요청하는 것을 창조하기 위해 놀라운 능력을 발휘해 왔다. 그 중의 하나가 먼 거리 통신을 해결한 일이다. Telegraph란 용어는 그리스어에서 나온 것으로 tele는 '멀리(at a distance)'라는 의미이고, graph는 '쓴다(write)'를 뜻한다. 단 한 마디의 말을 멀리 즉각적으로 보낼 수 없던 시절에는 불시에 육군이 패하고 함대들도 침몰하여 정부가 몰락하는 일이 허다했다. 구조의 신호를 보낼 수단이 없어 해양을 가로질러

통신을 할 필요성이 대두함으로 인해 발생한 문화적 뒤처짐(cultural lag)을 극복하기 위해서 전기에너지를 이용한 먼 거리 통신수단이 나타났다. 전기에너지에 대한 끊임없는 연구로 라디오가 탄생했으나, 라디오 이전 기술의 역사는 대단한 것이었다. 전기발전(generating), 유도(conducting) 및 전류측정(measuring electric currents), 전자장(electromagnetic fields), 코일(coil) 및 고주파(high frequency)에 대한 이론들이 뒷받침이 되어 diode and triode electron tubes 등이 dot and dash 무선전신으로 목소리를 전달하는 것을 가능하게 하였다. 라디오가 나온 기술의 연장으로 빛과 그림자 방송 패턴을 위한 photoelectron과 같은 기재의 발명과 함께 텔레비전이 등장하였다.

전기무선전신의 발달에 크게 이바지를 한 요인은 전기자기(electromagnet)의 개발이다. 1830년대에 미국의 과학자들은 이미 전기적인 힘으로 메시지를 보내는 telegraph 개발에 선행돼야 하는 다양한 기술이 있었다. 이들에게 남은 과제는 이 기술들을 합성하는 일이었다. 예술가이면서 과학자이었던 Samuel F. B. Morse는 뉴욕시립대학에 실험실을 꾸미고 Baltimore와 Washington, D.C.를 연결하는 그럴 듯한 telegraph선을 설치하였다. 처음 보내진 메시지가 "What hath God wrought?"로서 1844년 5월 24일 통신되었다. 이로 세상은 바야흐로 전기 통신의 시대로 접어들게 된 것이다. 느린 속도이지만 이 시도에 쓰인 전기적 telegraph는 사업가, 군대 및 기타 집단에 의해 받아들여져서 인구가 집중된 지역에 유선전신이 펼쳐지기 시작했다. 유선전신은 Cyrus W. Field라는 개인 사업가에 의해서 대서양을 가로질러 설치되어, 1866년 7월 27일에 개통된 후에 많은 유선전신이 바다 밑에 설치되어 먼 거리 통신이 이루어졌다. 1876년 Alexander Bell은 유선으로 인간의 음성을 전송하는 데 성공했다. 이로 인해 신속한 통신수단의 결여로 발달한 사회조직에서 일찍이 겪었던 문제가 급속히 줄어들었다.

유선전신이 탄생하여 사용되고 있는 동안 Volta, Faraday, Maxwell, Hertz 등 과학자들은 전기의 속성을 이해하는데 주력하였다. 결과적으로 발전, 충전, 측정, 전송 및 개조 등이 전기기술의 이해가 가능한 여러 가지의 전기이론이 발표되었다. 미국의 남북전쟁 당시에 스코틀랜드 과학자인 James Maxwell이 빛의 속도로 전기자기 파장이 움직인다는 수학이론을 발표한 것이 오늘날 알려진 맥스웰 방정식의 시조이다. 1888년에 독일 과학자 Hertz는 전기자기파장이 존재함을 밝혔고, 실험실을 꾸며서 전기자기 파장을 발전시키고 탐지하는 기기를 발명하였다. Hertz가 밝힌 전기자기 파장은 오늘날 Herzian wave로 알려진 것이다.

Herzian wave를 연구하던 이탈리아의 Guglielmo Marconi는 전선 없이 통신을 할 수 있는 논리를 연구하여, 1890년대에 무선전신을 발명하게 이르렀다. 무선전신의 발명으로부터 라디오의 탄생이 가능하게 된 것이다. 세계 제1차 대전이 시작되기 바로 직전에 무선전신은 장거리에 메시지를 명백하게 전송할 수 있는 기술로 발전하였다.

무선으로 인간의 음성을 전송하는 일은 dot and dash로 이루어지는 무선전신의 커뮤니케이션방식보다 발전한 것으로 많은 과학자가 이 일에 관여하였다. 1906년 크리스마스 이브에 대서양으로 향한 미국의 해변을 떠돌던 선박의 선원들이 이어폰으로 음성 메시지를 접하게 된 것을 계기로, 라디오를 위한 신호가 완성된 것이다. R. A. Fessesden에 의해 라디오 신호전송을 가능토록 한 기자재가 준비되어 몇 사람이 처음으로 무선으로 이야기를 하고 시도 읽고 바이올린을 연주하여 Fesseden의 실험이 성공했음을 증명하였다. 1920년에 라디오 방송국이 설립되기까지 많은 사람이 라디오에 필요한 기술을 개발하였다. 그 중 염가의 "crystal set"라는 라디오 수신기가 발명이 되어 미국 전 지역의 주민들이 공중파 신호에 접할 수 있게 되었다. 신호 전송 방식은 널리 알려져서 스포츠 중계에 사용되는 등 20세기 초반에 라디오 방송을 위한 혁명이 불어 닥쳤다. L. De Frost에 의해 오늘날 진공관이라고 불리는 하나의 밸브가 완성되어 최근에 트랜지스터가 나올 때까지 라디오에 사용되었다. Heterodyne circuit와 superheterodyne circuit 등 발전한 기술이 개발되어 라디오 수신장비의 발명으로 라디오 장비의 무게와 크기가 줄어들어 우송이 편리하게 되었다. 실제로 세계 제1차 대전에서는 라디오 전송장치가 비행기에 장착되기도 하여 정확한 총격에 활용되기도 하였다.

라디오가 하나의 대중매체로 발전을 하게 된 동기는 David Sarnoff에 의해서이다. Sarnoff는 대서양에 침몰하던 titanic 호로부터 오는 신호를 밤낮으로 3일간 받아서 해독하는 작업을 했고, 뒤이어 상부 부서에 라디오가 가정을 위한 메시지 전송을 하는 것이 유익하다는 memorandum을 올렸다. 그의 memorandum에는 라디오 기술이 가정에서 피아노나 축음기처럼 쓰일 수 있으며, 따라서 무선으로 가정에 음악을 보내줄 수 있다는 착상이 적혀 있었다. 이를 계기로, 라디오 뮤직박스(radio music box)의 개념이 나타났다. 라디오 뮤직박스는 확성기와 수신기에 필요한 모든 부품을 한 상자에 넣어 가정집의 거실에서 콘서트, 강의, 음악 등을 들을 수 있도록 하였다. 여기에다 Sarnoff는 광고와 연속방송극도 들을 수 있도록 함으로써, 거의 완벽한 대중매체로 라디오가 등장하게 된 것이다.

세계 제1차 대전이 시작되기 바로 직전에 미국의 전기기기 제작업체인 Westinghouse 회사에 근무하던 Dr. Frank Conrad는 그의 회사와 자신의 집에 실험실을 꾸며 transmiter를 두 곳에 설치하고 연구를 계속한 끝에 1년 후인 1920년에 8XK station으로 자신의 집에 설치된 transmiter를 license화하는데 성공하였다. 그는 이를 계기로 저녁시간에 집에서 시험적으로 신호를 보냄으로 방송을 시도하였다. 그 결과, 그의 자택 부근에 사는 주민들이 그들의 아마추어용 수신기로 방송을 듣고 보내는 편지와 전화로 보내는 피드백에 힘입어서 음향의 질을 개선하고자 노력하였다. 이 때에 그는 계속해서 음향을 내보내기 위해 viola를 연주했고, 주민들은 늦은 시간에도 신청곡을 보내줄 것을 주문하는 등 좋은 반응이 있어서 Conrad는 정규방송을 하기로 결정하였다. 일주일에 두 번, 한 번에 두 시간씩 방송을 하여 그는 최초의 "disk jocky"가 되었다. 곧바로 이런 현상은 Westinghouse 회사에서 수신기를 제조하여 돈을 벌 수 있다는 판단 하에 1920년 피츠버그에 KDKA 방송국이 설립된 것이다.

Sarnoff가 일찍이 라디오 뮤직 박스를 예고했으나 이의 실현은 Westinghouse의 부사장인 Harry P. Davis가 상업적으로 제작한 가정용 라디오의 탄생이다. 1920년 11월 11일에 수천 명의 청취자가 라디오를 통해서 Harding 대통령의 당선을 알리는 메시지를 동시에 듣게 됨으로써 Sarnoff의 꿈은 현실화되었다.

그 후 transmiter들이 계속해서 발전한 현상으로 나타나서 방송국이 주파수의 방해를 고려하지 않고 곳곳에 설치되어 방송국들 간에 주파수 갈등의 문제가 발생하게 되었다. 이 주파수 갈등의 문제는 쉽게 통제가 되지 못했는데 그 이유는 방송국 설치에 대한 적절한 규칙이 마련되어 있지 않아서였다. 이 문제는 오랫동안 계속되었고 이를 해결하기 위한 여러 차례의 정부 차원의 시도 결과 1927년과 1934년에 새 라디오 법이 미국 연방통신위원회(federal communications commission : FCC)에 의해 제정됨으로써 라디오 개발기재에 대한 통제가 이루어졌다.

라디오 주파수로 인해 발생한 방해 전파는 사회적으로 큰 문제점이 되어 마스터

플랜이 없이 새로운 매체를 방송으로 이용하는 것을 꺼린 미국사회에서는 텔레비전 방송이 가능한 기술이 라디오 시대에 개발되었음에도 이를 제지하였다. 처음으로 텔레비전 방송이 시작된 것은 1939년으로 텔레비전 방송국 개설이 늦추어진 것이다.

텔레비전 방송이 시작되자 라디오는 이 새로운 매체와 극심한 경쟁을 하게 되고, 라디오를 믿고 애청하던 시민들이 차츰 텔레비전을 선호하게 되었다. 따라서 라디오의 역할은 달라졌고, 텔레비전에 의해 라디오는 거실에서 부엌이나 차고로 밀려났다.

텔레비전은 20년대와 30년대에 그 기술이 완성되어 대중매체가 될 수 있었으나. 두 가지 요인에 의해서 발달이 저지되었다. 하나는 앞서 언급한 주파수 문제에 기인한 정부의 통제이고, 다른 하나는 제2차 세계대전으로 인해 당면한 경제공황이었다. 이러한 요인들에 의해 1952년 정부의 통제가 해제되기까지 텔레비전이 시민들을 위한 대중매체로 입지를 굳히는 데에 오랜 시간이 걸렸다. 이 때를 계기로 텔레비전은 기술적인 측면에서 급속히 발달하여 오늘날의 텔레비전 기술은 1940년대의 것에 비해 월등히 경제적이다. 이와 같이 텔레비전과 같은 전기전자매체의 끊임없는 발달은 오늘날 대중이 상상할 수 없을 정도로 진전된 미래의 대중을 위한 매체의 탄생을 부추긴다.

케이블 텔레비전(community antenna television : CATV)의 원래의 목적은 지역적으로 멀거나 공중파 방송에 접하기 어려운 난시청 농촌지역의 주민들을 위한 것이었으나 뛰어난 화상의 충실도(fidelity)와 다채널 전송 시스템 가능으로 도시권에서도 환영받게 되었다. 높은 화상의 충실도와 다채널 수용능력은 케이블로 메시지가 전송이 되기 때문에 공중파 방송이 갖는 제한점을 극복해 주기 때문이다. 케이블 텔레비전의 개발은 비교적 비용이 적게 들고 간단하다. 단지 거대한 안테나와 수신기가 한적한 지역의 높은 곳에 설치되고, 수신자에게 메시지는 coaxial cable로 전송할 수 있다. 타지역을 위해서는 거대한 dish 안테나로 위성 전송을 할 수 있는 시스템이다. 기존하는 전화선(telephone pole)에 coaxial cable lines를 접목(piggybacking)하고 기존하는 텔레비전 set를 수신 장치로 이용한다. 공중파 메시지를 받고 위성으로 중계되는 메시지를 받는 케이블 텔레비전은 아울러 지역방송 프로그램도 전송할 수 있다.

특히 위성통신 시스템은 세계 각국에 국가 내의 방송보다 빠른 속도로 높은 해상도의 화상과 잡음수준의 낮은 메시지를 보낼 수 있어서, 공중파 방송이 갖는 제한된 송출 문제를 해결해 주고 나아가 난시청지역을 대폭으로 줄일 수 있게 되었다.

커뮤니케이션 기술 진보의 부산물로 나타난 매체가 비디오 전화, 비디오카세트, 비디오디스크 등이다. 앞으로는 컴퓨터를 이용하여 화상과 음향의 적절한 합성이 활발하게 커뮤니케이션 분야에 이용될 추세이다.

4-1-3. 컴퓨터의 발달

현대식 컴퓨터 기술의 발상은 1833년 영국의 천문학자이자 수리학자인 Charles Babbage에 의해 발표된 기계식 전산기의 논리적 구상에서 비롯된다. Babbage는 복잡한 수리 연산 작업을 위해 일정한 연산 처리 프로그램을 장치시켜 명령과 제어과정을 통하면 자동적인 산출처리가 가능한 분석기(analytic engine)를 착안하였다. 그러나 당시의 제한된 기술 수준으로는 그의 착상이 현실화되기 어려웠고 그 자신의 연구 중단으로 인하여 자동계산기에 대한 기술적 진척은 일단 중단되었다

그 후 Babbage의 이론적 구상은 미국의 Herman Hollerith에 의해 펀치 카드(punch card)를 사용한 데이터 입력 기술이 응용된 전산 기계로 진일보되었다. Hollerith의 전산 기술은 1890년에 실시된 미국 인구 조사에서 처음으로 사용되었다. 비록 당시의 기술 수준은 빈약한 것이었으나 이것을 계기로 대규모의 자료 분석을 수행하기 위한 자동 처리 기술의 개발이 필요하다는 인식이 점차 나타나게 되었다.

Hollerith의 전산 기술의 진척은 1900년대 초에 미국 정부의 행정 처리를 수행하는데 집중적으로 응용되면서 더욱 활기를 띠게 되며 이를 기점으로 관련 정보기기 산업과 전문 정보서비스 기업이 태동하기 시작한다. 미국 연방정부의 조사국에 근무하던 그도 1896년 자신의 개인 정보 기업을 설립하게 되는데 훗날 IBM(international business machine)회사의 모체가 되었다.

한편, 1900년대 초기까지도 컴퓨터기술에 대한 진척은 활발하지 못했다. 1920년대에 미국의 보험회사, 금융회사, 방송국, 통신기기 제조업 등 정보 관련 기업들의 활동이 전개되기 시작했으나 컴퓨터의 필요성은 널리 인식되지 못했다. 오히려 그 당시에는 타자기, 자동 현금출납기, 전화기 등 사무용 기술의 혁신이 커다란 각광을 받는 상황이었다. Beniger는 정보 유통량이 급증하는 기업조직의 확대에 따라 이들 정보처리 사무용 기기들이 급속도로 수용되기 시작하는 1880년대부터 1920년대를 실질적인 정보사회의 진입기로 간주하고 있다.

그러나 기업의 규모가 확대되고 행정처리 업무가 급증함에 따라 전산기술에 대한 수요가 생겨나기 시작했고 전문적인 전산기술 제조 판매업자들의 확장으로 나타났다. 1914년에 설립된 IBM이나 굴지의 타자기 생산 판매업체인 Ramington Rand와 같은 정보기기 업체들이 기업 활동을 전개하는 것도 이 시기에 나타난 상황이다. 이러한 전문기업의 활동은 미국 뿐만 아니라 영국, 프랑스 등 유럽 국가에서도 개진되었다.

물론 이 기간에 이루어진 컴퓨터 기술은 기계적인 전산 처리 장치에 그친 미약한 수준이었고 기업 조직에서의 전산기 수요도 미미한 것이었다. 그러나 전문적인 사무용 정보기기 산업의 태동은 근대적인 컴퓨터 개발이 있기까지 절대적인 기초기술을 확립시키는 기반이 되었다. 예를 들면, IBM의 초기 기업 활동을 살펴보면 처음부터 컴퓨터 기술개발에 관심을 기울였던 것은 아니었다. 그보다는 사세의 확장을 위해 산학연구에 관심을 두고 대학의 부설 연구소나 과학 인력에 대한 재정적 지원을 아끼지 않았다. IBM은 1930년 초부터 컬럼비아 대학과 하버드 대학에 연구소를 설립하고 Walla Eckert나 Howard Aiken과 같은 과학자들로 하여금 Harvard-IBM으로 불리는 더욱 진보된 전산 기계를 개발시키게 된다. 이렇게 급진적인 컴퓨터 기술의 진척을 경험하게 되면서 IBM은 점차 컴퓨터의 상업성을 인식하게 되는데 결국 제2차 세계대전을 계기로 오늘날 최대 규모의 다국적 기업을 이루는 발판을 구축했던 것이다.

제1차 대전 후부터 제2차 대전을 치르는 동안 미국 정부는 강력한 군사복합체제를 다져나가며 과학기술의 집중화를 꾀했다. 이 기간에 컴퓨터에 대한 관심은 고도의 병기개발을 위한 부수적인 전략 기술의 하나로 비롯되었다. 세계 최초의 현대식 전자컴퓨터로 알려진 ENIAC(electronic numerical integrator and calculator)은 제2차 세계대전 중 미 육군 탄도학 연구소가 펜실베이니아 대학의 Moore 스쿨에 의뢰해서 그 연구가 시작된 것이다. 이 연구 과제를 맡았던 John Mauchly는 1943년부터 컴퓨터 개발에 단독으로 참여하였는데 후에 합류한 Presper Eckert와 함께 공동작업을 시도하여 전쟁이 끝난 직후인 1946년 초에 완성했다. Mauchly와 Eckert가 주도하고 50여 명의 과학자가 참여하여 제작에 성공한 ENIAC은 당시로서는 대단한 발명품이었는데 바로 이를 계기로 역사적인 컴퓨터 혁명이 시작되는 시점을 이룬 것이다. ENIAC은 종래의 기계식 전산기에 비해 천여 배 이상의 계산능력과 속도를 수행할 수 있는 획기적인 컴퓨터 혁신이었다. 그러나 기억용량이 작고 프로그램 저장장치가 수반되지 못했기 때문에 다목적 수행은 어려웠다 그로부터 5년 후인 1951년 ENIAC은 von Neumann이 개발한 프로그램 저장방식(stored program)을 이용하여 더욱 완벽한 현대식 컴퓨터인 UNIVAC으로 발전 되었는데 이는 최초의 상업용 컴퓨터가 출현되는 계기가 되었다.

제2차 세계대전의 종식과 함께 군사기술 개발에 동원됐던 대부분의 과학자는 군사기술의 진척에 따른 사회적 여파에 대해 그 비윤리적인 측면을 심각하게 제기하였다. 과학 분야의 사회적 환원의 윤리관이 무시된 기술 발전에 대해서는 자성적 비판이 높아지기 시작했다.

그러나 이러한 비판적 여론에 대한 미국 정부의 반응은 냉담했고 오히려 1950년 한국 전쟁을 계기로 새로운 냉전시대에 돌입하면서 첨예한 과학 기술의 경쟁력이 새로운 국면으로 치닫기 시작했다. 미국은 한국 전쟁에 참여하는 동안 보다 첨단화된 정보 통신 기술과 전산 기술 개발을 재개하였다. 특히 1947년 벨 연구소의 William Shockly가 발명한 트랜지스터가 1952년부터 실용화되자 전자식 컴퓨터의 기술촉진이 앞당겨지게 되었다. 트랜지스터는 1970년대 마이크로프로세서(micro processor)가 등장하기 전까지 '제2세대 컴퓨터'라 부를 수 있는 본격적인 상업용 컴퓨터를 태동시킨 전반 기술이다.

1960년대 중반부터는 반전 여론에 부딪혀 잠시 군사부문의 투자 열기가 잠식된 듯 하였으나 1970년대에 들어서 정보 분야의 기술, 산업적 혁신이 미국을 중심으로 재개되었다. 그 이유로는 첫째, 1970년대 중반부터 일본의 전자산업이 급속히 부상하여 미국에 육박하는 새로운 경쟁체제가 형성되어 1983년 미 국방성의 지원 하에 최첨단 전자 정보 기술을 연구하였다. 새로운 정보 분야의 혁신이 이루어지는 두 번째 계기는 컴퓨터의 일반 상용화가 1980년대부터 시작된 것이다. 1970년대 중반까지만 하여도 컴퓨터는 정부나 대기업과 같은 대형 조직에서 운영하는 전자 장비의 하나였다. 그러나 1971년에 발명된 마이크로프로세서의 응용 이후, 컴퓨터는 소형화, 저렴화라는 획기적인 변화를 가져올 수 있었다. 더욱이 당시 컴퓨터 기술에 관심이 많고, 능력이 뛰어났던 20대의 젊은 층들이 컴퓨터의 소형화에 따른 개인용 프로그램 소프트웨어의 개발과 각종 컴퓨터 주변기기의 발명에 적극적으로 호응함으로써 오늘날의 퍼스널 컴퓨터를 등장시켰다.

4-2. 비인쇄 미디어의 교육적 의의

도서관의 발전은 비도서 자료에서 기인하였지만 현대적 의미의 도서관의 시작은 1450년 인쇄술의 발달에 따른 도서의 대량 보급에 의한 정보의 보존과 자료의 열람 등에 있었다. 이로 인해 도서관의 중심적 정보재는 이 때부터 도서 자료로 대치되었으며, 도서관의 시작부터 보존 자료로 유지되어 온 고대의 점토판이나 죽책, 양피지 같은 비도서자료, 즉 도서 보급 이전의 자료는 박물관이나 특수 시설에 보관되어 전시를 위한 보관용이 되고 말았다. 그리고 현대과학에 의해서 발달한 정보자료인 시청각적인 자료는 도서관이 아닌 시청각실에서, 실물에 가장 가까운 박제나 실물 표본 등은 특수 시설의 전시장이나 식물원, 동물원에 의해서 각각 운영되어 오고 있어 비도서자료와 도서관의 관계는 물론 도서와의 관계도 그 관리적인 측면에서 상당한 혼선을 빚고 있으며, 정보전달이라는 일치되는 목적이 있으면서도 그 기록재의 성격에 따라 서로 독립되게 운영되고 있다.

이와 같이 다양하게 취급되고 있는 정보자료는 기관 내의 정보센터라는 도서관의 기능에 비추어 볼 때 도서자료에만 한정된 정보에 제한된 기능만으로는 한 기관이나 지역사회의 정보센터가 될 수 없을 것이다. 이러한 것을 고려해서 자료의 중심 장이 되어야 하는 도서관은 모든 종류의 정보재를 통합할 수 있는 기능을 감당해야 할 것이다. 도서관이 가지는 포괄적인 기능인 학교기관, 지역사회의 자료 센터의 구실은 시청각자료는 물론 모든 자료에 교육적인기능을 발휘할 수 있게 하는 정보 센터가 될 수 있어야 하고, 과학화되어 가는 자료의 처리 및 자료의 변화에 적응할 수 있어야 할 것이다.

이러한 적응을 위해서는 도서관이 가지는 자료센터라는 범주에서는 기관 내의 도서, 시청각자료는 물론 특수자료까지 통합된 기능을 발휘하게 함으로써 이용자에게 필요하면 되는 일관성 있는 기관 내의 정보자료센터가 될 수 있어야 한다.

제2차 세계 대전 이후 과학의 발전에 따른 정보전달 수단의 발달은 도서와 병행해서 시청각적인 자료가 필수적인 전달매체로 등장하게 되었고, 도서관에서도 도서의 제한된 정보보급에서 비도서자료로 관심이 확대되게 되었으며, 도서관 자료에서 차지하는 비도서자료의 위치는 예측을 불허할 정도로 비중이 급속히 증대되고 있다. 이렇게 비도서자료는 점차 그 중요성이 인정을 받아 성인교육은 물론 학교교육의 자료로까지 발전하게 되었다.

비도서자료가 교육자료로서 필수적인 이유는 다음과 같다.

첫째, 비도서자료가 사상전달의 매체로서 가치가 높다

① 구체적 경험에 가까운 대용적 경험으로 사상, 사실의 이해가 쉽다.

② 그 감명이 깊다.

③ 생생한 정서를 낳게 한다.

④ 변화 있는 양상을 자유롭게 첨가할 수 있다.

⑤ 언어적인 것과 같은 추상성을 피할 수 있다.

둘째, 대중전달의 매체로서 많은 자료를 얻기 쉽고, 집단적인 이용에 적합하다.

셋째, 학교교육에는 현대적인 사회상을 바르게 이해하도록 하는 지도 자료가 된다.

넷째, 학교교육과 사회교육에도 다 같이 교육 능률을 높인다.

비도서자료가 교육자료로서 가치가 높다는 것은 도서에서 해결할 수 없는 특수한 효과를 얻을 수 있다는 점이다.

한국도서관용어집에서도 도서관 자료의 범주를 도서관법 제2조 "도서관이라 함은 도서, 기록, 시청각 자료, 국가 및 지방행정 자료, 향토 자료 및 기타 필요한 자료를 수집, 정리, 보존하여 공중 또는 특정인의 이용에 사용하게 하며……"라고 하여 그 범위를 모든 정보자료로 확대하고 있다.

4-3. 교육매체의 발달

본 장에서는 교육공학의 이론적 발달과정을 살펴봄으로써 교육공학의 개념정립 과정에 통합되었거나 현재의 개념정립에 기초가 되는 이론들을 정리하고자 한다.

교육공학은 1920년대 후반부터 시작되었다고 할 수 있다. 이 시기는 제2차 산업혁명인 자동화시대가 시작되는 시기로서 교육공학의 역사가 과학의 발전과 밀접한 관련을 하고 있음을 반영하고 있다. 교육공학의 역사를 그 이전으로 보는 견해도 있다.

고대 그리스 철학자들로 거슬러 올라가 교육공학의 철학적 기초를 찾고 있다. 그에 따르면, 고대 그리스 철학자들의 교육 방법이 과학적이지는 못했지만 현대 교육공학의 이론과 방법에 영향을 끼친 여러 개념이 담겨 있다는 것이다. 그러나 이러한 관점은 교수방법 면에 치중되어 있어서, 교육공학을 다양한 영역의 구성요인들이 합하여진 학문 분야로 볼 때는 적합하지 않은 것으로 여겨지고 있다.

교육공학의 사실적 배경은 코메니우스(Johann Amos Comenis, 1592-1670)와 페스탈로치의 감각적 경험주의 사상에서 찾을 수 있다. 코메니우스는 「대교수학」, 「세계도회」(Orbis Sensualum Pictus 1653-1665)의 저자로 우리에게 잘 알려졌다. 감각적 실학주의자였던 그는 '언어 중심 교육'과는 반대로 '감각적 직관'을 중요시하여, 학습의 단서가 되는 것은 감각이라고 하였다. "학습은 사물과 여러 감각을 통해 이루어지므로 말하고 쓰는 능력을 향상시키기 위해서는 실물과 도해를 사용해야 한다."라고 하며 사물의 감각적 경험을 중시했다. 그는 언어보다는 사실을, 규칙보다는 사례를 앞세워야 한다고 주장하였으며, 사물과 상징이 동반되어야 한다는 그의 교육방법은 현대과학 및 심리학과 관련되는 것이었다.

19C 계몽주의 철학자 중의 한 사람으로 알려진 페스탈로치(Johann Heinrich Pestalozzi, 1746-1827) 역시 직관에 의한 교육을 중요시하였다. 직관에 의한 교육이란 자연이나 사회 사상에 대한 지식을 가르치는데 문자나 문장 또는 구술보다는 실제의 현상을 관찰시키고, 그것이 불가능할 때에는 표본이나 그림 등을 이용하여 관찰을 통해 직접적 실증적 경험을 주는 것이다. 그는 감각적 직관이 학습 지도의 기초가 되어야 함을 주장하고, "말은 구체적 사물과 관련된 의미가 있으며, 우리는 그것을 구체적인 것에서부터 추상적인 것으로 가르쳐야 한다."라고 하여 언어와 실물 및 내용이 결부되어야 할 것과, '직관'에서 시작하여 개념으로 나아갈 것을 강조하였다.

그 밖에도 감각과 경험을 통한 학습을 중시한 루소(J. J. Rousseau, 1712-1778)의 자연주의 교육사상, 유치원의 창시자로서 아동의 창조활동을 북돋우기 위한 교구를 고안하여 사용했던 프뢰벨(Friedric Froebel, 1782-1852)의 계발주의 교육철학, 학교 교육 과정은 실생활 훈련과 감각 훈련 및 근본적인 학문으로 구성되어야 한다고 주장한 몬테소리(Maria Montessori, 1870-1952)의 자유주의 교육철학 등도 교육공학의 형성에 중요한 토대를 제공해 주었다.

본 서에서는 1977년 미국교육통신공학협회(AECT)에서 제시한 시대적 변천에 따른 개념화(chronological conceptualization)에 초점을 맞추어서 시각 교육에서부터 시청각 교육, 시청각 교육통신, 수업공학에 이르기까지의 이론적 발달과정을 살펴보기로 한다.

4-3-1. 시각교육(visual education)

시각교육 운동은 1918년 이후부터 공식적으로 시작되었다고 볼 수 있다. 이 시기에 미국 내의 각 대학에는 교사를 위한 시각수업에 관한 코스가 개설되었으며, 시각수업 전문가 협회가 지역적, 국가적 규모로 설립되었다. 또한, 시각수업에 관한 전문적인 간행물이 출간되었으며, 처음으로 체계적인 시각교육에 관한 연구가 보고되었다. 사진과 영화 필름이 개발되어 발전해감에 따라 점차 많은 사람이 특정 매체의 수업적 가치에 대해 인식하게 되었다.

시각교육 운동은 추상적 개념을 구체화하기 위해 시각자료를 보조물로 사용한다는 개념에 그 기반을 두고 있다. 여기에서의 시각 보조물(visual aids)은 추상적인 개념을 구체화하거나, 보완하기 위해서 그리고 학습자의 바람직한 태도를 개발시키고 학습활동에 대한 흥미를 자극하기 위해서, 학습자에게 제공되는 모든 그림, 모형, 사물 혹은 장치를 말한다(Hoban, 1937). 이 시기에 출판된 대표적인 저서로는 Hoban과 그의 동료에 의한 '교과과정의 시각화(visualizing the Curriculum)'가 있는데, 이 저서는 시각교육에서의 최초의 포괄적인 책으로 시각자료와 교과과정의 통합을 시도하였다. Hoban은 학습자에게 제공되는 경험이 구체적인가 추상적인가에 따라 시각자료를 분류하였다.

Hoban은 교수의 목적은 경험의 일반화에 있으며, 경험의 일반화를 위해서는 학습자에게 시각자료와 함께 언어를 제공해야 한다고 했다. 즉, 학습지도는 구체적인 것에서부터 시작해서 추상적인 것으로 갈 때 효과적일 수 있으며, 언어를 동반한 시각자료에 의해서 추상적인 개념을 구체적으로 경험할 수 있다는 것이다.

1923년부터 각기 독립적이면서도 중복되는 활동을 해오던 개개의 시각교육전문가 협회가 1932년 미국 전국교육연합회(NEA : National Education Association) 산하의 시각교육부(Department of Visual Instruction)로 통합되면서 시각교육은 그 위치를 공고히 하게 되었다.

시각교육이 시사하고 있는 중요한 점은 시각자료를 내용의 구체성 정도에 따라 분류하고 목표화함으로써 '구체성'이라는 개념과 '경험의 일반화'에 대한 중요성을 시사하였고 독립적으로 활용하는 것보다 교과과정에 통합하여야 할 필요성을 주지시켰다. 그러나 시각교육은 시각 자료의 고안, 개발, 제작, 평가의 측면보다는 시각 자료 그 자체를 단지 교수보조물 정도로 밖에 여기 않았다는 점에서 미흡한 점이 남아 있다.

4-3-2. 시청각교육(audiovisual education)

제2차 세계 대전 직후, 교사교육에 대한 요구가 증가하고 공학적 발달로 인해 시청각 기자재가 광범위하게 사용됨에 따라 시청각 교육이 대두하기 시작했다. 전쟁 중에 군사교육 현장에서 활발히 활용되었던 시청각 매체들 특히, 교육용 영화필름(16mm)은 훈련 프로그램을 진행하는데 성공적인 역할을 담당하였다. 그 결과로, 전쟁이 종결된 후에도 미국의 각 대학을 비롯한 각급 교육현장에서 시청각매체 사용에 대해 새로운 관심을 두게 되었다. 시청각교육은 1945년부터 10여 년간, 시청각자료가 학습에 어떻게 영향을 미치는지에 대한 연구와 심층적인 프로그램이 개발되면서 착실히 성장해 나갔다.

시청각 교육은 다양한 시청각매체를 이용하여 학습자의 감각기관, 특히 눈과 귀를 통해 학습내용을 효과적으로 전달하기 위한 것이다. 언어적, 상징적 경험을 강조하는 교수방법과는 달리 시청각 교육은 학습과정에서의 구체적인 경험과 비언어적인 경험의 가치를 강조하였다. 또한, 시청각 교육은 하나의 교수방법만이 아닌, 시청각 매체를 활용한 다양한 교수방법이 통합되어 교수-학습과정에 사용되어야 함을 강조하였다.

시청각교육은 시각교육에 청각적인 요소를 첨가하긴 했으나 개념상으로 볼 때는 크게 진전된 것이 없었다. 시청각자료를 추상성, 구체성 정도에 따라 유형별로 더욱 구체화하여 분류시킨 것이 시각교육과의 차이점이라고 할 수 있다. 이러한 개념은 Dale의 '경험의 원추(Cone of Experience)'에서 구체적인 형태로 나타나고 있다. Dale은 그의 저서 교수에서의 시청각적인 방법에서 경험의 원추를 다음과 같이 제시하였다.

Dale은 Hoban의 개념을 확장시켜 구체적인 것에서부터 추상적인 것으로의 개념 형성을 강조하였다. 특히, 개념 형성 과정에는 '직접경험'과 '언어적 경험'을 연결하여 줄 수 있는 '관찰에 의한 경험'이 중요하다고 하였다. 즉, 학습자의 학습 유형은 '행동에 의한 학습(learning by doing)', '관찰에 의한 학습(learning by observation)',

'추상을 통한 학습(learning through abstract)'으로 분류할 수 있으며, 학습자는 실제 행동으로 경험하고, 매체를 통해서 보고 들으며, 언어에 의한 상징화 과정을 통해 개념을 형성할 수 있다는 것이다.

Bruner의 지식의 표상양식(made of representation)인 '행동적(enactive)' 표상양식 → '영상적(iconic)' 표상양식 → '상징적(symbolic)' 표상양식은 Dale의 원추개념을 보완해 주고 있다. 즉, Bruner가 말한 행동적 표상양식은 행위에 의한 학습과 일치하며, 영상적 표상양식은 관찰에 의한 학습과, 상징적 표상양식은 추상을 통한 학습과 각각 일치하고 있다. 그러나 Bruner가 말한 행동적, 언어적, 상징적 학습의 개념은 학습자에게 제시되는 자극의 특성보다는 학습자의 정신적 조작의 특성을 강조한 것이었다는 점에 Dale의 개념과 구별된다.

Dale의 '경험의 원추'는 자료를 통한 경험의 개념을 설정하는데 미흡한 점이 있다고 지적된다. 다시 말해서, 자료를 통한 경험의 한계를 뚜렷이 정하기가 애매한 데도 불구하고 각각의 경험을 구분을 지어 설명하였다. 예를 들어, 극화 경험 속에서도 직접 극에 참여하여 갖는 경험 이외에 관람을 하면서 느끼는 경험이 있는가 하면, 전시, 견학과 같은 관찰학습에서도 직접 경험을 함께할 수 있기 때문이다. 또 하나의 미흡한 점은 '경험의 원추'는 구체적인 경험이 추상적인 경험보다 좋다고 규정짓기 어려움에도 '원추'라는 이유로 구체적 경험이 추상적 경험보다 중요한 것으로 인식되기가 쉽다는 점이다.

또한, 원추에서는 언어가 추상적 경험을 대표하고 있으며, 추상적인 언어에만 의존하는 학습은 무의미함을 시사하고 있다. 즉, 새로운 언어의 의미는 시청각적 경험, 혹은 직접 경험에 의해서만 명확히 전달될 수 있다는 것이다. 그러나 사진, 그림 그 자체도 언어의 도움이 필요하며, 언어와 함께 사용되었을 때 그 의미가 명확해짐을 볼 때 언어만을 따로 분리하는 것에 모순이 있다.

Torkelson은 이러한 미흡한 점을 보완하기 위해 Dale의 '경험의 원추' 모델을 개념 형성과 관련지어 설명하고 있다. 학습경험이 추상적일수록 학습자의 개념 형성은 넓어지고, 학습 경험이 구체적일수록 학습자의 개념 형성은 좁아진다는 것이다. 즉, 언어에 의한 학습은 학습자에게 많은 개념을 형성할 수 있게 하며 직접경험은 적은 개념을 형성하게 한다는 것이다. 예를 들어, '밤'이라는 단어는 여러 가지의 개념을 내포하고 있어 학습자 스스로 학습에 적합한 개념을 발견할 수 있는 반면에 '밤'이라는 실물을 보여주면 먹을 수 있는 '밤'의 개념 이외에는 학습자에게 전달되지 않는다는 것이다. Tokelson의 '개념의 원추'는 추상적 경험의 중요성도 시사하고 있다고 보겠다.

이와 비슷한 모형으로는 Kinder의 나선모형(inverted spiral)이 있다. Kinder는 학습자의 개념 형성이 처음에는 '초보적 지각'으로 구성되나 지각 경험이 확대되어 가면서 개념이 형성되고, 지식이 획득된다고 보았다. Kinder는 또한 감각적이고 구체적인 경험이 시청각 매체에 의해 이루어질 수 있다는 점에서 시청각 매체의 긍정적 역할을 제시했다.

Dale과 Kinder의 모형은 학습과 경험의 복잡한 관계를 정확히 표시해 주고 있지는 못하지만 교수매체와 수업방법의 특징을 파악하는 데는 실제 안내자료가 될 수 있으며, 매체를 유용하게 사용할 수 있는 방법을 암시하고 있다.

시각교육과 마찬가지로 시청각교육도 현재의 교육공학 개념정립에 기초가 될 수는 있지만 다음과 같은 한계를 지니고 있다. ① 시청각매체를 개발하는 과정보다도 매체의 활용을 더 강조했다. ② 시청각매체를 교수-학습 과정의 보조물로서만 인식하였다. ③ 교수-학습 과정의 본질을 교사와 학생 간의 상호작용으로 파악하지 못했으며, 교사 중심의 매체 선택과 활용에 우선 점을 두었다. ④ 학습경험을 학습내용의 추상성과 구체성의 관계로 파악하였다. ⑤ 시청각매체의 활용으로 인한 드러나지 않는 학습자의 사고과정에 대한 효과 보다는 학습의 결과에만 중점을 두었다. ⑥ 시청각매체의 속성에 대한 연구보다는 매체들의 효과성을 비교하여 매체의 효과성 우선순위에 중점을 두었다. 매체와 매체의 효과성에 대한 비교 연구 결과는 특정 상황에서만 적용될 수 있는 한계점이 있었으며, 보편성과 타당성이 모자랐다. 예를 들면, TV의 교육적 효과에 대한 많은 연구 결과가 TV가 전통적인 교사 중심의 교실 수업보다 훨씬 학습에 효과가 있다는 결론을 제시해 주지 못했다는 것이다.

이와 같은 시청각 교육의 제한된 개념은 많은 연구 결과에서 지적되었고 초기의 시청각 교육에 대한 관심과 기대만큼 부응하지 못하여 실망을 안겨 주었다. 결국, 이른 시간에 많은 학생에게 많은 교육내용을 효율적으로 전달할 수 있으리라고 기대하고 투자를 아끼지 않았던 시청각매체에 대한 실망은 시청각교육에 통신이론, 체제이론과 같은 또 다른 분야의 학문적 접근을 시도하도록 하였다.

4-3-3. 시청각 교육통신(audiovisual education & communication)

1950년대에는 교육 TV, 교수 기계, 커뮤니케이션 장치 및 다중 매체 제시 기법이 등장하게 되었으며 수업 통제의 도구로서 컴퓨터에 대한 관심이 시작되었다. 아울러 매체 뿐만 아니라 시청각적 제시 방법에 관한 모든 것, 즉 의사소통 과정의 모든 요소를 고려하기 위하여 커뮤니케이션 이론에 활발한 관심을 두게 되었다.

따라서 1950년대부터 시청각 교육에는 교수-학습 과정을 통신과정으로 보려는 통신이론과 교육에 전체적으로 접근하려는 체제이론이 결합하여 '시청각교육통신'이라는 새로운 개념이 등장하였다.

교육공학의 개념정립에 있어 통신이론의 도입은 이론적 체계를 획기적으로 변화시켰다. 시청각 통신은 사물(thing)에 집중하는 대신 송신자(교사)와 수신자(학습자) 간에 이루어지는 통신의 전 과정에 중심을 두었다. 통신이론가들은 통신의 핵심적 요소인 송신자(sender), 수신자(receiver), 통신수단(channel), 메시지(message)를 중심으로 다양한 통신모형을 개발했는데, 이들 모형은 Dale의 '경험의 원추'가 제시하는 일차원적인 정적 분류 묘사보다는 한 단계 더 나아가 상호관계를 나타내는 역동적인 과정의 모형이다. 통신모형의 대표적인 예로는 Berlo(1960)의 'S-M-C-R 모형'과 Schannon & Schramm(1964)의 '통신과정모형'을 들 수 있다.

S-M-C-R 모형은 교육공학의 개념발달과정을 설명하는 데 있어 가장 단순하면서도 유용한 모형으로 알려졌다. 이 모형은 송신자로부터 수신자에게로 메시지가 전달되는 통신 과정과 그 과정 속의 요소들 간의 상호관계를 나타내고 있다.

① 교육공학을 통신으로 볼 때 학습자(수신자)와 교사(송신자)는 교육공학의 필수 불가결한 부분들이다.

② 메시지의 구조 및 처리와 더불어 메시지의 내용도 통신과정의 일부로 볼 수 있으며 교육내용은 교육공학의 중요한 한 부분이다.

③ 오감(시각, 청각, 촉각, 후각, 미각)이 모두 통신과정의 일부가 되며 이는 시청각 운동에서 말하는 눈과 귀를 통한 경험보다도 더 포괄적인 개념이다.

④ 모든 형태의 기호를 사용한 모든 메시지의 형태(시청각 교육에서의 구체적인 기호 뿐만 아니라 언어적, 상징적, 촉각적인 메시지)는 통신과정의 일부로 볼 수

있으며 교육공학의 일부로 볼 수 있다.

⑤ 통신은 일방적으로 이루어지는 것이 아니라 쌍방의 상호관계 속에서 이루어진다. Shannon-Schramm의 통신 과정 모형에서는 송신자와 수신자가 '경험의 장'의 만남을 통해 효과적으로 통신할 수 있음을 설명하고 있다.

송신자가 수신자의 지식과 '경험의 장'에 맞는 문자나 영상을 사용해서 메시지를 기호화(encoding)하고, 수신자는 기호화된 메시지를 해독(decoding)할 수 있는 지식과 경험이 있을 때 커뮤니케이션이 잘 될 수 있다는 것이다. 즉, 송신자로서의 교사는 학습자가 자신의 경험의 장 내에서 해독할 수 있도록 학습내용을 기호화하여야 한다. 학습자의 지식과 경험의 장을 넓혀 주기 위해서는 체계적인 교육 커뮤니케이션이 교수-학습과정에서 이루어져야 함을 시사하고 있다. Shannon-Schramm모형에서는 수신자(학습자)의 반응은 송신자(교사)에게 피드백된다. 즉, 학습자의 반응에 의해 교사는 수업방법을 수정・보완할 수 있고 수업 결과를 판단할 수 있다. 통신과정에서 일어나는 잡음(noise)은 교수-학습과정에서 일어나는 바람직하지 못한 환경적 요소로 소음, 기계소리, 혼탁한 공기, 어두운 조명 등을 의미한다.

그러나 이러한 물리적(physical) 잡음 이외에 더 중요한 것은 내부적(internal) 잡음이며, 이는 학습자의 지식수준이나 어휘 능력에 맞지 않는 학습내용을 의미한다. 이러한 잡음을 최소화시키고 경험의 장을 최대한 넓혀 줌으로써 통신과정을 원활히 할 수 있다. 통신의 개념은 교수-학습과정에서 여러 가지 중요한 개념을 밝혀 주었으나. 각 요소들이 서로 어떤 관련이 있으며, 어떤 영향을 미치는지에 관하여는 별로 알려준 바가 없었다. 시청각 교육에서 통신이론으로의 전환이 일어나는 동안, 또 다른 변화가 시청각 교육에 동시에 일어나고 있었는데 바로 시청각 교육에서 초기 체제 개념으로의 변화이다.

1960년대 초에 오늘날 사용하는 것과 유사한 체제 접근 절차를 기술하기 위해 '체제개발', '체계적 수업', '수업체제'라는 용어를 처음으로 사용하기 시작하면서 수업개발과정에 '체제'라는 개념이 도입되었다. 체제란 '공통된 목적을 위해 각 요소들이 배열된 것'으로 정의될 수 있다. 체제 개념은 체제 내의 구성요소, 이러한 요소들의 통합, 체제효과 증대를 주시한다는 점에 그 중요성이 있다.

체제 접근의 최초 적용사례는 1960년대에 미국의 Rand Corporation과 Human Resource Organization에서 훈련설계에 사용된 경우이며, 1961년부터 1965년 사이에 미시간 주립대학에서 수행된 '수업체제개발 프로젝트'에서 사용된 바 있다. 교육공학의 초기 체제 개념은 체제를 산물(product)로 보았다. 하지만, 시청각 교육에서 인식되었던 것처럼 개별적인 산물이 아니라 완전한 교수를 제공할 수 있는 정리되고 통합된 산물로 보았다. 이러한 산물 중심의 초기 체제 개념의 가장 뚜렷한 특징은 집단 및 개별 수업을 전통적인 교수와 결합시켜 검은상자개념(black box concepts)을 사용하는 교수체제에 결합시켰다는 점이다. Finn(1961)은 교수과정을 집단적 제시기술, 개별자동화 교수, 인간의 상호작용, 개별학습, 창조적 학습 등의 요소로 세분하여, 이러한 요인들을 교수체제 속의 검은상자개념으로 보았다.

교육공학의 이러한 초기 체제 개념은 중대한 새로운 개념들을 제시하였다. 첫째로, 교육공학 내에서의 기술 단위 혹은 산물은 개별적인 자료가 아니라 완전한 수업 체제라는 것이 강조되었고, 둘째로, 관련된 개념은 분리된 교사의 교수 보조물로서가 아니라 교수 체제의 구성요소로 여겨진다.

셋째로, 교수체제는 체제의 구성요소가 어떤 식으로든 통합되어야만 하는데 그러한 통합의 본질이 교수 문제 및 목적에 기반을 두어야 한다는 것이다. 그러므로 교수 체제 개념은 어떤 특정한 교수상황에 체계적으로 사용되기 위한 구성요소로서 자료들이 고안되어야 함을 시사하고 있다. 교육공학은 이상의 두 가지 새로운 관점, 즉 통신이론과 초기 체제 개념의 통합으로 '시청각교육통신'이라는 새로운 패러다임의 변화를 맞이하게 되었다. 시청각교육통신이란 교육이론과 실천이 만나는 분야로서 학습 과정을 통제하는 각종 메시지의 고안과 활용에 관련된 것이다.

청각교육 통신의 실제 목적은 학습자의 잠재력을 충분히 개발하는데 이바지할 수 있는 모든 통신 방법과 매체를 효율적으로 활용하는 것이다. 시청각교육통신은 이론 분야와 실천 분야로 나누어 설명할 수 있으며, 이론 분야는 학습 과정에서 어떤 목적을 위해서든지 사용할 수 있는 구상적 및 언어적 메시지의 특징을 연구하는 것이고, 실천 분야는 교육환경 속에서 사람과 기기에 의해 제공되는 메시지를 구조화하고 체계화하는 것이다. 이러한 분야는 수업 체제와 메시지들의 기획, 제작과 선택, 관리, 그리고 이용을 포함한다. 즉, 시청각 교육 통신은 통신, 체제, 학습이론의 개념을 모두 통합하고 있다.

Ely(1963)는 통신과 학습이론을 산물로서의 체제개념과 결합시켜 '시청각과 교육통신과정과의 관계'를 나타내는 모형을 개발하였다.이 모형은 시청각 교육 통신의 대표적인 모형으로 통신 과정, 체제 개념, 학습 과정, 수업 체제의 구성요소, 수업 설계 등을 모두 포함하고 있다. 이 모형이 시사하고 있는 특징은 첫째로, 학습자는 교육공학 과정에 필수적인 부분임을 강조하고 있으며, 학습자 반응과 평가라는 요소를 첨가함으로써 학습이론으로부터의 새로운 개념을 도입시켰고 피드백의 통신 개념을 강조하였다.

둘째로, 통신의 상호작용적인 특성과 시청각 통신 과정의 역동적이고 상호작용적인 성격을 잘 나타내고 있다. 셋째로, 수업 상황과 관련되어 시청각통신 속에 포함되어야 할 필수적인 구성요소들로서 메시지(message), 매체도구(media-instrumentations), 요원(men), 방법(methods), 환경(environment) 등을 명시하였다.

이와 같은 시청각교육통신에 대한 개념은 교육공학 분야에 패러다임의 변화와 새로운 개념을 도입했을 뿐만 아니라 초기개념에서 파생된 대부분의 개념을 통합했다고 볼 수 있다. 그런 나름대로 몇 가지의 미흡한 점이 있었다. 첫째로, 이 분야에 관한 명칭을 '시청각통신(audiovisual communication)', '시청각(audiovisual), '교육통신(educational communication)', '수업공학(instructional technology)' 등으로 번갈아 사용함으로써 용어상의 혼란을 가져왔다.

둘째로 '과정으로서의 체제' 혹은 '체제적접근'의 개념을 시도하였으나 그것은 요소들 간의 상호 관련성 면에서나 모든 구성 요소를 포함하는 체제의 특징으로 보아 완전한 체제 접근 개념은 되지 못했다.

이와 같이 불완전한 체제의 형태를 갖추었기 때문에 초기 체제개념이라고 불리며 수업공학에서 좀더 완전한 체제 접근으로 수정·보완되고 있다.

4-3-4. 수업공학

시청각 교육 통신의 개념에 체제이론과 수업개발의 이론이 도입됨으로써 수업공학의 개념이 형성되었다. 체제이론과 수업개발의 개념 체계를 살펴보기 전에 이와는 별도로, 수업공학의 개념적 발달에 영향을 미친 행동과학에 대해 알아보자.

Lumsdaine(1964)은 "행동과학 특히 학습이론은 원초적인 기본 이론으로서 수업공학으로의 적용이 예견될지도 모른다."라고 하였으며 Deterline(1965)도 "수업공학은 교수 목적을 달성하기 위한 학습 행동을 체계적으로 이끌어 내기 위해 행동과학적 기술을 적용하는 것이다."라고 하여 교수－학습과정에서의 행동과학적 학습이론의 도입이 필요함을 주장하였다.

수업공학에 도입된 행동과학은 학습이론에 그 기원을 두고 있다. 특히 Skinner의 조작적 조건형성이나 강화이론 등은 행동수정에 기초한 프로그램 학습자료의 개발이나 교수기계 개발의 기본 원리가 되었고 교육에 과학 기술적 접근이 필요함을 암시하는 것이었다. 행동과학이 교육공학에 이바지한 몇 가지 주요개념들은 다음과 같다.

① 시청각교육통신의 이론적 체계에서는 학습자에게 전달되는 메시지나 자극 자료가 학습자의 반응이나 반응에 대한 피드백보다 강조되었다. 그런 행동 과학의 영향으로 학습자의 행동, 행동의 결과 혹은 강화가 중요하게 인식되었다.

Skinner에 의하면 교육은 강화를 통해 우발적인 행동을 배열해 주는 것이며, 학습이란 이러한 강화가 되풀이되어 고정되는 것으로 볼 수 있다. 이때 강화가 일어나는 세 가지 요인으로는 행동이 일어나는 상황, 행동, 행동의 결과 등이 있다(Skinner, 1968). 즉, 학습자의 행동에 대해 결과를 알려주는 것을 포함한 강화를 계획적이고 반복적으로 제시함으로써 의도한 행동을 조성(Shaping)할 수 있으며, 이러한 과정이 학습이라는 것이다. 자극보다는 행동과 강화를 강조함에 따라 어떻게 행동을 유도하고 강화하느냐의 문제가 제기되었다.

② 행동과학의 영향으로 교수 자료는 강화를 위한 장치(devices)라는 개념이 첨가되었으며 그러한 장치는 특정한 목적을 위해서 교사의 역할을 대신할 수도 있다.

Skinner는 "우리는 인간 학습을 가장 효과적으로 통제하기 위해서는 기구적인 교수 보조물이 필요하며 단순한 강화 기구로서의 교사 역할은 이미 시대에 뒤떨어진 것이다(Skinner, 1954)"라고 하며 교수에서의 장치 사용 목적에 대한 관점과 장치의 역할 등에 대해 새로운 개념을 첨가시켰다. 이에 따라 새로운 목적을 위해 쓰이는 장치의 형태와 특성이 문제시되었다.

③ 행동주의가 학습자의 행동 및 행동에 대한 강화를 강조함에 따라 자료와 장치가 특정한 형태의 행동을 이끌어 내는 역할을 해야 한다는 점이 강조되었다. Skinner의 교수 기계는, ⓐ 학습자의 반응에 대해 자주 그리고 즉각적으로 강화한다 ⓑ 학습자가 자신의 학습 속도를 조절한다 ⓒ 일관되고 통제된 순서와 계열에 따라 학습한다. ⓓ 학습자는 자신이 반응함으로써 수업에 적극적으로 참여한다. 등을 기본 원리로 삼고 있어 시청각 매체가 학습자의 행동과 밀접히 연관되어야 함을 강조하고 있다.

④ 프로그램 학습이나 교수 기계와 관련되어 관찰 가능한 행동을 규명하고 세분화하는 행동적 목표의 필요성이 대두하였다. 행동적 목표란 학습자의 행동변화를 행동적 용어로 진술한 것으로서 행동적 목표에는 학습자가 수행해야 할 행동과 행동이 일어날 조건, 학습자의 수행수준을 판단할 수 있는 기준이 명시되어야 한다. 행동적 목표에서는 목표를 성취하는데 요구되는 학습자의 역할을 자세히 밝힘으로써 학습자가 수업과정의 일부분이라는 시청각 통신의 개념을 확대하였다. 행동적 목표는 후에 논의될 체제 접근의 중요한 요소이며 평가를 위한 중요한 지침이 되었다.

⑤ 행동 과학은 상대적인 평가방식보다는 잘 정의된 행동영역을 기준으로 학습자의 현재 수행 정도를 확인하는 준거지향평가(criterion referenced evaluation)를 중요시한다.

준거지향평가는 학습자의 초기행동을 측정할 때와 학습자가 수업에서 설계된 목표를 어느 정도 습득했는지를 결정할 때에 사용된다. 행동적 목표와 준거지향평가를 적용함으로써 프로그램 학습은 좀더 융통성 있게 구성되었으며, 능력에 기초한 교육체제(competency based education) 개념을 소개하였다.

⑥ 학교의 전체 교육 프로그램이 Skinner의 원리에 따라 프로그램화되어야 한다는 생각으로 프로그램 학습과 행동 과학 운동은 비약적으로 발전하게 되었다. 프로그래밍이란 교수 배열 순서를 개발하기 위한 일반적 과정을 말하며 여기에는 학습 원리를 적용하여 신중하고 계속적인 연구와 분석을 통해 어떤 종합 계획을 개발하고 선택하는 것이 포함된다. 프로그램 학습은 ⓐ 내용을 분석하고, ⓑ 세부적인 행동 목표로 나누고, ⓒ 그 목표에 도달하기 위해 필요한 단계를 고안하고, ⓓ 각 단계를 수행 수정하는 절차를 세우고, ⓔ 목표를 수행했는지 확인하는 개별 수업 체제로 인정받아 왔다. 프로그램 학습으로 개별학습 및 자율학습의 개념이 도입되었는데 이러한 학습유형들은 행동적인 목표에 기초를 두고 프로그램화된 자료를 사용하여 미리 정해진 기준에 의해 평가한다. 교과과정이 프로그램화되자 집단의 크기—대집단, 소집단, 개별—에 따라 수업 방법과 수업 과정 운영 방식이 일치하여야 한다는 개념이 생겨났으며 개별화된 교재를 개발하는 일이 중요시되었다.

이상으로 행동과학이 수업공학으로서의 개념발달에 영향을 준 부분들을 살펴보았다. 수업공학의 개념형성에 영향을 준 이론에는 체제접근이론과 수업개발이론이 있다.

수업공학은 교수－학습 과정을 설계하고, 수행하고, 평가하는 것에 중점을 두는 체제적인 접근으로 인식되고 있다(Hinst, 1971). "수업공학은 어떤 특정매체나 고안물 이상을 뜻하며, 모든 요소들의 합 이상의 것이다.", "수업공학은 학습이론과 통신이론에 기반을 두고 특정한 학습 목표에 따라 교수－학습의 전 과정을 설계하고, 실행하고, 평가하는 체제적 방법이며, 더 효과적인 수업을 하기 위해 인적 자원과 비인적 자원을 적절히 결합하여 사용하는 체계적인 방법이다."라고 정의한다.

체제접근 개념이 도입됨으로써 수업공학을 매체(media)나 장치(devices)로 보기보다는 과정(process)으로 보게 되었으며, 통신이론이나 프로그램 학습으로부터 나온 개념들은 보완되었다. 다시 말해서 수업공학은 체계적 과정 속에서 모든 기능과 자원을 결합함으로써 이러한 요소들이 개별적으로 독립되어 적용될 때의 결과보다 더 나은 어떤 것을 창조해 낼 수 있는데, 이를 '통합적 상승작용(synergism)'이라 한다.

수업을 설계하는 데 있어 체제적 접근은 수업개발에 의해 더욱 발전하였다. 수업개발은 체제접근과 행동과학적 개념들을 통합한 것이다. 수업개발이란 수업의 각 구성요소 및 그 요소들을 사용하는 관리 기능과 수업 체제의 설계, 제작, 평가, 적용의 체제적 접근을 말한다. 수업 개발은 수업설계(instructional design)의 한 부분이며 각각의 분리된 산물에만 관련된 교수 자료 개발보다 더 포괄적인 의미가 있다. 수업개발의 체제적 과정은 모형의 형태로 제시되는데 대표적인 예로 Wittich와 Schuller(1973)의 '수업체제개발' 모형을 들 수 있다. 이 모형에서 Wittich와 Schuller는 수업개발을 "교수－학습과 관련된 문제에 대하여 실제 해결책을 탐색하여 수업설계에 대한 일반적인 절차를 제공하는 체제접근"이라고 정의하고 있다. 이 모형은 수업 개발에 필요한 아홉 가지 절차를 크게 정의, 개발, 평가의 세 부분으로 나누고 있다. 이 모형이 제시해 주고 있는 수업개발과정의 단계는 첫째로, 학습자의 요구사정, 학습 수준, 대상 인원 및 학습 자원을 토대로 문제를 규명하고 진술한다. 둘째로, 분석 자료를 기초로 수업 목표를 진술한다. 셋째로, 수업사태에 적절한 수업매체 선택을 포함한 수업 방법을 모색한다. 넷째로, 구성된 원형(prototype)에 의해 학습 결과를 평가하고 분석하여 수업 체제를 수정・보완한다.

수업 개발의 이론적 체계는 공학을 수업에 적용하는 데 있어 행동목표, 준거지향평가, 인적・비인적 자원의 활용, 개별학습 및 자율학습의 사용, 완전한 수업체제의 개발, 학습자에 대한 강조, 검증된 수업 체제와 개발에 대한 평가 및 수정, 체제적 경영 등의 주요 요소들 간의 관계를 확대하고 지적하는데 도움이 되었다. 그러나 교육공학을 적절히 정의하기에는 수업개발의 이론체계는 다음과 같은 미흡한 점이 있다.

첫째, 수업개발의 이론체계는 전체 교육과정을 다루고 있지 않다. 예를 들어, 수업과정이나 수업체제의 사용분배, 교과과정의 결정에 관한 활동들이 생략되어 있다.

둘째, 수업설계에 현행 기관 및 조직의 제한점을 새로운 수업체제에 맞도록 수정하기보다는 그대로 수용하였다.

셋째, 1963년 DAVI에 내린 정의에 비해, 학습자와 자원 사이의 직접적인 상호작용으로 사용될 수 있는 자원의 형태가 덜 세분화되어 있다.

넷째, 수업개발의 정의나 모형 속에서는 새로운 이론을 만들고 검증할 수가 없다.

체제접근과 수업개발의 이론을 토대로 형성된 수업공학의 이론체계로 패러다임의 변화를 가져왔다(Kuhn, 1970). 체제적 접근은 5장에서 자세히 다루기로 한다. 수업공학이란 학습이 계획되고 통제되는 상황하에서 생기는 문제를 분석하고, 이에 대한 해결책을 찾아내어 실행한 후 평가처리하기 위한 사람, 절차, 이념, 장치 및 조직을 포함한 복합적이고 통합적인 과정이다. 여기서 특히 수업공학의 체계는 과정, 사람, 기계, 또는 이러한 것들의 단순한 결합만이 아닌 복합적이고 통합적인 조직의 개념을 의미한다. 즉, 공학의 의미가 '교수－학습을 계획하고 고안하고 실행하여 평가하는 통합적인 개념'으로 정착되었다. 그러나 수업공학의 이론체계에도 결점을 하고 있다. 즉, 수업공학을 구성하는 요소들 간의 '복합적이고, 통합적인 조직'의 본질을 명확히 설명해 주지 못했으며, 또 어떻게 서로 맞게 결합하는지도 정확히 설명해 주지 않았다는 점이다. 이러한 초기의 수업공학에 대한 개념은 교육공학의 개념 정립과 함께 교육공학의 하위개념으로서 완전한 정립이 이루어졌다.

4-3-5. 교육공학

체제 접근과 수업 개발의 이론을 도입하여 형성된 수업 공학은 그 한계를 극복하기 위해 다양한 연구와 노력을 기울이는 일련의 정련과정(refining process)을 거쳐 현재 교육공학의 위상을 정립하게 된다.

수업공학과 교육공학의 개념을 비교하여 살펴볼 때 교육공학은 교육의 모든 과정과 관련되어 있지만 수업공학은 교육의 몇 가지 측면에만 관련되어 있을 뿐이다. 교육공학은 학습이 통제되고 계획된 상황이 아닌 더 넓은 전반적인 교육상황을 대상으로 하여 수업공학의 개념을 보완해 주고 있다. 즉, 수업공학은 교육공학의 하위개념이라고 볼 수 있는 것이다.

미국교육통신공학협회(AECT, 1972)에서 내린 교육공학의 정의는 다음과 같이 요약·정리될 수 있다. "교육공학이란 광범위한 학습자원을 규명, 개발, 조직, 활용하고 동시에 이러한 과정을 관리함으로써 인간학습(human learning)을 쉽게 하는 것과 관련된 분야이다. 즉, 교육공학은 학습자원의 범위와 그 자원들을 규명, 개발, 조직하여 활용하는 체계적 방법과 그 과정을 관리하는 방법으로 설명될 수 있다. 또한, 교육공학은 학습자원에 대한 탐구와 학습자를 위한 자원의 공급, 수업 체제의 개발과 그 과정의 관리운영에 초점을 두고 특히 학습자의 요구분석과 수업과정의 체제접근에 초점을 둔다." 결국 교육공학은 인간의 학습을 촉진하는 데 목적을 두고 있으며, 목적을 달성하기 위해 학습자원(learning resources)의 개발과 개별화 학습, 그리고 체제 접근의 적용을 중요시하고 있다. 교육공학의 현재의 개념은 지금까지 다른 이론체계와 연구들을 기반으로 하여 성립된 것이며 이것은 공학의 모든 요소와 개념을 나타내면서 요소들 간의 상호관계를 명확하고 결합력 있게 나타내고 있다.

지금까지 교육공학의 이론적 발달과정을 시각교육, 시청각교육, 시청각교육 통신, 수업공학으로 구분하여 살펴보았다.

4-4. 디지털 미디어

1980년대 중반에 이르러 대대적인 마이크로컴퓨터의 확산이 이루어진 후, 개인이 혼자서 사용할 수 있는 학습장치로 학습의 개별화의 기초를 다지게 되었다. 오늘날 교육기관은 교육의 대중화와 보편화로 인해 지능과 능력에 관계없이 누구나 수업에 임할 수 있는 의무교육과 대학 인구의 폭증으로 교육의 산출 결과물인 졸업생 능력의 다양성은 대폭 감소하여야만 한다. 이에 대한 답변 중 가장 신빙성 있는 것으로는 고도의 학습개별화(individualization)이다.

교육수혜자의 다양성은 자라온 사회·경제적(social-economic) 배경에 기초한다.

좀 더 자세히 살펴보면, 이들 수혜자의 다양성은 지능(intelligence), 적성(aptitude), 인성(personality), 인지(cognition) 등의 여러 가지 변인을 예로 들 수 있다. 이런 변수에 의한 다양성으로 인해 천편일률적인 교육과정 편성과 수업의 진행은 많은 수혜자로 하여금 학습곤란도(learning difficulty)를 경험하게 하고, 교육 내지 수업은 이들에게 긍정적인 측면보다는 부정적인 면에 더 크게 작용을 한다. 이러한 학습에의 부정적 견해를 없애고 흥미롭고 재미있는 교육, 그리고 성취욕을 만족시켜 줄 수 있는 교육이 되기 위해서는 앞서 필요성에서 언급된 자기 보조(self-paced) 학습이 우선되어져야 한다. 이를 위해서는 개별화의 원칙이 적용되어 수업이 이루어져야만 한다.

4-4-1. 디지털 미디어의 기술발달

컴퓨터와 정보통신 기술은 짧은 기간에 비약적인 진보를 통하여 정보사회를 특징짓는 핵심적인 기술로 인정받고 있다. 이와 함께 컴퓨터와 커뮤니케이션 미디어의 기술적 융합과정 역시 정보사회를 이해하는데 필수적인 현상으로 볼 수 있다. 이른바 '컴퓨터 커뮤니케이션'(C & C : Computer Communication) 또는 '컴퓨니케이션'(compunication)으로 불리기도 하는 두 분야의 기술적 융합은 정보사회의 진전을 더욱 구체화하는 근간을 이루고 있기 때문이다. 커뮤니케이션 미디어는 지난 10여 년 사이에 정보의 전달방식과 형태에서 비약적인 확대가 이루어졌다.

1960년대부터 컴퓨터 기술이 전자공학과 함께 급진적인 발전을 이루면서 기존 미디어에 그 기술적 도입이 시도되었다. 특히 1971년 기존의 컴퓨터 중앙처리장치에 해당하는 고기능의 논리회로를 밀집하여 담을 수 있는 반도체 소자, 즉 마이크로프로세서의 등장이 뉴미디어의 개발을 촉진한 기폭제의 역할을 맡았다. 또한, 컴퓨터 작업상의 시분할 방식(time sharing system)이 고안되어 종전에 일정한 시간 내에 단일작업만 가능했던 배치 방식(batch system)을 탈피하게 되었다. 그뿐만 아니라 통신위성의 활용이 보다 광범위해지면서 공간적인 제한 없이 원거리에 흩어져 있는 다수의 정보 이용자 간에 미디어 정보망이 구축되었다.

이와 같은 획기적인 컴퓨터 및 전자통신 기술의 응용으로 등장된 뉴미디어로는 텔레텍스트(teletext), 비디오텍스(videotex), 직접위성방송(DBS : direct broadcasting satellite), 쌍방향 TV, 콤팩트디스크(CD : compact disk), 통신회의(teleconferencing), 퍼스널 컴퓨터, VCR(video cassette recorder) 등을 대표적으로 들 수 있다.

Pool 교수는 이미 30년 전에 새로운 미디어 기술의 발전형태를 '매체양식의 융합'(convergence of communication modes) 과정으로 요약한 바 있다. 이는 컴퓨터와 통신기술이 융합되어 종래의 매스미디어에 응용할 수 있어짐에 따라 정보처리 및 전달방식이 합일적으로 전환되는 것을 의미한다. 이에 따라 미디어 기능상의 분류와 경계가 흐려지고 미디어마다 고유의 정보처리 영역이 복합, 다중화되는 경향을 보이고 있다.

매체양식의 합일화는 이른바 '멀티미디어'의 형태로 표현할 수 있다. 멀티미디어는 컴퓨터 기술을 근간으로 복수의 미디어가 유기적으로 결합하여 새로운 정보서비스를 제공하는 미디어 시스템이다. 이러한 복합미디어의 등장은 새로운 정보전달방식을 낳게 한다. 방송기술에서는 유선과 무선에 의한 전달 방식의 구분이 불필요해지고 신문은 반드시 지면이 아닌 화면을 통한 문자 정보전달이 이루어지고 있다. 기존의 활자 미디어는 일련의 출판 작업이 수반되기 때문에 시간상으로 지체되는 속성을 지니고 있다. 그러나 이제는 데이터베이스, 전화 및 영상단말기를 통합해 전파 미디어와 같은 도시적 매체(real-time media)의 속성을 갖추게 된 것이다.

복합 미디어의 수용은 일반 개인이나 가정에서보다는 사회의 각종 전문 집단에서 먼저 수용하는 경향을 보인다. 최근 언론사들 뿐만 아니라 정보 처리 업무가 급증하는 행정 조직이나 산업 조직에서 뉴미디어의 수용이 급격히 늘고 있다. 이러한 복합 미디어를 개발하는 목적으로는 문자, 음성, 화상 등의 정보 표현 양식을 효율적으로 결합하여 ① 이용자의 폭을 넓히고, ② 정보서비스의 비용을 저렴하게 하며, ③ 더욱 고도화되고 일원화된 종합정보시스템을 구축하는 데 있다.

4-4-2. CAI의 종류

(1) 반복 연습형 프로그램

이미 다른 학습을 통해 습득한 지식이나 기술에 숙달하여 완벽한 행위를 할 수 있도록 해준다.

· 연습을 통해 수행활동에 대한 피드백을 주고 미숙달된 수행행위를 교정하거나 완숙의 정도에 이르게 해준다.

∴ 연습, 피드백, 행위의 수정은 이 프로그램의 3대 요소이다.

〈연습을 잘못 적용하는 오류〉

① 기초산수나 철자법에 대해 아동을 가르치는 프로그램이 아동에게 지나치게 logistical하여 부담을 줄 우려가 있다. 논리적이어서(별명, 음식 이름 등 좋아하는 것) 성인에게는 업무와 관련된 사항 등을 삽입시켜 흥미롭게 전개한다.

② 학습자의 반응의 정답과 오답을 하는 데 대한 효과적 점검이 미비하여 전형적 평가만을 할 뿐이다.

그러나 이상적인 상황은 학습자에게 그의 반응에 대한 즉각적인 피드백을 주어 교정행위를 하거나 정답에 대해 강화를 시킨다.

즉각적인 피드백은 이와 같이 긍정적인 교수효과를 갖는 요인이 된다. 이 때에 학습자가 계속해서 부당한 반응을 보이거나, 혼동할 때인데, 이런 프로그램들이 산재해 있다(프로그램 설계상의 문제).

CAI 반복 연습형은 정의된 기술과 학습자의 반응에 대한 즉각적 피드백을 주고 어떤 형태로든 교정행위나 구제루프(remedial loop)를 제공한다.

다시 한 번 더 말하자면, 반복 연습형 프로그램을 통해서는 새로운 개념, 기술, 정보를 가르치지 않고 이들을(이미 습득한 상태에서) 강화시킨다. 이런 강화는 반복연습을 통해 학습자는 특정 질문에 대해 여러 번 답할 기회가 주어지며, 동시에 불필요한 정보의 삽입을 최대로 감소시킬 수 있다.

· 반복 연습형에서는 응답의 성격이 간단할수록 효과적이다(학습자가 응답을 신속히 산출해 낼 수 있다).

∴ 프로그램이 지루하지 않게 의도한 기술을 신속히 전수한다.

· 반복 연습형 프로그램에서는 한 번에 한두 가지의 기술 습득에 주안점을 두어 복잡성을 피하는 것이 효율적이며 무관한 정보의 삽입을 삼간다.

· 숙달도가 높아짐에 따라서 여러 프로그램에서 습득한 기술을 통합해서 연습하도록 프로그램에 설계된다.

예) 1.1자리 숫자
2.2자리 숫자
3.1,2자리 숫자가 통합된 형태

이 때에 피드백은 교정행위의 필요성을 알려주는 단서(cue나 prompt)가 된다. 그뿐만 아니라 피드백을 통해 자신의 행위의 잘못됨에 대한 정확한 설명을 해 주어 학습이 종료될 때에 패배감을 느끼지 않게 해준다.

더욱 중요한 것은 자신의 반응이 이미 정해진 준거에 도달하려면 어떤 수준에 처해 있는가를 알려주는 것이 중요하다. 학습자가 컴퓨터 학습에 내재적으로 동기가 유발되는 것은 컴퓨터가 지닌 속성보다는 컴퓨터에 입력된 프로그램의 질에 의해 일어난다.

· 더불어 컴퓨터는 음향, 색채 및 애니메이션 등 여러 가지 기능을 지니고 있고 상당한 융통성이 있으며 반복 연습형 프로그램의 질을 높일 가능성을 갖고 있다.
· 이러한 융통성은 능동적 학습을 야기하는 프로그램의 설계를 가능케 한다.
· 양질의 컴퓨터 반복 연습형 프로그램은 학습자의 지능, 정신적 성숙도, 연령 및 컴퓨터의 특성이 활용되는 방법에 대해 심사숙고하여 짜인다.

〈장점〉

① 학습자가 자신의 기술을 섬세하게 다듬을 수 있게 집중적으로 통제된 기회를 제공하여 피드백이 즉각적이어서 교수-학습과정이 신속하게 일어난다.

② 교수자와의 교류가 가능하며 무한한 인내와 정확성으로 교류한다.

③ 색채, 음향, 그래픽 등의 특성으로 인해 호소력이 높다.

④ 학습 오류의 점검이 용이롭고 난이도의 수준 등에 잘 적응시킬 수 있어 타 매체가 모방할 수 없는 교수-학습과정을 관리한다.

⑤ 학습 기록을 계속해서 할 수 있어 학습 진전에 대한 보고서 작성이 용이하다.

〈단점〉

① 컴퓨터의 잠재성이 제대로 활용되지 못하고 있다. 즉 전자적 플래시 카드(electronic flash card)에 지나지 않는 때가 흔하다. 단순한 자극과 반응의 mechanism만을 이용하는 오류를 범한다.

② 검사용으로만 사용된다. 오답을 주는 데 있어서 문제해결책을 기르도록 하지 못하는 경우가 있으며 선다형은 고등정신 기능배양에 적합하다.

단순히 정답을 가르쳐 주는 것보다, 정답으로 유도하는 식으로 작성되어야 한다.

③ 잘 설계된 프로그램을 사용하는데 활용방법에 제한성이 있는 경우가 많다.

(2) 개인 교사형 프로그램

① 학습내용을 전통적 방식인 교과서(인쇄매체)나, 강의, 비디오테이프 및 슬라이드 등 다른 매체에 의해 전달이 되어 왔다.

② 이러한 매체를 이용한 교수 체계는 풍부하고 효과적이며 흥미로운 학습 경험을 제공해야 한다는 전제를 앉고 있었다.

③ 개인 교사형 프로그램은 컴퓨터를 이용하여 정보를 제공하고 검증하여 학습을 강화시켜 새로운 정보 제시용이던 전통적 매체의 기능을 대신하는 것이다.

④ 개인 교사형은 학습자를 개인 지도하는 데 있을 수 있는 최상의 방법이다.

⑤ 개인 교사형 프로그램은 특정 기술, 개념, 정보 등을 주어진 시간 내에 교수－학습 과정을 통해서 전달이 되도록 짜여 있다. 이 때에 학습자는 주어진 내용을 이해했는가에 대한 질문을 받는다.

⑥ 학습 정보는 다른 방식보다 잘 강화가 되지만, 이 프로그램으로 학습한 후에 반복해서 같은 내용을 타 매체로 학습하는 반복의 경우를 줄이기 위해서는 교수 목표의 합리적인 정의가 있어야 한다.

⑦ 더욱 효과적인 개인 교사형 프로그램은 교수 방식이 유의미하도록 학습 지침서, 피드백, 구제학습 전략이 필요하다.

⑧ 개인 교사형 프로그램에서는 학습자가 따라야 할 지시사항을 스크린이나 모니터를 통해 제시함으로써 학습 활동이 시작된다. 시작 부분(도입부문)에는 매력적인 그래픽 표현, 음악, 유의미한 시나리오의 제시로 설계자의 의도를 충실히 살릴 수 있다. 따라서 학습 도중에 학습자에게 현재 진행 중인 수업의 기술 의존성(skill dependency)을 경고하는 것이 중요하다.

⑨ drill & practice에서와 마찬가지로 학습을 통해서 달성되어야 할 수준에 대해 알려주어야 한다.

⑩ 새로운 단원을 그 단원이 지니는 독특성, 중요성 및 타 학습과의 차별성에

대한 강조가 중요하나(기업의 다양성이 요청된다).

· 개념의 응용을 단계적으로 한 가지씩 하는 방식
· 힌트나 단서(prompt or clue)를 제공하는 방법

⑪ 개인 교사형 프로그램은 모두가 학습자와 컴퓨터가 제공하는 정보 간의 상호작용이 특정 양상이므로, 컴퓨터는 설계자가 고안한 데로 학습자의 반응을 수용하고 평가한다.

⑫ 피드백은 학습자가 제대로 내용을 습득했는지 확인하는 의미로 주어져야 한다. 학습자의 이해도가 정확하면 심화학습을 시키고 그렇지 못하였으면 대체 프로그램을 이수토록 한다.

⑬ 이 프로그램은 진행적으로 학습목표에 설정된 과업을 학습자가 수행할 수 있는가에 대한 평가를 한다.

⑭ 충실한 지도, 지침, 연습 및 피드백이 주요 요소로 학습자는 형성평가를 통해 기술을 숙달시켜 종합, 평가의 원리에 맞추어 시범을 보이면 된다.

⑮ 양질의 프로그램은 의미 있게 작성이 되어 기억에 필요한 다양한 전략을 제공하여 장기기억 장치에 소장된 정보와 조화롭게 통합되도록 하여 두뇌의 작동을 심화시킨다.

이런 방식은 정보가 단독으로 두뇌에 입력이 되게 프로그램화시키는 것보다는 대조되는 형태의 효과적인 개인 교사형 프로그램이다.

· 가르친 지식을 기억할 수 있는 능력
· 이미 배운 지식이나 미래에 배울 지식이나 정보에 관련지워 지도록 해당 지식에 대한 프로그램이 작성된다.

〈장점〉

① 사실적 정보, 단순판별, 규칙 및 규칙의 단순한 응용을 가르치는데 적당

② 학습속도에 맞추어 진행할 수 있다.

학습 속도에 영향을 주는 요소는 ⓐ 기술습득속도, ⓑ 독해속도(reading fluency), ⓒ 학습선택의 활용성이 있다.

〈단점〉

① 수업 설계에 걸리는 시간이 오래 걸린다.

② 고등정신 기능에 해당하는 목표 달성 프로그램 개발이 어렵다.

③ 이미 만들어져 있는 프로그램을 그대로 복사하는 예가 많다.

④ 학습자의 다양한 욕구를 충족시킬 수 있는 프로그램의 편성이 어렵다.

(computer가 인간 개인교사 역할을 해야 하기 때문에) 프로그램이 고등정신 기능 배양을 목표로 개발이 되었다 하더라도 실상은 다른 유형의 학습에 더 잘 적용되는 수가 있다.

(3) 모의게임 프로그램

모의게임(simulation)은 특정 과업을 소규모로 재현하여 그 과업의 성격에 매우 가까운 상황을 제시한다. 가르치는데 비용이 많이 들거나 모험이 수반되는 경우에 능력 개발이 필수적으로 요청될 때에 그 개발의 필요성이 대두한다.

모의게임에 사용되는 절차는 상당히 다양하며 이 모든 절차는 어떤 상황에 대해 컴퓨터 통제에 의한 실제 상황에 근접된 상황을 표출한다.

· computer 모의게임의 예
  -파일럿 훈련
· 비행증설에 발생하는 문제점을 해결하는데 필요한 정보제공이나 지도사항의 제시에 관한 것이다.
· 이런 상황에서 컴퓨터에 의한 모의게임은 효율적이며 실제 상황에서 파일럿이 안전 운행의 기술을 습득하는 것보다 용이하다.
· 문제 상황에 처한 비행 운전에서 상업적인 비행기 실체를 직접 사용하는 것은 비용이 많이들 뿐만 아니라 생명에 위험이 따를 수도 있다(모의게임은 실제에서는 관찰될 수 없는 비슷한 점까지 상세히 표현할 수 있다). 반면, 모의게임은 실제시간(real time)에서는 관찰될 수 없는 유전적 연구(genetic research) 영역에서의 여러 현상을 표출할 수 있어 매우 편리하다.

모의게임을 통해서는 원자의 순간적인 움직임이 관찰을 쉽게 한다. 실제로는 너무 오래 걸리는 유전자 공학(genetic research)은 수업시간에 관찰할 수 있도록 빨리 조작할 수 있다. 특히 genes를 얇게 잘라서 몇 년 또는 수세기에 걸쳐 일어나는 현상을 관찰할 수 있다.

· 양질의 모의게임은 시나리오, 사건의 전개에 대한 명시, 학습자 참여기회의 다양화, 시나리오에 대한 학습자의 반응에 대한 강화 및 지침을 제공한다.
· 모의게임에서는 화상의 충실도(fidelity)가 매우 주요하여 세부적 사항이 정확히 제시되어야 하는 수술과정 등에 도움이 된다.
  이외에 은행융자에 대한 연말 되갚음 등에 관한 모의게임은 화상의 충실도보다 사고력 응용이 중요하다.

〈모의게임 제시〉

① 학습자의 참여를 위한 지침제공

② 규칙, 지식 및 필요한 정보제공 게임 전에 제시

③ 어떤 경우에는 규칙이나 지식이 프로그램 전반에 걸쳐 퍼져 있어 필요한 때에만 그 규칙을 제시하는 것이 효과적이기도 하다.

④ 환경의 조성

⑤ 피드백

⑥ 컴퓨터와 학습자 사이의 상호작용에서 관찰된 자료를 모아 환경을 재구성하는데 기초로 쓸 수 있다.

〈보다 적극적인 시나리오〉

① 모의게임이 이루어지는 상황에 대처방안을 제시할 뿐만 아니라

② 모의게임의 주요관점을 소개하고,

③ 학습자에게 제한적 coacling을 하며

④ 가능한 한 학습자의 반응의 범위를 정해 준다.

⑤ 환경적 기초를 제공하여 다양한 게임의 변수를 소개하는 동시에 학습자가 최적의 반응을 할 수 있는 판단근거를 준다.

⑥ 일단 시나리오에 의한 프로그램이 컴퓨터 화면에 제시되면 학습자는 제공된 여러 가지 활동 중에서 적당한 선택을 하여 공간에 타이핑을 해서 활동에 대한 사항을

확인한다.

⑦ 자신의 반응에 대한 결과를 기대하고 그 기대를 명백히 하기 위해 다음 프로그램으로 가기 전에 입력한다.

⑧ 이러한 방식으로 과학적 방법 또는 가설검증 개념을 합성할 수 있다.

⑨ 학습자의 기대가 미리 입력되면서 컴퓨터가 제시하는 결과와 비교할 수 있어 교육적 효과가 높아진다.

⑩ 모의게임에 대한 학습자 반응은 질적이나 계량적으로 평가한다.

⑪ 자신이 진행한 모의게임에 대한 결과에 학습자 스스로 중간에 판단을 할 수 있어야 한다.

⑫ 모의게임이 끝날 때는 전반적인 피드백이 제공되어 종결이 효과적이어야 한다.

〈장점〉

① 타 매체보다는 사고력을 요청하며 타 매체를 위한 설계보다 월등한 평가력을 갖는다.

② 전통적 프로그램에서는 얻을 수 없는 과정, 절차 및 현상 등을 연구하는 것이 가능하다.

③ 수반되는 위험을 감소시킬 수 있다.

④ 실제 시간에 관찰될 수 없는 사건이나 현상을 짧은 시간에 연출할 수 있는 압축력을 갖는다.

⑤ 사용자의 흥미는 유능한 설계자의 자각과 CAI 모의게임의 잠재성에 기인한 것이다.

〈단점〉

① 설계자의 능력의 제한성

② 복잡한 현상을 컴퓨터로 체계화시킬 수 있어 효과가 클 수도 있는데 이의 실현이 미비하다.

③ 개발과 설계에 많은 시간이 투입된다.

④ 인간의 결함과 컴퓨터의 한계성에 의거하여 CAI의 잠재성이 잠식되어서는 안 되고 고가(high cost), 고도의 위험성(high risk)을 수반하는 학습의 매체 자료로

유효하다. 그러나 그 잠재성이 제대로 활용되지 못한다.

(4) 교육게임 프로그램

평상게임과 같은 원리(수 세기 동안 동기를 부여한), 경쟁과 도전, 환상을 주요소로 한다.

단지, 교육게임은 교수－학습의 차원에서 구체적으로 개념 설정이 이루어진다는 점이 다르다. 교육게임은 이미 배운 기술, 개념 및 정보를 강화시키는데 높은 동기를 부여한다.

게임은 학습상 관심을 증진시키고, 행동 강화 또는 행동을 세련되게 다듬을 수 있어야 하는 전제조건을 갖는다.

CAI게임은 교육적 가치를 갖는다.

게임의 초점은 명확히 정의된 기술을 적용시켜야 하는 것이다. 교육적 게임도 기본적인 동기유발의 요소로서 경쟁을 전제로 하기 때문에 자신의 사전점수를 초과하기 위한 자신 스스로 경쟁적 과정이다.

즉, 학습자는 시간적 제한 및 게임의 논리에 따라 움직이면서 컴퓨터와 경쟁한다.

① 교육게임은 그래픽, 음향 및 동작에는 arcade게임과 같으나 결코 성격상 유사하지는 않다.

② CAI게임의 공통분모(denominator)는 동기와 경쟁적 형식으로 기술, 개념 및 정보의 적용을 연습하는 기회를 제공하는 능력이다.

③ 게임의 양상이 반복 연습형이나 모의게임의 양상과 유사한 점이 많다. 게임에서도 모의게임과 같이 명백한 지시가 있어야 한다. 또한, 대상 파악이 중요하고 참여절차도 명시되고 쉽게 나타날 수 있는 반응을 강조한다.

④ 게임을 학습자가 자신의 시간과 에너지를 투자하도록 흥미를 돋우고 흥미가 지속하도록 작성되어야 한다. 학습자의 열기가 최고 절정에 달하는 때는 게임의 기초 요소로서 애니메이션, 색채, 음향 및 경쟁요소를 포함한 시나리오의 구성이 크게 작용한다. 이 때에 수업 활동의 감각을 심어줄 수 있는 정보의 제공이 중요하다.

⑤ 게임을 통해 습득되어야 하는 규칙을 제외하고는 게임을 하는데 필요한 지침이 게임 전이나 도중에 제시되어야 한다.

⑥ 게임에 대한 피드백과 반응 사이의 인과관계가 확실하게 제시되어야 한다.

게임을 올바르게 진행했을 때에는 그에게 알맞은 강화가 주어지고 더 게임을 진행할 수 있는 상황을 제시하여 자극의 증가(부가적 강화)하고 행위가 틀렸을 때에는 교정을 위한 지침이 내려져야 한다.

정답과 오답에 대해 똑같은 피드백을 주는 것을 회피하고 어린이인 경우에는 음향을 조절한다.

그리고 성인인 경우에는 개인적인 학습이기 때문에 소거의 레벨이 강조되어서는 안 된다.

게임과정은 종속적 성격을 갖기 때문에 학습에 대한 전반적인 정보는 게임에 대한 학습자의 행위와 피드백을 관련짓는다.

게임 결과를 고치는데 필요한 학습자 행위 수준을 처방해 준다.

〈장점〉

① 경쟁과 흥미를 주안점으로 하여 교육목적을 달성한다.

② 게임 이외에 극히 소수의 교수방법이 흥미로울 뿐이다.

③ 학습내용이 지닌 본연의 흥미로움이나 학습 증진을 위한 학습자 측의 노력에 의존하는 대신 인류 역사만큼 오랜 교수 방법(설명력)을 협화시킨다.

④ 학습자의 열의를 심화시킨다(학습자에게는 본래 성격상으로는 동기 유발이 어려운 교과목에 흥미를 줄 수 있다).

⑤ 전통적 교수방법으로는 전수하기 어려운 내용 등을 흥미롭게 가르친다.

⑥ 독특한 제시와 참여형식으로 많은 학습자에게 마치 새로운 유형의 교육처럼 느끼게 만든다(전통적 수업과 닮은 점).

〈단점〉

① 부정확한 응답에 대해 오락적(entertaining) 피드백을 제공하여 오답을 낼 때가 긍정적으로 강화를 받는 결과를 가져온다.

② 더욱 상세한 조작을 시도하려는 목적 때문에 일시적이고 미비한 정도의 기술만을 제공하는 수단이 된다.

예) : 기술을 가르치는데 그래픽, 색채, 음향이 지나치게 마비되어 기술 전수가 방해가 될 수 있다 → 본연의 의도가 흐려지기 쉽다.

③ 컴퓨터의 성능을 지나치게 강조하여 학습자에게 혼란을 준다.

예) : 정답에 대한 음악적 멜로디나 오답에 대한 단순한 연출(brief rendition) 등이다. 컴퓨터 성능의 무분별한 사용은 교육적 게임의 큰 결함이 된다.

(5) 혼합형(hybrid) CAI프로그램

Hybrid CAI는 CAI들 중에서 2개 이상을 혼합한 것으로 예를 들면 다음과 같다.

예) · 개인 교사형 + 반복 연습형
· 개인 교사형 + 게임프로그램
· 게임 교사형 + 반복 연습형
· 개인 교사형 + 모의 게임형
· 개인 교사형 + 반복 연습형 + 모의 게임형 + 게임형

앞에서 언급한 4가지 기초 CAI 프로 설계는 CAI 수업을 분류하는데 주목적을 가지나 주로 현장에서 쓰이는 것은 혼합형 프로그램이다. 혼합형(hybrid) CAI는 문제해결이나 탐구적 학습전략에 주안점을 둔 것으로 이것은 프로그램의 독특성과 분리성을 강조하기보다는 더욱 많은 기능을 포착하고 있기 때문이다.

문제해결을 위한 CAI프로그램은 전형적으로 수업제공 딜레마나 문제의 체계적인 해결책과 응용방법을 조장한다.

① 탐구적 프로그램은 개별 학습자의 욕구에 따라 정보, 설명 및 기타 필요한 사항을 학습자가 직접 입력시키게 한다. 이 때에 수업은 계열적이나 순차적으로 이루어지기보다는 필요에 따라 정보에 대해 컴퓨터에 질의를 하도록 작성되어 있다.

기초 4가지 프로그램만으로 단독적으로 문제해결이나 탐구력을 배양시키기는 다소 어렵고 Hybrid CAI를 통해서 이의 달성이 용이하다.

예) : 이런 프로그램의 개발을 위해 어린 아이들의 기술 전수 범위가 일단은 좁혀져야 하는 때가 있다.

이 때에 개인교사와 교육게임이 지식과 연습의 적정한 혼합을 위해 제시되면 효율적이다.

예) : 혼합형 프로그램에 의한 수업은 수업의 진행도중을 생각하는 것보다는 집중적인 연습을 통한 완벽한 수준에 도달하는 것을 보장하도록 개발된다.

- 개인교사 + 반복연습
- 개인교사 + 모의게임 → 내적 combustion에 관련된 개념을 가르치는 데에 초점을 두고, 정보가 제시되고 문제 상황이 설정되어 이에 대한 해결책을 찾는 프레임으로 이어진다.
- 반복연습 + 게임 → 게임을 1단계 진행하려면 3개의 문항을 맞추도록 짜여 있다. 게임은 필수적인 행위가 표출된 후에 수행할 수 있으므로 premium이 (예 : rule)반복연습프로그램에서 정확한 반응으로 나타나져야 한다.

4-4-3. 디지털 미디어의 활용 분야

컴퓨터가 우리 일상생활을 포함해서 활용되고 있는 범위는 모든 분야에 걸쳐서 사용되고 있는 실정으로 시간이 흐르면 흐를수록 더 많은 범위에서 더욱 세밀한 분야에까지 컴퓨터의 사용과 활용이 이루어질 것이다.

(1) 회사에서의 활용

우선 기업적인 면에서 보면 1954년 GE사가 컴퓨터를 기업에 응용한 이후 사무처리에 컴퓨터를 이용하는 일은 지대한 발전을 거듭해 왔다. 재고관리 · 시장분석 · 인사관리 · 회계분석 · 지로관리 · 생산비분석 · 인력예상 등에 이르기까지 모든 사무처리가 컴퓨터로 이루어지고 있다. 투자 부문에서는 증권 및 채권의 매매 시기를 결정하는데 쓰이고, 부동산 및 재정 부문에서는 현금유통, 투자, 감가상각 등을 계산하는데 이용한다. 금융업에서는 개인용 수표와 신용카드의 거래 현황을 파악하는데 쓰인다.

제조업에서는 새로운 상품을 설계하거나 제조 장비의 제어 및 재고와 원자재 관리에 이용한다. 컴퓨터가 자동으로 발주하는 시스템이 갖추어져 있으면 자재를 발주하는 데에도 신경 쓸 필요가 없다. 도산매 업주에게 재고가 적정수준 이하임을 통보하고 제조주에게는 제조 시기, 수량 등을 알려준다. 조립 공장에서는 로봇이 페인팅, 용접, 조립 등의 일을 한다. 이와 같이 컴퓨터가 모든 분야에 걸쳐 광범위하게 사용되고 있으며, 특히 컴퓨터의 활용 분야로서는 비교적 일찍부터 사무나 경영 관리에의 활용이 주목되어 왔다.

그것은 원래 컴퓨터가 국세 조사 결과의 집계 업무를 처리하기 위해 개발되었기 때문이다. 따라서 처음에는 업무처리에의 활용보다도 사무처리나 경영관리에의 활용 쪽에 관심이 높은 경향이었다. 그러나 이러한 의도에서 사무처리 분야에서 컴퓨터가 활용되었으나, 그것은 반드시 잘 되었다고 볼 수 없다. 확실히 전력 회사라든지 보험회사와 같이 대량의 데이터를 취급하고, 또한 정형적이고 반복적인 사무처리를 많이 떠맡고 있는 곳에서는 애초 크나큰 효과를 실현하였으나 일반 회사에서는 그 대부분이 큰 효과를 실현하였다고는 할 수 없다. 거기에는 여러 가지 이유가 있다. 그 하나는 사무처리의 대부분은 출력 형태가 반드시 확정되어 있는 것은 아니라는 점에 있다. 만약 전력 회사의 요금 계산 업무와 같이 출력 형태를 특정지울 수 있다면 컴퓨터 시스템화에 의해 수작업과는 비교가 안 될 정도로 효율화가 도모되어 에너지의 절감 효과도 기대할 수 있으나, 일반적으로 사무처리의 출력형태가 확정되어 있지 않았다. 그러나 현재 컴퓨터의 주변기기 등의 발전으로 인해 컴퓨터가 사무처리에 이바지하는 바는 매우 크다.

현재 대부분의 회사에서는 워드프로세서, 전자우편, 음성저장 및 송출체제를 갖추고 사무 자동화를 기하고 있으며, 워드프로세서로 문안을 작성하고, 중요한 문서는 저장하며, 원하는 모양으로 출력한다. 또한, 맞춤법과 문법도 교정하며, 전자우편으로 우편물을 신속하고 효율적으로 전송함으로써 인건비와 우표값을 절약한다.

음성 저장 및 송출 체제에 따르면 다른 사람에게 전화로 이야기하는 내용을 컴퓨터에 기억시킬 수 있다. 이렇게 저장된 내용은 프린트할 수도 있고, 다음에 사용할 수도 있으며, 전자우편으로 연결된 통신망에 연결된 모든 단말기에 보낼 수도 있다.

사무 자동화에 이용되는 또 하나의 기구는 원격 회의이다. 사람이 회의 장소로 모이는 번거로움을 피하기 위하여 자료, 전문, 정보 등을 컴퓨터 통신망을 통하여 내보낸다.

이로써 서로 영상과 음성과 자료 등을 송・수신하면서 실제의 회의와 같은 환경을 조정하면서 회의를 한다. 결국, 이와 같이 볼 때 사무 자동화의 문제는 장비와 기술의 통합이며 근거리 통신망(LAN : Local Area Network)을 이용하여 사무실용 전산 장비를 통합시킬 수 있다.

(2) 과학분야의 활용

세계의 과학기술 지식의 절반 이상은 컴퓨터 출현 이후에 이루어졌다고 한다. 사무 처리에는 많은 양의 자료가 취급되는 반면 과학 기술 처리에는 복잡한 계산이 신속하고 정확하게 수행되어야 한다. 초창기의 컴퓨터는 1초에 1만 회 정도 연산을 했으나 최근 빠른 컴퓨터는 수백만 회의 연산을 할 수 있으며, 컴퓨터로 몇 초 정도 걸릴 계산을 사람이 한다면, 몇 달 혹은 몇 년이 걸린다. 고속 처리가 가능한 컴퓨터로 많은 과학기술 분야의 문제가 풀렸으나, 아직도 더 빠르고 더 큰 용량의 컴퓨터가 요구되고 있다. 따라서 고성능의 컴퓨터 연구는 계속되고 있으며, 물리학의 이론적 수식을 풀거나 복잡한 기상 상태를 예측하기 위한 연구와 유전공학 분야에서 DNA의 신비를 캐는데도 컴퓨터는 필수적이다. 컴퓨터 칩을 연어에 붙이면 연어가 알을 낳기 위하여 강을 거슬러 올라가는 때를 알 수 있으며, 댐에 방류하는 물을 조절함으로써 산란을 도울 수 있다.

새, 고래 등 갖가지 야생 동물의 생활을 돕는데도 컴퓨터가 쓰이고 있다. 이처럼 여러 가지 생물체로부터 수집되는 많은 양의 자료를 분석하여 생태계의 변화를 추정한다.

컴퓨터는 영상이나 그림도 취급할 수 있으며, 이를 영상처리 또는 화상처리라 한다. 디지털 카메라로 찍은 영상을 처리하여 좀더 잘 이해될 수 있는 영상으로 변환시키기도 하며 그것으로부터 시각 정보를 얻어내기도 한다. 화성 표면의 사진은 인간의 눈으로 직접 본 것이 아니라 우주선에 붙은 디지털 카메라로 포착하여 송신한 신호를 복구한 후 영상처리를 거쳐서 얻은 것이다. 1982년 미국의 NASA는 원격 영상감지 위성(Land Remote-sensing Satellite)을 발사하였다. 이 위성은 500mile 상공에서 99분 만에 한 번씩 지구를 돌면서 지상의 모습을 찍어서 지상 관측소로 보낸다. 관측소에서는 이 영상 신호를 받아서 영상처리를 하면 지상의 모습을 잘 확인해 볼 수 있다. 이런 방법으로 유전 위치를 파악하기도 하며, 농사 실태를 파악하여 무엇을 파종할지를 결정할 수도 있으며, 광물 자원의 부존지를 알아낼 수 있고, 군함, 미사일, 군사 시설 등도 탐지할 수 있다.

(3) 의학 및 보건

인공심장은 단순히 혈액을 펌프질하는데 그치는 것이 아니고, 그 사람의 운동상태, 영양상태, 신체의 각종 조건의 여러 변수에 의한 종합적 판단을 하고, 그에 따른 조절이 필요한 경우에 적절한 조치를 취한다. 예컨대, 혈액 속의 혈당량, 혈압, 감정 상태 등의 변수가 컴퓨터에 전달되면 컴퓨터는 그에 따른 판단을 산정하여 필요한 조치를 명하는 신호를 인공심장의 제어 장치에 전달한다.

PC(Personal Computer) 소유자는 자신의 건강 상태에 관한 모든 정보를 컴퓨터에 입력시키고 체중 조절과 영양 공급을 알맞게 배려하는 식이요법을 자문받는다. 릴렉스(Relax)라는 프로그램은 스트레스와 긴박감을 없애 주는 프로그램이며, 마인드 프로버(Mind Prober)라는 소프트웨어는 개성을 파악해 주는 프로그램이다.

(4) 스포츠

최근 올림픽 경기는 컴퓨터를 얼마나 많이 사용하느냐에 크게 좌우된다. 선수들의 훈련, 영양, 신체조건, 일정 등에 이용할 뿐만 아니라, 경기 우승자들의 신체적 동작 상태를 자세히 분석하는 데에도 활용되고 있다. 올림픽 경기장의 각종 시설, 경기상황 보고, 경기진행 등에 컴퓨터는 없어서는 안 될 존재이다.

(5) 가정용 컴퓨터

CB 시뮬레이터라는 것을 사용하면 터미널 앞에 앉아서 사람들을 만날 수 있다. CB 시뮬레이터는 CB 라디오와 흡사하나 컴퓨터를 사용하는 점이 다르다. CB 시뮬레이터를 사용한 사람들이 결혼한 예도 있다. 컴퓨터는 가정에서 시중을 들어주고, 가정교사 노릇도 하며, 가계부 예산 등을 정리해 주고, 식사·음식 등의 차림표도 제시한다. 비디오텍스를 사용하면 상품과 서비스 일체를 일별할 수 있다. 비디오텍스란 컴퓨터와 텔레비전 기술을 결합한 시스템이다. 천연색 단말기 앞에 앉아서 상품을 구경하고 원하는 상품을 구매할 수도 있다. 증권시장의 장세를 관망하고 투자 결정도 할 수 있다.

홈뱅킹 시스템(Home Banking System)을 이용하여 가정에서 예금, 출금, 전입과 전출을 쉽게 할 수도 있으며, 하루의 일과에 대한 일정을 짜주고 생일 등의 주요 일정도 자동으로 알려준다. 컴퓨터로 원예도 가능하다. 컴퓨터는 가정의 여러 가지 안전 관리도 해 주는데 이런 컴퓨터는 화재, 홍수, 지진 등을 감지할 수도 있다. 그러한 긴박한 사정이 발생하였을 때, 주인의 전화번호를 참조하여 전화를 걸어서 알려 주기도 하고 경찰서는 소방서에 연락해 주기도 한다.

(6) 오락과 여가선용

백화점의 컴퓨터 코너에는 여러 가지 종류의 게임이 PC 화면에 비쳐 나온다. 컴퓨터게임에 지나치게 몰두하는 자녀를 둔 부모들은 걱정이 태산 같다. 공부는 언제 하느냐는 것이다. TV가 처음 생겨났을 때, TV를 바보상자라 불렀는데 이제는 PC가 바보상자가 될 판이다. 컴퓨터는 아름다운 음을 분석하기도 하고 음을 조합하여 만들어 내기도 한다. 컴퓨터를 이용하여 작곡도 한다. 여행에도 컴퓨터를 사용한다. 항공 일정, 호텔 예약, 자동차 임대 등 모든 것이 자동으로 순식간에 이루어진다. 등산, 탐험, 탐사에도 컴퓨터를 이용한다.

(7) 교육

대학, 중고교, 초등학교에 이르기까지 컴퓨터 과목이 빠르게 개설되었다. 연령 계층을 막론하고 어떤 과목이든지 가르칠 수 있는 CAI(Computer Assisted Instruction) 프로그램들이 있다. 사진과 도해를 참조하기 위하여 TV화면을 이용할 수 있다. 장래에는 컴퓨터를 이용하여 각종 교육적 환경, 행정 등이 이루어질 학생 개개인의 환경, 적성, 성적 등을 종합적으로 검토하여 개별 지도를 할 수 있는 컴퓨터도 등장할 것이다.

(8) 인공지능과 전문가 시스템

컴퓨터의 응용 부문 중에서 많은 사람에게 흥미를 주고 있는 것이 인공지능 분야이다. 복잡한 논리와 기술을 프로그램화하여 컴퓨터가 사람처럼 지능적인 추론을 하고 판단·결정을 내릴 수 있도록 인공두뇌를 만드는 것이 목적이다. 그러나 컴퓨터의 지능이 인간을 추월할 수는 없다. 왜냐하면, 인간이 생각해 낸 지능을 기계에 주입하기 때문이며, 인공지능을 가지게 하기 위해서는 인공 시각 기술, 인공 청취, 인공 언어 해독, 인공적 감각 이해 등은 이러한 탐구의 일면이다.

인공지능 분야의 전문가 시스템 중에는 질병에 대해 진단을 하고 유전과 광물 부존지를 추정하며 기상 변화 등을 예측하는 시스템도 있다. 전문가 시스템이란 전문가가 할 수 있는 업무를 대신하여 주는 컴퓨터 시스템을 일컫는다.

(9) 정부 및 군사

미국 행정부는 해마다 40억 불 규모의 예산을 전산 처리에 소모한다. 컴퓨터 없이는 행정마저 불가능한 시대이다. 사고 현장을 그래픽으로 조명해 보는 시스템이 개발되어 법정에서 증거로 채택된 경우도 있다. 국가 행정에 응용하여 막대한 예산을 절감한 경우는 흔하다.

시 · 도 · 군 등에서도 컴퓨터를 이용하여 예산 및 재정 상태를 순시적으로 파악함으로써 행정에 많은 이바지를 한다. 컴퓨터 그래픽을 이용하여 영역 지적도를 입력, 저장하고 손쉽게 이용하는 시스템도 있다. 군사 부문에서 컴퓨터는 지대한 역할을 하고 있다. 재래식 또는 전략적 무기의 설계가 컴퓨터로 이루어지며 전략적 방위 체제도 군사용 특수 컴퓨터로 이루어지고 있다. 군함 또는 전투기에 장착된 컴퓨터는 인공위성에서 받는 정보를 토대로 적의 탐색과 파괴를 주도한다.

제 5 장
체제적 접근

5-1. 목표와 내용

5-1-1. 3대 학습영역

학습의 고전적 정의 중의 하나는 "주어진 자극(메시지이든 정보, 의견, 사상, 개념)에 의해 바람직한 방향으로 행위가 개선되어야 한다."라는 행동주의의 견해를 따른 것이다. 이 정의에 의하면 인간의 행위개선은 3가지 분야(영역)에서 일어날 수 있다는 것이다. 학습의 영역은 흔히 인지영역(cognitive domain), 정의영역(affective domain), 그리고 심체영역(psychomotor domain)으로 나누어진다. 그러나 때에 따라서는 사회영역(social domain)으로 나누어진다. 사회영역은 정의영역에 포함하고 있어 이 분석에서도 사회영역을 따로 분리해서 취급하지 않기로 한다.

인지영역은 지식의 기억, 상기(recall), 사고(thought), 문제해결(problem solving) 및 창의력과 관련된 지적기술(intellectual skill)을 일컫는다. 정의영역은 일면 태도 영역(attitude domain)이라고도 불리는 영역으로 인간의 가치가 내면화(internalization)되어 가는 것으로 정서(emotion), 감정 및 감각, 열의(enthusiasm), 하고자 하는 의지(will to learn or will to do), 가치화(valuing), 협동심, 사회성 등의 내면화를 포함한다. 협동심과 사회성은 별도로 사회영역으로 분류되는 때도 있다. 심체영역은 근육을 움직여서 하는 인간 유기체의 모든 행위로서, 뜨개질, 타이핑, 운전하기, 펜을 움직이는 등의 단순한 행동으로부터 각종 체육(gymnastics) 종목과 아울러 피아노 등의 악기를 다루는 기술과 그림을 그리는 등의 복합적인 근육의 활동을 포함한다.

이상의 3대 영역은 인간 행위가 개선되는데 따로 분리되어 일어나지 않고 오히려 동시에 일어난다고 보는 것이 타당하다. 예를 들어, GOOD MORNING AMERICA와 같은 생활정보 프로그램에서 패션에 대하여 30분간 다루었다고 했을 때 그 내용으로 보아 패션의 감각은 정의적인 측면으로 미적 감각을 익히는 것이지만, 미적 감각을 뒷받침해 주는 지적인 내용이 가미되어야 하고 미력하나마 패션에 관련된 심체적 행위(색을 맞추어서 coordination을 하는 움직임) 등이 포함된다. 따라서 모든 방송 프로그램도 각각 주된 영역을 갖지만, 나머지 두 가지 영역도 낮은 비율이나마 포함된다.

CAI프로그램을 비롯하여 각종 교수매체의 내용을 분석하는 데에서도 위와 같은 맥락으로 3대 영역이 어떤 식으로 복합적으로 시청자의 행위개선에 도움이 될지에 대해 알아보기로 한다.

인지영역은 여섯 단계의 지적기술로 나누어지고 정의영역은 다섯 단계, 그리고 심체영역은 네 가지 단계로 구성되는데 각각의 영역별 단계는 계층적이어서 하위단계의 완성이 없이는 그 다음의 상위 단계로 올라갈 수 없다는 원칙이 있다. 하나의 교양 프로그램이나 문화적 성격의 프로그램이 그 내용의 편성에 있어 각 영역의 어느 단계로 되어 있는지를 관찰하고 최상의 단계에 도달하는 내용이 되려면 어떤 점이 보완되어야 할지를 분석하기 위해 다음을 제시한다.

(1) 인지영역

1 지식(knowledge)

지식이란 "이전 학습자료의 기억하기"라고 기술할 수 있다. 이것은 구체적인 사실로부터 완전한 이론에 이르기까지 광범한 자료의 회상을 포함한다. 그러나 적절한 정보를 마음에 떠올리는 것이 필요하다. 지식은 인지의 영역에서 가장 낮은 수준의 학습결과를 나타낸다.

① 구체적이며 단편적인 정보의 상기(recall)가 가능한 수준으로 특수사건이나 사물에 관한 지식

② 아이디어 및 현상을 조직하고 연구하며, 판단하고 비판하는 등에 관한 지식으로, 특수 사상을 다루는 방법과 수단을 확인하는 정도

③ 보편적이며 추상적인 사상에 관한 지식으로 특정 현상과 개념들이 조직되는 주요 하위 요소 또는 그 체제 및 형태에 관한 지식

④ 일반적 수업목표의 예로는 ⓘ 일반적 용어 알기, ⓘⓘ 특수한 사실 알기, ⓘⓘⓘ 방법과 과정을 알기, ⓘⓥ 기본적인 개념을 알기, ⓥ 원리를 알기 등이 있다.

⑤ 구체적인 학습결과 진술을 위한 행동의 용어 예로는 정의하다, 기술하다, 찾아내다, 이름대다, 열거하다, 짝지우다, 이름 붙이다, 개요를 말하다, 재생하다, 선택하다, 및 진술하다 등이 있다.

2 이해력(comprehension)

이해력이란 “자료의 의미를 파악하는 능력”으로 정의된다. 이것은 자료의 해석(설명하기와 요약하기)과 미래 경향의 추정(결과나 효과의 예측 등)에 의하여 한 가지 형태에서 다른 형태로(예 : 언어를 숫자로) 자료를 전환함으로써 가장 잘 보여 줄 수 있다. 이 학습의 결과는 자료의 단순한 회상보다는 한 단계 높으나 인지수준의 두 번째로 낮은 수준을 나타낸다.

① 번역 및 해석(interpretation)

② 추론 (inference)

③ 일반적 수업목표의 예로는 ⓘ 사실과 원리를 이해하기, ⓘⓘ 언어적 자료를 해석하기, ⓘⓘⓘ 차트와 그래프를 해석하기, ⓘⓥ 언어자료를 수학공식으로 전환하기, ⓥ 자료에 포함되어 있는 미래의 결과를 예측하기, ⓥⓘ 방법과 과정을 정당화하기 등이 포함된다.

④ 구체적 학습결과 진술을 위한 행동용어의 예로는 전환하다, 지지하다, 구별하다, 추론하다, 설명하다, 확대하다, 일반화하다, 부여하다, 예를 들다, 추측하다, 바꾸어 쓰다(의역하다), 예측하다, 고쳐쓰다, 요약하다 등이 있다.

3 적용(application)

적용력은 새롭고 구체적인 상황에서 학습한 자료를 사용할 수 있는 능력과 관련된다.

이것은 규칙, 방법, 개념, 원리 및 법칙 및 이론과 같은 것의 적용을 포함한다. 이 단계에서의 학습결과는 아래 단계의 이해보다는 높은 수준의 인지능력을 요청한다.

① 전이 (transfer)

② 풀이 (solution)

③ 현실에 응용

④ 일반적 수업목표의 예로는 ⓘ 새로운 상황에 개념과 원리를 적용하기, ⓘⓘ 실제장면에 법칙과 이론을 적용하기, ⓘⓘⓘ 수학적 문제 풀기, ⓘⓥ 차트와 도표 그리기, ⓥ 방법과 절차의 올바른 용법을 보이기 등이 포함된다.

⑤ 구체적 학습결과 진술을 위한 행동용어들은 바꾸다, 계산하다, 증명하다, 발견하다, 조작하다, 변형하다, 다루다, 예측하다, 준비하다, 만들다, 관련짓다, 보이다, 풀다 및 사용하다 등이 있다.

4 분석력(analysis)

분석력이란 조직적인 구조를 이해하기 위하여 자료를 구성요소로 나눌 수 있는 능력과 관련된다. 이것은 부분으로 나누기, 부분들 간의 관계를 분석하기, 포함되어 있는 조직원리를 인식하기 등이 포함된다. 여기에서의 학습결과는 자료의 내용과 구성형태 양자의 이해를 요구한다는 점에서 이해력과 적용력 보다는 상위의 지적 수준을 나타낸다.

① 현상이나 사물을 구성하는 요소의 분석

② 요소 간의 관계에 관한 분석

③ 조직형성에 적용된 원리의 분석

④ 일반적 수업목표의 예로는 ⓘ 진술되지 않은 가정을 인식하기, ⓘⓘ 추론에서 논리적 오류를 지적하기, ⓘⓘⓘ 사실과 추리를 구분하기, ⓘⓥ 자료의 적절성을 평가하기, ⓥ 작업(예술, 음악, 글쓰기)의 조직적 구조를 분석하기 등을 포함한다.

⑤ 구체적 학습결과 진술을 위한 행동용어들은 나누다, 그림으로 표시하다, 분류하다, 변별하다, 구분하다, 식별하다, 예를 들다, 추측하다, 개요를 말하다, 지적하다, 관련짓다, 선택하다, 분리하다 및 세분하다 등이 있다.

5 종합력(synthesis)

종합력은 부분들을 새로운 전제의 형태로 구성하는 능력과 관련된다. 여기에는 독특한 의사소통의 산출, 계획 및 조직절차(연구계획 등)의 산출, 그리고 추상적 관계의 도출(정보를 분류하기 위한 모형) 등이 포함된다. 이 단계에서의 학습결과는 새로운 형태나 구조의 형성에 주요 강조점을 두는 창의적 행동을 요구한다.

① 독창적 의사전달 자료의 찬조(세련된 전보기술 발휘)

② 조작(manipulation)에 필요한 계획과 절차의 창안

③ 일반적 수업목표의 예로는 ⓘ 잘 조직된 논문을 쓰기, ⓘⓘ 잘 조직된 연설을 하기, ⓘⓘⓘ 창의적으로 짤막한 이야기(혹은 시나 음악)를 쓰기, ⓘⓥ 실험을 위한 계획을 세우기, ⓥ 문제해결을 위한 계획 속에 다른 학습을 통합하기, ⓥⓘ 대상의 분류를 위한 새로운 틀을 형성하기 등을 포함한다.

④ 구체적인 학습결과 진술을 위한 행동용어들은 범주화하다, 묶다, 편집하다, 구성하다, 창안하다, 고안하다, 설계하다, 설명하다, 생성하다, 변형하다, 조직하다, 계획 세우다, 재배치하다, 재구성하다, 관련짓다, 재조직하다, 교정하다, 다시 쓰다, 요약하다, 말하다 및 글로 쓰다 등이 있다.

6 평가력 (evalution)

평가력은 주어진 목적을 위한 자료(문장, 소설, 시, 연구보고서)의 가치판단 능력과 관련된다. 판단은 명확한 기준에 준하여야 하는 바, 기준은 내적 기준(조직)이거나 외적 기준(목표에의 적절성)일 수도 있고 학습자 자신이 설정한 것일 수도 있다. 이 단계에서의 학습결과는 명확하게 정의된 기준에 준한 의식적인 가치판단이라는 점과 인지적 영역의 타 단계의 모든 학습요소를 포함한다는 점에서 가장 상위의 범주이다.

① 내적 증거에 의한 판단(주관적 판단)

② 외적 증거에 의한 판단(객관적 판단)

③ 일반적인 수업목표의 예로는 ⓘ 문자자료의 논리적 일관성을 판단하기, ⓘⓘ 자료에 의하여 지적된 결론의 적절성을 판단하기, ⓘⓘⓘ 내적 준거를 사용하여 일(예술, 음악, 작품)의 가치를 판단하기, ⓘⓥ 우수성에 대한 외적 기준을 사용하여 일(예술, 음악, 작품)의 가치를 판단하기 등이 포함된다.

④ 구체적인 학습결과 진술을 위한 행동용어들은 평가하다, 비교하다, 결론 내리다, 대조하다, 비관하다, 기술하다, 식별하다, 설명하다, 정당화하다, 해석하다, 관련짓다,

요약하다, 및 지지하다 등이 있다.

(2) 정의영역

1 감수(receiving)

감수란 특별한 현상이나 자극(학습활동, 교과서, 음악 등)에 기꺼이 주의를 기울이는 것에 관계된다. 교수 측면에서 감수란 학생의 주의를 기울이고, 포착하며, 향하게 하는 것과 관련된다. 이 단계에서의 학습결과는 존재하는 대상에 대한 단순한 주의로부터 학습자 편에서의 선택적 주의에 이르기까지의 범주에 걸려 있다. 감수는 정의적 영역에서 가장 낮은 수준이다.

① 지각(awareness or perception)

② 자진반응(willingness to receive)

③ 선택적 관심(controlled to receive)

④ 일반적 수업목표의 예로는 ⓘ 주의 깊게 듣기, ⓘⓘ 학습의 중요성을 알고 있음을 보이기, ⓘⓘⓘ 인간욕구와 사회문제에 민감성을 보이기, ⓘⓥ 인종과 문화의 차이점 수용하기, ⓥ 학급활동에 주의를 기울이기 등이다.

⑤ 구체적 학습결과 진술을 위한 행동적 용어의 예는 묻다, 선택하다, 기술하다, 따르다, 주다, 붙잡다, 구분하다, 찾아내다, 이름 붙이다, 지지하다, 선정하다, 대답하다 및 사용하다 등이 있다.

2 반응(response)

반응은 학습자 편에서 적극적인 참여에 관련된다. 이 수준에서는 특별한 현상에 주의를 기울일 뿐만 아니라 어떤 방법으로 그 대상에 반응을 보인다. 이 단계에서의 학습 결과는 반응이 묵종(독서과제물에 대한 반응)일 수도 있고 기꺼이 반응하는 것(숙제를 넘어서 자발적으로 책을 읽는 것)일 수도 있으며, 반응에의 만족(독서를 즐기면서 하는 것)일 수도 있다. 이 범주의 가장 높은 수준은 일반적으로 "흥미"로 분류되는 수업목표를 말한다. 예를 들어, 특별활동을 찾고 즐기는 것을 강조한다.

① 묵종반응(acquiscene in responding)

② 자진반응(willingness to respond)

③ 반응에의 만족(satisfaction in response)

④ 일반 수업 목표의 예로는 ⓘ 숙제를 완성하기, ⓘⓘ 교칙을 따르기, ⓘⓘⓘ 학급토론에 참여하기, ⓘⓥ 실험을 완성하기, ⓥ 특별한 과업을 자진하여 수행하기, ⓥⓘ 교과에 흥미 보이기, ⓥⓘⓘ 타인을 돕는 것을 좋아하기 등이다.

⑤ 구체적 학습결과 진술을 위한 행동용어의 예는 대답하다, 지원하다, 편집하다, 따르다, 토론하다, 맞이하다, 돕다, 명칭을 붙이다, 이행하다, 실천하다, 나타내다, 읽다, 암송하다, 기록하다, 선택하다, 말하다 및 쓰다 등이 있다.

3 가치화 (valuing or value clarification)

가치화란 학습자가 특정 대상이나 현상 및 행동 등에 대해서 갖는 가치와 관련이 된다. 이 단계는 더욱 단순한 가치의 수용(집단기술을 향상시키고자 원하는 것)에서부터 더욱 복잡한 수준의 계약(집단의 효과적인 기능수행을 위해 부여된 책임감)에 이르기까지 관련된다. 가치화는 일련의 구체적인 가치의 내면화에 바탕을 두지만, 이러한 가치의 단서는 학생의 외형적 행동에서 나타난다. 이 단계에서의 학습결과는 분명하게 파악할 수 있는 가치와 일관되고 안정된 행동과 관련된다. 이 범주에 들어오는 수업 목표는 대체로 '태도'와 '평가'라는 항목들로 구분된다.

① 가치의 수용(acceptance of a value)

② 가치의 선호(preference for a value)

③ 가치의 확신(confirmation of a value or commitment)

④ 일반 수업 목표의 예로는 ⓘ 민주적 절차에 대한 신념을 보이기, ⓘⓘ 훌륭한 작품(미술이나 음악)을 평가하기, ⓘⓘⓘ 일상생활에서 과학의 역할(또는 다른 주제)을 평가하기, ⓘⓥ 타인의 복지에 관심을 보이기, ⓥ 문제해결을 위한 태도를 보이기, ⓥⓘ 사회적 개선에 동참하려는 의지를 보이기 등이다.

⑤ 구체적 학습결과의 진술을 위한 행동용어의 예는 완성하다, 시술하다, 구분짓다, 설명하다, 따르다, 만들다, 가입하다, 요청하다, 결합하다, 정당화하다, 제안하다, 읽다, 보고하다, 선택하다, 공유하다, 연구하다 및 일하다 등이 있다.

4 조직화(organization)

조직화란 서로 다른 가치들을 수용, 검토하고 그들 간의 갈등을 해결하며 내면적으로 일관된 가치관을 수용하기 시작하는 것과 관련된다. 이처럼, 여기에서의 강조점은 가치들의 비교하기, 관련짓기 및 종합하기 등이다. 학습결과는 가치의 개념화(인간관계를 발전시키기 위한 각 개인의 책임감을 인식하기)나 가치관의 조직(경제적 안정과 사회봉사를 위한 개인의 욕구를 만족시킬 수 있는 직업 계획을 발전시키기)과 관련된다. 수업 목표는 생활 습관의 발전에 관련된다.

① 가치의 개념화(conceptualization of a value)

② 가치체계의 조직(organization of a value system)

③ 일반적 수업 목표의 예로는 ⓘ 민주주의에서 자유와 책임 간의 균형의 필요성을 인식하기, ⓘⓘ 문제해결의 체계적 계획의 역할을 인식하기, ⓘⓘⓘ 자신의 행동에 대한 책임감을 수용하기, ⓘⓥ 자신의 장점과 단점을 이해하고 받아들이기, ⓥ 자신의 능력과 관심, 신념들이 조화를 이루는 인생계획을 수립하기 등이다.

④ 구체적 학습결과 진술을 위한 행동용어는 집착하다. 변경하다. 정리하다, 결합시키다, 비교하다, 완성하다, 지지하다, 설명하다, 일반화하다, 구분하다, 통합하다, 변형하다, 관렷짓다 및 종합하다 등이 있다.

5 인격화 (characterization)

가치 또는 가치복합에 의한 성격화의 이 단계에서 개인은 성격적인 '생활방식'을 발전시켜 자신의 행동을 통제하는 가치관을 지니고 있다. 여기서는 행동이 일관되고 예측할 수 있어지게 된다. 이 수준에서의 학습결과는 넓은 영역의 활동을 포괄하지만 주로 강조하는 것은 행동이 학습자의 전형 혹은 성격의 표현이라는 사실이다. 수업목표는 일반적 적응양식(개인적, 사회적, 정서적)에 관련된다.

① 일반화된 태도(generalized set of attitude)

② 인격화(characterization)

③ 일반적 수업목표의 예로는 ⓘ 안전의식을 나타내기, ⓘⓘ 독자적인 작업에서 자신의 신뢰를 보이기, ⓘⓘⓘ 집단행동에서 협동을 실천하기, ⓘⓥ 문제해결에서 객관적 방법을 사용하기, ⓥ 근면함, 시간엄수, 자기훈련을 실천하기, ⓥⓘ 좋은 건강습관을 유지하기 등이다.

④ 구체적 학습결과의 진술을 위한 행동적 용어는 활동하다, 구분하다, 보이다, 영향을 주다, 결정하다, 변경하다, 수행하다, 실천하다, 제안하다, 양보하다, 질문하다, 수정하다, 풀다, 사용하다, 검증하다 및 봉사하다 등이 있다.

(3) **심체영역**(psychometer domain)

■1 관찰(observation)

감각(auditory, visual, savory, olfactory, tactile)을 통해 사물의 질과 관계를 지각하는 단계로 감각적 자극을 인지하고, 단서를 선택하고 연시되고 있는 내용을 번역하는 행위이다.

■2 모방(imitation)

정신적 태세(mental set), 신체적 태세(physical set), 정서적 태세(emotional set)가 동원되어 관찰한 행위를 시도해 보는 단계로, 흉내 내기와 시행착오의 과정을 경험한다.

■3 연습(practice)

이 단계는 일명 기계화(mechanism)의 단계로도 불리며 모방을 통해 배운 행위가 상당한 수준에 이르도록 익숙해지는 과정이다. 아울러 자신감과 기능을 소지하게 된다. 따라서 반복적 행위의 분산연습을 수행하면 자동차 운전이나 자전거타기 또는 근육을 움직여서 하는 유사한 행위가 습관화될 수 있다.

■4 적응(adaptation)

이 수준이 되면 복잡한 운동행위를 원활히 할 수 있다. 행위를 최소의 시간과 노력으로 유효하게 해낼 수 있는 단계이다. 예를 들면, 피아노 등 악기의 연주나 테니스 시합에서의 선수나 연주자의 행위나 스타일이 되겠다. 이 수준은 불확실성의 해결(resolution of uncertainty)과 자동적 수행(automatic performance)으로 분류된다.

■5 일반적 수업목표의 예

① 매끄럽고 명료하게 글쓰기, ② 그림(또는 지도, 식물표본 등)을 정확하게 본떠서 그리기, ③ 빠르고 정확하게 타자치기, ④ 빠르고 정확하게 실험실 설비를 설치하기, ⑤ 기술적으로 재봉틀을 사용하기, ⑥ 전기톱을 안전하고 기술적으로 다루기, ⑦ 바이올린을 능숙하게 켜기, ⑧ 정확한 수영 동작을 보이기, ⑨ 정확한 무용스텝을

밟기, ⑩ 자동차를 기술적으로 운전하기, ⑪ 전기 모터를 빠르고 효과적으로 수리하기, ⑫ 수행을 위한(창작무용 등) 새로운 방법을 창안하기

6 구체적 학습결과 진술을 위한 행동용어의 예

조립하다, 세우다, 눈금을 긋다, 바꾸다, 닦다, 구성하다, 연결하다, 맞추다, 고치다, 만들다, 설계하다, 분해하다, 깎다, 묶다, 섞다, 따르다, 갈다, 쥐다, 망치로 치다, 가열하다, 구부리다, 구분하다, 이동하다, 만들다, 교묘히 조작하다, 칠하다, 자르다, 배치하다, 꿰매다, 윤곽을 그리다, 운전하다, 뒤섞다, 사용하다, 무게를 달다, 포장하다.

5-1-2. 행동목표

앞에 언급된 여러 가지의 학습 목표 중에 어떤 것들은 행동목표의 형식으로 진술이 되었으나 경우에 따라서는 행동목표의 형식을 따르지 못한 학습목표가 다소 있다. 이 단원에서는 행동목표의 올바른 진술의 필요성을 간파하고 그 작성 방법을 자세히 알아보기로 한다. 행동목표 뿐만 아니라 교육의 결과를 예측하는 교육목적, 교육목표, 학습목적 및 학습목표 등이 모두 다 명제적으로 진술이 되어야 한다. 이들 학습의 결과를 예측하는 목표나 목적 중에서 학습목표는 행동목표의 형식으로 반드시 진술되어야 한다. 우선 모든 목적이나 목표가 명제적으로 진술되어야 하는 바, 명제적(propositional)이란 말의 의미를 살펴보면, 하나의 진술문이 명백히 진(truth)과 위(false)로 분류가 될 수 있는 형식으로 작성이 되어야 이들 문장을 명제적이라고 할 수 있다. 다음의 진술문이 명제적인지 아닌지를 알아보기로 하자.

진술 1) 러시아의 많은 사람은 자신들이 속한 정부의 정치적 유형에 대해서 환멸을 느낀다.

⇒ 해석) 위 진술문은 진과 위를 명백히 답할 수 없는 문장으로 작성되어 있다. 우선 느낀다는 단어가 주관적이고 애매모호하여 듣는 사람에 따라서 다른 해석을 할 우려가 있기 때문에 명제적 진술문이라고 할 수 없다.

진술 2) 미국 국기에는 50개의 별이 그려져 있다.

⇒ 해석) 이 진술은 진과 위가 명백히 가름이 되는 문장으로 명제적이다.

진술 3) A라는 학생은 내일 비가 올 것이라고 생각한다.

⇒ 해석) 생각한다 자체가 제삼자로 하여금 여러 가지의 해석을 하도록 유도하는 동사이고, 또한 내일 비가 올지 안 올지는 100% 올바로 판단이 가지 않는 일이므로 진과 위가 뚜렷하지 못해서 이는 명제적이지 않다.

진술 4) B선생은 그의 학습자들이 부피의 개념을 이해한다고 느낀다.

⇒ 해석) 이해하다, 느낀다는 두 동사가 애매모호한 의미가 있어서 명제적이 될 수 없는 진술문이다.

진술 5) 미국의 수도는 시카고이다.

⇒ 해석) 이 진술은 명백히 틀린 것으로 미국의 수도가 워싱턴 디시이지 시카고가 아님은 분명하다. 따라서 진술의 위를 100% 확인할 수 있는 것이기 때문이다.

교수자가 학습자들을 가르칠 때에는 반드시 교수자가 의도한 결과를 달성하도록 노력해야 한다. 결과의 종류는 매우 다양한 형태이다. 결과를 대변하는 말로 교육목적, 교육목표, 학습목적 및 학습목표 등 다양한 표현이 있으나 이 중에 한 가지를 택일하여야 하는데 교수자가 의도한 결과는 가르친 결과를 의미하므로 학습목표(instructional objective)가 적절하다. 이러한 학습목표(instructional objective)는 명제적 형태로 진술되어야 한다. 이 기준에 도달하려면 학습목표는 학습행위나 학습 산출물을 묘사하는 형식으로 진술이 되어서 학습이 완료되었다는 추론(inference)이 가능해야 한다.

하나의 학습목표는 행위에 바람직한 변화를 묘사하거나 학습이 완료되었다는 것을 지시해 주는 학습 산출물에 대해 묘사여야 하며, 이 때의 진술은 명제적이어야 한다. 다음의 진술문이 학습목표인지 아닌지를 분별하고 분별의 준거를 답하라.

진술 1) 수학 1을 듣는 학습자가 인수분해를 할 수 있다.

⇒ 해석) 학습목표이다. 인수분해를 할 수 있다는 없다의 반대 현상으로 진과 위가 뚜렷하기 때문이다.

진술 2) 5학년 학생들이 미국의 50개의 주의 이름을 정확히 쓸 수 있다.

⇒ 해석) 학습목표이다. 쓸 수 있다는 없다의 정반대 현상으로 명제적인 진술이기 때문이다.

진술 3) 유치원생 대부분이 그들의 운동화 끈을 어떻게 매는지 이해한다고 느낀다.
⇒ 해석) 학습목표가 아니다. 이해한다와 느낀다는 단어는 여러 가지의 해석을 유도할 수 있는 단어이므로 명제적이지 못하다.

진술 4) C 학습이 학생들은 복도나 운동장에 버려진 쓰레기에 대해서 지대한 관심을 둔다.
⇒ 해석) 학습목표가 아니다. 지대한 관심을 두는 것만으로는 학습결과를 추론하기 어렵고 어느 정도의 관심이 지대한 관심인지 관찰이나 측정할 수 있지 않다.

진술 5) D 학생은 25야드 라인에서 75% 정확히 필드 볼을 찰 수 있다.
⇒ 해석) 학습목표이다. 필드 볼을 찰 수 있다는 진술은 관찰할 수 있고 따라서 측정할 수 있어 명제적인 진술이다.

5-1-3. 요구 사정

이상적 상태(Ideal status : IS)
현재 상태(Status qua : SQ)
IS - SQ = need(N)
n1, n2, ……, Nn

[요구추출 방법]

① 델파이방법(설문을 전문가에게 돌려서 필요한 need에 대한 여론을 형성하는 것이다.)

② 매트릭스 방법

Need	1차	2차	3차
N1	1/2	1/4	1/10

N2			
……			
Nn			

③ Q분류 방법은 스케일을 사용하는데 이 스케일 선상에는 11개의 단락이 지워져 있습니다.

첫 번째 단락은 1이고 마지막 단락은 11로서 스케일이 11개로 나눠진다.

1은 절대로 아니다. 11은 정말 그렇다. 6은 중립이다.

1과 6 사이에는 4개의 단락이 있는데, 2와 5는 아닌 것과 중립인 것 사이에 정도를 나타내고, 7과 10은 중립인 것과 '그렇다'의 정도를 나타낸다.

이 스케일은 고도의 전문성을 요하는 것으로 다이어그램으로 나타내면 다음과 같다.

1	2	3	4	5	6	7	8	9	10	11
절대아니다	2	3	4	5	중립	7	8	9	10	정말그렇다

각 Need 에다 이 스케일을 한 개씩 적용하여 여러 사람들에게 돌린 다음, 그 점수를 합산하여 평균을 내서 높은 점수를 가진 Need를 원하는 수 만큼 추출한다.

5-1-4. 목표와 내용설정

교수자로서 학습자가 수업을 마친 후에 무엇을 할 수 있는가를 관찰 가능하고 측정 가능하게 목표를 진술하여야 한다. 그런 다음에 목표에 대하여 배울 내용을 선정해야 하는 것이 원칙이다. 이론적으로는 목표가 먼저 전술이 되고 정해진 목표를 달성하기 위해서 학습자가 배워야 할 내용이 그 다음에 선정되어야 한다. 그러나 실제 상황에서는 목표 없이 내용이 선정되고 상세히 나열되는 일이 흔하다. 이런 상황에서 교수자는 흔히 교수목표를 진술하지 못한 채 교육과정에 포함되어야 할 내용을 진술하는 예가 허다하다 이것은 교수자 자신이 그 특정 내용을 가르쳐야 하는 이유가 되는 목표를 제대로 알지 못하는 경우라고 할 수 있다.

원칙적으로 우리는 내용에 앞서 목표를 진술하는 것을 권장한다. 그러나 내용이 먼저 설정되었더라도 그 내용을 가르치는 이유가 되는 목표를 반드시 설정해야 한다.

5-1-5. 프로그램 학습자료 분석

(1) **관찰단계**(observation phase)

거의 모든 분야에 걸쳐서 작업자들은 육체적 행위를 수행해야 한다. 이러한 육체적 행위를 프로그램으로 개발할 때에 꼭 필요한 것은 프로그래머의 관찰이라 하겠다.

관찰을 할 때에는 프로그램이 목표로 하는 대상이 성취해야 할 수준의 작업을 하는 사람을 고립된 상태에서 집중 관찰을 해야 한다. 숙달도가 너무 지나치게 높은 사람이 수행하는 것을 관찰하여 완성된 자료는 대상이 이 프로그램으로 학습할 때 난해성을 경험하게 된다.

또한, 관찰자는 관찰 노트를 만들어 피관찰자의 행위 하나를 모두 기록해 두어야 한다. 그렇지 않으면 프로그램을 제작하다가 문제에 부딪힐 가능성이 생긴다. 또 각 행위에 대한 기록 노트에는 대상이 이해하기 어려운 단계의 행위에 대해서는 그 행위를 수행하는 이유를 반드시 점검하여 수록한다. 이 기록 노트가 상세하면 할수록 프로그램은 성공적으로 개발된 가능성이 커진다.

(2) **문서 단계**(curriculum phase)

이 단계에서 프로그래머는 해당 분야의 문서화된 자료를 수집하여 자세히 검토한다. 이 문서단계에서 프로그래머가 설정할 일은 무엇이 가르쳐 지고 있으며, 어느 수준으로 가르쳐 지고 있으며, 가르친 결과는 어떻게 측정되고 있는가에 관한 것이다.

무엇이 가르쳐 지고 있는가에 대한 지식과 느낌은 프로그램이 커버해야 하는 범위와 내용을 제시해 주며, 프로그램을 형성하는 순서 및 주제를 다루는 프로그램의 길이를 추정할 수 있게 해 준다.

문서단계의 첫 번째로 해당연수나 훈련 및 교육에 쓰이는 교수계획서(syllabus)와 교수요목(course outline)을 조사·검토하여 프로그램의 범위와 길이를 결정한다.

다음으로, 조사할 자료는 교수자의 지침서 및 학습계획서 그리고 학습자의 안내 지침서 및 작업지도서 등이다. 이런 자료들은 프로그램 개발에 풍요한 정보의 제공을 해 준다.

다음으로, 조사 가능한 자료는 평가지로서 이 평가지를 통해 학습자가 달성해야 할 성취 수준을 판단할 수 있다. 이외에 교과서나 작업지도서(manual) 등을 검토하는 것도 프로그램 개발에 크게 도움이 된다.

(3) 주제 전문가와의 면담(SME : Subject Matter Expert-Interview Phase)

SME와의 면담은 관찰과 문서 분석 단계 직후에 이루어져야 하는데, 이 면담은 관찰할 수 있지 않을 때나 현재 연수과정이 개설되지 않아 문서가 없을 때에 행하여지면 효과적이다. SME를 선정할 때에는 대상 학습자가 수행해야 할 업무의 모든 측면을 잘 알고 있는 사람을 택해야 한다. 이런 사람은 그 자신이 해당 업무를 수행하고 있거나 그 업무를 감독하는 입장에 있는 사람들이다.

SME와의 면담은 무엇이 가르쳐 지고 있는가와 어느 정도의 수준으로 가르쳐져야 하는 것을 결정해 준다. 면담은 2회에 걸쳐 행해져야 하는데, 첫 번째 면담에서는 요인 수집(fact gathering)작업을 하고, 두 번째 면담에서는 얻어진 요인을 어느 수준으로 가르쳐야 하는가를 결정한다.

첫 번째 면담에서 SME로부터 얻게 되는 모든 요인을 리스트로 만들지만, 이 단계에서 어느 요인이 중요하고 중요하지 않은 지를 선별할 필요는 없다. SME는 보통 절차상에 있는 정의나 목적에 관심을 두지 않는 경향이 있고, SME 자신이 작업을 하는 목적과 작업 중에 수행되는 판별의 기준을 무시한다.

두 번째 면담에서는 지식의 분류가 이루어져야 한다. 하나의 요인에 대해서 학습대상자는 여러 가지의 다양한 해석을 할 수 있으며, 행위 자체도 다양해 질 수 있다. 대상이 한 가지 요인에 대해 습득해야 할 수준은 SME에 의해 결정되는 것이 효율적이다. 각 요인에 대해 대상이 알아야 할 수준은 대략 5가지로 분류되는데 이 수준들은 서로 위계서열을 갖는다. 이 5가지 수준을 살펴보면 노출수준(exposure level), 인정수준(recognition level), 연상수준(recall level), 기억수준(memory level) 및 개념수준(concept level)이다.

노출수준에 속하는 요인은 학습자가 알게 되면 좋지만 그다지 작업에는 도움이 되지 않는 것들이다. 노출수준에 속한 자료들은 예를 들어, video program의 insert cut 정도로서 프로그램의 중간에 삽입시켜 프로그램의 흐름을 유연하게 하는 역할을 한다.

인정수준에 속하는 요인은 광의의 판별(discrimination)을 요청하는 것들이다. 다시 말해서 서로 비슷하기는 하지만 나름대로 특징을 갖는 요소들로 구성된 fact이다.

연상수준의 요인을 배울 때는 학습자는 각 요인과 관련된 용어를 정의 내리고 규칙이나 이론을 진술하는데, 정확한 어휘력으로 할 필요는 없으며 자신이 생각나는 대로 진술하는 수준이다.

기억수준의 학습은 학습자가 그가 배운 그대로 공식이나 이론을 정확하게 진술하고 용어에 대한 정의를 내리는 수준이다.

개념수준은 가장 복잡하고 어려운 수준으로 학습자는 일반화를 할 수 있고 면밀한 판별을 할 수 있는 능력을 갖추어야 학습할 수 있는 단계이다. 학습자는 이 단계에서 문제를 풀어보거나 규칙이나 이론에 대한 예를 적용할 수 있을 정도가 된다. 개념수준은 이와 같이 지식의 적용 단계에 속한다고 할 수 있다.

이상에서 언급한 관찰, 문서분석 및 면담에 의해 구해진 자료를 신호흐름도(flowchart)나 schematics의 방식을 이용해 다이어그램을 만들어야 한다.

일반적으로 신호흐름도는 육체적인 활동이나 활동의 단계에 관련된 절차 및 과정을 가장 효과적으로 나타내는데 쓰이고, 반면에 schematic은 정신적인 활동을 묘사하는데 쓰인다. schematics에는 일반화, 판별 및 연쇄(chaining)의 3가지가 있어 인지적 학습 영역을 프로그램화시키는데 효과적이다.

flowchart나 schematics가 완성되면 각 흐름도의 구성요소를 프레임으로 작성하는데 프레임 작성기법으로는 판별 프레임, 구조적 반응 프레임, 분지기 프레임, Baboon 프레임 등의 작성 기법을 동원하여 프로그램을 완성할 수 있다.

이제까지 설명한 프로그램 자료 개발 모형은 종이 위에 펜만으로도 프로그램을 만들 수 있고, 아울러 각종 시청각 매체로 이를 전이시킬 수 있으며, 특히 컴퓨터에 입력시켜 컴퓨터 보조자료로써 활용할 수 있다.

5-2. 진입점 행위

교수자가 교과를 가르치기에 앞서서 학습자의 반 이상이 교수자의 해당 교과목에 대한 목표에 도달하였다고 가정하자. 이 결과는 교수자에게는 매우 놀라운 것으로 학습자가 이미 교과내용에 대해 상당히 알고 있거나 시험을 치르는 요령을 알고 있다고 해석이 된다. 또 다른 해석은 평가지에 실린 문제들이 잘못된 방향으로 만들어진 선다형으로 답을 유추해 내기 쉬운 전제와 정답이 명백한 답지로 구성돼 있을 수도 있다. 이와 같이 교과목을 가르치기에 앞서 평가를 하는 이유는 각 학습자의 예비지식 수준을 알지 못하면 교수자는 중간 수준에 머무르는 학습자를 대상으로만 교과목을 가르칠 계획을 세워야 하고, 따라서 교수자는 자신의 교수결과를 예측하기가 매우 어렵고 또한 올바른 교수전략을 쓸 수 없다.

교육심리에서는 오랜 세월을 개인차에 초점을 맞추고 연구를 꾸준하게 수행해 왔다. 학습자들 간의 개인차는 학습 성취도를 전반적으로 끌어올리는데 매우 중요한 일이다. 이러한 개인차를 알아보는 방법은 여러 가지가 있다.

첫째, 학습자의 과거의 학습을 누적해 놓은 기록을 참조하는 일이다. 이 기록은 아마도 학습자가 치른 다양한 표준화 검사의 결과들을 나타낼 것이다. 지능검사는 학습자가 추론하고 언어로 묘사하거나 수학적 자료를 활용할 수 있는 능력에 대해서 일반적인 정보를 제공한다. 이러한 정보는 성격검사 결과와 혼합되면 학습자의 잠재성을 지적해 준다. 학습자의 성적은 그들의 과거 학교생활의 결과를 집합적으로 보여준다. 학습자의 잠재성을 보여주거나 과거의 학업수행 능력을 보여주는 기록자료는 유용한 것이다.

둘째, 앞으로 가르치려고 하는 교과에 대해서 사전검사를 제작하여 이를 수업이 시작하기 전에 학습자가 답하도록 하는 것도 좋은 방법이다. 이 검사계획은 해당 교과에서 쓰일 기초 용어를 정의 내리는 능력을 검사하는 일에 초점을 맞추어야 한다. 아울러 주어진 주제에 포함된 기본 개념을 설명할 수 있는 능력을 평가해야 한다. 정식 수업이 시작하기에 앞서서 다음과 같은 질문에 답이 구해져야 한다. 그 질문은 "이 과목을 구성하고 있는 용어, 개념, 그리고 기술에 대해 어느 정도로 학습자가 터득하고 있는가?"이다. 수업할 학과목의 내용을 단원으로 나누어 각 단원에 대한 사전검사를 제작, 실시하는 것이 바람직하다. 이러한 절차는 사전 관련 학습에 대한 점검이 되며 동시에 미래 학습을 계획하는데 교사와 학생 모두에게 지침이 된다.

그러면 왜 학습자의 진입점 행위를 목적진술이나 내용선정보다 먼저 다루지 않는가에 대한 의문이 제기된다. 이에 대한 응답으로는 비교적 긴 나누기를 가르쳐야 하는 경우에 빼기, 곱하기 및 비교적 짧은 나누기를 필수적으로 알아야 가르칠 수 있으며 반대의 경우는 이와 같은 예비지식이 소수점의 더하기와 빼기를 가르칠 때에는 필요하지 않다는 점이다. 따라서 목표와 아울러 내용이 진입점 행위에 선행되어야 한다.

진입점 행위를 이 시점에 정치하는 더욱더 중요한 이유로는 학습자의 능력이나 적성을 이해할 필요성이 대두하기 때문이다. 궁극적으로 학습은 학습자에게 선생이나 매체에 의해서 정보가 주어질 때에 시작된다. 이 때에 학습자의 능력에 대한 적절한 평가가 없이 학습이 진전된다고 기대하는 것은 정상 학습자 집단을 목표로 했을 때는 가능하지만 개별 학습자의 능력을 목표로 할 때에는 무리가 된다. 특히 학습자가 학습결손을 겪고 있는 경우에는 더욱 그러하다.

5-3. 수업전략

교수전략이란 용어는 전통적으로 사용되어온 교수방법을 대신해서 쓰일 때가 흔하다. 전략이란 교수자가 정보를 활용하고, 자원을 모색하며, 학습자의 역할을 정의내리는 데에 쓰이는 접근법이라고 할 수 있다. 전략은 교수목표를 달성하는 데에 필요한 실행을 명시한 것으로 가르치는 입장에서는 정보를 제공하는 체계적인 계획으로 판단된다. 이 체계적인 계획에는 설명적 전략과 탐구적 전략의 두 가지가 포함된다.

설명적 전략은 더욱 전통적인 접근의 형식으로 교수자가 학습자에게 정보를 전달하는 방식이다. 정보의 출처는 교과서, 또는 참고서나 시청각 자료 및 교수자의 개인적인 경험으로 구성된다. 교수자는 이런 전략을 쓸 때에는 교실 앞쪽에 서서 정보를 학습자들에게 제공하고 학습자들은 교수자가 전달한 내용을 이해하려고 노력하는 형식의 학습이 이루어진다. 이 때에 흔히 강의식 교수법이 이용되지만 때에 따라서는 토론, 영화상영 및 학습자의 발표 등이 활용될 때도 있다. 토론은 교수자가 토론형식으로 미리 정해진 목표를 향해 학습자를 유도하려고 할 때에 설명적 전략에 포함된다.

이 때에 학습자는 인간, 사물, 날짜, 공식 등을 구별하고 교수자에 의해 제공된 애초의 지식을 어느 정도 따라할 수 있는가에 대해서 조사를 받고 평가를 받게 된다.

탐구적 교수전략에서는 교수자는 학습경험을 조장하는 역할을 담당하며 동시에 학습주제나 사건에 대해서 질문을 던질 수 있는 정도의 조건이 형성되도록 학습 환경을 조정한다. 예를 들어, 초등학교 5학년 자연을 가르치는 교수자로서 투시화를 이용하여 자석에 코일을 감아 전자장을 보여주고 아무런 설명도 하지 않고 학습자들에게 질문을 만들라고 제의했을 때가 탐구적 학습이 된다. 이 상황에서 교수자는 예 또는 아니오 이외에는 어떤 설명도 하지 않는다. 학습자가 만든 질문에 대한 답이나 해결책을 제시하는 자료나 자원은 어떤 특정 형식을 갖추고 있지 않다. 이런 자료나 자원들은 교과서도 될 수 있으나, 기록물, 통계자료, 기록영화나 슬라이드, 오디오 테이핑, 또는 주제에 해당하는 출판물에서 발췌한 자료 등이 된다. 학습자들은 이런 자료들을 이용하여 정보를 조직화하려고 노력한다. 이 때에 학습자들은 후에 검증할 가설을 만들기 위해서 적극적으로 학습활동을 하게 된다. 결국, 학습자들은 일반적 명제를 생성하게 될 것이다.

이상에서 언급된 두 가지 교수전략을 사용함에 교수자는 어느 한 전략에 우선순위를 둘 수 없고 두 가지를 상황에 따라서 적용하는 것이 바람직하다. 이 두 가지 전략은 우열이 없으며 각기 나름대로 장점과 단점을 갖는다. 간단히 설명하면 자료가 잘 조직화된 경우에 정보를 전달할 필요가 있을 때는 설명적 전략을 사용한다. 예를 들어, 용어나 공식, 새 단어 및 원리를 배울 때는 이 전략이 유리하다. 그러나 방향을 제시하거나 더욱 진전된 연구를 유도할 경우에는 소규모의 집단으로 학습자를 분반하여 기록영화 등을 보여주고 가설을 만들고 이를 검증토록 하는 탐구적 전략이 바람직하다. 이와 같이 학습이 생성되는 상황에 이 두 가지 전략은 모두 유효하게 적용이 된다.

교수기법(instructional technique)은 위의 두 가지 전략에 공통으로 쓰이며 어느 전략이 되든지 교수목표를 달성하는 데에는 전략에 관계없이 쓰인다. 교수기법의 예로는 강의, 토론, 다양한 시청각 자료 및 학습자가 제작한 자료 등의 활용이 된다. 이들 기법은 서로 우열이 없이 교수목적에만 부합하면 사용되는 것이 바람직하다. 예를 들어, 한 시인의 시의 특징을 조사하는 수업에서는 오디오 자료로 그 시인의 시를 들려주는 것이 어느 학습자가 그 시를 낭송하는 것보다 더 효과적일 수가 있다.

또한, 도시의 팽창 원인을 규명하는 수업 시간에는 인구 팽창에 대한 통계자료를 보여주고 도시의 지도와 특정기간 동안 증가한 교통량을 보여주는 자료를 제시하는 것이 보다 효과적이다. 일단 교수전략이 결정되면, 그 다음으로 학습자가 정해진 목표달성을 효과적으로 할 수 있는 기법을 설정해야 한다. 그 기법이 강의형식이든 토론이든 또는 어떤 형태의 시청각 자료이든 학습자가 제시한 보고서이든 작품이든 관계가 되지 않는다.

5-4. 학습집단 구성

학습집단의 크기를 정하는 과정에서 어느 크기가 가장 우월하다는 법칙은 알려지지 않았다. 집단의 크기는 학습 목표에 의해서 정해지는 것이 타당하다. 일단 목표가 진술되고, 내용이 선정된 후에 학습자가 도달해야 할 행위의 수준이 결정된다. 그 다음에 진입점 행위가 측정된다. 그 다음 단계로서 다음의 세 가지 질문이 답변되어야 한다.

1) 어느 학습목표가 학습자 스스로에 의해 달성될 수 있는가?

2) 어느 학습목표가 학습자들이 소집단을 이루어 상호작용을 하면서 달성될 수 있는가?

3) 어느 학습목표가 교수자의 강의와 교수자와 학습자 간의 활발한 상호작용으로 달성될 수 있는가?

위의 세 가지 질문에 대한 답변은 후속되는 교수방법, 교수전략, 필요한 공간과 시간 그리고 매체의 선정에 대해 판단을 하는 기초자료가 된다. 학습목표가 학습집단을 구성하는 기본이 될 때에 30명 이상으로 구성된 학급을 여러 가지 유형의 집단으로 나누게 된다.

학습을 위해서 집단을 구성하는 요즈음의 추세는 개인의 적성과 흥미도, 관심의 정도를 가늠하여 프로그램을 만드는데 이 과정에 선행되는 일은 학습자가 달성해야 할 목표로부터 시작된다. 개인 학습자가 목표를 향해서 과업을 수행할 때에 이들 학습자에게는 프로그램의 각 단원을 이른 시간에 완전 정복할 수 있도록 도와 주는 적절한 자료들이 마련되고 각종 시청각 자료들이 적기에 제시되어야 한다. 때때로 학습자는 소집단으로 학습할 자료가 있어야 하는가 하면, 개인적으로 학습할 수 있는 개별화 자료가 있어야 한다. 여기에서 주안점이 되는 것은 각 학습 주제에 대해서 신중하게 계열화된 내용을 학습자들이 어느 정도의 속도로 지탱해갈 수 있는가 하는 점이다. 학습속도의 개인차에 대한 대비는 개인 학습자가 진행할 수 있는 최선의 속도에 맞추어 주는 것 이상이 된다. 즉, 각 단원의 내용이 얼만큼의 시간 동안 학습자에게 제시되어야 하는 가도 중요한 관건이 된다. 이런 완전 정복의 학습을 달성하기 위해서는 각 학습단계의 프로그램에 개인 학습자를 정치(placement)시킬 수 있는 개인 처방이 있어야 한다.

5-4-1. 팀 티칭

팀 티칭(team teaching)의 개념은 교수자들이 자신들의 재량을 최대한으로 잘 발휘할 기회를 마련해 주자는 시도에서 시작되었다. 오늘날 팀 티칭은 널리 사용되고 있으나 때로는 잘못 활용되고 있다. 팀 티칭을 하는 상황을 마련해 놓고 한 교수자만이 가르치고 나머지 교수자들은 아무것도 하지 않는 경우가 잘못 사용되는 상황이다. 이러한 팀 티칭은 초등학교 수준에서는 교수 설계에 반드시 포함되는 것이지만 중학교에만 가도 잘 수행이 되지 않고 있다. 팀 티칭이 무엇인지에 대해서 Shaplin과 Olds는 다음과 같이 말한다.

팀 티칭은 교수조직의 한 유형으로서 교수자 직원제가 채택되어 학습자가 이들에게 보내져, 두 명 이상의 교수자가 수업에 책임을 지고 같이 일하며 학습자들을 동시에 가르치는 일에 핵심 역할을 한다.

팀 티칭은 몇 가지의 장점을 가지고 있다. 팀에 소속된 각 교수자들은 자신만이 가지는 전공 분야가 있다. 초등학교는 전문성은 보통 주제에 해당한다. 주제는 국어, 과학, 수학, 및 사회과목 등이다. 전문성은 내용의 분야에 의해 설정된다. 또한, 한 분야 내에서는 전문성이 세분화된다. 영어에서의 전문성은 문학, 언어, 집필 및 비평 등으로 분류된다. 학습자를 위해서 팀 티칭이 좋은 점은 특정 분야에서 몇몇 교수자가 각 분야에 전문성을 갖추고 있어서 그 각각의 분야에 직관을 하도록 학습자를 유도한다. 그러나 이들 각각의 전문성을 적절히 혼합하고 조정시킬 수 있는 일반성에 뛰어난 교수자가 필요하다.

팀 티칭은 경험자와 초보자를 모두 필요로 한다. 초보자는 경험자로부터 배우고 교수보조자는 팀의 구성원으로 일상적인 보고서 관리, 복사작업 등 잡다한 교수업무를 도와 준다. 이들은 수업에서 시간이 걸리는 비전문적인 일들을 도맡아 한다. 이들 비전문가가 업무 협조로 교수자는 수업에 관한 일들을 토의할 시간을 많이 가질 수 있고, 동료 교수자의 수업을 관찰할 기회를 갖는다. 이런 관찰이 있은 후에 토의를 함으로 해서 교수자들 간에 의견일치의 분위기가 조성된다.

팀 티칭 제도하에 팀으로 수업계획을 하고 팀으로 정보제시를 함으로써 수업이 일관성 있게 되고 동시에 불필요한 자료의 반복제시를 피할 수 있다. 형식적이고 반복적인 정보제시를 벗어남으로 인해서 교수자들은 수업계획과 자료제작을 위한 준비 및 개발에 시간을 보낼 여유를 갖는다. 또한, 각 교수자는 자신의 분야에 활달하게 관여하기 때문에 새로운 견해를 갖게 된다.

5-5. 학습시간의 배정

다양한 집단에 적용되는 교수전략과 기법의 결정은 시간의 활용에 관한 판단에 좌우된다. 학습에 걸리는 시간은 주제, 설정된 목표, 및 공간의 가용성과 행정적 패턴, 그리고 학습자의 흥미도와 능력에 따라서 달라진다. 흔히 시간을 배정하는 데에 쓰이는 가장 적절한 요인(determinant)은 앞에서 언급된 세 가지 질문(집단을 조직하는 토의에 대한 단원에 제시됨)에 대한 교수자의 분석에 좌우된다. 어떤 특정 분야를 가르칠 때에는 많은 시간을 대집단의 학습자들에게 형식적인 정보전달을 하며 시간을 소비하게 된다. 또 다른 분야를 가르칠 때에는 실험실 등에서 개별적으로 학습자가 시간을 보내는 경우가 많다. 따라서 교수계획은 다양한 학습활동 각각에 걸리는 시간을 산출해야 한다. 이 때에 다른 어떤 공식을 사용하는 것보다도 설정된 목표와 공간의 가용성을 분석하는 일이 현명하다. 때때로 시간 배정을 제대로 할 수 없는 경우가 발생하는데 이 때에는 주어진 시간적 제약을 극복하여 목표를 달성하려면 어떻게 해야 할지를 생각해야 한다. 집단 구성의 측면과 아울러 공간의 사용, 교수전략 및 매체를 어떻게 활용하여야 주어진 제한된 시간 내에 목표를 달성할 수 있을지를 분석한다. 예를 들어, 대부분의 학교 상황에서는 수업시간을 40분이나 50분으로 표준화하고 있어서 다양한 학습의 단원을 이수하는 기회를 위축시키고 있다. 정해진 시간에 울리는 종소리는 학습자의 중요한 학습 분위기를 혼미하게 만들어서 시간을 효율적으로 사용하고자 계획하는 일을 망가트리고 교수자가 시간을 계획하려는 의도를 흩트려 놓는 일이 흔하다. 그럼에도, 주어진 학습시간 내에 대집단 강의, 소집단 토의 및 개별화 학습에 적당하도록 시간을 배정하는 노력이 계속되고 있다. 수업의 종료를 알리는 종소리는 시간 배정의 융통성을 좁힐 수 있지만, 창조적인 교수자는 이러한 한계점을 극복하고 학습자 집단의 크기에 맞는 다양한 시간 분배를 시도한다.

5-6. 학습공간의 배정

오늘날의 많은 수업은 30명 이상의 학습자들로 구성된 교실에 학습자들의 네모난 책상과 교탁 칠판 및 게시판으로 들어찬 상태에서 이루어지고 있다. 이러한 전통적 교실은 학생들의 책상이 일렬로 나란히 줄을 지어 장치되어 있고 교탁은 교실의 앞쪽 한가운데 있다. 따라서 교수자는 교실 구성원의 초점이 되는 장소에 서서 강의를 함으로써 이와 같은 전통적 수업에서는 설명적 교수전략 접근법이 우세하게 작용을 하여 왔다. 물론, 이런 환경에서도 투사된 시청각 자료가 이용이 되고, 때에 따라서는 토의도 하지만 이런 공간의 배치는 여러 가지의 선택의 여지를 주지 못하는 하나의 가능성에 불과하다.

5-6-1. 대집단 수업

다양한 크기의 집단에 대한 중요성이 강조되면서 적게는 60명 정도이고 많게는 300명 가량의 학습자가 함께 강의를 듣는 공간이 유행하고 있는데 이런 공간을 활용하는 경우는 가르치는 주제와 학년에 따라서 적절성이 판단된다. 이런 대집단 강의를 위한 공간 마련을 위해 경우에 따라서는 아코디언 식의 벽이나 이동식 칸막이를 이용하여 정규 교실을 몇 개 합쳤다가 분리하는 방식을 사용하기도 한다. 새로이 신축되는 학교는 이런 학습공간을 위하여 설비를 갖추고 오래된 건물을 가진 학교에서는 강당, 식당 또는 다른 넓은 공간을 대집단 학습을 위해 사용하고 있다.

5-6-2. 소집단 수업

이동식 칸막이는 대집단 수업을 위한 커다란 공간을 만드는 데에 쓰일 뿐만 아니라 보통 교실을 소집단으로 수업할 수 있는 공간으로 순식간에 나누기가 쉽다 소집단 학습 공간을 만들기 위해서는 칸막이가 필요하지 않을 때가 있다. 교실의 코너를 이용하여 토의를 하는 등 여러 가지의 학습활동을 할 수 있기 때문이다. 이 때에 시청각 자료가 동원이 되면 집단 사이에 방해가 되는 소리나 잡음 등을 제거하기 위해서 헤드폰 등을 이용하면 된다.

표준화된 전통적 교실에서도 개별학습이 수행될 수 있다. 교실의 책상과 걸상의 배치에 상관없이 학습자는 자신의 자리에서 혼자서 하고 싶은 방식으로 수업을 진행할 수 있다. 단지 시청각 자료를 학습자들이 사용하기 위해서는 wet carrels이 필요하다. 전원이 들어오고 약간의 칸막이가 책상에 설치되고 헤드폰을 사용하며 충분히 학습자의 특질에 맞는 자료로 학습을 할 수 있다. 이런 wet carrels 들은 교실의 가장자리에 일렬로 위치해서 필요시에 개별화 학습을 하도록 해 준다.

5-6-3. 공간배정의 결정

대집단 학습, 소집단 학습, 그리고 개별화 학습 등의 가능성을 갖춘 후에 교수자는 학습자들이 필요로 하는 학습의 유형을 결정하는데 최종 분석의 과정으로 아래의 세 가지 질문을 검토하여야 한다.

1) 어느 학습목표를 학습자 스스로 달성할 수 있는가? (학습자는 그들 자신의 목표를 추구하기 위해서 개별화학습의 기회가 주어져야 한다.)

2) 어느 학습 목표가 소집단의 학습자가 상호작용을 하면서 달성될 수 있는가? (학습자들은 소집단 학습을 위해서 작은 세미나실이나 교실에 소집단 학습을 위해 마련된 자리로 인도되어 서로 상호작용을 통한 학습을 하도록 전치된다.)

3) 어느 학습 목표가 대집단의 학생을 대상으로 전달되는 강의에 의한 정보와 강의자와 학습자들 사이의 상호작용으로 달성될 수 있는가? (학습자들은 대집단으로 모이거나 타 수업의 학습자들과 함께 강의를 듣거나 관찰을 한다.)

일단 바람직한 학습 목표에 의거 학습자들을 집단으로 묶을 때에 교수학습의 효율성과 효과성을 제고된다. 더는 학습자들을 같은 교실에 아침부터 저녁까지 모아놓고 같은 교수자가 수업을 진행하는 방식은 바람직하지 못하다.

5-7. 적절한 교수매체의 선정

매체를 선정해야 하는 입장에 처한 교수자는 매체를 선정하는데 동원되는 여러 가지 요인들 중에서 가장 중요한 위치에 있다. 교수설계에서 중요한 역할을 하는 어느 요인도 매체선정을 하는 당사자의 입장보다 우선적이 되지 못한다. 또한, 자료의 가용성 여부도 반드시 그 매체가 사용되어야 한다는 이유가 되지 못한다. 내용의 선정에 기초를 두어 사전에 설정된 목표가 교수자료를 선정하는 선행여건이 된다. 그리고 교수자가 진단한 학습자들의 진입점 행위도 염두에 두어야 하고 목표에 알맞은 교수전략과 기법도 고려되어야 한다. 또한, 집단의 크기에 대한 판단도 완성되고 정해진 교수전략을 실천에 옮길 시간에 대한 판단도 이루어져야만 한다. 마지막으로 자신이 설계하고 있는 수업에 사용될 모든 매체를 다 모은 후에는 매체를 제시함으로써 얻게 되는 학습자의 반응을 고려하는 것이 매체 자체가 자극으로서 갖는 장점을 고려하는 것보다 더 중요한 일이다. 일단 목표가 확정되면 그 목표를 달성할 매체를 찾는 작업을 시작하는 것도 바람직하다.

학습자원의 조정자의 역학을 수행하는 교수자는 선택이 될 수 있는 매체의 범주를 넓게 확보하여야 한다. 여기에서 매체를 학습자원이라고 부르고 교수자원이나 교육자원이라고 부르지 않는 점을 고려해야 한다. 이들 학습자원은 그들을 쓸 상황을 제공하기 전까지는 학습자원이나 교수자료가 될 수 없다. 주로 많이 쓰이는 학습자원의 유형은 다음과 같다.

1) 정사진(still picture)
2) 청각자료(audio)
3) 영화(motion picture)
4) 텔레비전(television)
5) 실물, 모델 및 시뮬레이션(real things and people, models, and simulations)
6) 프로그램학습 및 컴퓨터 보조자료(programmed & computer assisted

instruction)

5-7-1. 정사진(still picture)

카테고리에 포함되는 자료는 사진, 스케치, 만화, murals, 단매자료, 차트, 그래프, 및 지도 등으로서 몇십 년 이상을 창조적인 교수자들에 의해서 사용되어 왔다. 이런 자료들을 쓰는 데에는 재생기기가 필요하지 않다. 그러나 많은 경우에 슬라이드 환등기, 투시 환등기, 실물 환등기, 및 줄사진 환등기를 이용해서 제시되는 자료를 선호해 왔다. 이러한 환등기들의 가격은 저렴하여 교실마다 배치해서 상용되곤 한다.

교수자들은 자신의 교수 계획의 실현을 위해서 칠판, 융판, 지도, 지구본, 및 차트 등을 수업의 통합된 체제의 부분으로 사용한다. 이러한 여러 가지의 정사진 자료들이 항상 쓰이든지, 특정 목적을 위해서 선별적으로 쓰이든지, 아니면 이들 자료가 시중에 판매되고 있어서 구입을 하여 쓰든지, 교수자가 직접 만들어서 쓰든지 간에 어느 경우에도 이들 자료는 학습 자료들 중에서 가장 저렴하게 마련될 수 있는 것이다.

5-7-2. 청각자료(audio materials)

영화나 텔레비전 등도 청각적 자료의 특성을 갖추고 있으나. 청각자료의 특성만을 갖추고 있는 자료군이 따로 존재한다. 청각자료의 범주에는 교수자나 정보의 근원이 되는 다른 사람들의 목소리도 포함된다. 또한, 청각자료로서 라디오, 음반, 오디오 테이프 등도 포함된다. 가장 많이 사용되는 청각 매체는 교수자의 목소리이다. 그럼에도, 많은 교수자의 창의력 있는 발언이 간과되기 일쑤다. 거의 모든 음반자료는 음악, 드라마, 역사적 사건, 유명인의 음성을 담고 있다. 반면에 오디오 테이프는 지역의 연예인의 음성을 담고 있는 것이 보통이다. 예를 들어, 교수자나, 학생, 학부모, 외국어, 한번 녹음이 되었었던 음악 들이 실려 있다 오디오 테이프는 음반과는 달리 학습자에 의해서도 손쉽게 제작할 수 있는 매체로서 학습자의 언어 구사력 등의 행위개선(behavior modification)에 유익한 자료이다. 카세트 오디오 테이프는 가격이 저렴하고 운반이 손쉬워 제작의 용이성과 더불어 좋은 학습 매체로 사용된다.

5-7-3. 영화와 텔레비전(motion picture & television)

이 두 가지 매체의 주요한 특성은 동화상을 재현한다는 점이다. 영화는 유성도 있으나 무성도 있어서 용도가 다양하다. 영화는 필름의 폭이 다양하게 많으나 교육용으로 쓰이는 영화는 주로 8mm, 슈퍼 8mm, 16mm이다. 날이 갈수록 텔레비전이 교육에 이바지하는 정도가 높아지고 있다. 텔레비전 재생기기가 카세트화되어 VCP(Video Cassette Player)의 사용은 범용화되고 있다. 가정에서도 보통 이러한 VCP를 보유하고 있는 것은 보통 있는 일이다. 비디오테이프 레코더는 영화 카메라에 의해 수행되었던 기능을 떠맡아가고 있다. 비디오 테이프 레코더는 가격이 비교적 저렴하여 개별 학교 단위로 구입이 손쉬워지고 있어서 즉각적인 재생 능력과 운반의 용이성을 가진 비디오의 교육적 효과는 영화에 비해 높은 것으로 판단된다. 따라서 교육매체로서 비디오는 학교에서 각광을 받는 매체로 유행하고 있다.

5-7-4. 실물, 모델 및 시뮬레이션(real things, people, models and simulation)

교수개발가(ID : instructional developer)를 비롯하여 미술, 음악교사 그리고 기타 전문가의 힘을 모아 서로 재능과 아울러 흥미 및 능력을 발휘하여 특정 수업을 위한 실물이나 사람, 모델 및 시뮬레이션을 제공하는 것이 바람직하다 이러한 매체들은 타 매체에 비해서 비교적 단순한 것으로 자칫 소홀하게 여겨지기 일쑤이다. 추상적인 구두설명으로 개념을 논하는 것보다 이런 매체를 연시(demonstration)하여 학습 효과와 효율성을 크게 제고시킬 수 있다. 값비싼 장비와 번거로운 설치가 필요하지 않은 이들 매체는 오히려 널리 쓰여 높게 평가받을 수 있다.

5-7-5. 프로그램 학습과 컴퓨터 보조자료(programmed & computer assisted instruction)

프로그램학습자료는 개별화학습에 유용한 자료이다. 이런 이유로 인해서 자료 한 개가 한 학습자에게 제공되는 형식을 취한다. 대부분의 프로그램학습자료는 일회용으로 재사용이 가능하지 않으나 재사용이 가능한 경우도 있기는 하다. 이런 자료는 자료실에 배치되어 구제학습(remedial learning)이나 진보학습(advanced learning)에 사용이 되고, 교실에서 전체 학습자들을 위해서는 사용이 되지 않는다. CAI(computer assisted instruction)는 일종이 프로그램 학습자료의 형식으로 자료가 컴퓨터에 입력이 되어 있어서 개별화 학습을 위한 자료이며 여러 학생들이 순번을 정하여 학습할 수 있는 유형의 자료이다. 컴퓨터의 용량이 크기 때문에 많은 학습자가 개별화학습을 하는 데에 도움을 받는다.

5-8. 학습결과의 평가

행동수행(performance)이란 교수자와 학습자, 학습자와 학습자들, 학습자와 교수매체 사이에 일어나는 상호작용을 일컫는다. 행동이 수행되는 동안 자극은 제시되고 그 자극에 대한 반응이 생성된다. 행동수행은 가르치는 활동이며 또한 배우는 활동이다. 행동수행은 시간에 의해 채워지지 않는다. 그러나 행동이 수행되는 동안 여러 시점에서 평가가 이루어질 수는 있다. 학습은 순간적으로 포착이 될 수 있다. 예를 들어, 학습자가 현미경으로 발견학습을 시도하고 있을 때에 찾고자 하는 목적물이 발견되는 즉시 학습은 일어난 것이며, 여러 가지의 일련적 사건을 설명해가면서 세계 제1차 대전이 일어난 원인을 스스로 깨닫게 되는 것도 학습의 순간이다.

행위수행은 학습의 초점이 되는 요인이다. 목표를 설정하고, 내용을 선정하고, 진입행위를 진단하는 일이 의미 있는 것이냐 아니냐 하는 것은 행동수행이 평가되는 것에 기인한다. 가장 의미 있는 행동수행은 집단구성, 교수전략결정, 시간과 공간의 배정 및 교수매체의 선정이 있은 후이다. 학습자에 의한 행동수행은 교수-학습과정의 핵심이다. 즉, 학습자가 내용을 보고서 미리 정해진 목표를 달성하려고 시도하는 단계이다. Glaser는 학습과정의 이러한 요인을 다음과 같이 설명하고 있다.

교육은 학생의 진입점 시점의 지식에서 시작되고 종착 시점의 지식에서 끝난다. 진입점 시점과 종착시점 사이의 기간에 교수자의 조작적 행위와 학습경험이 생성되어 학생들의 종착 행위로 유도하는 반응을 학습자들이 나타낸다. 이러한 과정은 학습의 다양한 단계에서 주제의 자극이 되는 단어, 절, 심벌 및 공식 등 학습자가 반응을 해야 하고 집필 또는 제조 등 문제해결에 필요한 반응에 의해서 촉진된다.

행동을 수행하는 동안에 학습자가 발전할 수 있는 요인들인 동기, 연습, 추리, 전이, 강화, 그리고 학습활동의 지도 등이 생성된다. 학습자의 이러한 행위들이 측정되는 것은 행동수행의 의식적인 평가를 통해서만 가능하다.

행동수행에 대한 평가는 제시된 교수 계획의 마지막 단계이지만, 교수자로서는 이 요인이 첫 번째 관심사가 되어야 한다. 일단 학습목표가 설정되고 학습자의 종착행위가 진술되면, 교수자와 학습자는 교수계획과 행동수행에 대한 지침을 가져야 한다.

평가를 하는데 가장 용이한 방법은 진과 위를 가려내는 간단한 문답형이다. 예를 들어, "종착행위가 진술된 조건하에 미리 명시된 수준으로 나타났는가?" 등의 질문이 되겠다.

어떤 목표는 평가를 하기가 쉽다. 단 이들 목표가 관찰 가능하고 측정 가능한 명제적 형식으로 진술이 되면 평가하는 데에는 어려움이 없다. 그러나 경우에 따라서는 평가하기가 어려운 목표들도 있다. 이런 목표들은 시민의식 등 정의적 영역을 다룬다. Glaser는 이런 점에 대해서 두 가지 견해를 시사했다.

하나는 학생의 현재의 행위를 정확히 분석한다. 여기에서 측정의 근본 목적은 개인차를 찾으려는 의도이다. 둘째로, 학습자의 행위를 생성시킨 교수기법에 대한 정보를 제공하는 일이다.

학교체제에서 교육의 목적은 사회가 유지하고 있는 지식, 기술, 문화, 가치, 제도 등을 학생에게 전수하고 형성시키며 동시에 이것들을 창조해낼 수 있는 능력의 배양이라고 할 수 있는 사회화(socialization)를 중심으로 이루어진다. 이와 같은 사회화 기능에 대해 상반되는 두 가지 견해가 있다. 하나는 학생들에게 지적, 가치적, 정의적 및 심체적 공통성을 주어 동질화시키려는 사회화의 기능을 강조하는 견해이며, 다른 하나는 학습과정과 결과에 의거한 학생 집단의 차별화, 분화 및 이질화시키는 측면을 강조한다. 학교교육이라는 제도화된 교육이 시작되기 이전의 원시형태사회에서는 촌락민과 청소년들에게 집단이 생존하고 개인이 살아남을 수 있는 기술 지식 언어습관 의식 가치 및 도덕심 등을 누구에게나 공유토록 하는 동질화를 위한 사회화 기능이 우선적이었다.

그러나 집단이 커지고 사회구조가 복잡해진 오늘날에는 분업(division of labor)의 장점이 점차 고조되어 가고 있어 교육의 동질화의 기능보다는 기술의 우열, 지식의 수준, 가치의 내면화 정도에 따라 우열의 차이를 가려내는 분화 또는 차등화 보상의 기능이 더욱 강조되고 있다. 이제까지 전 세계를 통틀어 학교교육이 강조한 것은 사회화의 질과 정도에 의한 선택적 측면이었다.

선택을 강조하는 견해와는 달리 현대사회에서의 교육의 주된 기능이 개개인의 기능성과 잠재력을 최대한으로 발달시키는 것이라고 보는 견해도 있다. 이들에 따르면 학교의 중심 과제는 개인이 복잡한 현대사회에서 능률적으로 살아가기 위해 학생이 소지하고 있는 다양한 행동 특성을 최대한으로 발달시키고 개발하도록 도와 주어야 하는 것이다.

5-8-1. 평가의 개념

이 같은 교육 기능의 맥락과 관련하여 교육적 평가의 개념이 무엇인가에 대해 알아보기로 한다. 교육 평가의 개념은 교육 이론이 어떤 철학과 방향으로 변화하느냐에 따라 함께 변한다. 교육 평가가 교육 이론이 변화함에 따라 직접적으로 영향을 받는 현상은 첫째, 1960년대에 접어들면서 티칭머신(teaching machine)과 프로그램 학습의 도입과 더불어 개별화 학습이론, 컴퓨터에 의거한 학습체제, 학습 위계(learning hierarchy)의 이론을 기조로 한 Gagné의 문제 분석(task analysis)에 의한 수업방식, Bloom의 완전학습이론(mastery learning theory) 등이 실험실 속의 학습이론과 교실 현장에서의 학교학습이론을 통합하는 새로운 교수이론으로 등장하고 있다.

둘째, Piaget 및 Bruner를 중심으로 한 인지발달의 이론은 인간의 지적발달 과정을 교수방법에 적절히 이용하기만 하면 어느 발달 단계에 있는 아동에게 어느 교과목도 효과적으로 가르칠 수 있다고 주장한다. 그뿐만 아니라 이들 이론은 인간의 정의적 특성, 자아 개념 및 성취동기 등이 효과적으로 변호, 발전할 가능성도 시사해 주고 있다.

셋째, 교수공학의 발달과 학습의 개별화가 이론적으로 실제로 가능해져 가고 있다는 사실이다. 교수공학의 목적은 학습자 개개인의 행동 특성, 학습 진보에 적응한 교수

조건을 투입함으로써 학습을 극대화시키고, 동시에 학습결과에 나타나는 개인차를 극소화시키는 것이다. 양적, 질적 개인차에 따라 교수조건을 적정화시키는 것이 중대한 과제로 등장하면서, 이를 해결하기 위한 이론과 경험적 연구에 새로운 가능성을 시사해 주고 있다.

넷째, 학교학습에 관한 이론 및 실증적 증거가 제시하는 발달을 또 하나의 현상으로 들 수 있다. 학습이론은 과거에 주로 실험실을 중심으로 엄격히 통제된 조건하에서 이루어진 실험 결과를 바탕으로 형성되었기 때문에 이런 이론들은 인간 학습자의 과거 경험이 영이 되거나 또는 통제에 의해 모두 같은 상태로 조작된다. 그러나 학교학습에서는 개인의 특성을 중요시해 개개인 학습자에게 유의미한 자료를 제공하는 것을 목표로 하고 있다. 따라서 기존의 학습원리를 적용하는 데에 범할 수 있는 오류가 있음을 인식하고 Ausubel은 유의미 학습이론을 주장하여 선행조직자(advanced organizer)에 의존해야 한다는 포섭이론(subsumption theory)을 주장했다. Ausubel 이외에도 Bloom, Bruner 등이 제시하는 학습법칙은 실험실 속에서 유출된 법칙이 아니라, 학습자를 직접 다루는 자연적 환경(naturalistic environment)에서 얻어진 것이 공통적 특징이다.

이상과 같이 새로이 변화하는 교육이론에 적응해서 교육평가 자체의 이론 및 실제에도 변화가 요구되는 것은 당연한 논리이다. 교육평가의 방법이 위의 이론적 변화에 의거한다면 더는 규범적 평가(normative evaluation)의 원칙은 교수－학습 과정의 개선에는 무의미하다. 교육평가의 기능은 교수과정과 학습과정에 최대한으로 도움을 주고, 학습효과를 극대화시키는 것이 바람직하다.

평가는 개인이 갖는 다양한 특성을 다룬다. 인간이 지니는 다양한 특성을 이루는 요인은 신진대사 기능을 비롯하여 생리적 특성, 지각적 특성, 운동기능, 언어학습 및 기타 지적 교과목에 대한 흥미 도와 적응 능력 등으로 생리적 개인차에 비해 지적 교과목에 대한 개인 적응 능력의 차이는 대단히 크다.

교육평가의 명제 중 한 가지는 이 같은 개인차를 그대로 정확히 밝혀 주어야 하는 것이다. 그러나 더욱 중요한 것은 이같이 광대한 개인차에 어떤 변인을 투입하여 개인차를 좁혀 나갈 수 있으며, 결과적으로 종국에 가서는 개인차를 영으로 떨어뜨리는 길을 모색하는 것이다.

5-8-2. 평가의 유형

교육평가에 대한 접근 방법은 크게 두 가지로 대별된다. 그 하나는 자연적 또는 조감적 평가로 불리는 질적 평가의 유형이고, 다른 하나는 인습적 또는 규범적 평가로 불리는 양적 평가의 유형이다. 후자를 규준참조평가(norm-referenced evaluation)라고 칭하고, 전자를 기준참조평가(criterion referenced evaluation)라고 칭하기도 한다.

(1) 규준참조 평가

이 평가접근 방법은 실험적 설계연구(hard research) 방법을 통하여 객관적이고 논리적인 인식론에 바탕을 두고 있는 전통적 행동주의적 입장의 평가이다. 규준참조 평가란 평가를 받는 입장에 있는 사람의 지위를 설정하는 데 있어서 그와 같은 경험을 겪은 한 집단의 성취에 비교하여 확인하는 것이다.

여기에서 말하는 집단의 성취는 곧 하나의 규준(norm)이 되며, 이 규준은 여러 가지의 변형된 형태로 한 개인의 지위를 측정해 주는 측정자의 역할을 한다. 한 집단의 성취 수준이 규준이나 측정자로 변환하는 형태에는 연령점수 규준, 백분위 점수 규준 또는 표준점수 규준으로 다양하다(이성호, 1986). 한 개인의 성취도는 다른 여러 사람이나 집단의 성취 정도에 준하여 해석된다. 따라서 개인의 지위서열이 상대적으로 매겨지고 이를 상대평가라고 부른다. 규준참조평가는 그동안 교육평가의 영역에서 막대한 영향력을 발휘해 왔다. 더구나 표준화 검사의 활발한 제작 및 응용은 규준참조평가가 교육의 실제에 적용되는데 크게 영향을 미쳤으며, 평가의 관념은 거의 인습적으로 규준참조관으로 형성되어 왔다.

(2) 기준참조 평가

그러나 1960년대에 접어들면서 이러한 기준참조 평가관의 일변도에 문제가 제기되기 시작했고, 새로운 시각의 기준참조평가(criterion referenced evaluation)에 대한 인식이 싹트기 시작했다. 이 새로운 시각의 평가관은 Glasser가 1963년에 처음으로 기준참조 평가가 가지고 있는 문제점을 지적하면서 부각되기 시작하였다. 기준참조평가는 피평가자의 상대적 지위를 판별하는 데 있는 것이 아니라 어떠한 절대적인 구체화된 성취수준(specified performance standards) 또는 기준(criterion)에 개인을 조회하여, 그의 성취도를 평가하는 데에 역점을 두고 있는 것이다.

Glasser에 의하면 규준참조평가는 다른 개인들 또는 집단의 구성원들에게 한 개인의 지위를 조회시켜 나타내 줄 뿐, 실제로 그 특정 개인이 무엇을 얼마나 학습하여 알고 있는지를 말해 주지 못함으로 하여 교수－학습에 구체적이고 실제 방향 제시적 도움을 주지 못한다고 비난했다. 또한, 규준참조평가는 상대적 지위를 나타내기 위하여 개인 간의 차이를 의도적으로 규명하고, 규명하려는 변별력을 만들려고 하는 경향이 뚜렷하다. 따라서 특정 영역에서 아주 뛰어난 학생들도 평가를 위한 검사 자체가 지니는 변별력 추구의 함정에 빠지기 쉬우며 필요 이상의 불이익을 받게 되는 점을 Glasser는 지적하고 있다. 또한, 기준참조평가는 교수－학습목표의 재설정이나 교수－학습전략의 선정에 크게 도움을 주지 못하고 있다. Popham은 준거참조평가관을 옹호하면서 규준참조평가의 약점을 다섯 가지로 나누어 지적하고 있다.

첫째, 규준참조평가에서 측정하는 내용은 실제로 학교에서 가르치고 있는 내용 사이에는 괴리(mismatch)가 있다. 대부분의 표준화 검사들이 상업적인 이윤 추구에 있기 때문에 이러한 괴리 현상은 더욱 두드러지게 나타나고 있다.

둘째, 규준참조평가는 실제의 수업에서 충분한 지침을 제공하지 못하고 있다. 다시 말해서, 교수－학습 개선의 표적을 어디에다 두어야 할지를 제시해 주지 못한다. 특히, 학생이 전입 또는 편입을 하거나, 진급을 할 때에 규준참조평가에 의한 상대적 지위는 교수자에게 별다른 의미를 제공하지 못하고, 그 특정 학생을 위한 방향 설정을 어렵게 만든다.

셋째, 규준참조평가에서는 반드시 평가해야 할 중요한 목표를 소홀히 하는 경향이 있다.

넷째, 규준참조평가에서는 비교적 중간 계층의 학생들을 근간으로 규준을 정하기 때문에 우열 양극의 학생들에게는 편파적인 문화적 차별을 가져올 수 있다.

다섯째, 규준참조평가에 의한 정보는 학교에 대한 사회적 관심을 충족시킬 수 없다. 즉, 학교의 효율성에 대한 객관적 판단을 위한 정보를 제공하지 못한다.

준거참조평가는 학생들을 어떤 일직선상에 놓고 분배하여 비교하는 방식보다는 특정 교수-학습 과정의 목표를 개인이 어느 정도나 정확하게 성취하였는가에 관심을 둔다. 기준참조평가는 절대적인 지위를 기술하고자 하는 점에서 규준참조평가와는 다르다. 준거참조평가는 평가 정보를 양적으로 보다는 질적으로 기술하여 제공한다. 따라서 평가 정보가 보통사람에게도 정확하게 이해될 수 있는 이점이 있다.

규준참조평가에서는 심리측정의 전통에 의존하여 신뢰도(reliability)를 중요시하는 반면, 기준참조평가는 타당도(validity)를 중요시한다. 후자는 인간행동의 가변성과 융통성을 중요시해 설정된 목표에 따라 학습자의 행위를 변화시키고 의도했던 대상 영역에서의 변화된 부분의 양과 질에 관심을 기울이는데 이것이 곧 여기에서 말하는 타당성의 문제이다. 규준참조 평가가 산출 지향적인데 반하여, 기준참조평가는 과정 지향적이며, 유기체적 사고에 기초하고 있다. 후자는 성취 과정에서의 학습자 개개인의 능력에 대한 충분한 관심을 둬 학습자 개개인의 학습의 과정에 관한 이해를 높일 수 있는 이점을 가지고 있다. 기준참조 평가는 개개인 학습자의 내적인 경쟁(intrapersonal competition)의 원리에 입각하여 평가한다는 점에서 외적 경쟁을 기본으로 하는 규준참조평가와는 다르다.

5-8-3. 평가의 방법

기준참조평가의 원칙에 의거하여 학습자의 학습준비도, 학습진행 과정 및 학습 결과를 조감해 보는 평가의 방법은 크게 세 가지로 대별되며, 이들 평가는 미리 설정된 수업목표에 수시로 반영되어 조회된다. 먼저 학습자의 흥미도나 예비지식 수준(prerequisite level)에 대한 진단을 주목적으로 하는 진단평가를 들을 수 있고, 두 번째로 학습자가 주어진 프로그램이나 과제를 학습하는 데 있어서 곤란도(difficulty level), 결손이 되는 점 또는 과제의 난이도에 의한 학습진행속도 등을 점검하는 형성평가의 방법이 있으며, 셋째로 주어진 과제에 대한 한 단원을 마무리할 때에 실하여 학습자의 종합적인 능력의 향상을 판단하고 차기 수업 프로그램에 정치(placement)시키는 역할을 총합평가가 있다. 이들 세 가지는 평가는 독단적으로 수행된다기보다는 오히려 상호 유기적인 관계를 형성한다. 이 세 가지 평가방법을 시간적 차원에서 선후관계를 살펴보면 캘리포니아 대학의 평가연구센터(Center for the Study of Evaluation)에서 설정한 CES 모형이 좋은 예가 된다.

(1) 진단평가

진단평가는 교수－학습이 시작되기 이전에 이를 준비하고 처방하기 위하여 사전에 학습자에 관한 정보를 수집, 분석, 기술하고 가치화하여 그 결과에 따른 적절한 의사결정을 하는 것을 돕는다. 이 평가에서는 학습자가 해당 학습체제로 진입하기 전에 그의 지적 능력이나 학습준비도에 대해 실시되는 반면, 교사 자신에 대한 평가도 아울러 이루어진다.

진단평가가 지니고 있는 기능 세 가지를 살펴보면, 첫째로 수업이 시작되기 이전에 하는 진단평가는 학습을 시작하기 전에 학습자의 진입점을 결정하기 위한 것이다. 진입점 행위의 진단은 영점 상태의 학습 능력을 갖춘 학습자를 확인한다기보다 그 이상 또는 그 이하의 상태에 처한 학습자를 확인하여 각자에게 맞는 교수방법을 투입시키는 데 목적이 있다. 둘째로, 진단평가도 형성평가와 마찬가지로 수업이 진행되는 도중에도 실시하여 학습상에 나타나는 결함을 확인하고 그 원인과 환경적 조건에 대한 정보를 수집하여 적절한 의사결정을 하는 데 도움을 줄 수 있다. 이 때에 형성평가와의 차이점은, 형성평가는 교수－학습 목표에 연관하여 교수방법 및 프로그램 구성의 개선에 주안점을 갖지만, 진단평가는 이러한 개선만으로는 교정되지 않는 신체적, 정서적, 문화적 및 환경의 결함을 진단하는 데 목적이 있다. 셋째로, 진단평가는 진입적 행위에 따른 교수전략의 효율성 및 효능성이 극대화될 수 있도록 학습자를 정치(placement)해 주는 기능을 가진다. 여기에서 말하는 정치의 개념 속에는 진단의 과정을 거쳐, 그 결과로 얻어지는 정보에 따라 학생을 분류하는 의미가 담겨 있다.

진단평가가 진입점 행위의 진단에만 치우칠 때에는 정치평가(placement evaluation)라고 명명하기도 한다. 정치평가는 그 초점을 ① 학습자는 계획된 수업을 진행하는데 필요한 지식이나 기능을 갖추고 있는가? ② 계획된 수업목표에 이미 숙달하였다면 어느 정도나 숙달하였는가? ③ 학습자의 학습 습관, 흥미도, 성격적 특성으로 미루어 보아 어떤 수업방법이 효과적인가? 등에 둔다.

정치 목적의 진단평가를 위해서는 준비도 검사, 적성검사, 자기보고서, 관찰법 등이 사용된다. 진단평가에서는 규준참조 평가 도구나 기준참조 평가 도구가 모두 동원된다.

(2) 형성평가

형성평가(formative evaluation)는 교수-학습이 진행 중일 때 과하는 형성과정의 평가이다. 형성평가는 형성검사(formative test)라고도 불리며 쪽지검사, 5분 테스트, 퀴즈 등으로 학습과정이 진행될 때에 하는 검사로만 인식되는 경향이 있으며, 그것이 갖는 중요한 학습 법칙에 대한 이해는 미력한 편이다. 형성평가는 학생에게 성적에 대한 불안감을 경감시키는 중요한 역할을 한다. Scriven(1967)에 의하면 형성평가란 학습 및 교수가 진행되고 있는 유동적인 상태에 있는 도중에 학생에게 피드백을 주고 수업방식을 개선하기 위하여 하는 평가이다. 형성평가는 학습이 형성되고 있는 도중에 하는 평가이기 때문에 학습 증진의 극대화가 이루어지도록 하려는 것이 최대의 목적이다. 이 같은 학습 극대화의 목적은 평가가 교사나 학생에게 주는 부정적 효과를 제거시킨다.

형성평가의 특징을 살펴보면, 다음과 같다.

첫째, 이 평가의 주된 특징은 정보의 환송(feedback)과 교정에 있다. 교사가 흔히 범할 수 있는 오류는 학생이 갖는 후광효과(halo effect)에 기인하여 교사가 관심을 두는 학생에게는 긍정적 강화와 적극적 참여를 유도하려고 애쓰는가 하면 관심이 없는 학생에게는 긍정적 강화보다는 부정적 강화를 주기가 일쑤이다. 이 같은 오류의 누적 속에서 빠져나오는 학생은 지극히 드물다. 학교 학습이 성공하기 위해서는 학생과 교사에게 이 같은 오류를 즉각적으로 알려줄 수 있는 피드백 작용이 필요한데 이는 곧 형성평가의 결과로 처리될 수 있다.

둘째, 형성평가는 교수-학습이 아직 유동적인 시기에 교과내용, 교수-학습의 개선을 위해 하는 평가이다. 형성평가의 목적은 학습결과에 대한 점수를 매기거나, 학생의 성적을 측정하려거나 교사의 능력을 평가하는 것이 아니라, 학습 증진을 위해 무엇을 개선해야 할지를 추구하는 개선 추구의 평가이다.

셋째, 형성평가는 교수-학습과정을 제 일차적으로 이끌어가고 개선해야 할 교사가 제작하는 검사이다. 교사는 현재 진행 중인 수업이나 프로그램의 역동성을 제일 잘 파악하고 있는 사람이므로 형성평가는 교사제작검사가 일반적이다.

넷째, 교수목표에 기초한 평가를 한다는 것이 형성평가의 또 하나의 기능이다. 즉, 목표지향적평가(criterion referenced evaluation)를 한다는 것이다. 이미 설정된 목표를 두고 어떤 학습상황이 적절한가를 결정하는 것이 교사의 역할이다. 따라서 형성평가가 사용될 목표의 진술에는 각 목표에 대해 수락할 수 있는 최저 성취기준(minimum acceptable performance standards)을 설정해야 한다. 이러한 점으로 미루어 보아 형성평가는 철저하게 목표 지향적이다.

형성평가의 도구를 제작할 때에 일반적으로 고려해야 하는 사항은 첫째, 형성평가는 학습단원 중 중요한 요소는 모두 포함해야 하므로 책정된 숫자의 학습 요소가 만일 25개라고 한다면 25개 모두를 형성평가에서 출제해야 한다. 이런 점에서 형성평가의 출제 원칙은 종합평가와는 다르다 총합평가에서는 문항 출제원칙이 필요에 의해 목표 분류에 나타난 내용이나 행동 중에서 대표적인 문항을 선택해서 제작하는 것이 일반적이다.

둘째, 형성평가는 목표 분류에 나타난 행동의 각 위계에 나타난 항목을 모두 포함해야 한다. 술어에 관한 지식, 사실에 관한 지식, 법칙에 관한 지식, 과정 및 적용력 등 모두가 목표에 구체와되어 있다면 이것들 모두가 형성평가의 문항으로 출제되어야 한다는 것을 뜻한다. 이 원칙은 평가자가 각 행동 분류를 분명히 구분해서 그것을 문항화시킬 수 있는 능력이 있어야 한다는 것도 요구하고 있다.

셋째, 형성평가에서는 문항의 형식이 다양하게 혼용되어 사용될 수 있다. 여기에서 주의할 점은 행동목표의 특성에 따라 선택형, 단답형, 배합형 문항이 적절히 혼용될 수 있다. 여기에서 주의할 점은 행동목표의 특성에 따라 가장 적절하다가 생각되는 문항이 선택되어야 한다는 것이다. 그러나 고도의 창의력이나 평가력을 검증하는 논술형 문항은 형성평가에는 부적당하다. 이 같은 능력은 총합평가에서 테스트를 하는 것이 적절하다.

넷째, 만일 학습단원 속의 요소들이 어떤 위계에 따라 어떤 형식으로든지 조직화되어 있다면 학습자의 반응도 이 위계에 부응하도록 설계되어야 한다.

예를 들어, 법칙이나 원리에 관한 지식을 평가하는 문항에 대해서 정답을 하는 학습자가 많아야 하며 적용을 평가하는 문항에 대해서는 비교적 낮은 비율의 학습자가 정답을 해야 하는 반응 위계도 성립되어야 한다.

다섯째, 선 이수학습 요소인 하위 단계의 문항에서 정답을 맞히는 것이 상위 학습요소인 상위 단계의 문항을 학습하는 필수조건이 되도록 문항단계가 형성되어야 한다. 즉, 논리적으로 하위 단계의 문항에서 오답을 한 학습자는 상위 단계의 문항을 접할 때 어려움을 겪는 것이 일반적이다.

여섯째, 형성평가의 분석은 학생이 해당 학습 요소를 달성했느냐 또는 달성하지 못했느냐는 기준에 의거 판단해야 한다. 형성평가에서는 기준을 설정할 때에 대부분의 학생에게 긍정적인 강화를 줄 수 있는 적정선을 결정해야 한다.

일곱째, 형성평가의 분석은 학생이 반응한 답의 무엇인지를 밝혀 주어 피드백의 효과를 증진시키도록 해야 한다.

(3) 총합평가

총합평가(summative evaluation) 또는 총합검사(summative test)라고 불리는 이 평가방법은 일련의 학습과제 또는 특정한 교과의 학습이 끝난 다음에 교수목표의 달성, 성취, 적정 여부를 총합적으로 판정하려는 형태이다. 총합평가 검사의 문항은 그 제작이 형성평가보다 훨씬 복잡하고 포함되는 내용도 포괄적이다.

총합평가는 그 특징이 형성평가와 비교해 볼 때에 차이점이 두드러진다. 첫 번째 차이점은 평가의 목적이 다르다는 점이다. 형성평가에서는 학습자가 달성하지 못한 과제가 있으면 그것을 성취하도록 학습자와 교사에게 도움을 주는 것이 목적이라면, 총합평가에서는 전체 교과목이나 그 교과목의 중요한 부분에 걸친 학습효과가 어느 정도인지를 판정하는 것이 목적이다. 따라서 같은 평가도구로 형성평가와 총합평가 모두에게 적용하는 것은 바람직하지 못하다. 둘째로, 총합평가가 길이가 길고 실시 빈도가 드물다는 것이 본질적인 요소는 아니다. 비록 길이는 짧지만 독립된 일련의 학습 과제를 전부 학습한 다음 의도한 교수목표를 몇 개의 논문형 문항으로 출제했을 경우, 그리고 4개 정도의 월말 고사를 실시하고 그 결과에 의해 평정을 시도하는 경우, 그것은 분명히 총합평가에 해당하는 것이다. 셋째로, 총합평가를 형성평가와 구분짓는 예리한 특징은 일반성의 정도(level of generalization)이다.

Tyler나 Bloom은 교수목표의 진술하는데 보다 광범위하고 거시적인 방법으로 하는 입장을 취하고 있으며 Gagné의 문제분석은 더욱 세분화된 선수능력을 상세히 미시적으로 행하여지고 있다. 이 두 가지 진술방법의 차이는 목표진술을 일반화의 가능성(generalizability) 또는 전이가능성(transferability)에 있다. 전자의 접근 방법에서는 하나의 목표 속에 많은 기능과 지식을 포함하고 있어 총합평가의 목표로서 적절했지만, 위의 목표 속에 포함된 개개의 기능과 지식에 대한 세부목표의 달성을 점검하는 것이 형성평가라고 할 수 있다. 이와 같이 형성평가는 세분화된 선수 기능이나 지식을 평가하는 역할을 하며, 총합평가는 보다 일반화되고 광범위한 목표를 평가하려는데 차이가 있다. 총합평가의 목적 자체가 일반적이고 광범위하기 때문에 총합평가에 포함될 문항은 교육목표를 모집단으로 하는 문항 모집단(item population)에서 대표적인 문항을 표본해야 한다.

5-8-4. 평가문항의 종류

문항을 제작하는 일은 좋은 문항, 타당한 문항을 제작할 수 있는 능력은 물론 평가하려는 교과목, 학습과제, 교수목표에 관한 정확한 이해와 이것을 문항으로 변환, 번역하는 능력의 소유가 요구된다. 한 검사 속에 담겨 있는 분자로서의 문항은 그 성질이 단순해 보이지만 다양하다. 이들 문항은 각각 교수목표, 복잡성, 참신성, 구조화의 난이도 등에 따라 다른 양상으로 나타난다. 이렇듯 다양한 성질의 문항들이 집합되어 하나의 검사지를 형성한다고 간주할 때에 이 검사지에 담긴 정보의 양은 무한에 가깝다고 할 수 있다.

문항의 형식은 크게 선택형과 서답형으로 분류되며, 선택형 속에는 진위형, 배합형, 선다형이 포함되며, 서답형에는 단답형, 완성형, 논문형이 포함된다. 선택형은 주로 지식, 기억에 관련된 단순정신 기능을 측정하고 논문형은 고등정신 기능을 측정한다는 것은 실증적 자료가 뒷받침해 주지 않는 가정에 지나지 않는다. 잘 계획된 선다형 문항이나 배합형 문항도 분석력이나 종합력 등의 고등정신 기능을 측정하는데 적절하며 논문형 문항도 간단한 지식의 기억이나 이해력을 측정하는데 활용될 수 있는 다양성을 갖추고 있다.

(1) 선택형 문항

선택형 문항은 그 형식 자체가 구조화 및 객관화되어 있어 정답을 문항 속에서 확인, 선택, 인지하는 능력이 주된 형식이다. 따라서 자칫 잘못하면 단순한 상기력이나 단편적인 지식의 주입을 위한 문항이 제작될 위험성이 있다. 선택형 문항의 종류에는 진위형, 배합형, 선다형 문항이 대표적이다.

진위형은 피검사자에게 진술문을 제시하고, 그 진술문에 대한 진위를 판단케 하는 방법으로 양자택일형(alternative response type)이라고도 부른다.

첫째로 진위형 문항의 진술문을 작성할 때에는 한 가지 해석만 가능한 절대적 진위를 판단할 수 있는 방법으로 작성해야 한다.

둘째로 한 개의 진술문에는 단일한 개념만을 포함하도록 해야 한다.

셋째로, 진술문의 작성시에는 부정 문항은 가능한 피하고 부득이 부정적인 단어를 사용해야 할 경우에는 그 단어에 밑줄을 긋거나 특정한 표시를 하여 수험자가 주목할 수 있도록 하는 것이 현명하다.

넷째로, 종속절이나 조건이 많이 포함된 복합문이나 긴 문장은 사용하지 말아야 한다.

다섯째, '반드시', '결코'와 같은 절대적 어구나 '대체로', '흔히', '……하는 경향이 있다.' 등의 일반적 어구를 사용하지 말아야 한다.

배합형 문항은 일련의 전제와 일련의 답지, 그리고 전제와 답지를 배합시키는 지시문이 주요 요소이다. 배합형 중 단순 배합형(simple matching type)은 전제와 답지가 한 묶음으로 되어 있는 경우로 가장 보편적인 형태이다. 복합 배합형(compound matching type)은 한 개의 전제에 대해 두 개 이상의 답지가 배합되도록 하는 형식이다.

분류 배합형(classification matching type)은 어떤 조건, 법칙, 개념, 사실에 비추어 주어진 답지를 분류시키는 방법이다. 관계 배합형(relational analysis type)은 답지에 제시된 두 개의 진술문 사이에 인과관계가 성립하는지 아닌지를 분석해서 주어진 전제에 따라 분류시키는 방법이다.

배합형 문항을 위한 전제나 답지는 고도의 동질성(degree of homogeneity)이 있는 것끼리 묶어야 한다. 전제나 답지의 수는 10개를 넘지 않는 것이 바람직하며 답지의 수는 전제보다 2개 또는 3개 이상 많아야 한다. 전제와 답지의 각 문항은 최대한 계열성 있게 배열해야 좋다. 전제와 답지를 배합시킬 수 있는 분명한 기초가 주어져야 한다. 전제나 답지의 각 항목 사이에 중첩되는 개념이 있어서는 안 된다.

선다형 문항은 문두(item stem)와 두 개 이상의 답지로 구성된다. 문두는 대개 의문문이거나 불완전 문항으로 되어 있다. 선다형은 선택형의 다른 유형의 문항보다 내재적 결점이 적기 때문에 가장 널리 사용되고 있다. 특히, 답지가 네 개로 된 4지 선다형이 보편적으로 사용된다. 선다형은 다양한 문항 상태, 목적, 내용을 다룰 수 있어서 피검사자의 우열적 오차의 영향도 적게 받기 때문에 문항 형식으로 적절하다고 알려졌다. 그러나 이 형식의 문항은 제작에 드는 비용과 시간 및 노력이 요구된다. 답지를 그냥 나열하는 것은 바람직하지 못하며, 답지 하나하나가 제대로의 측정 기능을 다하도록 하여야 문항의 양호도가 높아질 수 있다. 선다형 문항 중에서 최선다형(best answer variety)은 여러 개의 답지 중에서 제일 그럴싸한 답지 하나만을 선정하게 하는 방법이다. 이런 형식이 선다형의 모체라고 할 수 있으며, 그 이외의 것들은 모두 최선다형의 변형된 모습이다.

정답형(correct answer variety)은 여러 개의 답지 중에서 한 개만이 정답이고 다른 것은 전혀 관련이 없는 오답으로 구성되어 있는 형식이다. 불완전 문항형(incomplete statement variety)은 문항의 진술문이 직접적인 질문이 아니고, 일부분이 비어 있는 불완전 문항으로 되어 있으며, 이 비어 있는 부분을 채워야 할 정답을 답지에서 찾도록 되어 있다.

다답형(multiple response variety)은 답지에 정답이 여러 개가 있는 형식이다. 분명한 정답이 여러 가지 있을 때, 이런 형식을 취한다. 이 문항을 작성할 때에는 문두에 정답이 한 개 이상이라는 것을 주지시키는 진술을 반드시 해 주어야 피검사자가 착오를 하지 않는다.

(2) 서답형 문항

서답형(supply type)에 속하는 문항에는 단답형, 완성형 및 논문형 등이 있다. 이 같은 형식을 통틀어 주관식(subjective type)이라 칭한다. 주관식 문항이라는 명칭은 학생의 반응을 채점할 때에 채점자의 주관적 기준에 의해서 채점하기 때문에 부쳐진 것이다. 그러나 서답형의 채점도 객관적 채점에 접근하려고 하는 것이 이상(ideal)이다. 서답형 중에서 단답형과 완성형은 문장 형식이나 문장 제작의 방법이 비슷하며, 실제로 요구하는 정신 기능도 비슷하다.

서답형의 대표적인 문항형식은 논문형이며, 논문형이 갖는 특징은 선택형과는 다르다. 논문형에는 별다른 형식이 있을 수 없고, 어떤 질문이나 지시에 따라 자유로이 피검사자의 능력을 구사할 수 있게 하는 제한 없는 반응이 특징이다. 다음에 논문형의 질문이나 지시문에서 흔히 쓰이는 용어의 예를 들어 보았다.

설명하라	예시하라	논하라	요약하라
비교하라	개요를 쓰라	정의내려라	해석하라
항목을 들어라	분석하라	분류하라	제시하라
연관시켜 설명하라	서술하라	선택하라	비판하라
재조직하라			

이 이외에도 여러 가지의 지식적 용어가 있을 수 있으므로 논문형 문항형식은 성질상으로 형식에 제한이 있을 수 없다. 그렇다고 '아무것이나 제멋대로 쓰라'는 것이 논문형은 아니다. 논문형의 진술문은 구조적으로 작성이 되어 피검사자에게 방향 제시를 뚜렷이 해 주고 답변해야 할 표적 대상이 무엇이라는 것을 분명히 제시해야 한다. 논문형 문항을 제작할 때에는 첫째로, 검사받을 집단의 동질성과 이질성을 중요하게 생각해야 한다. 이것이 선행되지 않으면 반응이 지나치게 다양해 질 가능성이 있어 채점이 용이롭지 못해진다. 둘째로, 지식보다는 고등정신 능력을 측정할 수 있는 문항을 작성하도록 해야 한다. 셋째로, 논문형 검사의 모호성을 탈피하기 위해 구체적인 목적을 검사할 수 있도록 구조화시키고 제한성을 갖도록 제작한다. 여러 문항 중에서 선택해서 쓰도록 하지 말아야 한다. 주어진 문제 중에서 자유로이 선택해서 쓰게 하면 학생의 부담은 덜어줄 수 있을지는 몰라도, 능력의 표본이 달라지기 때문에 학생이 대답해서 나온 결과의 가비교성(comparability)을 상실한다는 결점이 있다. 이런 형식을 취하면 더욱 불리한 점은 각 문항이 각각 다른 교수목표를 평가하도록 출제되는 때가 많아 이들 문제 중에서 선택해서 쓴다는 것은 각자에게 서로 다른 목표에 대한 평가를 받도록 하게 되는 결과를 가져오기 쉽다. 넷째로, 가능하면 채점 기준을 미리 제시하는 것이 바람직하다. 다섯째, 문항을 될 수 있는 한 난이도 순으로 배열하여 학생에게 답변을 하는데 동기유발이 되도록 한다. 처음 문항부터 어려우면 피검사자는 답변을 할 동기를 잃기 쉬우므로, 쉬운 문항부터 배열하여 점차로 어려운 문항으로 배열시키는 것이 현명하다.

5-9. 피드백

5-9-1. 피드백의 분석

피드백의 개념은 확인 또는 교정을 암시한다. 피드백의 한 예는 방안의 온도를 제어하는 온도계이다. 온도계는 특정 온도에 맞추어져 있어서 방안의 온도가 지속하는 한 냉방이나 난방장치의 가동이 필요하지 않다. 그러나 방안의 온도가 바람직한 온도를 벗어날 때에는 피드백 기재는 벽난로나 에어컨에 이 정보를 전달한다. 그러면 제어 시스템은 열기를 내보내거나 냉기를 방안으로 보내서 방안의 온도를 바람직하게 바꾸어 놓는다. 이 시점에서 온도계는 제어 시스템을 정지시킨다. 모든 것이 올바른 위치에 제대로 작동이 되는 상황에 도달한 것이다.

학습에서의 피드백의 예는 교수자가 정보를 전달하는 상황이 될 수 있다. 정보를 제시했을 때 학습자들이 당혹한 모습을 보이거나 혼동을 하고 있는 것을 주지하면, 교수자는 다시 뒤로 돌아가서 앞서 설명한 것을 더욱 쉬운 방법이나 다른 방법으로 설명해 준다. 그러면 학습자들의 당혹한 모습이나 혼동된 모습은 사라질 확률이 높아진다. 이 상황에서 모든 것은 제대로 되어가고 있으며 교수자는 다음 단원으로 넘어가게 된다.

피드백이란 용어는 학습의 종착행위인 산출물에 대한 평가가 미리 설정된 목표에 비유되어 행하여지기 때문에 교육에 유용하다. 이상적인 상태는 종착행위와 설정된 목표가 일치하는 것이다. 피드백이 유용하게 적용되려면, 목표는 반드시 행위가 일어나는 조건과 수용할 만한 행동수행의 수준을 포함해야 한다.

학습자의 반응이 있은 후 즉각적으로 또는 될 수 있는 한 빨리 피드백을 제공하는 것이 현명하다. 피드백은 교수자에게도 중요한 역할을 하지만, 학습자의 행위에 대한 교수자의 피드백은 학습자의 행위를 긍정적으로 부추기는 역할을 한다. 학습자의 반응이 맞을 때에 교수자는 즉각적으로 이를 확인해 주어야 한다. 많은 연구결과가 이러한 피드백이 효과적으로 학습에 작용한다고 보고한 바 있다. 피드백을 늦추어서 제공하면 효과는 낮아진다. 특히 프로그램 학습에서 이런 원칙은 매우 적절하게 적용된다.

5-9-2. CAI 학습자 특성별 피드백 유형에 관한 연구

영화나 비디오 프로그램의 시청자 반응에 대한 피드백은 해당 프로그램의 질적 향상과 더불어 시청자의 욕구를 만족시켜 주는 효과를 갖는다. 더욱이 매체와 사용자 간의 상호작용이 빈번한 컴퓨터 학습의 효과 증진을 위한 피드백의 역할은 더욱 크다고 하겠다.

컴퓨터를 이용한 학습의 종류도 다양해지고 또한 사용자의 수도 날로 증대되어가는 요즈음 컴퓨터에 입력되는 학습용 소프트웨어 개발 방법이 여러모로 논의되고 있다.

컴퓨터 학습자료의 개발에 중요한 요인들로서 목표의 명세, 내용의 선정 및 체계적 조직, 대상의 규명에 따른 내용제시 순서 및 반응에 대한 분석 등과 아울러 적절한 피드백의 개발을 말할 수 있다. 본 연구는 관련요인에 기초를 두어 학습자 특성에 적합한 피드백 유형을 밝히고자 한다.

(1) 피드백의 중요성

컴퓨터를 사용하여 학습이 이루어질 때에 학습자가, 성취수준에 도달하는 속도 및 행위의 정확성은 그들 학습자가 반응한 것에 대한 정보를 즉각적으로 제공할 때에 증대된다. 이와 같이 피드백, 즉 학습자의 반응에 대한 정보제공은 학습에 지대한 영향력을 행사하며, 따라서 매우 강력한 학습촉진제로 간주한다(Billings, 1986).

Billings(1986)에 의하면 피드백은 크게 두 가지로 대별된다. 하나는 정보적 피드백이고 다른 하나는 강화적 피드백(reinforcing feedback)이다.

정보적 피드백은 단순히 학습자의 반응이 맞았는지 또는 틀렸는지에 대한 정보를 제공하는데 주로 쓰인다. 때에 따라서는 정보적 피드백은 학습자가 오답을 확인하고 교정하는 것을 도와 주는 역할을 한다.

반면에 강화적 피드백은 정답에 대한 강화의 기회를 부여하고 오답에 대해서는 정답을 할 수 있도록 학습자의 행위를 교정하는 조작적 구실을 한다. 이러한 강화적 피드백은 외적으로 관찰할 수 있는 경우가 있는가 하면 학습자가 내면적으로 만족할 수 있는 내적으로 충실한 경우로 대별된다.

피드백이 어떤 형태이든 모두가 즉각성을 띄어야 하는 것이 중요하다. 그러나 때로는 약간 지연되어도 좋은 경우가 있는데, 각각의 경우를 간략히 살펴보면, 다음과 같다.

첫째, 피드백은 학습자가 자신의 답이 정답인가에 관심을 둘 때에 즉각적으로 주어져야 한다. 그렇지 않으면 학습자는 불확실한 심리적 상태 때문에 좌절당하고 더 학습을 진행하고자 하는 의지를 상실하게 된다.

둘째, 지진아의 경우에서 학습결과에 대한 즉각적인 피드백은 필수적이다. 이와 같은 학습자의 정답에 대한 피드백은 자신감을 주고 학습을 진행하기에 앞서 자신이 만든 오류를 교정할 책무성을 심어준다.

셋째, 어떤 유형의 학습자가 만든 오답에 대한 즉각적인 피드백은 학습자로 하여금 자신의 반응에 대해 생각해 볼 여유를 준다. "준비가 되면 다음 단원으로 가시오."라는 진술은 학습자에게 필요한 반성의 기회를 제공한다.

넷째, 때때로 피드백이 지연되어 나중에 주어지는 경우에 지식의 획득과 파지에 도움을 준다(Cohen, 1985). 특히 학습자가 학습을 완전 정복하는 데 목적을 갖는 의지가 강할 때, 지연된 피드백(delayed feedback)은 효과적이다. 특히 지식의 이해(comprehension)와 적용(application)과 같은 비교적 고등정신기능을 배양하는 때에 지연된 피드백은 학습을 조장한다.

이제까지 언급된 피드백의 유형과 각각의 피드백이 주어진다는 적절한 시기에 대한 지적 이외에 피드백의 중요성을 심층 더해 주는 요인은 피드백의 양(Quantity)이다.

매번 반응이 있을 때마다 주어지는 피드백은 자칫하면 따분한 절차가 되어 학습의욕을 상실하게 하기 쉽다. 지나치게 많은 피드백의 양은 반응이 정답일 경우나 학습자가 자신감이 있는 경우에 매우 비효율적이다. 따라서 피드백을 아무 때나 주는 것을 지양하고 오로지 필요한 때에만 주는 것을 지침으로 하여야 한다.

반면에 학습진전에 반드시 필수적으로 주어져야 하는 피드백은 학습의 완성을 부추기는 중요한 역할을 한다. 이런 경우에 피드백이 생략되면 학습자는 학습을 도중에 포기하게 되는 경우가 발생한다.

이와 같이 피드백은 정답과 오답 등의 반응에 대한 이유 또는 근거(rationale)가 되는 역할을 담당한다. 이런 경우에 학습자는 자신이 추측하는 답(답이 정답이면)에 대해 근거(rationale)가 주어질 때에 학습에 대해 흥미를 갖게 된다.

(2) 학습자의 특성

학습에 자신감이 높고 성숙한 학습자에게는 피드백이 비교적 덜 필요하다. 따라서 만일 학습자가 주어진 과제를 잘 이해하면서 학습을 진행한다면 피드백은 지연돼도 좋고 반응마다 피드백을 주는 것보다는 때때로 필요한 때에만 주는 것이 바람직하다.

Harley & Lovell(1984)은 학습자의 개성을 중심으로 피드백이 고안돼야 한다고 주장한 바 있다. 학습자의 개성은 각 학습자가 소지한 특성(trait)의 혼합으로 타인에게 비추어 지는 것으로서 개인이 소지한 특성은 그 개인의 평상적 버릇(habit)에서 추측되어진다. 버릇은 개인이 어떤 환경에 처했을 때 반응을 보이려는 의향 또는 성향으로서, 버릇들이 혼합되어 개인의 성격(personality)을 형성한다.

이와 같이 성격은 여러 가지 특성에 의해 규정지워지는 것으로 피드백이 학습과정에 주어질 때 유사한 특성이 있는 학습자에게는 피드백의 유형도 유사하게 된다.

학습자 특성은 성격발달 단계 및 인지발달 단계에 따른 수직적 연계선상에 나타나는 차이에 의해 변별되고 설명된다. 이러한 견해와 달리하여 학습자를 연령이나 성별에 구애받지 않고 특질적(dispositional)으로 접근하여 학습집단을 구분, 설명하는 수평적 구분 방식도 있다.

본 논문은 수직과 수평의 연계선상에서 학습집단을 구분하고 그 특성을 살펴보는데 초점을 둔다. 특히 수평적 연계선상의 구분에서는 욕구이론상에 논의되는 욕구(need), 즉, "인간의 내면에 존재하는 가설적 개념으로, 욕구란 힘(power)은 내적·외적으로 충동된 힘으로 다른 심리적 과정(psychological process)을 조직한다."에 의해 집단을 구분시키는 것을 목적으로 한다.

인간의 욕구 중에서 가장 심각하게 학습자에게 영향을 미치는 유형으로는 성취욕구를 한 예로 들 수 있다. 성취욕구(drive for success)란 가설적 개념으로 인간이 보거나 느낄 수 없으며 습관으로 지각할 수 없지만 인간행동의 저변에 깔려 있어 그 행동을 좌우하는 것이 무엇인지를 설명하고 기술하는 데에 필수요인이 된다.

성취욕구가 강한 집단은 자신들의 성취동기를 고양하는 외적 상황에 직면하기를 원하지만 반대로 성취욕구가 낮은 집단은 똑같은 상황을 하나의 위협, 혐오스런 형상(aversive feature), 시간낭비 및 게임 등으로 지각한다. 이와 같이 성취욕구의 크고 작음에 따라서 잡단은 환경이 주는 자극에 서로 다른 반응을 한다.

(3) 학습자 특성과 피드백

Piaget이론에 의해 인지발달은 4단계로 나누어진다. 0세 이후 만 2세까지의 어린이는 감각 운동기(Sensory motor stage)에 처해 있다. 이 기간에 특히 8개월에서 12개월 사이에는 기억 인출의 증대, 대상의 연속성, 새로운 사물 앞에서 억제, 낯가림 및 격리불안 등의 특징이 나타난다. Erikson에 의하면 이 시기에는 주위환경에 의해 신뢰감이 생성될 수도 있고 반대로 불신감이 싹틀 수도 있다(전윤식 · 제석봉, 1984). 이런 유아기에 처한 학습대상에 제공될 피드백의 유형과 자기중심적 존재로 간주하는 2세에서 7세 사이의 전 조작기(preoperational stage) 아동에게 주어지는 피드백의 유형은 판이하다. 이들 두 집단은 인지의 형태나 성격발달상에서의 특질이 서로 두드러지게 다르게 나타남에 따라서 두 집단이 같은 자극에 대해 다르게 지각하고 반응한다.

(4) 피드백의 종류

피드백은 학습자가 학습을 하는데 필요한 반응이라고 일컬으며(Charles, 1980), 이런 유형의 반응, 즉 피드백은 여러 가지로 구분된다.

첫째, 반대 또는 거절식반응(rejecting response)으로 언어로는 "아니오.", "틀렸어요.", "일단 멈추세요." 등의 예가 있고 비언어로는 "상을 찌푸린다.", "손을 내 젓는다.", "손가락으로 책상을 친다." 등의 행위가 있을 수 있다.

둘째, 수용적 반응(accepting response)은 언어적으로는 "좋아요.", "맞았어요.", "계속하세요." 등이 그 예가 되며 비언어적 피드백으로는 "미소를 띄운다.", "고개를 끄덕인다.", 또는 "등을 두드린다." 등의 몸짓이 있다.

셋째, 강화적 반응(reinforcing response)은 그 예로 "특권을 부여한다.", "점수를 주거나 상금을 준", "학습자가 선호하는 활동을 하도록 허락한다." 등의 예를 들 수 있다.

넷째, 교정(correction)은 "오답을 고치도록 정답을 마련해 준다든가", "오답을 지적해 준다." 또는 "어떻게 오답을 고칠 수 있는지를 알려준다." 등의 예가 있다.

다섯째, 평가적 반응(evaluative response)도 피드백의 일종으로 그 예로는 "학습자가 정답을 위해 얼마나 노력했는가", "학습자의 태도가 양호한 정도" 및 "학습자가 정상궤도에 있는지"를 지적해 주는 것이다.

이상의 예 이외에 학습자 자신이 스스로 진도를 점검케 하든가 등의 자기평가 유형의 피드백이 있다. 또 다른 유형의 피드백은 동료학생에 의한 학습자의 진도에 대한 평가도 있다.

Charles(1980)에 의하면 학습자의 특성에 따라 다른 유형의 피드백이 주어져야 한다. 예를 들어, 모험을 즐기는 학습자는 타인으로부터 오는 피드백에 별로 신경을 쓰지 않는다. 이들은 자신의 내면적 감정인 성취욕구를 만족하는데 관심을 둔다. 따라서 이들에게는 새로운 과제에 도전하게끔 해 주어 자신이 처한 입지를 확대해 나갈 수 있게 해야 한다.

신중한 성격의 학습자는 모험을 즐기는 학습자와는 다른 형태의 피드백을 원한다. 전자는 그가 하고 있는 학습이 옳은지 틀린지에 매우 관심을 기울이며 동시에 타인으로부터의 피드백이 효과적이다. 따라서 이들은 평가적 피드백을 탐구하고 물론 긍정적 피드백을 추구한다. 그러나 잘못 학습한다고 생각할 때에는 무엇이 잘못인지 알기 원하고 고치려고 노력한다. 이런 유형의 학습자는 긍정적 강화에 반응하고 행위개선(behavior modification)의 프로그램에 매우 잘 반응을 한다.

방황하는 성벽을 지닌 학습자는 산만하게 작업하는 습성이 있어 항상 학습에 대한 지침과 피드백을 요청한다. 이런 유형의 학습자는 자신이 학습하는 분야에 권위가 있는 선생이 물리적으로 구조적으로 가까이 있는 환경에 한하여 학습효과가 높아진다. 이들은 끈기가 없고 혼자서 스스로 학습하고자 하는 의지가 약하기 때문에 끊임없는 성취감을 느끼도록 학습을 긍정적으로 강화시키면서 이끌어 가야한다(표 5-1 참조).

<표 5-1> 학습자별 유리한 학습여건

학 습 자	특 성	가 능 성	피 드 백
1. 모험을 즐기는 학습자	폭이 넓음	사교성 인정추구	가능성의 확산, 대체안 제시, 및 경우에 맞는 긍정적 언급
2. 신중한 성격의 학습자	구조적	폭이 넓음	제언, 평가, 교정, 및 긍정적 강화
3. 방황하는 성격의 학습자	구조적, 사교적, 인상적	사교성 인정	지침적, 경고적, 긍정적 강화

(5) 수직적 차이에 의한 흥미 또는 욕구

유아가 느끼게 되는 공포는 친근한 사람과 격리감을 가질 때에 나타나며 이 때에 유아는 모방을 하게 된다. 그 모방의 형태가 새우 24개월 동안은 체계적이거나 현실적이지 않더라도 "다른 사람을 통해서 본 해동"을 도식(Schema)으로 파지하여 연상해 보는 상상의 기능을 대변한다. 특히 타인의 반응에서 나타나는 흥분(excitement)을 연장시키려는 욕망을 한다. 다시 말해서 유아는 자신이 재현해 보고자 시도하려는 경향을 가지며 재현하고자 하는 데에 흥미를 느낀다. 이것은 일종의 모방 흥미라 할 수 있다.

2세 이후 4세에 이르기까지 어린이는 언어적 발달을 하게 된다. 이 때에는 새로운 언어를 모방하여 자신의 어휘목록에 첨가시킨다. 그러나 어떤 특정 모델을 모방하여 새로운 문장을 습득하지 못하고 자발적으로 자신의 말에 오르내렸던 문장만을 모방하며 모방할 때에는 모델의 문장을 어린이 자신의 전보식 양식(telegraphic style)에 따라 개조시킨다. 어린이는 복잡한 문법이나 어휘를 자기식으로 변조하여 단순화시킨다. 따라서 이 시기의 아동에게는 무엇보다도 자극을 단순화시켜 제공하는 것이 효과적이다. 단순한 구문에서 규칙적 순서로 복잡한 형태의 구문을 학습하게 된다.

4세 이후 학동기 시초인 8세까지의 어린이의 어린이에게서 발견되는 인지활동의 주요단위는 도식(schema)이라고 할 수 있다. 도식은 심상(image)이나 사진과 같은 복사가 아니라 청사진과 같다고 하겠다. 도식은 청사진과 같이 어떤 대상이 가지고 있는 중요한 요소들의 배열과 관계성을 표현한다. 단, 도식은 물리적 사상에 대한 표상만을 가르친다. 따라서 개념에는 도식이 없다. 어떤 사상에 있어서 가장 두드러지고 일관성 있는 속성을 강조하는 것이 평균적 도식으로 다른 말로 표현하면 원형(prototype)이 된다. 원형은 구체적 경험을 표상하는 것이 아니라, 많은 유사한 경험들의 복합체이다. 원형의 주요 속성은 다음과 같다.

첫째, 사상이 제시되는 형태가 달라도 거의 변하지 않는다.

둘째, 물리적이나 심리적으로 현저히 두드러진다.

셋째, 다른 유사한 사상과 구별하는데 도움을 준다.

4세에서 8세에 해당하는 연령의 어린이는 이런 도식을 기초로 더욱 한 특정 사상을 세밀하고 정교하게 형성하여 심상을 가질 수 있는 능력을 갖추기 시작한다. 더불어 이 시기에는 자신이 가지고 있는 심상에 의존하는 성향이 짙다. 이 때에는 보통 어린이도 성인에 비해 비교적 단순한 질문에도 구체적 심상에 의존하여 답하는 성향을 지닌다.

8세 이후의 어린이들은 Piaget의 구체적 조작기(concrete operational stage)에 처해 감각운동기(sensory motor stage)나 전조작기(preopertional stage)의 어린이들보다 개념에 대한 이해도가 증진된다. 여기에서 개념은 어떤 특정 집단의 도식 및 심상들 간의 공통된 속성을 나타내거나 표상한다. 구체적 조작기에 처한 어린이는 비교적 개념을 객관적으로 이해하여 타당도가 높은 개념을 소지하게 된다. 또한, 이들은 개념에 대한 명료성, 분명성 및 안정성을 높게 평가한다. 그뿐만 아니라 개념에 대한 접근성(accessibility)을 소지하고 있어 특정 개념을 이용하고 또 타인에게 전달할 수 있다. 구체적 조작기에 속한 아동들은 자신이 어떤 사물을 이해하는 개념을 이용하고 타인에게 전달하려는 접근성, 그리고 이에 앞서 개념의 명료화 및 영속적으로 유지하려는 안정성에 대한 욕구를 한다고 하겠다.

12세 이후의 아동은 형식적 조작기(formal operational stage)에 처하게 됨에 따라 자신의 의도에 따라서 주어진 개념을 응용 또는 변형시키는 조작(operation)을 하기 시작한다. Piaget에 의하면 조작의 획득이 지적성장의 핵심이 된다. 어린이는 발달단계에 따라 새로운 부류의 조작을 획득하고 청소년기인 형식적 조작기에 가장 숙달된 조작을 하게 된다. Piaget에 의하면 인지발달의 한 단계에서 다음 단계로 건너가게 하는 두 가지 주요 기재(mechanism)는 동화(assimilation)와 조절(accommodation)이다.

형식적 조작기의 청소년은 동화와 조절 사이의 갈등을 잘 해결해낸 경험이 있는 관계로 새로운 사상을 접할 때에 그의 지적과정(mental process)은 빨리 일어난다. 이들이 새로운 문제상황에 부딪히게 되면 기존의 개념이나 해결방법을 우성 동원하지만 이로써 문제해결이 되지 않을 때 새로운 방법을 추구한다. 이 새 방법을 추구하면서 기존의 개념과의 조화를 탐색한다.

또한, 이들은 구체적 사실을 초월해서 사고할 수 있어서 구체적 사물에 대한 명제가 아닌 다른 명제에 대해 조작을 한다. 실로 청소년은 말의 논리적 불일치성을 탐지하며 가상적 조작을 가정하면서 사고를 진행한다. 그러므로 청소년은 실제적 차원을 떠나서 가정적인 문제처리에 흥미를 갖게 된다.

형식적 조작기의 구체적 특성은 첫째, 가상적인 상황에 대해 추리할 수 있는 경향 및 능력, 둘째, 체계적이고 철저한 가설의 탐색, 셋째, 고차적인 규칙 및 명제의 불일치성을 탐지하려는 태도이다.

청소년기의 가설 탐색과 추리, 고차적 규칙 및 명제의 불일치성에 대한 탐지는 청소년기로 들어서면서 자아의식의 확대로 청소년기에 경험했던 신체적 · 정신적 불안 동요에 직면하여 회의와 번민에 빠지는 경향이 높다. 청년은 새로운 지식을 파악하는 대신 옛것을 통일하고 조직화하며 자기생활의 지도원리를 터득하려는 성향을 지닌다(윤승금, 2004).

이들의 성숙한 특성을 살펴보자.

첫째, 일을 효과적으로 처리할 수 있고 피로와 긴장을 참을 수 있는 인내심을 갖는다.

둘째, 현실을 정확히 파악하며 동시에 통찰력이 발달하여 쉽사리 동요되지 않는다.

셋째, 통일된 도덕성을 지니며 자신의 행동에 대한 책무의식을 갖고 관용을 베푼다.

넷째, 대인관계가 안정적이며 어른에게 순종하는 경향을 갖는다.

따라서 청소년의 흥미와 욕구는 불확실성을 배제하는 가운데에 있다고 할 수 있으며 이들에게는 지적인 탐구가 끈질기게 요청되는 과업이나 전략이 즐거운 일이 된다. 더불어 진로에 대한 정보제공이 이루어지면 청년은 스스로 그 정보를 심층 있게 분석하여 자신의 진로를 결정하려고 노력하게 된다.

성인기에는 학습능력이 감퇴한다. 이 시기에는 지각능력(perceptual ability) 및 감각기능(sensory function)이 감퇴하기 때문이다. 그러나 연구결과에 따르면 학습능력에는 연령차가 없다. 단지 학습자료에 따라 그 특성이 달라지는 것이다. 속도와 지각을 요구하는 지능은 반비례하지만 누가적(cumulative) 경험을 요구하는 지능은 연령과 비례하거나 평행수선을 보이게 된다.

성인기 이전에 이루어진 원시적 학습의 결과가 좋은 성인에게는 후기학습이 지속적으로 향상되고 지능도 지속적으로 발달하지만, 성인 이전의 원시학습이 제대로 이루어지지 못한 성인은 지능발달이 일찍이 멈추고, 후기학습 능력이 급격히 감퇴한다.

형식적 조작기 다음에 오는 단계를 변증법적 조작기(dialectic operation)라 명명하고 이 시기에 나타나는 인지적 모순과 다양한 사고 수준 간의 갈등을 중요시하였다. 이 때에 갈등은 지적 발달에 자극제가 되며, 성장하는 개개인은 모순을 해결하기 위해 계속 노력하게 된다. 주어진 갈등의 해소는 새로운 모순을 생성하여 또다시 새로운 해결을 이루게 하는 정 · 반 · 합의 과정이 순환된다.

현대사회에서 성인이 성취해야 할 과업은 첫째, 외부세계에 관한 정확한 개념획득 둘째, 자신의 내적 실체(inner reality)에 관한 지각 셋째, 자아와 외부세계와의 상호관계의 지각 등이다. 이 때에 성인은 가족생활의 원만함과 아울러 능력 있는 직업인으로서 사회생활을 영위하기 위해 급격히 변화하는 지식과 문화에 적응하여 자기성장의 욕구를 유지한다. 이 때에 나타나기 쉬운 병리현상으로는 30세를 지나면서 생리적

균형이 깨어지기 쉽고 가정, 사회, 도덕, 윤리적 규범에 억압된 성적 욕구가 강하게 나타나는 '성인의 반항기'를 맞게 된다. 이 시기는 '자기 자신이 되려는 자유'를 갈구하는 시기이기도 하다.

(6) 수평상의 흥미와 욕구

1 문해집단과 비문해집단

현대사회를 살아가는데 문자에 대한 이해는 절대적이다. 문자는 오늘날 다음과 같은 여러 가지 용도로 쓰이고 있다.

첫째, 기초적 도구, 즉 일상생활을 하는데 필요한 정보획득의 수단을 일컬으며 그 예로는 가격표, 수표, 청구서, 광고, 도로표지판, 주소 등이 있다.

둘째, 사회적 관계를 유지하는데 필요한 정보들로써 명함, 인사장, 자동차 번호판, 포스터, 편지, 요리책자 등이 있다.

셋째, 뉴스 관련 정보, 신문기사, 정치선전물 및 행정관청으로부터 인출된 인쇄물 등이다.

넷째, 기억보조도구로써 월중행사표, 전화번호와 주소록, 달력에 가정행사 메모 등이다.

다섯째, 구어 전달의 내용으로 부모가 외출하면서 가족에게 남기는 메시지 및 방문객이 부재중인 주인에게 남기는 간단한 용건 메모 등이다

여섯째, 출생기록, 차용증서 및 계약서류 등의 영구성을 지닌 기록물이 있다.

일곱째, 성경구절, 자동차 설명서, 여행 일정계획 등의 확인기록이 있다.

Heath가 정의한 위와 같은 문자적 도구를 다 활용하는 이는 문해인이고 이중 한 가지라도 이해할 수 없는 사람을 비문해인이라고 간주하는 경우에 UNESCO에서 설정한 비문해율(illiteracy rate)을 훨씬 초과하게 된다.

실제로 우리 주변에 Heath가 정리한 문자를 도구로 사용하는 예는 많은 사람을 비문해인으로 소외시킨다. 1950년대에 내려진 문해에 대한 정의는 '간단한 문자와 숫자의 읽기와 쓰기 그리고 간단한 셈하기의 능력'으로 정규교육 4년의 학력소지자 이상을 일컫는다. 그러나 이것은 단순문해로써 Heath가 정리한 문자의 일상 생활적 도구의 기능을 활용할 수 없는 수준이다.

40여 년이 지난 오늘날에는 초등학교 6년 이상 또는 정규교육 9년 이상의 교육을

받은 사람으로 신문을 제대로 읽을 줄 하는 능력 소지자를 문해인으로 규정하여 Heath의 문자도구를 어느 정도 이용할 수 있는 사람으로 규정하고 있다. 이렇듯 문해인으로 규정하는 수준이 높아지는 이유는 오늘날의 일상생활과 직업생활에서 문자의 사용이 확대되고 동시에 문자생활의 수준이 향상된 데에 기인한다. 과거에 단순노동에 의존하던 시대에는 문자생활은 일반대중과는 관계없는 소수의 엘리트의 전유물이었으나, 현대생활에서는 대중의 사회생활 및 직업생활에서 문자의 사용이 빈번해짐에 따라 문해인에 대한 규명 수준이 높여지고 있는 실정이다.

비문해집단의 특성은 그들이 소속된 사회나 직장에서 생활을 하는데 불편을 겪는다는 점이다. 이런 능력의 기준에서 1985년 현재 우리나라의 15세 이상 인구 중 30% 이상이 초등학교 미취학자이거나 초등학교 6학년 미만의 학력을 소유하여 이들이 바로 비문해인(illiterate)으로 간주한다.

이들 비문해인은 사회적 차원에서 무지하고, 무능한 존재로써 소외당하기 쉽고 권위를 가질 수 없는 것이 통상적이다. 그러나 이들은 학식인 보다도 경우에 따라서는 더 정직하고 예의바르고 부지런하다. 이들은 단지 사정에 의해서 정규교육을 통한 학습의 기회를 갖지 못해 앞서 언급된 성인으로서 갖추어야 할 변증법적 조작(dialectic operation)에 미숙하거나 거의 생소하다.

이런 이유 때문에 비문해인이 사회생활이나 일터에서 겪게 되는 불편은 날로 증대되어 간다. 이러한 불편을 없애 주는 방편으로 문해교육이 평생교육차원에서 주어져야 한다는 운동이 범세계적으로 일고 있다.

문해교육의 기본전제는 각 개인은 누구나 인간으로서 존경받을 만한 인격과 지혜가 있다는 것이다. 비문해인들이 반드시 게으름이나 무능력 때문이 아닌 가정적 또는 경제적 사정에 의해 비문해를 벗어날 학습의 기회가 주어지지 못하는 것이다.

우리나라의 인구 중 30%에 해당하는 천만여 명의 비문해인들을 교육한다는 것은 우리 사회가 당면한 중차대한 과제로써 비문해인을 위한 문해교육 설계에 있어서 교육대상의 특성을 심층 분석하는 것이 일차적 단계라 할 수 있다.

일단 문해인(literate)이라 명명지어진 집단이라 하더라도 급속히 변화하는 기술문명과 정보의 홍수시대를 맞이하여 자신의 전문성을 확대시켜나가는데 어려움을 경험하는 것은 흔히 있는 일이다. 이들 문해인은 은행이나 세무서 등에서 민원서류를 다룰 때 아주 유능하게 처리하고, 교통수단을 이용할 때에도 유능하게 처리할 뿐만 아니라, 사회단체 모임이나 문화행사에 적극적으로 참여하여 토론하거나 사회도 맡는다. 흔히 이런 이들을 기능문해인으로 규정을 짓는다(윤복남, 1990).

그러나 앞서도 언급한 바와 같이 이들이 계속해서 기능문해인으로 존속하기 위해서는 끊임없이 학습해야 하는데 이런 학습의 유형을 전문문해교육이라 한다. 비문해인을 교육하는 문해교육을 기능문해교육이라 규정한다면, 기능문해교육과 전문문해교육은 그 속성에 큰 차이를 갖는다. 변증법적 조작이 가능하나 새로운 기술과 지식습득의 대상이 되는 문해인과 변증법적 조작에 생소한 비문해인은 그들이 지닌 흥미와 욕구가 서로 판이하다.

2 문해수준과 피드백

비문해인을 대상으로 하는 교육이 컴퓨터를 이용한 학습의 형태를 적용할 때 이들의 흥미와 욕구에 비추어 피드백이 주어져야 계속해서 학습하고자 하는 의지가 생성된다. 이들 대부분은 정규교육에서 체계적인 수업을 못받는 비특혜인들로써 일상생활의 단순한 일에는 끈기와 인내심으로 부지런히 일한다. 그러나 문자의 해독과 같이 지적 발달이 수반되는 문해교육의 장에서는 끈기도 없고 하고자 하는 의지를 상실하기 쉽다. 이들을 위한 문해교육은 이들을 일단은 방황하는 성격의 학습자(drifter)로 간주하는 것이 타당하다.

따라서 이런 유의 학습자들은 산만하게 작업하는 습성이 높아서 학습의 매 단원 상세한 지침과 아울러 피드백이 제공되어야 한다. 이들은 자신이 학습하는 분야에 권위가 있는 사람이나 선생이 물리적으로 구조적으로 가까이 있어야 학습에 대한 신뢰와 흥미를 갖게 된다. 이들은 또한 학습에 대한 인내를 자칫 잃어버리고 중도에 그만둘 가능성이 많이 내재하고 있기 때문에 계속 성취감을 느끼도록 긍정적 강화를 제공해 주어야 한다.

이들은 초등학교 6학년이나 정규교육 9년 이하의 학력을 가진 때문에 인지의 발달이 구체적 조작기 후반기이거나 높아야 형식적 조작기의 초기 단계에 있다고 할 수 있다.

따라서 이들 비문해인은 특정개념을 이해하고 이용하며 전달할 수 있는 능력이 있으나 개념의 명료성과 분명성 및 영속성을 유지하려는 내적 힘이 미약한 때문에 형식적 조작기에서 발달하는 지적과정(mental process)이 느리다.

이들 비문해인의 지적 수준은 대체로 구체적 조작기를 넘지 못한 관계로 문제

상황에 처했을 때 이미 알고 있는 개념이나 해결방법을 동원하지만 이로써 문제상황이 해결되지 못할 때에는 형식적 조작기의 조작능력이 없기 때문에 새 방법을 기존의 방법에 조화시키려는 탐색능력이 부족하다. 이들에게는 구체적 조작기에서 형식적 조작기로 넘어가는데 필요한 동화(assimilation)와 조절(accommodation)에 익숙해지도록 유도하는 피드백이 필요하다.

동화는 옛 관념과 습관이 새로운 사실에 적용되는 것이며, 새로운 사상을 기존의 도식(schema)의 일부로 간주하는 것이다. 반면에 조절이란 새로운 사상에 맞추는 경향성으로 새로운 사상에 알맞게 기존의 도식을 변화시키는 작용이다. 동화와 조절의 기재(mechanism)를 통해 인지의 발달은 달성된다.

비문해인은 구체적 사실에 흥미가 있기 때문에 가상적 조작을 가정하면서 사고를 진행하기를 두려워한다. 또한, 논리적 불일치성에 민감하지 못하기 때문에 가정적 문제처리를 회피하는 경향이 있다. 이들의 이런 곤란도를 제거해 주기 위해서는 구체적 조작기의 능력을 깊이 있고 확고하게 배양시키는 일이 중요하다.

문해인의 카테고리 내에 속한 사람이라도 정규교육 12년 이하의 학력을 소지한 사람은 형식적 조작기에서 발달하는 가상적 상황에 대한 추리능력, 가설을 탐색하는 체계성 및 철저함, 그리고 고차적인 명제나 규칙의 불일치성을 탐지하려는 힘이 미약하기 쉽다. 이들에게는 가상적 문제상황에 대한 사고를 반복적으로 되풀이할 수 있는 학습의 제공이 필수적이라 하겠다. 그러나 이들은 비문해인과는 달리 방황적이지는 않고 오히려 신중한 학습자로 규정되는 경향이 많다. 따라서 이들에게는 학습에 대한 자신의 반응이 맞는지 틀렸는지에 대한 관심을 돋구어 줄 수 있는 타인으로부터의 피드백이 주어져야 한다. 피드백의 유형은 평가적이면서 긍정적인 때에 효과적이다. 자신의 오답에 대한 관심이 매우 크기 때문에 왜 틀렸는지에 대한 철저한 설명이 필요하면 자신의 행위개선(behavior modification)에 강한 욕구를 한다.

정규교육을 12년 이상 받은 문해인을 위한 전문문해교육은 대상을 일단은 변증법적 조작(dialectic operation)을 할 능력이 있다고 간주해야 한다. 이들을 위한 피드백 전략은 앞서 언급한 비문해인이나 신중한 학습자로서의 문해인보다는 모험가(adventurer)를 위한 것이어야 한다. 모험을 즐기는 학습자는 자신의 반응에 대한 피드백을 별로 즐기지 않는다.

12년 이상의 정규교육을 받은 성인은 변증법적 조작에 익숙하여 인지적 모순과 다양한 사고로 빚어지는 내적 갈등에 관심을 둔다. 이들이 성인이 되기 이전에 이루어진 원시적 학습의 결과는 성인이 된 후에 지속적으로 향상되고 아울러 지능도 지속적으로 발달한다. 이들은 도움이 되는 내적 갈등이 인지발달의 자극제가 된다. 이 시기에는 개개인은 문제상황을 해결하기 위해 계속해서 노력하는 성향을 가진다. 하나의 모순의 해결은 또 다른 모순을 생성하여 이들에게 자극제로 부각된다. 이러한 인지적 작용으로 인해 문해인으로서 명명지어진 성인은 다른 집단에 비해 맡은 과업의 완수를 위한 중간과정에서 피드백을 별로 필요치 않는다.

단지 이들에게 주어지는 학습과제의 성격은 오늘날 급속한 기술의 발달과 지식의 폭증 때문에 직업생활 및 사회생활에 필요한 새 지식과 신기술의 획득에 관한 것으로 전문문해교육을 필요로 한다.

전문문해인은 기능문해인으로도 표현되는 때가 있으며 직업세계의 구조변천 및 언어의 급상승적 발달 및 신기술의 도입으로 업무에 관련된 재교육 또는 순환교육을 수시로 받는 것을 요청한다. 그뿐만 아니라 정치집회, 강연회에 참석하거나 적극토론에 참여하고 때로는 지도자로서 역할을 다하여야 한다. 이에 필요한 학습과제의 해결을 위해서는 각자가 지닌 성취욕구(need for success)에 맞는 피드백이 주어질 수도 있다.

3 컴퓨터와 피드백

컴퓨터를 이용한 학습은 창조적이며 조작이 용이한 풍요한 환경을 조성하여, 전통적 학습상황에서 진정으로 추구하는 소크라틱 대화식의 학습에 근접하는 방식이라 하겠다(Bork, 1981). Bork에 의하면 CAI(computer assisted instruction)는 다른 어떤 매체와는 달리 매체(컴퓨터 자료)가 학습자 개개인과 상호작용을 함으로써 교육적 효과를 높인다.

CAI의 효과를 고조시키기 위해서 개발되는 학습자료는 목표의 명세와 아울러 내용의 선정 및 계열화, 검증의 객관도, 타당도 및 신뢰도를 요청하는 복잡하고 난해한 작업의 산출물이라 할 수 있다. 더불어 이러한 자료는 소크라틱 대화식의 학습환경을 조성하기 위해 학습자의 반응에 대해 적절한 피드백을 제공하는 과제를 안고 있다.

피드백은 그 유형이 다양하여 학습자 특성에 맞게 제공될 때에 학습효과는 고조된다. 그뿐만 아니라 피드백의 누가적 자료(cumulative data)는 차기 학습자를 위한 자료의 개선에 지대한 긍정적 효과가 있다.

Charles(1980)에 의하면 피드백은 크게 5가지 유형으로 나누어진다. 거절식 피드백과 수용적 피드백은 Billings(1986)의 정보적 피드백에 해당하는 것으로 간주한다. 정보적 피드백은 학습자의 반응이 맞았는지 또는 틀렸는지에 대해 정보제공을 하는데 주로 쓰이며 때에 따라서 학습자가 오답을 확인하고 교정하는 것을 도와 준다. 이러한 유형의 피드백은 인지발달 단계 선상에 감각 운동기나 전조작기에 처한 학습자에 적절하다고 하겠다. 감각운동기의 유아는 자신의 매 반응에 대해 즉각적으로 맞았는지 또는 틀렸는지를 확인할 필요를 느낀다. 이들은 타인을 통해서 본 행동을 도식으로 파지하고 연상하는 등 모방을 즐긴다. 따라서 이들은 자신에게 주어지는 자극에 대해 단순히 모방하고자 하는 욕구가 강하다. 2세에서 8세 이전의 어린이는 언어적으로 보다 성숙한 반응을 하지만 역시 유아기와 비슷한 방식으로 언어를 모방하여 자신의 어휘범주 내에 포함한다. 그러나 이들은 자신이 모방한 단어나 문장을 자기식으로 개조시켜서 단순한 반응을 하며 전보한다. 따라서 이 때에는 유아기 때와 마찬가지로 될 수 있는 한 자극(피드백도 자극의 일종)을 단순히 주도록 시도해야 한다. 이 두 시기에 처한 학습자에게는 거절식 또는 수용식으로 정보제공을 하는 피드백이 효과적이라 할 수 있다.

Charles(1980)의 강화적 피드백과 교정적 피드백은 Billings(1986)가 제시한 강화적 피드백의 범주에 속하는 것으로 간주한다. 강화적 피드백은 Billings에 의하면 정답에 대해서는 강화의 기회를 부여하고 오답에 대하여 정답을 할 수 있게 되도록 학습자의 행위를 교정하는 조작적 역할을 한다. Charles는 강화적 피드백의 종류에는 "특권을 준다." "점수를 높여준다." 또는 "학습자가 선호하는 활동을 하도록 허락한다." 등이 있다. Charles에 의한 교정적 피드백은 "오답을 고치도록 정답을 제시한다." 또는 "오답을 고치도록 정답을 제시한다." 등이다.

구체적 조작기에 처한 학습자는 주어진 자극을 명백하고 분명하게 이해하려는 성향을 지니며 동시에 자신이 이해한 개념을 영속적으로 유지시키고자 하는 욕구를 한다. 12세 이후의 아동은 형식적 조작기에 처하게 되어 자신의 의도에 따라서 주어진 개념을 응용 또는 변형시키려는 조작(operation)을 시작한다. 이들은 문제상황에 부딪히게 되면 기존의 개념이나 해결방법을 동원하지만 이것으로 충분하지 못할 때에는 새로운 방법을 탐색하여 기존의 방법이나 개념과의 조화를 추구한다.

구체적 조작기나 형식적 조작기의 인지발달 단계에 처한 학습자에게는 강화적 피드백과 교정적 피드백을 즉각적으로 주거나, 과제에 따라서 지연시켜 피드백함으로써 파지능력을 향상시키는 것이 효과적이다.

Charles(1980)의 평가적 피드백은 "학습자가 정답을 만들기 위해 얼마나 노력했는가", "학습자의 태도가 얼마나 양호했는가" 또는 "학습자가 올바른 학습의 궤도에 있는가"를 지적해 주는 유형의 피드백이다. 평가적 피드백은 자아의식의 확대로 회의와 번민을 경험하는 청년에게 적절하다. 청년은 새로운 지식의 탐구보다는 이미 자신이 알고 있는 지식을 조직화하여 자신의 생활에 대한 지도원리를 터득하려는 욕구를 한다. 이들은 인내심으로 현실, 즉 자극을 정확히 파악하기 위해 통찰력을 발휘하며, 자신의 행동(반응)에 대한 책무의식을 갖는다.

평가적 피드백은 변증법적 조작에 능한 기능적 문해인인 성인에게도 때에 따라서는 필요한 것으로 간주한다. 성인에게 제공하는 피드백을 분류하는 방안으로 비문해인, 기초문해인 및 전문 또는 기능문해인의 특성을 검토하는 것이 필요하다.

초등학교에서 6년간의 교육이나 정규교육을 9년 이하 받은 사람으로 신문을 제대로 읽을 줄 모르는 이들을 비문해인으로 규정하고 있다. 이들의 문해 수준으로는 사회나 직장에서 불편을 겪기 쉬운 것이 오늘날의 실정이다. 이들은 사회적 차원에서 무지하여 소외당하기 쉽고 권위를 가질 수 없다.

비문해인은 구체적인 사실에 흥미가 있기 때문에 가상적 조작을 가정해가며 사고하기를 두려워한다. 이들은 자신에게 주어진 자극이 반복해서 주어질 때 편안함을 느끼며 반응을 한다. 따라서 비문해인에게는 통상적으로 구체적 조작기의 능력을 심어주는 일이 과제로 대두된다.

가상적 조작을 해야 하는 문제처리에 대해서 이들 비문해인은 두려움을 갖고, 자극이 조금이라도 복잡하거나 난해해지면 끈기를 잃고 산만해지기 쉽다. 따라서 이들이 학습하는 과제의 매 단원 상세한 지침과 더불어 피드백이 즉각적으로 제공되어야 한다.

문해인의 범주에 속한 성인이라도 정규교육 9년 이상 12년 이하의 학력을 소지한 사람은 형식적 조작기에서 발달하는 추리능력과 가설탐색에 필요한 체계성 및 명제나 규칙의 불일치성을 탐지하는 능력이 미약하기 때문에 자극을 비문해인과 비슷한 양으로 반복해서 제공하는 것이 필요하다. 그러나 이들은 완전 비문해인과는 달리 산만하거나 방황하는 학습자라기보다는 신중한 학습자로 규정짓는 것이 타당하다.

이들은 기초 문해인으로 명명할 수 있으며 이들에게 주어지는 자극에 대한 반응이 맞았는지 틀렸는지 지적해 주어 학습에 대한 자신의 뜻을 알리는 것이 필요하다. 아울러 이들의 반응이 틀렸을 때에, 왜 틀렸는지에 대해 철저히 설명을 해 주어서 행위개선(behavior modification)의 욕구를 충족시켜 주어야 한다.

정규교육을 12년 이상 받은 문해인은 일단 변증법적 조작(dialectic operation)을 할 능력이 있다고 간주한다. 이들은 산만하고 방황하는 비문해적 학습자는 신중한 기초문해 능력 소지자와는 달리 모험을 즐기는 학습자로 간주한다. 이들 기능문해 능력 소지자는 인지적 모순과 다원적 사고로 빚어지는 내면적 강등에 관심을 기울인다. 이들이 겪는 내면적 갈등은 인지발달의 자극제가 되기도 한다. 따라서 이들은 타인으로부터의 피드백을 별로 즐기지 않으며 피드백이 없이도 도중에 과업을 중단하지 않는다. 이들에게 필요한 피드백이 있다면 평가적 피드백으로 간주한다.

5-10. 검 증

하나의 이론에 대한 가치를 평가하는 데 있어서 어떤 기준이 필요하듯이, 컴퓨터로 처리된 프로그램을 평가하는 데에도 기준이 필요하다. 프로그램의 목적, 개발 방법의 논리성, 실행방법의 합리성 등이 명백하고 아울러 평가방법이 적절하고 그 프로그램의 객관성과 타당성이 실증적으로 검증될 수 있어야만 한다. 본 장에서는 프로그램의 신뢰성(reliability), 타당성(validity) 및 객관성(objectivity)에 대하여 중점적으로 다루기로 한다.

CAI 검증은 해당 프로그램을 사용할 것인지 아니면 개조의 필요성이 있는지를 판단할 때에 이루어진다. CAI 프로그램을 검증하는 사람은 프로그램의 효과성(effectiveness)과 효율성(efficiency)에 관심을 두고 그 프로그램을 계속해서 사용할 것인가, 프로그램을 확장 개발할 것인가, 시중의 프로그램을 구입할 것인가, CAI에 관한 설비를 보완할 것인가 그리고 필요하다면 CAI 프로그램을 교수매체로 사용하는 것이 별로 도움이 되지 않으므로 포기할 것인가에 대해 결정을 한다. CAI를 검증할 때에는 검증의 목적을 명백히 하고, 검증을 누가 할 것인가, 자료수집에 필요한 방법과 도구는 어떤 것으로 할 것인가에 대해 확신을 하고 수행해야 한다.

CAI 검증은 세 가지 단계로 이루어질 수 있다(Reeves & Lent, 1984).

첫째 단계는 코오스웨어 그 자체를 검증하는 일이다. 이 때에 초점은 코오스웨어의 내용과 설계에 둔다.

두 번째 단계는 코오스웨어 활용에 대해 조사를 하는 것이다. 이 때에 강조하는 것은 사용자, 코오스웨어, 그리고 장비(hardware) 들 간의 상호교환 작용을 조사하는 것이다.

세 번째 단계는 CAI 프로그램이 교수매체로 사용될 때에 학습 결과를 자세히 조사하는 것이다. 이 때에는 CAI 프로그램과 학습의 상호 영향력을 장기적으로 추적하는 것이다.

CAI 프로그램은 CAI의 개발과 활용에 연관된 사람이면 누구나 검증을 할 수 있어야 한다. 구체적으로 이들은 CAI 저작자, 교수설계자(Instructional designer), 프로그래머, 교수, 학생, 행정가, 그리고 해당 전문영역의 전문가와 매체연구소 직원 등으로 모두가 CAI의 성공 가능성에 대해 관심을 두고 있으며, 동시에 검증에 대하여 헌신적인 노력을 하고 검증 결과를 평할 수 있어야 한다.

CAI 프로그램을 검증하는 데에 쓰일 수 있는 방법과 도구로는 다양하다. 그러나 CAI 프로그램을 교수매체로써 가치가 있는가, 활용과 활용자의 욕구를 충족시킬 수 있는가에 대한 가치 판단을 할 수 있는 유연한 검증 방법이 사용되어야 한다(Billings, 1984). 검증에 쓰일 수 있는 다양한 도구로는 점검표(checklist), 순위척도(rating scales) 행동관찰법(behavioral observation), 일화기록(anecdotal notes) 및 학습자 자신의 보고서(learner self-report) 등이 있다.

위의 도구로 얻어지는 정보는 수업 설계자, 수업 개발가, 잠정적 코오스웨어 사용자와 코오스웨어를 구입하는데 결정권을 갖은 사람에게 패보되어진다. 코오스웨어의 내용의 정확성, 교수명세(instructional specification), 교수-학습원리의 활용, 교수전략, 수업설계, 스크린설계 등에 대한 점검 이외에도 중요한 점검 사항은 사용의 정도, 사용을 위한 적절한 시간 및 사용의 용이성 등이다. 이러한 검증 자료는 미래의 수업 프로그램을 개정하는 기초 자료로 사용된다.

5-10-1. 도구적 특징

CAI 프로그램의 사용에서도 다른 교육이 이루어지는 과정 속에서와 마찬가지로 여러 단계에서 다양한 형태의 검증을 위한 도구가 사용된다. 이 같은 도구를 사용할 때에 당연히 수반되는 질문은 사용할 도구가 괜찮은 것인가에 대한 것이다.

하나의 도구가 양질의 도구가 되기 위한 조건으로는 도구의 타당도, 신뢰도 및 객관도가 필수적이다.

(1) 타당도

타당도(validity)란 검사 도구가 측정하려는 의도를 어느 정도로 충실히 측정하고 있는가의 정도를 의미한다. 타당도에 대한 질문은 '이 검사가 무엇을 재고 있는가?', '어떤 상태 또는 어떤 조건 아래에서 이러한 정도의 타당도가 있다는 것인가?', '검사 자체가 관심영역의 능력이나 특성을 어느 정도로 충실히 재고 있는가?' 등이 된다. 간단히 말해서 타당도란 무엇을 재고 있느냐가 초점이다. 예를 들어, 국어 프로그램이 국어의 능력인 어휘력, 독해력, 쓰기 능력 등을 측정하도록 작성되어야 하지 엉뚱하게 사회생활의 능력을 측정한다면 타당도가 빠지었다고 할 수 있다. 또, 다른 예로는 논리에 관한 학습자의 흥미를 측정하도록 제작한 검사가 학습에 대한 자아개념을 측정하고 있거나 인성(personality)을 측정한다면 이 경우 역시 타당도를 결핍하는 것이다.

타당도의 개념에는 반드시 준거(criteria)의 개념이 수반된다. "타당도가 있다."라는 주장은 "무엇에 비추어 보아서?"라는 질문이 반드시 수반되게 마련이다. 국어 프로그램이 국어의 능력을 측정하는 데에는 타당도가 있지만, 수학능력에 비추어서는 타당도가 없으며, 지능검사는 지능에 비추어 보아야지, 인성에 비추어서는 타당도가 없다. 이와 같이 타당도는 어떤 준거와의 관계에서 그 의의가 확인되는 개념이다. 타당도란 첫째, 무엇을 측정하고 있는가, 둘째, 그 측정하려는 것을 어느 정도로 충실히 측정하고 있느냐의 두 가지 문제로 요약될 수 있다.

타당도를 구태여 분류하자면, 목표와 내용을 준거로 목표지향타당도(criterion-referenced validity)와 고전적 측정이론에 기초를 둔 예언타당도, 공인타당도, 구인타당도 등이 있다.

목표지향타당도(criterion-referenced validity)의 개념적 이해를 위해 먼저 고전적 측정이론에서 논의하던 내용타당도(content validity)의 개념을 살펴볼 필요가 있다. 내용 타당도는 흔히 안면타당도(face validity)라고도 불린다. 내용 타당도란 평가도구 또는 프로그램이 의도하는 내용이나 목표를 어느 정도로 충실히 측정하고 검토하는지를 분석하려는 타당도이다. 내용 타당도는 주로 교수–학습과정에서 설정된 목표를 프로그램이 얼마나 충실히 소화시키고 있는가를 결정할 때에 쓰이는 타당도이다. 따라서 타당도는 프로그램의 내용이 얼마나 충실히 학습목표를 대표하고 있느냐의 정도에 의해 높아질 수 있다. 좀더 상세히 말하자면, 다음과 같다.

첫째로, 관심의 대상이 되고 있는 프로그램이 처음에 의도했던 교육목표에 적절한가?

둘째로, 프로그램의 내용이 교과내용의 중요한 요소들을 빠뜨리지 않고 포괄적으로 다루는가?

셋째로, 프로그램 내용의 난이도가 학생 대상의 수준에 어울리는가?

넷째로, 표본화된 프로그램의 내용이 전체 내용을 잘 대변하도록 짜여 있는가? 등에 따라서 내용 타당도는 달라진다.

이와 같이 내용타당도는 교육목표가 준거가 되기 때문에 교육목표의 세분화는 필연적이다. Moiser(1947)는 내용 타당도의 세 가지 의미를 설명하고 있다.

첫째로, 표면적으로 보아 프로그램의 목적이라는 외적 준거를 잘 예언하고 있는가?

둘째로, 프로그램을 구성하도록 선택된 내용이 전체 내용을 얼마나 잘 대표하고 있는가?

셋째로, 프로그램이 얼마나 외향적으로 실용성을 나타내느냐 등이 될 수 있다.

이와 같이 내용 타당도는 정의도나 내용 또는 목표에 대한 논리적 분석이 주된 과정으로 이루어진다.

이에 반하여 새로운 개념으로 도입된 목표지향타당도는 목표에 의해 잘 구성된 프로그램을 이수한 학생의 성취도가 그렇지 않은 프로그램으로 학습한 학생의 성취도보다 월등하게 높은가와 같은 질문에 관심을 둔다. 목표지향타당도는 신뢰도를 수반하는 프로그램이 바람직하다고 간주하지만 타당도를 필수로 생각한다. 고전적 측정이론에서 요구하는 타당도 개념은 모두 목표지향의 측면에서 필요하지만, 특히 구인타당도와 예언타당도에서 중요하게 사용된다. 구인타당도와 예언타당도는 목표의 달성과 미달성에 대한 의사결정을 한다는 목표지향의 측면에서 의의를 찾을 수 있다.

예언타당도는 한 검사나 프로그램이 수험자 또는 학습자의 미래의 행동이나 특성을 어느 정도로 정확하고 예민하게 예언할 수 있는 지수가 된다. 이 때의 지수는 그

준거가 시간상으로 미래의 행동 특성이 된다. 이 같은 예언가능성은 모든 검사 문항이나 프로그램의 내용을 다루는 프레임에 공통으로 요구되는 것이다. 미래의 행동 특성이 학업에서의 성공이나 직업에서의 성공일 수도 있고 개인적, 사회적 적응의 정도일 수도 있다. 하나의 검사나 학습 프로그램에서 성공을 한 학생은 다음에 있을 검사나 프로그램에서 역시 좋은 성적을 나타내어야 하고 나쁜 성적을 받은 학생은 후속 과제에서 실패할 가능성을 기대하게 해 준다.

이와 같이 예언타당도는 어떤 평가 도구가 목적하는 준거를 정확히 신뢰 있게 예언하는 힘을 말한다. 어느 종류의 타당도에서든지 모두 이러한 준거가 문제가 되지만 예언 타당도의 경우는 더욱 중요한 의의를 갖는다. 내용 타당도나 기타 유사타당도에서는 준거가 내적준거(internal criteria)이지만, 예언 타당도는 예언의 적절성, 정확성을 바로 실제 측면에서 외적준거(external criteria)에 관련시켜서 해석한다. 비행사 훈련 프로그램에서 우수한 결과를 나타낸 학습자가 실제의 비행기록에서 실패하는 결과를 보인다면 이 프로그램은 어딘지 잘못되어 있다고 판단되며 그만큼 예언 타당도가 부족한 도구이다.

통계적 개념에 비추어 해석하면 예언 타당도는 선행검사 X와 준거 Y와의 상관관계로 표시된다. 상관계수가 크면 그만큼 예언의 정확성이 크고 반대로 예언의 오차가 적다는 뜻이 된다. 또, 하나 주지할 사항은 예언 타당도는 검사 X와 준거 Y의 두 평가 도구의 신뢰도에 크게 영향을 받는다. 만일 두 개의 검사가 모두 신뢰성이 높으면 그 사이의 상관계수인 예언타당도는 높아지지만, 반대는 예언 타당도는 떨어진다.

공인타당도의 통계적 방법은 예언타당도와 마찬가지로 검사 X와 준거 Y 사이의 상관계수로 나타낸다. 이들 두 가지 유형의 타당도 사이에 존재하는 차이는 시간 차원과 준거의 성질이 다르다는 데에 있다.

첫째, 공인타당도는 검사 X와 준거 Y가 본질적으로 동시에 측정된다는 점이다. 즉, 한 행동특성을 측정한 검사 X와 검사 밖에 존재하는 행동 준거 Y와의 사이에 어느 정도로 현재 잘 일치하느냐로 판단이 된다. 예언타당도는 행동의 준거가 미래에 있지만 공인 타당도는 준거가 현재에 있다.

둘째, 공인타당도는 준거의 성질이 예언에 있지 않고 공통된 요인의 존재 여부에 있다. 즉, 검사 X로 검사 Y를 대체할 수 있느냐고 할 때에 공인 타당도가 검토된다.

예를 들면, 작문검사를 학생의 편지로 대체할 수 있는가 또는 선다형 철자법 검사를 받아쓰기 검사로 대체할 수 있는가 하여 그 사이의 상관관계를 알아보는 경우가 공인 타당도이다.

이외에도 외형상으로 분명히 관련이 있을만한 준거뿐만 아니라 관련이 비교적 먼 듯한 준거도 필요에 의해 상관을 내는 경우도 있다. 예를 들어, 지능검사와 학습습관 검사 사이의 상관관계를 살펴보는 경우인데, 이 경우에도 예언가능성을 검토할 수도 있으나 주된 목적은 예언이 아니라 A라는 특성을 측정하는 검사와 B라는 특성을 측정하는 검사 사이에 경험적 공인 관계를 밝혀 보려는 것이 목적이다.

구인타당도는 비교적 새로운 개념이다. 동시에 평가도구의 과학적 발달에 심층 있는 탐구 가능성을 더해 주는 타당도 검증방법이다.

구인타당도(construct validity)는 한 검사나 프로그램이 조작적으로 정의되지 않는 한 어떤 특성이나 성질을 측정했을 때, 그것을 과학적 개념으로 분석하고 의미를 부여하는 과정으로 규정한다.

우선 구인(construct)의 의미를 살펴보면, 구인이란 검사성취에 반영되어 있다고 추측이 되는 인간의 어떤 속성을 말한다. 구인을 과학적 용어로는 개념(concept)이란 말로 대체할 수 있다. 즉, 인간의 행동을 설명하고 해석하기 위한 가정적 모형(hypothetical model)이다. 그 예로는 지도성, 자아개념, 사고력, 학습동기, 성취동기 및 불안요소 등을 들을 수 있다.

이러한 개념들은 그 속성이 모호하고 불명료한 것이 특징이다. 이런 모호한 개념들을 명제적으로 변환하여 측정할 수 있도록 했을 때 이 개념들은 과학적으로 활용할 수 있는 개념으로 의의를 갖게 된다.

구인타당도를 측정하기 위해서는 절차상으로 앞에 설명한 예언 타당도와 공인 타당도의 모든 절차가 동원된다. 구인 타당도를 검증하기 위한 절차를 Cronbatch (1970)는 다음과 같이 제안하고 있다.

첫째, 검사의 초점이 되는 구인이 무엇인지를 시사하는 과정이다. 이 같은 과정은 관찰과 검사의 이론적 분석을 기초로 한 상상적 행위로 이루어진다.

둘째, 이것은 관련된 이론의 상징과 이 이론에서 추리할 수 있는 가설을 추출하는 과정이다. 이 과정은 과학의 이론적 조작에 의존한다.

셋째, 이 가정을 검증하기 위해 실증적 연구를 실행하는 과정이다.

이상과 같이 구인 타당도는 이론을 발전시키고 확인하는 과학적 과정과 전혀 다를 바 없다.

(2) 신뢰도

신뢰도(reliability)란 어떤 특정 도구의 측정상의 정확성 또는 일관성(consistency)을 지칭하는 개념이다. 말하자면, 어떤 프로그램이나 검사가 신뢰도가 높다는 것은 그것을 언제 어느 때에 실행을 하던 같은 결과가 나온다는 뜻이다. 앞서 설명한 타당도는 무엇을 측정하는가에 관심을 둔다면 신뢰도는 어떻게 측정할 것인가와 관련이 되어 있다.

신뢰도에 접근하는 방법에는 두 가지가 있는데 하나는 개인 내 변수(intra-individual variability)에 기초하는 접근 방법이고, 다른 하나는 개인 간 변수(inter-individual variability)에 기초한 접근 방법이다.

개인 내 변수를 살펴보면, 지능과 같은 측정 내용을 어떤 한 개인에게 같은 측정도구를 갖고 여러 번 측정을 했을 때, 그 사람의 지능 지수의 진점수를 알기는 어렵고 지능지수를 추정하게 된다. 그러나 검사를 여러 번 실시했을 경우에 추정된 진점수로부터 변산이 생기며, 이것이 곧 오차의 범위를 이룬다. 이것을 통계적으로는 표준편차(standard deviation)로 표시하지만. 이 때에 표준편차가 크면 신뢰도는 낮아지게 된다. 그것을 흔히 측정의 표준오차(standard error of measurement)라는 개념으로 표시한다.

개인 간의 변수는 여러 명으로 구성된 한 집단에 똑같은 측정도구를 두 번 실시한 후에 첫 번째로 한 검사 결과의 상대적 순서와 두 번째 검사 결과의 상대적 순서가 어느 정도로 일치하는가를 보는 신뢰도 접근 방법이다. 이 때의 합치성 또는 일관성의 원천은 개인 간 점수의 변산에서 비롯된다.

이와 같은 두 가지 접근 방법에 기초하여 신뢰도를 산출하는 방법에는 세 가지가 있다. 다시 말해서 이들 세 가지 방법은 재검사 신뢰도(retest reliability), 동형검사 신뢰도(equivalent-form or alternative-form reliability), 그리고 내적 일관도(internal consistency) 등이다.

1 재검사 신뢰도(retest reliability)

이 신뢰도 유형은 한 가지의 측정도구를 동일대상 집단에 두 번 실시한 다음, 첫 번째 점수와 두 번째 점수간의 상관계수를 산출하여 얻는 신뢰도이다. 다시 말해서, 해당 측정도구가 얼마나 안정성 있게 측정하느냐를 나타내 주기 때문에 안정성 계수(coefficient of stability)라고도 하며, 또 이는 피험자의 안정성 문제이기 때문에 피험자 신뢰도(examinee reliability)라고도 불린다.

2 동형검사 신뢰도(equivalent-form or alternative-form reliability)

이 신뢰도는 사전에 두 개의 똑같은 성질의 동형검사를 제작하여 똑같은 피험자에게 실시한 다음, 그 두 검사에서 나타난 점수 간의 상관계수를 산출하여 얻는 것이다. 여기에서 산출된 상관계수는 동질성 계수(coefficient of equivalence)라고도 하며 도구 안정성(instrument stability)이라고도 한다.

3 내적 일관성(internal consistecy)

내적 일관성을 산출하는 방법에는 두 가지가 있다. 하나는 반분 신뢰도(split-half reliability)로서 이는 한 가지 측정도구나 검사를 두 부분으로 나누어서 각각의 부분을 마치 하나의 독립된 완전한 검사로 취급하여 실시한 다음, 두 검사의 점수간의 상관계수를 산출하는 방법이다. 이 때에 얻은 상관계수를 동질성 계수(coefficient of homogeneity)라고도 부른다. 전체 검사를 두 부분으로 나누는 방법에는 여러 가지가 있다. 예를 들면, 일련번호로 된 검사 문항을 기수와 우수 번호로 나누는 방법도 있고, 무작위로 아무 문항이나 먼저 고른 후, 다음에는 차례대로 하나씩 뽑아 양쪽으로 갈라놓는 방법이 있다. 그러나 한 가지 문제는 반분 신뢰도는 반으로 나누어진 부분의 검사의 신뢰도일 뿐, 검사 전체의 신뢰도는 아니라는 점이다. 이러한 결점을 보완하기 위해서 Spearman-Brown 공식을 사용하여 반분 신뢰도를 교정, 산출한다. 내적 일관도를 산출하는 다른 방법으로는 Kuder-Richerson 측정이라고 불리는 문항 내적 합치도(inter-item consistency)가 있다. 이 방법은 어떤 검사도구의 문항 하나하나를 따로 떼어서, 그것이 모두 한 개의 독립된 검사인 것처럼 생각하고 그 문항간의 합치성이나 일관성을 따져 보는 것이다.

이상에서 살펴본 측정방법들에서 사용되는 신뢰도 계수는 상관계수로서 상관계수는 모두가 최고 +1.00, 최하 −1.00 범위 내에서 산출이 된다. 맨 마지막으로 제시한 Kuder-Richerson의 측정방법 외에는 모두 Pearson의 적률상관계수(Pearson product-moment correlation coefficient)를 사용하여 산출한다. 신뢰도를 산출하는 방법에는 이외에도 급내 상관계수(interclass correlation coefficient)를 사용하는 Cronbach의 알파 계수 또는 Hoyt의 변량분석 방법이 있다. 또한, 피험자 신뢰도(reader reliability or examiner reliability)라는 개념도 있다. 이것은 동일 학생에 대하여 평가를 할 때에 평가자가 여럿이면 나타나는 평가자 간의 신뢰도(interrater reliability)를 의미한다. 예를 들어, 어느 한 학생의 논술 검사 답안지를 여러 명이 채점할 때 야기되는 신뢰도의 문제로서 이것을 다른 표현으로는 객관도라고 하기도 한다.

(3) 객관도

이제까지 설명한 타당도와 신뢰도는 대체로 측정도구에 관한 특성적 기본요건이었다. 그러나 객관도(objectivity)는 검사자에 대한 기본요건이다. 일반적으로 대부분의 사람의 판단은 주관적인 성향을 띄운다. 그럼에도, 그들은 자신들의 판단이 객관적이라고 믿는데 문제가 있는 것이다. 판단 평가자들은 여러 가지 편견을 은연중에 갖고 있으며, 알게 모르게 자신의 편견에 의해 영향을 받는다. 예를 들면, 어떤 학생에 대한 검사자의 편견적 감정이라든지 또는 학생의 태도가 평가자의 태도에 어느 정도나 가까이 접근하고 있느냐에 따라 그 학생에게 주어지는 평가 점수가 영향을 받는다면, 객관도가 위험을 받고 있는 것이다. 사실 엄밀한 의미에서, 완전한 100%의 객관도를 확보한다는 것은 인간에게는 불가능한 것인지도 모른다. Godshalk 등이 조사한 바로는, 검사자들 간의 신뢰도 지수에 대한 여러 가지 연구들을 종합해 보면 대체로 25-40 범위 안에서 나타난 점이 보고된 것을 미루어 보아 짐작할 수 있는 것이다. 다만, 최대한의 객관도를 확보하려는 노력이 있을 뿐이라고 하겠다.

검사자가 객관도를 높이려면, 검사자 자신이 측정과 평가에 대한 식견과 소견을 갖추어야 할 것이며, 동시에 판단의 준거를 사전에 세부적으로 분명히 설정해 놓고 평가에 임하든지, 아니면 여러 사람이 공동으로 평가형 그 결과를 종합하는 방법 등을 강구해야 한다. 여러 사람이 동일 피험자에게 점수를 주었을 때에 그것을 그냥

평균하는 것이 아니고 그 가운데에서 최고 점수와 최저 점수를 빼고 나머지만을 가지고 평균을 내는 방식이 있다. 이것은 운동경기나 예술작품을 평가할 때 등은 적용이 된다.

5-10-2. 프로그램의 검증

프로그램화된 학습자료의 효율성(efficiency) 또는 효과성(effectiveness)을 기본적으로 믿게 해 주는 것은 그 특정 프로그램이 명제적으로 서술이 가능한 교수 목표에 의거하여 설계되었는가에 기인한다. 교수 목표를 프로그램이 충족시키도록 설계되었는가를 알아보기 위해서 앞에서 언급한 타당도(validity), 신뢰도(reliability) 및 객관도(objectivity) 검증을 위한 방법을 포함하여 기타 여러 가지가 사용된다. 기타 방법 중에서 가장 공통으로 사용이 되고 있는 방법은 90/90 표준화 방법(standard method)이다.

90/90 표준화 방법은 그 용어 자체가 프로그래머에게 여러 가지의 다양한 의미를 부여한다. 거의 모든 프로그래머는 자신이 개발한 프로그램의 효율성 또는 효과성을 측정하는 기준을 나름대로 가지고 있다. 그리고 그들은 프로그램이 자신이 설정해 놓은 기준에 도달했다고 판단하면 검증을 끝내고 프로그램 배포 작업에 들어간다.

90/90 표준화 방법의 하나로 사용되는 검증의 방법은 학습자가 프로그램 내에 포함된 프레임들 중 90%를 올바로 맞추었을 때에 미리 설정된 목표 기준에 도달했다고 말하는 것이다. 그러나 이러한 학습자의 성취도는 필연적으로 그 해당 프로그램이 의도한 바를 충족시켰다고 단언할 수는 없다. 학습자의 학습 성취나 프로그램의 성공은 학습자가 프로그램을 완성한 후에 무엇을 할 수 있는 능력이 생성되었는가에 달린 것이지 프로그램 자체를 잘 해결하고 있는가에 의존하지 않는다.

프로그램화된 자료의 기본 원칙은 학습자들이 주어진 프로그램의 거의 모든 부분에 정확하게 답변하는 것이다. 여기에서 거의 모든 부분이란 의미는 90%의 내용을 맞추는 것을 흔히 말한다. 그러나 학습자가 85%의 내용에 대해 성공적으로 답변을 했다고 해서 그 프로그램이 양질의 것이 아니라고는 말할 수 없다. 특히 이 경우에서 프로그램이 의도한 바를 85%를 맞추었다고 하여도 학습자의 능력이 크게 증진되었을 때에는 더욱 그러하다. 또한, 학습자가 사후검사(post test)에서 크게 실패를 한다면 중간에 프로그램의 내용을 100% 맞추었다고 하여도 그 프로그램을 신뢰할 수는 없다.

90/90 표준화 방법은 한 마디로 90%의 학습자가 프로그램 내용의 90%를 정확하게 맞추는 것을 기본으로 한다. 학습자의 사전 검사(pretest)의 점수와 사후 검사의 점수를 비교하여 그가 해낼 수 있는 비율을 정하는 것이 원칙이다. 예를 들어, 사전 검사에서 30%를 맞춘 학습자는 사후 검사에서 100%를 맞추었다고 하여도 그가 프로그램을 통해 얻을 수 있는 것은 오직 70%밖에 안 된다. 이 때에 사후 검사에서 대략 70%의 내용 중에서 60%에 해당하는 내용을 맞추면, 그 학습자로서는 최대로 해낼 수 있는 85.7%의 성취도를 갖게 된다.

90/90 표준화 방법의 의미를 묻게 되면, 많은 프로그래머는 이 방법은 90%의 학습자가 90%의 프로그램 내용을 맞추는 것을 기준으로 한다고 답변할 것이다. 그러나 이러한 답변을 자세히 분석해 볼 필요가 있다. 물론 이 진술은 이상적이며 합리적으로 들리지만, 한편 생각해 볼 때에 나머지 10%에 해당하는 학습자들은 완전히 무시하는 결과가 되고 만다. 성공한 90%의 학습자들의 평균이 90%이면 이 기준에 도달한 것이 되지만 나머지 10%의 학습자의 점수가 가산되어 평균을 내면 평점은 크게 저하될 수도 있다. 따라서 이점에 유의해야만 한다.

90/90 표준화 방법을 해석할 때에 또 하나 유의해야 할 점이 있다. 프로그램은 이 원칙에 의하면 원래의 목표인 90%의 성취도를 나타내기만 하면 되는 듯하지만, 예를 들어, 100명의 학생에게 10개의 학습 목표를 달성하도록 10개의 문항을 주었을 때에 특정 문항인 8번 문항을 모두가 틀리고 다른 것들은 다 맞추었다고 전제하자. 이 때에 90%의 성취도는 외면상으로는 달성된 것으로 간주하지만, 8번 문항을 생성시킨 학습 목표는 모든 학습자가 달성하지 못한 것으로 간주하기 때문에 이 프로그램은 문제가 심각하다고 할 수 있다. 이런 식의 프로그램은 프로그래머의 무성의한 태도를 나타내 주기도 한다. 만일 이런 프로그램에서 90명의 학생이 10개로 구성된 프로그램을 전부 다 맞추었다면 문제는 달라진다. 이럴 때에는 프로그램에 대한 검증을 끝내고, 프로그램을 배포할 준비를 해도 된다.

5-10-3. 프로그램 검증자료

프로그램의 효율성 및 효과성을 측정하기 위해 수집될 수 있는 자료의 유형은 다양하다. 이들 중 어떤 것은 신빙성이 있고 어떤 것은 신빙성이 빠진 것도 있다. 이러한 자료 중에서 많은 것들이 사후 검사의 결과에서 유출된 것이거나 아니면 학습자가 프로그램 자체를 학습하면서 나타내는 반응을 수집한 것들이다. 이와 같이 수집된 자료들은 어떤 식으로든지 유용할 뿐만 아니라, 때에 따라서는 프로그램의 개정에 매우 주요한 역할을 한다. 또한, 이러한 자료들은 90/90 표준화 방법을 충족시킬 수 있는가를 결정하는데 기초 자료가 된다.

필요하면 되고 있는 자료에서 도출될 수 있는 것은 사후 검사의 결과로 얻어지는 평균 점수이다. 이 평균 점수는 어느 수업에서 결과적으로 구하는 학습 평균을 구하는 방식과 같다. 통계적 방법도 중요하지만 모든 학습자의 실행 행위에 대한 모든 정보가 중요하다. 이들 각각은 프로그램의 숙달의 정도를 나타내 준다. 만일 프로그래머가 90/90 표준화 방법을 고수하려고 한다면, 학급평균은 90%가 되어야 한다.

위에 언급한 학급평균의 90% 수준 도달을 결정하기 위해서 프로그래머는 검증항목에 대해 분석을 해야만 한다. 이 때에 검증의 입장에서는 학습자가 각각의 항목에 대한 성취도가 90%에 해당하는가를 조사해야 한다. 만일 각각의 항목에 대한 학습자의 응답이 90%에 도달했다면 그 프로그램은 성공적이다. 이외에도 프로그래머가 관심을 둬야 하는 정보들 중에는 학습 점수의 범위를 아는 것이다. 다시 말해서 가장 높은 점수와 가장 낮은 점수는 각각 무엇인지에 대해서 알아야 한다는 것이다. 이러한 정보는 검증 자료로부터 직접적으로 도출될 수 있는 것이며 계산의 과정이 필요하지 않다.

이 이외에도 프로그래머가 필연적으로 알아두어야 하는 사항은 중간 정도의 학습자가 해당 프로그램을 완수하는데 걸리는 시간을 점검해야 한다. 중간 정도의 학습자의 학습 속도뿐만 아니라 속도가 유난히 빠른 학습자와 느린 학습자의 학습 정도도 점검해 두어 한 학습의 주어진 프로그램에 대해 학습을 하는데 걸리는 시간을 예측할 수 있어야 한다.

각각의 프로그램이 항상 여러 번 검증이 되는 까닭에 자료가 요약되도록 사용되는 통계적 방법을 추적하는 것이 필요하다. 왜냐하면, 여러 번 자료가 검증이 되면서 사용되는 통계의 양도 늘어나기 때문이다. 다음과 같은 양식이 자료를 기록할 때 쓰일 수 있다.

<표 5-2> 프로그램 실행에 관한 기록표

프로그램 제목 : ________________　　　　날자 : __________

학 생 수 : ________________　　　　인 구 : ____________

집단사전검사평균 : ___________　범위________ ~_________

집단사후검사평균 : ___________　범위________ ~_________

소요시간 : 평균 ___________분, 범위________ ~_________

<표 5-3> 문 항 분 석

문항 번호	맞은 수(단위 : 명)	맞은 비율(단위 : %)

<표 5-4> 프레임별 학습자 성취 여부 점검표

프레임번호	학생 1	2	3	4	5	6	7	8	9
1									
2									
3									
4									
5									

제 6 장

교육미디어(I) : 인터넷

6-1. 인터넷

6-1-1. 인터넷의 역사

인터넷의 뿌리는 동서 냉전 초기의 핵 방위전략시대까지 거슬러 올라가, 1969년 미국방연구계획국(Defense Advenced Research Project Agency : DARPA)의 한 군사개발계획으로 시작되었다. 아르파넷(ARPAnet : Advenced Research Projects Agency net)이라는 이 계획은 미군의 통신체제가 적의 핵 공격에도 파괴당하지 않는 하부구조를 갖추도록 하는 것이 목표였다. 다시 말해서, 기존의 전화연결망과 같은 네트워크 구조로는 소기의 목적을 달성할 수 없는 기능을 갖추었다.

전화 네트워크는 중앙 집중적 관리방식이어서 단 한 번의 핵 공격으로도 그 네트워크에 몰린 수많은 접속이 손쉽게 붕괴될 수도 있다. 따라서 핵 탄력성 확보를 위해 구상된 군사통신체제에 힘입어 아르파넷, 그리고 현재 인터넷의 기본설계와 기술이 갖는 심오한 속성은 그 탄생에서부터 위력을 발휘할 수 있었다. 인터넷이 흔히 네트워크의 네트워크라고 표현되는 것도 핵 탄력성 확보를 위한 새로운 개념의 연결망 설계에서 나온 것이다. 인터넷은 시작도 없고 끝도 없어 어느 컴퓨터든지 어느 곳으로나 접속할 수 있도록 되어 있고, 정보를 전송하는 방식도 전화가 일정하게 지정된 경로를 따라 정보를 전송하는 방식을 취하는 것과는 달리 패킷(packet)이라는 데이터 전송 꾸러미로 분할해서 컴퓨터 네트워크 사이를 떠다니다가 정보를 필요로 하는 컴퓨터에 도달하면 원래의 메시지로 복원할 수 있도록 고안되었다.

몇몇 대학들이 파트너로 이 군사계획에 참가한 후, 대학 내에서 인터넷의 이용이 활발해졌다. 인터넷 성장의 견인차 구실을 했던 미 국립과학재단(National Science Foundation : NSF)이 후원한 엔에스에프넷(NSFnet)의 참여로 미국은 물론 점차 전세계 대학들로 신속하게 퍼져나갔다.

초기의 인터넷은 미국민의 세금으로 운영되었기 때문에 미 정부의 영향하에 있었고 상업적인 이용은 제한되어 왔다. 이것은 19세기에 무선전신이 정부의 통제 하에 군사용으로 사용되었고 일반 대중은 그의 이용을 상상하지도 못했던 점과 유사하다. 이와 같이 인터넷에 대한 초기의 일반 대중의 인식도 단지 학술적인 목적에만 쓰인다고 믿고 있었다. 그러나 기업 쪽에서 인터넷을 사용하는 수가 증가하면서 NSF는 1990년 '상업적 이용안'(acceptable use policy : AUP)을 수립하게 되었고, 1991년 정부는 인터넷 상업화 금지방침을 바꾸어 더 이상 학술 연구망에만 국한하지 않겠다는 입장을 밝혔다. 이를 계기로 많은 근거리 지역에 대한 인터넷 접속 서비스의 실마리를 제공해 줄 수 있는 비즈니스의 기초가 확립되기 시작했고 인터넷서비스 공급자(Internet Service Provider : ISP)도 이 과정에서 생겨났던 것이다.

6-1-2. 웹의 등장과 인터넷의 상업화

초기의 인터넷은 사용이 까다로웠다. 우선 컴퓨터 프로그램에 능통해야 했고, 설사 프로그램에 능통하다 해도 전자메일을 보내는 일 외에 인터넷에서 무엇을 할 수 있는지 파악하기가 쉽지 않았다. 세계 유수의 대학과 연구기관과 네트워크화되어 있지만 어디에 어떤 정보가 있는지 찾기도 힘들었고 어떤 정보를 찾았다고 하여도 내용을 다운받을 수 없는 상황이었다. 인터넷이 본격적으로 일반인들에게 널리 알려진 계기는 1990년대 초, 월드 와이드 웹(www : world wide web)기술과 모자익(mosaic)이라는 최초의 웹 브라우저의 탄생 덕분이다. 1989년 인터넷에서 정보를 찾는 작업에 진력이 난 팀 버너스 리(Tim Berners-Lee)라는 연구원에 의해 웹의 개념이 개발되었다. 웹은 클라이언트(client)와 서버(sever)라는 두 소프트웨어로 이루어진 시스템으로 클라이언트가 정보를 요구하면 서버가 찾아서 전달해 주는 역할을 하도록 고안이 되었다. 웹과 다른 소프트웨어 간에 의사소통을 가능하게 하고 웹 페이지를 주고받을 수 있도록 하는 웹의 표준 데이터 전송 규약인, HTTP(hypertext transfer protocol)도 개발되었다. 웹 기술을 개발한 그는 인터넷상에 산재해 있는 자료에 주소를 부여하는 명령어 체계인 URL(uniform resource locator)개념도 만들었으며 웹 페이지를 작성하는 프로그래밍 언어인 HTML(hypertext markup language)도 개발함으로써 인터넷 상용화가 본격적으로 이루어졌다고 할 수 있다.

그러나 버너스 리의 웹은 대학이나 큰 기관에서나 사용하는 유닉스(unix) 시스템에서만 구동할 수 있었기 때문에 사용자 범위가 제한적이었다. 1993년, 마크 안드리센(Marc Andreesen)이 일반인들이 사용하는 PC와 매킨토시 컴퓨터용으로 graphic user interface(GUI)의 웹 브라우저 프로그램, 모자익(mosaic)을 만들어 무상으로 배포함으로써 인터넷 사용자는 급속히 증가되었고, 이것은 인터넷이 상업적으로 성공할 수 있는 튼튼한 바탕을 제공하였다.

6-1-3. 인터넷의 운용원리와 통제

인터넷의 가장 중요한 하나의 특징은 전세계의 주요 기관들과 개인들의 컴퓨터가 서로 연결되어 있는 네트워크로서 인터넷의 성장이나 디자인을 일괄적으로 통제하는 기관이 없다는 것이다. 이 점은 전술한 인터넷 초기 구상, 즉 아르파넷의 군사적 방어목적 때문에 이러한 네트워크로 설계되었다. 따라서 인터넷이라고 하는 전체 네트워크의 성장은 빌딩을 건설하듯 계획에 맞춰 쌓아 올리는 것이 아니라 포도넝쿨이 자라듯이 아무도 얼마나, 그리고 어떻게 성장할지 예측과 통제가 불가능한 것이다. 다시 말해 인터넷은 위로부터 아래로(top-down)의 운용이 아니라 아래로부터 위로(bottom-up) 영향력이 전달되는 생태계 속성이 있다.

인터넷에서의 자료 전송방법은 전화전송 원리와는 구별되는 패킷 전송법(packet routing)을 사용한다. 예를 들어, 철수가 친구에게 전자우편을 보내게 되면 철수의 편지는 패킷(packet)이라는 작은 데이터 꾸러미로 나누어지게 되고, 모든 패킷에는 우편봉투에 적힌 주소처럼 '헤더'(header)라고 지칭되는 부분에 배달되어야 할 종착지가 적히게 된다. 패킷을 인터넷상에서 움직이게 하는 장치를 라우터(router)라고 하는데, 이것은 두 개 이상의 네트워크들과 연결되어 있는 컴퓨터를 말하는 것이다. 만약 철수의 전자우편을 포함하고 있는 패킷이 라우터에 도착하였을 때 라우터가 패킷을 어디로 보내야 할지를 알면 그곳으로 전송하고, 만약 모르는 경우라면 그 패킷이 보내져야 할 종착지를 알 것 같은 다른 라우터로 보내게 된다. 그 인터넷 상에는 A, B, C, D, E라는 가정의 네트워크들이 서로 연결되어 있다. 만약 A 네트워크 안에 있는 철수가 E 네트워크에 있는 친구에게 편지를 보내면 A의 라우터(A와 B에 같이 붙어 있음)가 그 편지의 종착역 A 네트워크 상에는 없다는 것을 판단하고 B 네트워크로 보낸다. B의 라우터는 D로, D에서 E로 보내질 것이다. 그러나 B에서 D로 연결된 라인이 복잡하거나 불통(down)일 경우는 C로 보내질 수도 있다. 그러나 결국, 철수의 편지를 포함하고 있는 패킷 꾸러미들은 E에 도착하게 되고, 최종의 수신자가 읽을 수 있는 원래의 메시지 상태로 정리된다.

여기에서 중요한 것은 각 네트워크는 자신과 연결되어 있는 이웃 네트워크의 존재만 알고 다른 네트워크와는 아무런 연결이 없다는 점이다. 다시 말해 A, B, C, D, E 모두를 포함하는 전체 네트워크인 소위 인터넷은 패킷을 어디로 보낼지 결정할 능력이 없는(지능이 없는) 존재다. 인터넷상의 모든 의사결정과 관련한 사항은 인터넷에 연결되어 있는 각각의 네트워크 간에서 이루어진다. 즉 A와 B를 연결하고 있는 라우터와 그에 연결되어 있는 컴퓨터에 의해 판단되는 것이다. 이것이 바로 방대하고 복잡한 인터넷이 관리되는 원리이며, 중앙교환 장치에 모든 지능기능이 모여 있고 전화단말기는 아무런 지능적인 결정능력이 없는 전화 네트워크와는 정반대 개념의 전송기술인 것이다.

인터넷상에서 데이터들이 오갈 수 있는 것은 각 목적지 컴퓨터를 식별할 수 있도록 네 자리 숫자로 만들어진 주소가 있기 때문이다. 이것은 '아이피 주소'(IP address)라고 한다. 이 IP 주소 대신에 사람들이 인지하기 쉬운 언어형태로 나타내는 이름을 도메인 네임(domain name)이라고 한다. 네트워크에 연결되어 있는 모든 호스트 컴퓨터는 IP 주소를 가지며, 도메인 네임 체계(Domain Name System : DNS)를 통해 IP 주소를 도메인 네임(예를 들면, snut.ac.kr)으로, 도메인 네임을 IP 주소로 바꾸어 준다.

인터넷에서는 이 도메인 이름이나 IP 주소를 중앙집권적으로 통제하는 기관이 없다. 전송방법에서 이미 설명하였듯이 도메인 이름과 관련한 일도 지방화가 되어 있기 때문에 인터넷에 의한 사이버공간은 무정부상태라는 말을 하는 것이다.

6-1-4. 커뮤니케이션 매체로서의 인터넷의 기능과 특성

인터넷의 기능을 논할 때 좀더 기술적인 기능을 중심으로 ① 흔히 이메일(e-mail)이라고 부르는 우편서비스(mail service) 기능, ② 멀리 떨어져 있는 컴퓨터를 이용할 수 있는 원거리 접속기능(Telnet), ③ 컴퓨터 파일을 한 곳에서 다른 곳으로 보낼 수 있는 파일전송기능(file transfer protocol : FTP), ④ 클라이언트(컴퓨터)가 어떤 정보를 요구할 때 적절한 정보가 있는 서버(컴퓨터)와 연결해 주는 클라이언트/서버(client/sever) 기능 등으로 나눌 수 있다.

그러나 전통적인 대중매체나 대인매체와 같은 커뮤니케이션 매체들이 하는 역할과 관련된 인터넷의 커뮤니케이션 기능을 살펴보면 ① 웹이라고도 하는 www, ② 전자우편(e-mail), ③ 전자우편 주소록(e-mail Lists), ④ 유즈넷(usenet), ⑤ 인터넷 채팅(internet relay chat : IRC)을 들 수 있다. 그러면 앞에 열거한 각각의 기능과 그 특성에 대해 좀더 자세히 살펴보기로 하자

(1) 월드 와이드 웹

웹은 클라이언트/서버 시스템이다. 즉 웹 사용자가 퍼스널 컴퓨터(personnel computer : pc)인 클라이언트(client)를 통하거나 혹은 더 정확한 브라우저(browser)를 통해 어떤 정보를 추구하게 되면 서버가 관련 자료를 클라이언트에게 전송한다. 클라이언트는 받은 자료를 사용자가 볼 수 있게 화면에 재구성하게 된다. 대부분의 자료화면은 내용 속에 관련 다른 데이터로 연결해 주는 하이퍼텍스트(hypertext) 또는 하이퍼링크(hyperlink)를 포함하고 있다.

웹 기술이 일반화된 인터넷은 초기 텍스트 형태의 PC 통신을 그래픽으로 변환시킨 형태라고 간단하게 설명할 수 있다. 문자(텍스트)중심이었던 초기의 PC 통신은 주로 가입자가 가입한 해당 통신서비스 회사의 네트워크에 가입한 서비스나 가입자들 사이로 커뮤니케이션 범위가 제한되었던 반면 인터넷에서는 다른 나라, 다른 네트워크에 자유자재로 넘나들 수 있다는 의미에서 커뮤니케이션의 범위가 넓어졌다고 볼 수 있다. 그러나 PC 통신 역시 그래픽, 음향, 동화상까지 지원하는 멀티미디어 · 하이

퍼텍스트 서비스(multimedia-hypertext service)까지 지원하게 되었고 인터넷 접속 서비스도 동시에 지원하기 때문에 이전에 있었던 PC 통신과 인터넷의 구분은 거의 없어졌다고 할 수 있다.

따라서 커뮤니케이션 매체로서의 인터넷이 가지는 전체적인 특성은 일반적인 온라인(on-line) 매체가 가지고 있는 특성과 유사하다. 그러나 웹이 보편화한 인터넷이 데이터 전송능력이나 속도가 배가될 종합정보 통신망의 구축 범위가 확대될수록, 인터넷의 내용은 동영상과 같은 멀티미디어로서의 컴퓨터가 가지는 장점을 최대한 이용하는 내용이 많을 것이다.

웹에서 사용되는 하이퍼텍스트(hypertext) 기능은 현재까지 있었던 커뮤니케이션 매체로서 지니고 있는 가장 큰 특징이 있다 이 특징은 수용자가 커뮤니케이션의 흐름을 결정하게 되었다는 것이다. 다시 말해서 정보의 수용자가 조작자가 되어 정보를 원하는 데로 검색할 수 있다는 점이다.

물론 시청자는 텔레비전을 켜고, 끄거나, 광고를 피하기 위해 채널을 돌리는 정도의 통제력은 지금도 있으나 프로듀서와 촬영기사가 찍은 제작물의 앞과 뒤의 순서를 뒤집어서 본다는 것은 상상할 수도 없다. 물론 주문형 비디오와 같은 서비스를 통해 시청하고 싶은 프로그램과 시간을 선택할 수도 있고 비디오 플레이어를 이용해 지루한 장면을 빠른 속도로 넘겨볼 수 있다. 그렇지만, 프로그램 줄거리의 흐름이나 구성내용은 이미 송신자에 의해서 결정되어 있다. 즉 누가 보든지 시청하는 내용은 변할 수 없이 같은 내용이다. 하지만, 인터넷의 하이퍼텍스트 기능은 줄거리의 중간과정에서 수용자가 원하는 주제로 이야기를 뛰어넘을 권리를 허용한 것이다. 따라서 같은 웹 사이트(web site)로 들어가서도 사람마다 보는 것이 다를 수 있다. 물론 책이나 잡지 · 신문과 같은 인쇄매체도 독자가 읽을 주제와 순서를 결정할 수 있지만 하이퍼텍스트의 기능과는 차이가 있다고 하겠다. 하이퍼텍스트 기능을 활용할 경우 수용자는 개인이 흥미를 느낀다거나 의문을 느끼는 단어에 대해 더 심층적인 정보추구가 가능해진다. 물론 그 단어에 대해 하이퍼텍스트의 기능을 설치한다거나 그에 맞는 내용을 정보원이 미리 만든다는 의미에서는 역시 송신자의 통제권이 인정되지만, 그것을 선택할 것인지 어떤 순서로 어디까지 추구할 것인지는 수용자의 권한에 놓이는 것이다.

이러한 특징은 특히 광고나 마케팅과 같이 설득의 목적을 가지고 행하는 커뮤니케이션에서는 더욱 중요하다. 어떤 식으로 소비자들이 물건과 가격 정보를 이용하는지

직선적인 논리사고 외에 새로운 커뮤니케이션 문법에 대한 고찰은 이런 의미에서 중요하다고 하겠다.

(2) 우편관련 시스템

1 전자우편(electronic mail : e-mail)

전자우편 혹은 e-mail은 인터넷상에서 다른 사람에게 문서를 보낼 수 있도록 할 시스템인데, 이것은 마치 워드프로세서(word processor)를 작성하는 것과 같은 일이라 하겠다. 다만, 송신 단추가 추가로 있어 인터넷상의 다른 사용자의 컴퓨터로 복사본을 만들어 보내게 된다.

전자우편은 '저장과 전달' 원리를 사용하기 때문에 상대방이 실시간(real time)에 있어야 통화가 가능한 전화와는 시간적인 면에서 차이가 있다. 그러나 편지보다는 훨씬 신속하고 저렴한 가격으로 인터넷상이라면 어느 나라의 컴퓨터에도 전달된다.

전자우편은 주로 문자위주로 이루어지기 때문에 전화보다는 편지가 가지는 형식적인 면을 가지게 되나 대체로 종래의 편지보다는 의례적인 표현이나 절차가 대폭 간편하고 간단명료한 표현이 이용되는 편이다. 상대방이 읽고 삭제를 할 경우는 전화처럼 일회적이나 만약 저장 기능을 이용하거나 전달기능을 이용해 다른 사람에게도 그대로 보여줄 수 있다.

2 메일링 리스트(mailing list)

메일링 리스트는 어떤 특정주제에 대해 토론하고 싶어 하는 사람들의 집합이라고 할 수 있다. 메일링 리스트에 가입하는 것은 주로 자발적으로 자신의 주소와, 때에 따라서는 관심분야, 인구통계학적인 자료 등을 등록함으로써 성립된다. 메일링 리스트에는 두 종류가 있는데 하나는 주소록 주소(address for the list)이고 다른 하나는 서버주소(address for the sever)이다. 전자의 경우는 개인이 편지를 보내면 주소록에 있는 모든 사람들에게 전달되는 반면, 후자의 경우는 그 주소록의 행정적이고 기술적인 운영을 담당하는 관리인에게만 편지가 도달되는 것이다.

3 동호회(usenet)

동호회 그룹은 각종 주제별로 토의를 할 수 있도록 한 공유 시스템이다. 각각의 주제별 집단을 동호회, 혹은 뉴스그룹(newsgroup)이라고도 부르며, 주로 공통의 큰 주제 아래 개별의 집단들을 분류해 둔다. 예를 들면, '예술'이란 큰 그룹 아래 '두레마을,' '셈틀 소리,' '영화' 등의 소집단들이 속해 있다.

동호회 내의 커뮤니케이션은 전자우편을 주고받는 것과 비슷한 일이지만 다른 점은 전자우편은 메시지가 본인 주소로 배달되지만 동호회의 메시지는 전자 공공게시판에 게시되어 그 메시지를 보려면 각자가 직접 찾아가서 읽어야 하며, 메시지를 보낼 경우도 동호인 개인이 다 볼 수 있다는 것이다.

위에서 제시한 세 가지 방법의 전자우편 서비스는 초기 온라인 미디어가 커뮤니케이션 매체로써 가지는 특성을 모두 가졌다. 그 특성들을 구체적으로 살펴보면, 우선 컴퓨터를 이용한 네트워크라는 차원에서 볼 때 가장 중요한 특징은 상호작용(interactivity)이라 하겠다. 메시지를 받게 되는 커뮤니케이션 대상 수에 상관없이 그 메시지에 대한 직접적인 반응을 받을 수 있는 여건이 보장된다. 또한, 다른 사람이 보낸 메시지에 회신할 수가 있다.

둘째는 커뮤니케이션 상대의 수와 성격을 통제할 수 있다는 특징이 있다. 위에 나열한 세 종류의 전자우편 관련 서비스 중 어느 것을 선택하느냐에 따라 깊이와 넓이가 달라질 수도 있다. 같은 전자우편이라도 한 특정인에게만 전송할 수도 있지만 추가 비용 없이 몇 사람에게 동시에 보낼 수도 있어 1 대 1 대응 커뮤니케이션에서부터 1 대 특정 소수, 1 대 불특정 다수까지 가능한 것이다.

셋째로는 커뮤니케이션의 비동시성이다. 네트워크로 연결되어 있기 때문에 즉시 메시지가 전달되지만 전화와는 다르게 메시지 수신을 수신자가 원하는 시간과 장소에서 결정할 수 있다는 편리성이 있다. 그러나 이 비동시성은 장점이 되는 동시에 원활한 커뮤니케이션에 장애가 될 수도 있다. 즉 송신자가 보낸 메시지 수신이 지연되어 중요한 의사결정에 타이밍을 놓치거나 순서대로 수신하지 않을 경우 혼돈을 불러일으키는 원인이 될 수 있다.

6-2. 국제간 인터넷

많은 교육자는 전통적으로 진행되는 교실수업의 교육내용과 방법이 어떻게 하면 바깥사회를 최대한 반영한 실제적이고, 상황을 고려하는 수업으로 전환될 수 있을지를 끊임없이 연구하고 있다. 전통적인 교실수업은 바깥세상의 문제들을 인위적인 장면으로 구성하여 낱낱의 작은 개념으로 분리한 다음, 가능한 학습자들이 단순한 형태로 이해할 수 있도록 재구성한다. 교실위주의 교육이 바로 이러한 문제 때문에 교실 바깥에서 요구하는 문제해결능력을 만족시켜 주지 못한다고 지적한다. 교실 바깥의 현장에서 필요한 능력은 남들과 공유되는 인식(shared cognition), 배운 수단의 변형(tool manipulation), 구조화된 논리성(contextualized reasoning), 상황에 따른 핵심능력(situation specific competencies)들이며 이런 것들이 과제를 수행할 때 기본이 된다. 또한, 우리가 배운 지식이 현장에 현명하고(wisely), 융통성 있으며(flexibly), 거침이 없이 자연스럽게(fluently), 그리고 적절한(aptly) 곳에 활용되어야 가치 있는 지식이라 할 수 있다고 한다. 진정한 의미에서의 학습은 실제 사회현장에서 필요한 과제와 이를 반영하는 환경적인 이해가 복합적으로 이어져야 바람직한 학습의 결과가 이루어졌다고 보는 것이다. 반대로 전통적인 교실수업은 학생들이 현실적용 가능한 지식을 습득할 수 없는 막혀버린 경험(canned experience)을 제공해 왔다. 이를 위해서는 학생들에게 에세이 형태의 탐구학습, 정답이 없는 과제해결, 학생들이 스스로 구성하는 의미와 해석, 학생들 간의 협동학습 등이 선행조건으로 포함되어야 한다.

이런 지적들과 맞물려, 교육현장에서의 인터넷 중심 학습에 관한 관심은 해가 갈수록 높아지고 있으며, 인터넷을 이용한 월드 와이드 웹(www : world wide web) 상에서의 교수-학습활동 증가와 이에 대한 교수-학습상의 효과적인 전략연구가 교육 분야에서는 최근 주요연구 이슈들로 이어지고 있다. 인터넷 수업에서의 상호작용성의 강조로, 학습자-학습자 간의 상호작용을 중시하는 학습활동의 비율도 증가하고 있다. 문제해결 중심, 목표중심 학습, 프로젝트 해결학습 등 최근에 강조되고 있는 학습방법도, 다양하고 깊이 있는 정보와 전문 인력과의 신속한 접속을 가능하게 해주는 인터넷의 기능을 매개로 점점 현장에서의 활용가능성을 높여가고 있다.

특히 프로젝트 중심학습(project-based learning)은 학생들이 새로운 과제 해결시 문제점 추론, 세부 해결 사항의 정련화(refinement), 아이디어 브레인스토밍, 문제해결을 위한 기본 방향 수립, 전체적인 세부 사항들의 기획, 관련 정보 수집 및 분석, 결과 정리를 위한 아이디어 교환 및 토론, 결론 정립에 이르는 전체과정을 교수자와 학습자, 학습자와 학습자 간의 긴밀한 상호작용을 통하여 더욱 의미 있는 학습활동으로 이끌 수 있는 구조적인 학습형태라 할 수 있다. 여기에 일련의 수업과정을 효과적으로 연결해 줄 수 있는 인터넷 시스템의 제공은 필수적인 요소라 할 수 있다.

웹을 이용한 교수－학습활동에서는 학생들에게 최신의 정보와 적극적인 학습활동을 통한 그들의 동기화 상승이 교수자나 학습자들의 위치를 연결하는 지리적인 문제점 극복보다 훨씬 중요하다고 본다. 학습자의 동기화를 높이기 위한 전략으로는 학습자의 변화와 호기심 자극, 학습내용과 웹상의 학습활동 관련성, 활발한 상호작용을 활용한 학습자의 도전수준 향상 등 다양한 전략들이 있으나, 무엇보다 다른 기관, 다른 그룹의 학생들과 적극적인 상호작용을 통하여 가장 효과적인 학습을 이룬다고 할 수 있다(백영균, 1999).

이처럼 학습자들은 교실에서 배운 내용과는 무관하게 현실적인 과제해결 능력을 요구하게 되고, 이들을 가르쳐야 하는 교육기관들은 현실과 교실 사이에서 고민하고 있는 것이 사실이다. 국제화된 전문 인력을 길러내야 하는 대학으로서는 더욱 고민되는 일이다. 또한, 이런 문제점을 극복하기 위하여 인터넷 등 첨단매체를 활용하려고 노력하지만, 결과에 대한 확신은 아직 미미한 편이다.

이런 면들을 고려하여 한국과 미국의 대학원수업에서 진행되었던 인터넷 활용 프로젝트 중심 협동학습 사례의 내용과 학습활동을 분석해 봄으로써, 최근에 제시되는 새로운 형태의 수업을 교실 현장에 접목하기 위한 문제점과 개선점은 무엇이며, 향후 국제간 대학수업 진행시 질적 향상을 위한 수업전략을 알아보자.

6-2-1. 프로젝트 중심학습

프로젝트 중심학습(project-based learning)이란 학생들이 상당한 시간을 투자하여 과제해결을 위한 문제를 발견하고 문제의 해결 틀을 스스로 구성하도록 하는데 주안점을 두는 구조화된 학습형태라 할 수 있다(Laffey et al., 1998). 과제중심학습의 기본형태는 학생들이 스스로 질의/응답을 통하여 현안 과제에 대한 문제 틀을 찾아낸 뒤, 토론과정을 통하여 아이디어를 교환하며, 과제해결을 위한 예측, 문제의 핵심부분 설계, 정보수집, 정보분석, 해결책 제시 등 활발한 커뮤니케이션을 통하여 과제를 해결하는 데 있어 일련의 순서를 효과적으로 적용하는 과정이라 할 수 있다(Krajcik et al., 1994).

Penuel et al.(1999)은 과제중심학습에 포함되어야 할 중요 구성요소로서 다음과 같은 것을 들고 있다.

1 학습활동 전략

① 내용의 핵심부분에 닻을 내릴 것
② 학생들이 충분한 시간을 투자하도록 할 것
③ 학생들이 의사결정 단계에 참여할 것
④ 협동적일 것
⑤ 명확한 현장감이 있을 것
⑥ 체계적인 분석력을 사용할 것(진행과정과 과제결과와의 관계성)
⑦ 효과적인 커뮤니케이션 도구의 사용

2 교수활동 전략

① 복합적인 상황분석이 필요한 과제부여
② 코치나 퍼실리테이터로서의 교사의 활동
③ 학생들을 소규모의 협동학습 그룹으로 분리
④ 외부자원과의 적절한 연계 및 외부인력의 협조

프로젝트 중심학습은 또한, 그룹 간, 그룹 내 참여자들 사이의 상호작용을 높이는 좋은 학습활동이 될 수 있으며, 과제의 선택에 따라 사회 인지적인 책임감과 사고력의 증진에 도움이 되는 것으로 밝혀지고 있다(Novak, 1998). 하지만, 그룹 구성원들이 시·공간이 분리된 곳에서 작업이 이루어질 수 있음으로 인하여 작업과정의 공유와 바람직한 태도 습득 등에는 한계점이 있을 수 있다. 또한, 구성원간 커뮤니케이션의 채널 사용에 상당한 시간과 노력, 때로는 기계적인 결함으로 인하여 커뮤니케이션의 부조화가 발생할 수 있다. 특히 그룹 구성원들은 효과적인 커뮤니케이션을 위하여 충분한 정신적인 노력(mental effort)을 투자하여야 하며, 정확한 내용 전달을 위해 구조화된 내용조직을 하여야 한다. 각 그룹에는 그룹토론을 조정하고 그룹에서의 프로젝트를 끌어갈 수 있는 적절한 리더가 필요하다고 할 수 있다.

Laffey et al.(1998)은 프로젝트 중심학습을 원활히 수행하기 위해 필요한 핵심요소로서 교수자의 입장에서는 지식의 골조화(scaffolfing)와 코칭, 학습자의 입장에서는 정보 및 자원의 제공, 커뮤니케이션과 협동, 학습자 간의 평언 등을 지적하고 있다.

<표 6-1> 과제중심학습 구성요소

과 정	정 의	내 용 및 지원시스템
골조화(scaffolding)	과제를 실행하는 방법을 모르는 학습자들의 과제수행을 도와 주기 위한 것	· 과제가 성공할 수 있도록 현장에서 사용하는 용어를 기본적으로 프로젝트의 전체 단계를 광범위하게 설계함
코칭(coaching)	학습자들의 과제수행을 전문가의 수준으로 가져가도록 상황에 따른 반응을 제공	· 맥락과 과제를 연계하는 상호작용적인 시스템의 제공 · 즉각적인 피드백과 가이드
계획적이고 풍부한 자원 (planning & resourcefulness)	실제 연구프로젝트가 되도록 학습자들의 복잡한 요구를 지원해 줄 수 있는 도구제공	· 과제수행에 대한 스케줄링 기획 도구 제공 · 프로젝트 수행을 위한 정보제공 · 팀 구성원들의 책임감을 설정해 주는 도구 제공
지식 표현(knowledge representation)	학습자들이 자신의 지식, 아이디어를 생성하는데 도움이 되는 도구 제공	· 프로젝트의 목표, 응용 등 관련된 내용 제공 · 다양한 포맷의 내용(www, 인쇄 등) · 프로젝트 진행과정 전반에 관한 통합 시스템
커뮤니케이션과 협력 (communication & collaboration)	학습자 사이의 토론, 아이디어 교환, 피드백 등을 지원하는 도구	· www을 기본으로 이용하는 형태 · 지역별 정보공유를 위한 URL제공 · URL과 email의 통합 · 지역간 실시간 채팅 시설 준비
평언 (reflection)	학습자 개인이나 그룹 활동에 대한 평가	· 그룹작업 내용의 저장 · 작업별 수정 전후의 비교 · 수정을 포함한 모든 작업내용의 공유 · 이 과정을 위하여 처음 과제 진행 단계부터 끝까지 통합된 내용을 제공함

6-2-2. 앵커드 수업이론

앵커드 수업이론이 소개된 뒤로 미국에서는 약 20여 개 주에서 수업 중에 사용되고 있으며, 여러 연구에서 학생들의 학습 성취도, 태도 변화 등에서 상당한 효과가 있는 것으로 발표되고 있다.

앵커드 수업이론의 탄생배경은 1984년부터 밴더빌트 인지공학 연구팀이 가지고 있던 세 가지의 원초적인 연구 주제들에서 비롯된다. 첫 번째는 '비활성 지식(inert knowledge)'의 극복에 관한 것이다. 한 실험에서 학생들은 주어진 10분 동안 글을 읽을 때 글의 주제를 파악하기 위해 요점파악 위주로 글을 읽기보다는, 시간 끝날 때까지 처음부터 읽어 가는 전략을 구사하였다. 학생들은 이미 글을 효과적으로 읽는 방법을 배운 뒤였다. 이 문제는 교육현장에서 무수히 발생하는 흔한 일이었고, 이를 극복하기 위한 학습환경의 조성이 이들 팀에게는 중요한 연구 주제였다.

두 번째는 '공유되는 맥락의 가치(Values of shared context)'라고 할 수 있다. 이는 학생들이 배웠던 로고 프로그래밍이 유사한 다른 과제에 전이되기 위해서는 상당한 시행착오를 거친 뒤에야 가능하다는 것을 발견한 것인데, 이것은 로고를 배우는 방법론적인 면에서 발생하는 문제로, 배운 내용이 전이될 때까지는 상당한 시간이 소요되게 된다. 또한, 교사들의 눈에 보이지 않는 곳에서(예를 들면, 가정) 학습이 지속된 학생들은 전이 능력이 우수함을 보여주었으나 교사들은 이를 알아차리지 못하였다. 결국, 학습내용에 대한 대화식의 탐구활동을 통하여 학생들의 전이 능력을 상당히 향상시킬 수 있음을 알 수 있었다.

셋째는 '역동적인 평가(Dynamic assessment)'의 중요성이다. 학생들은 교수－학습현장에서 지필검사 등 일반적인 시험형태를 통해 배운 내용의 일부에 대해서만 평가를 받게 되는데, 이로 인해 학생 개개인의 종합적인 능력은 발견하기가 어렵고 극히 일부만이 평가되어진다. 그래서 학생들에게는 과제의 구성요소들에 대한 체계적인 접근과 해결을 위한 다양한 시도가, 교사들은 학생 각자에게 가장 효과적인 조건들을 제시하는 교수방법이 필요하다는 것을 발견하였다. 특히 이를 요구하는 과목이 읽기와 수학이었으며 이를 위해 커리큘럼의 통합적인 시도가 필요함을 인식하였다.

이런 배경하에, 앵커드 수업이론은 몇 가지 중요한 특징이 있다. 첫째는 자연스런 학습환경 안에서 학습내용의 맥락화(contexualixed)나 구조화를 구성하는 것이다. 예를 들면, 부모가 어린 자녀에게 언어를 가르칠 때, 부모와 아이는 언어가 쓰이는 현장을 서로 공유하게 된다. 이때 부모와 아이는 쓰이는 문장의 문맥(context)을 확실히 인식하게 되며, 아이는 특히 참고가 될만한 주변 정보를 받아들인다. 부모가 아이에게 요구하는 학습의 결과는 현장중심의 실제의 것으로 이어지고 아이는 실제 생활에서 문제없이 언어를 구사하게 된다. 하지만, 학교에서 이루어지는 학습은 아쉽게도 이런 요소들이 생략되게 된다. 즉, 교과서를 중심으로 하는 서술식, 강의식의 학습내용을 통해 교사와 학생들이 같은 문맥을 공유하지 못하고, 서로 다른 장면을 생각하면서 수업이 이루어지게 된다. 하지만, 학생들에게 요구되는 최종의 수업결과는 현장에 적용되는 실제 과제들이다. 앵커드 수업이론은 이런 "학교 내의 지식(school knowledge)"을 외부로 유인하여 좀더 현실에 가까운 과제를 제시함으로써 학생들이 지식과 현실 사이에서 방황하는 시간을 단축하고자 하는 것이다.

둘째는 학생들의 문제해결을 도와 주기 위한 "내재한 정보의 설계(embedded data design)" 이다. 앵커드 수업에서 비디오로 제시되는 재스퍼 시리즈의 학습내용에서는 하나의 이야기 안에 커다란 주제(macrocontext)의 해결할 문제가 제시되며, 이 문제를 해결하기 위한 하위문제들이(subproblems) 제시된다. 큰 주제의 문제는 학생들이 하위문제들을 서로 연결하고 해결책을 모색함으로써 결론에 도달할 수 있는데, 이런 일련의 문제들을 해결하기 위해 필요한 다양한 하위문제 주제들에 대한 정보제공을 위해 컴퓨터의 기능이 필요하게 된다.

셋째로 제스퍼 시리즈에서 보여주는 학습내용은 미국 수학교사협회에서(NCTM : National Council of Teachers of Mathematics)에서 제시하는 수학과목의 교실학습활동과 내용들을 포함하고 있다. 다시 말해 재스퍼 시리즈의 핵심 교과목은 수학적인 내용이며 복합적인 문제제시와 이의 해결을 위한 토론식의 유추 학습활동 유도, 수학과목과 다른 교과목들과의 접목을 통한 학교 바깥세계에 대한 이해 등 수학과목을 중심으로 전반적인 수업설계가 이루어졌다는 것이다. NCTM은 또한, 학생들이 계산기, 스프레드시트, 그래픽 등 컴퓨터의 기능을 접목하도록 제안한다. 그룹으로 프로젝트를 수행하는 것이나 협동학습을 통한 문제해결 및 토론, 문제해결을 위한 학생들의 상당한 노력의 투입 등이 모두 수학 교과의 커리큘럼에 포함된 주요 핵심사항들이다. 그러므로 앵커드 수업이론의 적용은 수학이나 산수과목을 중심으로 적용되었을 때 효과적이라 할 수 있으며, 개념상 관련된 과목으로의 접목은 무방하나 사회나 언어 등의 과목에서 앵커드 수업이론을 독립적으로 적용하기 위해서는 또 다른 관점에서의 수업설계가 반드시 필요하다고 하겠다.

6-2-3. 협동학습

학생들은 그룹을 형성하여 주어진 과제를 해결할 때 개념이해 및 아이디어 교환에 상당히 효과적이다. 이는 학생들 간에 서로 사고를 공유하는 '연습집단(communities of practice)'을 만듦으로써 집단 내 활동망(activities network)을 형성하는 것이다(Laffey et al., 1998). 집단 내 구성원 간에는 공동의 주제에 대해 서로에게 조언(mentoring)을 함으로써 사고의 깊이를 더하게 되며, 관련지식이 범위를 넓히게 된다. 특히 프로젝트 해결을 위한 학습에서, 다양한 구성원이 집단으로 형성될 때에는 좀더 현실적인 문제들과 효과적인 해결책의 연구가 시도될 수 있다. 구성원들은 또한, 서로 모니터함으로써 학습과정에서 뒤처지는 학생들을 돕게 된다. 특히 재스퍼 시리즈처럼 수학적인 개념이 적용되는 거시적인 문제제시와 이의 해결을 위한 하위문제들의 발견, 효과적인 결과도출을 위해서는 협동학습이 필수적이라 할 수 있다.

협동학습을 효과적으로 진행하기 위해서는 몇 가지의 기본조건이 필요하다. 우선 구성원들 간에 학습과제에 대한 내용과 접근방법에 대한 확실한 공유가 요구된다. 학생들이 과제에 대한 서로 다른 개념에서 출발하면서 바람직한 결과물의 도출이 어려울 수 있기 때문이다. 다음에는 구성원 서로 밀접한 상호작용이 요구된다. 과제해결이 집단 내에서 이루어져야 하기 때문에 서로 의견을 교환하는 활발한 커뮤니케이션과 이를 통한 상호작용이 필수적이라 할 수 있다. 또한, 긍정적인 상호의존(positive interdependence)이 요구되는데 이는 참여하는 구성원들이 서로 불신하거나 각자의 독립적인 활동으로 과제를 해결하고자 할 때 효과적인 결과에 도달하기 어려워지기 때문이다. 집단간의 협력(cooperation within groups) 또한, 중요한 역할을 할 수 있는데, 이는 한 집단에 속한 구성원들 뿐 아니라 상호 유사한 과제를 학습해 가는 집단간의 의사소통을 통한 협동이 서로에게 유익한 정보와 다양한 경험, 과제해결의 바람직한 방향을 제시할 수 있기 때문이다.

마지막으로 구성원 개인의 신뢰성과 책임감(individual accountability and responsibility)이 중요한 역할을 한다고 볼 수 있다. 집단에 속하는 구성원 각자가 자신이 맡은 부분에 대한 업무의 수행과 내용에 대한 책임을 통해 집단 전체의 과제 결과가 영향을 받기 때문이다. 협동학습을 효과적으로 진행하기 위한 기술적인 제반여건의 형성, 즉 구성원들 간의 물리적인 거리감을 극복하고 시간과 공간적 제약을 최소화시키기 위한 다양한 커뮤니케이션 매체의 사용도 협동학습을 위한 필수적인 조건이라 할 수 있다.

6-2-4. 한미간 대학원 협동 프로젝트 학습 사례 분석

인터넷상에서 이루어지는 웹 기반 교육의 장점 중 하나는 인터넷 고유의 기능인 전세계로의 네트워크 형성일 것이다. 현재 인터넷상에는 전공, 학위, 학점에 따라 다양한 개념의 인터넷 대학이 계속 등장하고 있으며, 언어상의 제약이 없는 한 전 세계의 접속 수는 계속 증가하고 있다. 미국의 한 대학에서 열리고 있는 MBA과정의 한 인터넷 강좌에는 전세계에서 10만 명이 넘는 수강생을 자랑하고 있다(조선일보, 1999). 하지만, 아직까지 우리에게는 영어의 사용을 기본으로 하여야 한다는 언어제약이 뒤따르고 있다.

그동안 다양한 가상대학의 형태와 유형의 발전으로 현재 우리나라에도 70여 개가 넘는 대학에서 가상수업이 진행되고 있다(교육부, 1999). 하지만, 짧은 기간에 급속히 증가하는 가상대학 수업의 형태와 진행은 교육결과에 대해 상당히 부정적인 시각을 낳고 있다. 또한, 외국과의 연계, 협동프로그램의 운영은 활발하지 않다고 볼 수 있다. 다음에 이어지는 글은 1998년 가을학기에 실시된 한국과 미국대학 간의 대학원 수업에서 도입된 앵커드 수업이론 설계에 관한 프로젝트 중심의 협동학습에 대한 수업내용과 학생들의 프로젝트 수행 활동을 분석한 것이다.

(1) 수업계획

수업에 참여한 학생들은 국내 일반대학원의 교육공학전공 석사과정, 미국대학의 교육공학전공 박사과정, 국내 교육대학원의 컴퓨터교육전공 석사과정 학생이었다.

강의 내용, 방법, 평가 등 강의계획서는 한국과 미국대학의 강의 일정을 조정하여 유사하게 구성하였으며, 수업진행상 고유의 학습내용은 공동 과제해결 기간(약 4주) 외의 시간으로 배치하였다. 학생들은 초반부에는 원격교육에 대한 이론강의와 중요토픽에 대한 세미나가 이어지고, 한국과 미국의 학생들을 소그룹으로 나누어 토론을 거친 다음 그룹별 해결과제의 선정과 내용설계를 하여 과제를 제출하는 것으로 설계하였다. 인터넷을 통한 한국과 미국 학생들이 그룹 간 토론은 학기 시작부터 학기가 끝날 때까지 이어졌다. 〈표 6-2〉는 한국과 미국의 강의 내용에 대한 설명이다.

학생들에게 주어진 과제는 한국 초등학교에서의 앵커드 수업이론에 대한 현장적용형 내용을 설계하는 것이었다. 미국 학생들은 그룹의 리더로서 앵커드 수업이론에 대한 그룹 구성원들의 전반적인 이해를 돕고 미국 사례에 대한 내용들을 제공하도록 하였으며, 한국 학생들은 이 이론의 한국초등학교에 적용하기 위한 주제선정과 내용을 설계하는 것이었다. 이들의 초등학교 현장경험 미숙을 보완하기 위하여 현직 초등학교 교사들로 이루어진 교육대학원 컴퓨터 교육 석사과정의 학생들이 각 그룹별 현장 전문가로 참여하여 앵커드 수업이론의 현장 적용성을 높이기 위한 조언자 역할을 하였다. 담당교수는 각 지역의 학생들에게 코칭과 퍼실리테이팅을 제공하였다.

<표 6-2> 한국과 미국의 원격교육

내 용	한 국	미 국
과정명	첨단테크놀로지와 교육 (New Technologies in Education)	원격교육세미나 (Seminal : Distance Learning)
수업목표	· 원격교육에서의 주요 이슈 도출 · 멀티미디어 학습자료(앵커드 수업이론 적용)의 설계원리 연구 · 과제중심 협동학습을 위한 지식과 태도배양	· 원격교육에서의 주요 테크놀로지 및 연구 이슈 발견 · 온라인 학습자료의 교수적 응용에 대한 능력 배양 · 원격 교수-학습 전략의 장·단점 비교
교수-학습 활동	1주~5주 : 원격교육(웹 교육 포함)에서의 주요 이슈 연구 6주~8주 : 과제중심 현동학습과 앵커드 수업이론 연구 9주~11주 : 소그룹 활동 및 코칭(과제의 내용기획 및 설계, 제안서 제출) 12주~13주 : 앵커드 수업이론, 원격교육의 주요 이슈(Ⅱ) 14주~15주 : 그룹별 과제 발표 16주 : 평가	1주~5주 : 원격교육의 응용테크놀로지 연구 6주~8주 : 앵커드 수업이론 연구와 한국과의 과제중심 협동, 그룹과제 논의 9주~13주 : 원격교육기관 방문, 접속을 통한 연구 이슈 세미나 14주 : 그룹별 과제 결과 발표 15주 : 평가
평 가	· 그룹 과제 : 50% (제안서 : 10%, 팀워크 : 10%. 내용설계 : 15%, 창의성 : 10%, 커뮤니케이션 : 5%)	· 그룹과제와 리포트 : 30% · 논문발표 : 10% · 연구주제 제안서 : 25% · 연구목표서술 리포트 : 10%

	· 논문발표 : 15% · 2교실 토론 참여 : 10% · 기말시험 : 25%	· 기말시험 : 25%

(2) 수업활동

한국과 미국의 학생들은 그룹별로 6~7명 정도로 구성되었으며, 과제해결을 위해 다음의 몇 가지 단계로 나누어 그룹별 활동을 하였다. 양국의 학생들이 원격으로 학습활동을 하게 됨에 따라 먼저, 원격학습, 특히 웹을 이용한 학습에서의 주요한 이슈들을 이해하는 것이 우선시되었다. 각 지역의 학생들은 선수지식에서 차이가 있었는데, 한국 학생들은 과제수행을 위해 앵커드 수업이론의 내용과 구현 방법에 대한 충분한 이해시간이 필요하였고, 미국의 학생들은 이미 앵커드 수업이론에 대한 선수과목을 들은 상태이어서, 그룹별로 미국의 학생들이 앵커드 수업이론에 대해서는 토론의 리더가 되었다. 또한, 현직교사들로 이루어진 교육대학원 학생들은 원격교육과 앵커드 수업이론에 대한 선수지식이 부족한 상태(이들은 주로 전산학 전공의 컴퓨터 하드웨어 설계자들이었음)여서 과제해결을 위한 별도의 학습을 하였다. 앵커드 수업이론에 대한 학습자료는 미국 밴더빌트 대학의 인터넷정보와(http : //peabodt,vanderbilt.edu/pro...ded/jasper) CD-ROM, 관련 연구자료, 비디오를 이용하였다.

학생들은 세 그룹으로 나누어(원래는 네 그룹으로 편성하였으나 학생 수의 조정을 위하여 세 그룹으로 통합하였음), 그룹별로 토론을 통하여 해결과제의 주제를 결정하고 내용을 설계하도록 하였다. 그룹별 학생들의 원활한 토론 진행을 위하여 미국 대학의 인터넷 사이트에 실시간 채팅이 가능한 다양한 기능을 할 수 있는 웹 보드를 설치하였고, 학생들은 각자 자신의 ID와 Password를 지정받아 그룹별로 다자간 커뮤니케이션을 하도록 하였다. 학생들은 그룹 내 참여자들 사이의 학습이나 토론내용을 서로 공유할 수 있지만, 다른 그룹의 내용은 창의적인 활동에 지장을 주지 않도록 그룹 간에는 차단을 하였으며, 대신 게시판을 통하여 내용을 띄움으로써 모든 학생들이 공유할 수 있도록 하였다. .

그룹별 학생들의 커뮤니케이션은 영어로 진행되었으나, 현직 교사들로 이루어진 교육대학원 학생들의 영어사용 어려움으로 인하여, 한국 학생들 사이에는 한국말로 토론을 하였다.

토론 자료는 필요에 따라 한글과 영어 두 가지 형태로 만들어졌다. 토론 및 제출자료 구성에 두 가지 언어를 사용함으로써 학생들이 투자하여야 하는 시간이 상당히 소요되었다. 이런 언어상의 제약에도 불구하고, 전반적으로 활발한 토론이 이루어졌고, 수업 중반부 이후에는 한국 학생들의 영어실력과 토론진행의 기술이 향상됨으로써 프로젝트를 수행하는 데 지장이 없을 정도로 활발히 의견을 교환하였다.

한국과 미국의 담당 교수들은 그룹별 학생들의 학습활동과 토론내용 등을 살펴봄으로써, 과제해결 과정에서 필요한 이론지식과 관련연구에 관한 정보제공, 사례에서 추출된 중요한 사항들의 지적, 현장적용을 위한 조언을 제공하였다.

또한, 학생들 간의 의견조정, 앵커드 수업이론에 대한 정확한 이해, 그룹별 주제선정 및 내용설계에 대한 의사결정에 관여하고 피드백을 주었다. 때로는 학생들의 토론과정 중 필요한 곳에 들어가 부연설명과 전개 방향을 제시하였고 그룹 간 의견조정이 요구되는 지점에서 학생들의 의견을 재해석하여 전달하였다. 그룹별로 학생들 상호간의 능력으로 해결할 수 없는 하위문제들도 담당교수가 해결해 주어야 할 핵심사항들이었다. 그룹별로 프로젝트 해결에 관한 논의가 웹 보드를 중심으로 정해진 시간없이 진행됨에 따라 담당교수 모두가 웹 보드의 신규 메시지를 빈번히 확인하여 피드백을 제공해야 했다.

과제를 해결하기 위하여 각 그룹은 다양한 질문을 웹 보드에 올렸고, 관련 그룹에 속한 학생들과 담당교수들은 자신들의 의견을 활발히 제시하였다. 과제에 대한 그룹별 공통된 의문 사항들은 앵커드 수업이론을 적용하기 위한 주제선정, 현재 한국의 교육과정에 앵커드 수업이론이 적합하며 실행 가능한지의 여부, 앵커(macro context)로 가져가야 할 스토리의 전개, 교과 과목들 간의 연계성, 내재한 데이터들의 수집, 하위문제 구성, 평가전략 등 앵커드 수업이론 전반에 관한 질문들이 과제가 완성될 때까지 이어졌다. 미국학생들은 미국의 학교상황과 앵커드 수업이론의 적용 사례, 자신들의 의견들을 교환하였고, 현직교사들은 현 교과목들이 7차 교육과정으로의 이행 과정에서 앵커드 수업형태의 적용부분에 대한 현장상황과 자신들의 견해를 제시하였다.

각 그룹은 초등학교 학생들에게 적합한 내용스토리를 구성하였고, 스토리를 중심으로 거시적인 문제(macrocontext)의 제시와 그에 따르는 하위문제들, 문제의 해결을 위한 정보수집 및 제작, 수업전략 및 관련매체의 활용, 평가 및 교사지침서 등 수업 전반에 필요한 전략과 활동을 설계하고 개발하였다. 수업의 중간지점에서 각 그룹의 학생들과 담당교수들이 프로젝트에 관한 제안서를 검토하여 피드백을 교환하였으며, 후반부에는 제안서에서 제시된 내용들의 설계와 개발 작업이 이어졌고, 학기가 끝나는 시점에서 전체 프로젝트의 내용에 관한 그룹별 발표가 있었다.

이 사례는 한국과 미국의 세 지역 학생들을 연결하여 공통의 과제를 해결하는 협동학습의 형태로 진행되었으며, 학생들은 인터넷상의 웹 보드를 사용해 서로 의견을 영어로 교환하며 과제를 수행하였다. 프로젝트의 주제는 앵커드 수업이론의 한국형 모델설계로서, 학생들은 이 이론을 적용하는 초등학교 해당학년과 교과목의 수업 전반에 대한 내용이해와 교실현장 적용을 위한 수업전략의 두 가지 필수조건을 충족시켜야 했다.

프로젝트 중심 학습은 기존 관련연구에 긍정적인 결과가 발표되어 왔지만 국경을 넘어서 이 문화와 언어 장벽을 가지고 짧은 기간 동안 현장감 있는 프로젝트를 완성하여 간다는 것은 여러 면에서 어려움을 가지게 하였다. 먼저, 세 곳의 교과목 특성상 수업전체 목표가 일치하지 않은 점이 학생들의 동기화와 참여도에 있어서 상이한 수업태도를 가지게 하였다. 미국학생들은 프로젝트의 리더로서 그룹에 포함되었지만 실제 프로젝트의 수행을 국내의 석사과정 학생들이 주도함에 따라, 결국은 조언자(mentor) 역할을 하게 되었다. 또한, 교과목 특성상 프로젝트에 주어진 평가의 비중이 틀렸던 점이 학생들의 활동전략에 차이점을 가져오게 한 원인이 되었다.

두 번째는 커뮤니케이션의 어려움을 들 수 있는데, 웹 보드상에서의 학생들 상호간 그리고 담당교수와의 커뮤니케이션이 영어로 진행됨에 따라, 국내학생들의 토론에 대한 부담감이 컸던 것으로 나타났다. 이는 한국 내 학생들 상호간에는 한글 자료와 토론내용을 공유하지만, 미국학생들과는 영어로 자료와 의견을 교환해야 함으로써, 미국학생들에 비하여 한국학생들이 프로젝트에 쏟는 시간과 노력이 훨씬 많았기 때문이다. 또한, 한국과 미국의 시차로 인하여(13시간 차이) 서로 피드백이 지연되는 경우도 많았고, 다자간 실시간 커뮤니케이션이 여러 번 시도되었으나 기술적인 문제와 시간차로 인하여 실패하였다.

세 번째는 프로젝트를 해결하기 위한 시간이 충분하지 않은 문제점이 있었다. 한 학기 16주라는 기간에 프로젝트를 완성하기에는 프로젝트 협동학습 및 앵커드 수업이론 전반에 대한 이해와 이를 설계하는 것이 복잡한 작업이었다. 또한, 각 지역별로 학생들의 선수지식과 경험이 틀림에 따라 서로에게 익숙해지는 시간이 상당히 소요된다는 것도 프로젝트의 진행을 느려지게 하는 원인이 되었다.

마지막으로 프로젝트를 효과적으로 수행하는 데 있어서 필수적인 그룹 내 혹은 그룹 간 충분한 브레인스토밍(brainstorming)의 부족을 들 수 있다. 이는 위에서 언급한 시간과 커뮤니케이션의 복합적인 문제점에서 비롯되지만, 그룹구성원들의 프로젝트에 대한 효과적인 진행방법과 책임감에 대한 인식부족으로 자신의 아이디어를 충분히 발표하지 못하는데도 원인이 있었다.

이상의 문제점들에 대한 개선책으로 먼저, 프로젝트를 수행하기 위한 조직화된 사전 수업설계가 필요하다고 하겠다. 즉, 프로젝트 수행과정과 그룹 활동에 대한 기획(planning phase)과 목표수립단계(goal phase), 내용설계 및 개발 단계(solution phase)를 반드시 분리하여야 하며, 각 단계별로 교수자와 학습자에 대한 활동이 수업 전 명확히 세워져야 한다. 특히 본 사례에서처럼 서로 다른 지역을 연계하여 수업이 진행될 때에는 수업에 참여하는 구성원 모두가 전체 수업목표 및 단계별 프로젝트 진행과정을 정확하게 공유하고 있어야 한다. 또한, 담당교수들도 전반적으로 수업의 진행과 학생들의 활동을 미리 기획하여야 한다. 본 사례에서는 담당교수들 모두 프로젝트학습, 국제간 협동학습, 웹 보드의 사용을 처음 시도해 보는 것이라서 수업의 전체 흐름을 사전에 기획하고 단계별 전략을 수립하기가 어려운 점이 있었다.

두 번째는 프로젝트를 수행하기 위한 충분한 시간이 주어져야 한다는 것이다. 많은 연구에서 프로젝트 학습의 한계점으로 시간의 제약을 들고 있는데, 특히 국제간 지역을 연결하여 프로젝트를 진행할 때에는 구성원들 간에 충분한 의견교환과 브레인스토밍을 거쳐야 하기 때문에 시간의 제약은 프로젝트의 결과에 영향을 미치는 중요한 요인이 될 수 있다.

셋 번째로는 프로젝트에 참여하는 구성원들의 명확히 구분되는 역할 분담을 들 수 있다. 특히 협동학습에서는 몇몇 적극적인 참여자들만으로도 과제가 해결될 수 있기 때문에 반대로 소극적인 참여자들이 나타나기 마련인데, 이는 적극적인 참여자들마저 과제가 진행됨에 따라 프로젝트의 수행동기에 지장을 받을 수 있기 때문에 서로 역할에 책임감을 부여함으로써 그룹 내의 협동심을 극대화하여야 한다. 또한, 여러 명의 담당교수자가 참여할 때에도 서로 명확한 역할구분을 통하여 효과적으로 학생들에게 필요한 정보제공과 피드백 등을 제공할 수 있어야 한다.

마지막으로 참여자들의 특성을 고려하는 효과적인 커뮤니케이션의 방법이 제공되어야 한다. 이는 멀티미디어교육, 원격교육에서 상당히 강조되는 기본요소 중의 하나이지만, 실제로 현장에서는 다양하면서도 효과적으로 사용할 수 있는 커뮤니케이션의 채널이 확보되지 않는 경우가 많다. 원거리(특히 국제간)의 지역을 연결하거나 다자간 커뮤니케이션을 필요로 할 때, 실시간으로 토론을 할 때에 원활히 사용할 수 있는 커뮤니케이션 채널 확보는 프로젝트 수행을 성공적으로 이끌 수 있는 기본조건이 된다고 볼 수 있다.

프로젝트 중심학습에서 학생들이 얻을 수 있는 커다란 장점 중의 하나는 수업의 내용을 조각으로 습득하기보다는, 전체를 볼 수 있는 안목을 키운다는 것이다(Hawkins, 1995). 또한, 협동하지 않으면 결과물을 만들 수 없기 때문에 협력의 중요성을 깨달을 수 있고, 자신이 맡은 일에 대한 책임감을 키움으로써 유사한 내용의 프로젝트 수행에 능숙해질 수 있게 된다. 교수자도 또한, 전통적인 역할에서 벗어나, 상담이나 조장자의 역할을 수행함으로써 학습자들을 정해진 방향으로 몰고 가는 운전자(driver)보다는 양치기(shepherd)의 역할을 수행하며, 학습자 개개인을 깊이 있게 이해하고, 필요한 학습내용을 다양하게 제시해 주는 장점을 살릴 수 있다.

하지만, 이런 장점들이 현장에서 모두 발휘되기 위해서는 위에서 지적한 것과 같은 제반 요소들이 충분히 갖추어져야 한다. 무엇보다 인터넷을 매개체로 하여 타지역을 연결하면서 프로젝트를 수행하기 위해서는 구성원들 간의 역할 분담과 협력, 효과적인 커뮤니케이션 전략이 가장 중요한 핵심요소라고 할 수 있다. 지역과 지역뿐 아니라 구성원들 사이의 다자간 실시간 커뮤니케이션을 위한 기술여건도 중요요소 중의 하나이다. 프로젝트 수행을 위해서는 시간을 효과적으로 활용하는 것이 무엇보다도 중요하기 때문이다. 또한, 필요한 자료와 정보가 사전에 모든 참여자들에게 공유되어 불필요하게 시간이 낭비되는 것을 막을 수 있어야 한다.

이런 요소들을 충족시키기 위하여 인터넷의 활용은 다양한 방법으로 구현될 수 있는데, 위의 사례에서 제시한 웹 보드의 사용이 한 예라 할 수 있다. 이 웹 보드 기능에 공유 가능한 디지털 정보(참고 자료, 참고사이트 등) 제공과 프로젝트 학습의 원활한 진행방법이나 기술에 대한 정보제공, 프로젝트의 전체 진행사항과 내용을 쉽게 검색할 수 있는 기능 등을 첨가하여 참여자들이 좀더 적극적인 학습활동을 하도록 하면, 학습자들 사이의 토론, 특히 국제간의 협동수업을 훨씬 효과적으로 진행할 수 있을 것이다.

결론으로, 앞으로 다가올 교육을 포함한 사회 전반에 걸친 유통시장 개방을 고려할 때 위의 사례와 같이 대학수업에서의 국제간 협동학습 방법 확대는 국내 대학의 질적 향상과 학생들의 능력향상을 위해서도 반드시 필요하다고 본다. 국내외 대학간의 학점 교류, 교환학생 활동 등으로 교육 개방화가 더욱 적극적으로 이루어질 가까운 미래를 대비하여, 국내 대학들이 먼저, 적극적인 수업활동을 펼침으로써, 여러 면에서 비판받고 있는 국내 대학들의 질적 선진화를 유도해 나가야 할 것이다.

6-3. 교육을 위한 인터넷

인터넷의 확산으로 인하여 학교교육은 큰 변혁을 맞이하게 되었다. 학교교육은 과거의 교육에서 벗어나 능동적으로 선택하고 재구성하여 활용하는 교육으로의 전환을 유도하고 있다.

본 장에서는 인터넷을 활용하여 이러한 열린교육을 실현하기 위한 실시간, 비실시간 원격교육과 인터넷을 이용한 정규교육과정을 살펴본다. 또한, 최근에 활성화되고 있는 인터넷 가상대학 현황 및 발정과정과 초 · 중 · 고등학교 교과과정, 아동교육, 장애인교육을 위한 인터넷의 활용방안을 살펴본다.

6-3-1. 인터넷의 확산과 학교교육

(1) 인터넷과 교육문화

인터넷의 등장은 제2의 산업혁명이라고 불릴 만큼 현대인에게 많은 영향을 끼치고 있다. 미국 국방부에서 태동한 인터넷은 초기에는 근거리 통신망(LAN)으로 연결된 환경하에서 일부 사용자들만이 이용하는 대학 및 연구소의 기관망으로 이루어졌다. 이후 일반인들도 자유롭게 접속하게 되면서 전세계적으로 확산되었고 자신이 원하는 정보에 대한 내용과 목적을 얻을 수 있게 되었다. 이와 더불어 사용자는 정보를 자유롭게 선별함으로써 정보이용에 대한 인터넷의 기본철학이 형성되기 시작하였다. 인터넷이 냉전시대에 적의 선제공격 후에도 살아남을 수 있는 군사적 목적의 통신망으로 출범한 점을 감안한다면 이는 분명 놀라운 일이다. 지금 이 순간에도 인터넷의 환경은 급속도로 발전하고 있으며 그 미래에 대해서는 그 누구도 예측할 수 없다.

이렇게 시시각각 환경이 변하고 있는 인터넷은 인류의 생활을 여러모로 바꾸어 놓았으며, 이점에 대해서는 교육 또한, 예외는 아니다. 원하는 것을 습득하는 것뿐만이 아닌 자신을 통제하며 선별, 활용하는 교육 도구로 이용되고 있다. 여기에 과거의 개인적이고 개별적인 연구형태에서 그룹별 공동연구 형태의 열린 교육으로 나아가고 있다. 교육이나 연구의 방법론과 결과에 대한 평가 또한, 제안과 과정, 결과의 대부분이 공개된 상황에서 진행되고 평가되는게 일반화된 현실로 인정되고 있다. 이것은 위계적 질서에서 인터넷이 추구하는 기본적 사상인 탈 중심화된 구조로 변화한다는 것을 입증한다. 이제는 모든 교육자가 열심히 노력해야 한다. 과거 몇 년씩 같은 시험문제를 내어 학생들을 평가하는 시대는 추락해 버리고 말았다.

앞으로의 미래사회는 정보사회가 될 것이 확실한데 교육이 이를 간과한다면 늘 새로운 정보에 시달리다가 교육의 기본방향마저 그르치기 쉽다 정보가 정보로서 존재하기 위해서는 교육의 방향에 따라 정보를 적용할 줄 아는 선도적 견지에서 정보의 최적화를 이루어야 한다. 그렇지 않으면 교육의 근본취지를 이루기에 앞서서 늘 새로운 정보에 지배당하는 상황이 일어날 수 있다. 따라서 인터넷 정보사회에 맞는 교육문화를 정착시켜서 교육은 순수한 교육으로 가꿔 나갈 수 있는 실천적 방안들을 적극적으로 모색해야 한다. 교육은 정보의 집합체가 아니라 전인교육과 지식교육을 포괄하는 우리 각자의 삶의 방향을 잡아주는 인도자다.

인터넷 정보환경에 대한 발전적인 교육문화를 제시하면 아래와 같다.

① **평등주의** : 사회적 지위와 무관한 정보로의 접근 권한

② **개인주의적 자유주의** : 각 개인의 자유로운 정보게재 및 열람

③ **탈 중심화된 분산주의** : 독립적인 컴퓨터가 분산적, 병렬적으로 연결되어 개인 컴퓨터의 호스트화 실현

④ **다원주의** : 개별적 정보 및 의견의 전달

⑤ **정보 자본주의** : 정보의 질과 성격에 따른 독자적 시장경제 형성

(2) 교육 방법론적 측면의 인터넷

그렇다면, 인터넷이 교육방법론적인 측면에서 유용한 정점은 무엇일까? 그것은 크게 나누어 정보의 공유와 쌍방향 교육을 가능하게 하고, 유용한 정보의 선별 능력과 정보 관리 능력을 키워 준다는 점에 있다고 하겠다.

첫째, 정보공유는 인터넷교육의 가장 중요한 개념이다. 이는 누구나 교육을 받을 수 있는 평등한 기회를 제공한다는 의미이다.

둘째, 쌍방향 교육이 가능하다는 점이다. 이는 교실 단위로 이루어졌던 기존의 대량적이고 위계적인 교육 현실에서 반영하기 어려웠던 학생들의 주관적 반응을 개개인 별로 반영할 수 있다는 측면에서 매우 고무적이다. 전자우편을 통해 자신의 의견을 전달할 수 있으며, 게시판을 이용해 질문과 답변을 주고받거나 대화방을 통해 실시간으로 여러 명이 즉석 토론을 하여 결과를 낼 수도 있다. 이러한 과정을 통해 교육자와 피교육자의 상호작용이 이루어지는 것이다.

셋째, 유용한 정보의 선별 능력을 키울 수 있다. 유용한 정보라도 무턱대고 모아 놓는 것은 아무런 의미가 없다. 가령, 창고에 많은 음식물이 쌓여 있다고 하자. 불필요한 음식들을 먼저 많이 먹다 보면 이미 배가 불러서 자신에게 정말 필요한 음식은 먹을 수가 없게 된다. 우리의 몸이 고르게 성장되도록 영양이나 기호에 맞게 효율적으로 음식을 먹는 것이 중요한 것이다. 이러한 상황이 되지 않게 하기 위해서는 효율적이고 과학적으로 유용한 정보만을 선별하여 이용할 수 있는 능력을 길러야 한다.

마지막으로 정보관리 능력을 키워 준다는 것이다. 평범한 인간이 한 번에 처리할 수 있는 정보능력에는 한계가 있다. 그러므로 자신에게 편리한 정보영역체계를 설정하여 자신에게 필요한 정보를 즉시 응용할 수 있는 방법을 습득해 나가야 한다. 이러한 규칙을 통해 인간은 자신의 능력, 창의성, 보이고 싶은 본능 등을 잘 표현할 수 있는 인터넷을 사용하여 자신의 게재물을 띄우고 홈페이지를 만들어 나간다. 또한, 인간은 사회적 동물로서 누군가와 정보를 공유하며 이야기하고 싶은 본능이 있다. 인터넷에서의 전자메일, 대화방 등이 활성화되는 데의 철학적 기반이 된 것은 바로 이와 같은 본능 때문이다. 위와 같이 인터넷을 통한 교육방법론의 장점을 교육자가 얼마나 인지하고 있느냐에 따라 그것을 활용하고 실천하는 산교육장의 길이 열린다고 할 수 있겠다.

6-3-2. 인터넷의 기술적 특징

우리는 인터넷을 통해 쇼핑도 할 수 있고 외국에 있는 친구들과 편지, 전화도 주고받을 수 있으며 전세계의 다양한 정보를 얻을 수도 있다. 이렇게 일상생활에 가까이 다가와 있는 인터넷의 기술수준은 실제 공간(real space)의 상당부분을 가상공간(cyber space)으로 옮겨 대체할 수 있는 놀라운 수준에 와 있다. 이러한 인터넷의 최신 기술을 현재의 교육에 활용한다면 어떠한 모습이 가능할 것인가? 인터넷의 교육적 활용을 알아보기에 앞서 여기서는 인터넷의 어떤 기술과 특징이 교육적 목적에 활용될 수 있는지를 짚어 보기로 하자.

(1) 멀티미디어

흔히, 한국의 학교교육을 '19세기 교실에서 20세기 교사가 21세기 학생을 가르치고 있다.'라고 자조 섞인 비유로 표현한다. 사회가 다원화되고 정보 이용의 정도가 현대인을 가늠하는 척도로 삼는 현실 세계와는 달리 교육매체, 교육방법, 교육현장 등 대부분의 교육 현실이 사회의 발전 정도를 따라잡지 못하는 모습을 지적한 것이다. 그런데 이러한 모습도 90년대 들어서서 상황이 전혀 달라졌다. 가정이나 사회, 또래 모임 등에서 이미 대다수의 학생은 향상된 경제력을 기반으로 최신 기술을 적용한 다양한 미디어를 경험하고 있다. 눈으로는 영어책을 보면서 귀로는 이어폰으로 요란한 랩음악을 듣고 입으로는 그 빠른 가사를 중얼중얼 따라 부르는 것이 지금의 학생들이다(학생들은 이러한 방식이 영어 공부에 도움이 된다고 말하고 실제로 어느 정도의 학습효과도 있는 것으로 보인다). 즉 이미 학생들 자체가 멀티미디어 적으로 사고하고 학습하고 생활하고 있고 일선 교육 현장에서도 어느 정도 멀티미디어를 활용한 교재 사용이 일반화되고 있다.

멀티미디어의 사전적 의미는 문자, 사진, 그래픽, 동영상, 음성 등 다양한 미디어(매체)를 유기적으로 연결한 것을 뜻한다. 인터넷은 이러한 사전적 의미의 멀티미디어를 위한 매우 충실한 매체라고 할 수 있다. 좀더 정확히 표현하면 인터넷 중에 월드와이드웹은 인터넷에서 멀티미디어를 효과적으로 표현하기 위해 탄생한 것이므로, 멀티미디어 기술과는 뗄 수 없는 관계이다.

1 영상 정보의 전달

인터넷으로 사진을 보는 것은 기본이다. 사진을 스캐너를 이용하여 그래픽 포맷의 하나인 JPEG 형식으로 변환하면 그 즉시 인터넷으로 볼 수 있다. 최근 교사들이 강의 보조 교재로 많이 사용하는 OHP 필름도 역시 스캐너를 이용하여 인터넷에 적용할 수 있다. 요즘엔 사진을 인화하지 않고 사진기에서 곧바로 인터넷에 전송할 수 있는 디지털 카메라가 개발되어 있어 고가의 스캐너를 구입하지 않아도 사진을 인터넷에 적용할 수 있게 되어 편리성이 더욱 높아지고 있다.

2 음성정보의 전달(소리, 음악, 효과음)

컴퓨터의 성능이 향상되면서 음성 정보에 대한 기술이 상당히 발전되어 있다. 이를 기반으로 인터넷에서도 음성을 들을 수 있게 되었다.

음성 정보를 디지털화하는 형식은 매우 다양한데, 가장 보편적인 형식이 WAVE 이고, 요즘엔 압축 효율이 좋아 거의 음악 CD 정도의 음질을 재생한다는 MP3 형식이 인기를 누리고 있다. 인터넷에서는 WAV, MIDI, MPEG Audio(MPA) 등의 형식이 음성 정보를 전달하는 데 사용되고 있다.

간혹 강의 시간에 교사의 강의를 소형 녹음기에 담았다가 집에서 자습할 때 활용하는 학생들이 있는데, 강의 내용을 녹화하여 인터넷에 올린다면 더 많은 학생이 도움을 받을 수 있을 것이다.

3 동영상 정보의 전달

인터넷의 가장 촉망받는 기술의 하나가 이 동영상 전달기술이다. 영상과 음성을 동시에 전달하는 동영상 정보야말로 인터넷을 텔레비전에 가깝게 만들어 주는 촉매이다. 아직은 인터넷망의 통신 속도가 텔레비전처럼 자연스러운 영상정보를 전달할 만큼 만족스럽지 못한 점이 있지만 각국에서 정부 주도로 진행되는 초고속 국가정보망 구축이 완료되면 전세계의 영상정보를 텔레비전에 가까운 수준으로 볼 수 있을 것이다.

가장 보편적인 동영상 정보 형식은 AVI 포맷인데, 인터넷의 특성상 깨끗한 화질을 보존하면서 압축 효율이 좋은 MPEG가 많이 사용되고 있고, 최근에는 쇽웨이브(Shock Wave), 플래시(Flash), 비보액티브(Vivo Active), 비디오라이브(Videolive), 스트림웍스(Stream Works) 등 실시간을 지원하는 동영상 기술이 활용되고 있다.

(2) 실시간(real time) 기술

멀티미디어 기술로 생산된 디지털 데이터는 종이, 비디오 등의 아날로그 미디어보다 데이터의 보존 상태가 좋다. 반영구적으로 데이터를 보존하고 재생할 수 있는 장점이 있지만, 한편으로 그 크기가 대단히 크다는 단점도 있다. 앞서 얘기한, 강의 녹음테이프를 디지털화하여 인터넷에 올리면 그 효과는 매우 좋겠지만, 강의 50분 분량의 데이터를 디지털화하면 크기가 100MB를 넘어선다. 이를 인터넷에 올리기 위해 필요한 저장 공간의 문제도 있지만, 무엇보다도 이 데이터를 사용하는 일반 사용자가 33.6Kbps 속도의 모뎀을 이용해 자신의 컴퓨터에서 받아보려면 통신장애가 없는 속도에서도 약 6시간 30분가량이 소요된다. 50분의 강의를 인터넷을 통해 듣기 위해 6시간 이상의 시간을 기다려야 한다는 것은 모순된 일이 아닐 수 없다.

이러한 불편함을 해소하기 위해 개발된 기술이 실시간 기술이다. 이 기술의 기본 원리는 인터넷 사용자가 요구한 데이터의 전체를 다 보낸 후 재생시키는 기존의 방식이 아니라, 전체 데이터를 작은 단위로 나누어 순차적으로 보내는데, 먼저 도착한 데이터는 다음 데이터가 전송되어 오는 시간에 재생이 되어 사용자에게 전달되고 그 재생이 끝나기 전에 다음 데이터가 도착하여 기다리는 식이다. 이런 기술을 활용하면 앞의 강의 데이터도 사용자가 마우스를 클릭하는 순간 사용자에게 전달되는 것이다.

현재 이 기술이 빛을 발하는 곳은 현장 속보를 빨리 전달해야 하는 뉴스 분야이고, 차츰 인터넷을 통한 원격 강의 형태로 확대되어 나가고 있다.

(3) 양방향(interactive communication) 통신기술

그동안 교육적 용도로 많은 발전을 해온 텔레비전이나 비디오 매체는 그 효과의 우수성에도 불구하고 단방향 매체라는 단점이 있었다. 교실에서 대화를 통해 강의를 진행하는 것이 비디오를 보며 학습하는 것보다 효과가 더 좋은 것도 그러한 차이점 때문일 것이다.

그러나 인터넷에서는 대화할 수 있다. 양방향에서 보낸 정보에 대해서 서로 쉽고 즉각적으로 응답할 수 있다. 가장 쉬운 예로 어떤 교육 사이트를 둘러본 인터넷 사용자는 의문 나는 사항을 전자메일로 교육 사이트 담당자에게 보내면 담당자는 사용자의 의문을 읽어 보고 검토하여 곧 답장을 보낼 수 있다. 물론 이것은 가장 단순한 방법의 피드백(feedback)이지만 그 효과는 대단하다. 실제 우리나라의 교실에서 학급당 수십 명의 학생들이 좁은 교실에 앉아 한 명의 선생님에게 수업을 받으므로 대화식 강의를 진행하다고 하더라도 사실상 1 : 1의 개별화 교육(Individualized education)의 구현 가능성은 희박하다. 그래서 학생들은 관심이 있거나 이해하지 못하는 것을 질문하는 데에 곤란을 느끼고 수업에 대한 흥미를 상실할 수 있다. 인터넷은 상대적으로 학생들에게 손쉽고도 편한 질문 방식을 제공한다.

또한, 만약 강의자와 학습자가 약속한 시간에 접속해 있다면 즉석에서 강의에 대한 대화식 토론을 진행할 수 있다. 현재 몇몇 대학에서 진행하는 인터넷 강의가 이러한 장점을 살려 이루어지고 있다. 실제적으로 인터넷을 통해 학습자들이 더 적극적으로 수업에 참여하는 것으로 나타났다.

6-3-3. 인터넷을 이용한 교육의 실례

(1) 인터넷을 이용한 정규 교육

1 초등학교

대구광역시에 있는 황금초등학교의 사례를 보자. 이 학교는 대구광역시 교육청이 추진 중인 [대구교육 2000] 프로젝트의 시범학교 중의 하나로, 1997년에 약 2억 7천여만 원의 예산을 확보하여 인터넷을 이용한 교육 정보화 1차 구축 작업으로 진행하였다. 그 내용을 간략히 보면, 우선 멀티미디어 활용교육이 가능하도록 대용량 데이터를 처리할 수 있는 100Mbps 패스트이더넷(fastethernet)과 스위치 등의 최신 고속 장비로 기반시설을 마련하고 리얼오디오, 리얼비디오, 주문형 비디오(Voice On Demand : VOD) 시스템을 구축하여 학생들이 교실에서 웹브라우저만으로도 각종 멀티미디어 교육자료를 손쉽게 이용할 수 있도록 하였다. 또한, 개인별 이용 이외에 교사가 수업 중에도 멀티미디어 교육자료를 활용할 수 있도록 각 교실에 29인치 텔레비전을 설치, 컴퓨터와 인터넷망을 통해 각종 교육자료를 대형화면을 통해 학생들에게 보여줄 수 있도록 하여 멀티미디어 수업을 진행하고 있다. 이를 통해 학생들은 컴퓨터 및 인터넷과 매우 친숙한 환경에서 교과학습을 진행할 수 있게 되었고, 방과 후 개별적인 학습(자율학습이나 과제 작성 등)에서도 스스럼없이 컴퓨터 및 인터넷을 활용하도록 유도하는 성과를 거두고 있다.

2 중학교

황금초등학교의 사례와 마찬가지로 중학교에서도 이러한 컴퓨터 및 인터넷망을 활용한 멀티미디어 수업이 이미 진행되고 있다. 서울 장평중학교(http://element.unitel.co.kr/middle/seoul/changpyoung)의 사례를 보자. 이 학교 역시 1997년에 1차 교육 정보화 사업을 진행하여, 학생용 및 교사용 컴퓨터가 갖추어져 있고 인터넷망으로 서로 연결되어 있다. 한 과학 수업시간을 보면, 대형 빔프로젝터를 통해 핵발전 현황에 대해 다룬 인터넷 홈페이지에 나오고, 계속 핵의 위험성과 대체 에너지 등에 대한 정보를 담은 다른 페이지의 정보가 화면으로 출력된다. 이에 맞추어 학생들은 과학 교사의 지도 아래 이에 대한 열띤 토론을 벌이며 수업을 진행하고 있다. 또한, 첨단 시설을 갖춘 멀티미디어 교실에서는 영어, 과학, 사회, 기술 과목에 대한 특별 교육이 실시되고, 이를 위해 CD-ROM 실을 따로 운영하고 있다. 또한, 이 학교는 1998년에 에듀넷 시범학교로 선정되어 매주 월요일에는 담당 교사들과 교감 등으로 구성된 위원회를 두어 에듀넷 활용 연구모임도 갖고 있을 정도로 교사와 학생 모두가 이미 컴퓨터 및 인터넷을 활용한 교육에 앞서나가고 있다.

3 고등학교

교과의 수준이 초등학교보다 높고 과목의 수도 많은 고등학교의 경우엔 어느 곳보다도 멀티미디어 교육이 필요한 곳이다. 그 필요성만큼이나 많은 학교가 이미 멀티미디어 교실 구축이나 교육 정보화 구축 작업을 끝낸 상태이기도 하다. 특히, 실습과 실험이 많은 공업계 고등학교가 단연 앞서서 실시하는 경우가 많다. 단국공업고등학교, 천안의 천안농업고등학교, 한양공업고등학교 등이 모범 사례로 꼽히고 있다.

(2) 인터넷 가상대학

1 가상대학의 성격

최근 가상학교(Virtual School)가 세계적으로 큰 선풍을 일으키고 있다. 가상학교란 컴퓨터와 통신망 및 교육 프로그램을 가지고 가상공간에서 운영되는 새로운 형태의 미래형 교육기관을 말한다. 초기에는 국토 면적에 비해 인구가 현저히 적은 호주, 캐나다, 미국 등 일부 지역에서 시도되었으며 그 후 많은 실험을 거쳐 여러 나라에서 새로운 교육의 형태로 받아들이고 있다. 가상학교는 교사에게는 전세계의 교사들과 수업자료와 정보를 공유할 수 있도록 해 주며, 학생들에게는 학습의 범위를 넓혀 주고 각국의 친구들을 사귀도록 해준다.

가상학교의 대표적인 예는 가상대학(Virtual University)이다. 일정한 공간과 시설 속에서 교수와 학생간의 대면수업을 중심으로 운영되는 기존의 대학과는 달리 원격수업, 재택학습이 가능하다. 대부분의 가상대학은 인터넷이나 화상회의 시스템을 통해 교수의 강의를 듣고 학위를 취득할 수 있다.

다양화되고 급증하는 교육수요를 기존의 학교에서 모두 수용하는 것에는 한계가 있다는 점에서 가상 대학의 필요성이 생겨났으며 가상대학은 더욱 많은 사람들에게 폭넓은 교육의 기회를 제공할 수 있는 수단이 될 것이다. 이러한 가상대학은 천문학적인 사교육비에 시달리고 있는 국내 교육계 현실을 타개할 가능성이 큰 대안으로 평가되고 있다.

과거에는 어떤 대학을 졸업했는지가 중요시되었지만 가상대학에서는 무엇을 공부했는지가 중요해진다. 학생들은 어디에 있든지 실력 있는 교수의 강의를 수강할 수 있기 때문에 내용이 부실한 강의는 도태될 수밖에 없으며, 내용으로 승부를 거는 엄격한 경쟁의 시대가 오고 있다. 또한, 가상대학은 강의 내용을 영구히 보존할 수가 있는데, 만약 아인슈타인의 강의를 컴퓨터에 남겨둔다면 아인슈타인 사후에도 많은 젊은이가 그의 육성 강의를 들을 수 있다. 이제는 저명한 교수의 강의는 명화나 명반처럼 누구든 감상할 수 있는 문화적 유산이 될 수 있다.

가상대학을 설립하기 위해서는 특정한 건물이 필요 없긴 하지만, 학교의 내부와 외부의 정보 교류가 효율적으로 이뤄질 수 있는 네트워크를 갖춘 첨단 인텔리전트 건물이면 좋다. 따라서 정부는 장기적인 학교 개조사업을 통해 국내의 모든 학교를 21세기형 첨단 지능학교로 만들 계획을 세우고 있다. 이렇게 되면 기존의 학교와 가상학교와의 차이는 더욱 모호해질 것이다. 전문가들은 기술적으로 이 같은 가상대학이 앞으로 수년 이내에는 실용화될 가능성이 큰 것으로 보고 있다. 실제로 많은 수의 가상대학이 생겨나고 있으며 이들 가상대학에 대한 제도적인 지원 논의가 이루어지고 있다.

2 가상대학의 실례

미국에서는 1996년 10월 캘리포니아주의 23개 대학과 노스캐롤라이나대, 미네소

타대 등 30여 개 대학이 IBM사의 기술지원 아래 인터넷상에 강좌를 개설했다. 또한, 1998년에는 미국 콜로라도, 유타 등 서부 지역 15개 주와 1개의 주가 연합하여 WGU(Western Governors University)라는 최대 규모의 가상대학을 설립하여 운영에 들어갔다. 이 가상대학은 솔트레이크시티와 콜로라도주 덴버에 각각 법인 사무실과 학사 사무실을 두었고, 학생들은 시간과 장소에 구애받지 않고 온라인 수업을 받으며 행정, 도서관, 서점 등의 다양한 부대 서비스도 이용하고 있다. 특히 중앙도서관은 인터넷을 통해 학생들이 찾는 자료의 전문(Full Text)을 서비스하고 있으며, 학교 내 가상 상점에서는 일반 상점과 마찬가지로 컴퓨터 S/W, 비디오, 오디오 등 학생들이 필요로 하는 학습물을 인터넷을 통해 주문받고 배달해 주고 있다.

일본에서는 현재 언제 어디에서든지 통신을 통해 원하는 대학의 강의를 수강할 수 있도록 하는 온라인 유니버시티(Online University) 프로젝트를 추진하고 있다. 이는 NTT(일본전신전화)의 협력으로 와세다대, 동경대, 오사카대 등 16개 대학의 연구자들이 인터넷을 이용하여, 내년 봄부터 데이터베이스화한 강의와 연구정보를 상호 이용할 수 있도록 하는 것이다. 가령 동경에 있으면서 경도대학과 북해도대학교수의 강의를 수강할 수 있게 된다.

국내에서는 1997년부터 가상대학에 대한 논의가 본격적으로 이루어져서 1998년에는 몇몇 가상대학이 개설되어 시범 운영 중에 있다.

① **한국 대학가상교육연합** : 강원대학교, 경기대학교, 연세대학교, 인하대학교, 호남대학교 등 25개교

② **한국가상대학연합** : 한양대학교, 이화여자대학교, 경희대학교, 전남대학교, 경북대학교, 대구대학교, 한국방송통신대학교 등 7개교

③ **가상대학운영협의체** : 고려대학교, 성균관대학교, 제주대학교 등 8개교와 삼성 SDS

④ **한국 온라인가상대학교협의회** : 중앙대학교, 경기대학교, 공주전문대, 대전산업대 등 4개교

⑤ **서울대학교, 숙명여자대학교 등 단독 가상학교 운영 14개교** : 이와 별도로 숭실대에서는 케이블 TV 라인을 이용하여 서울 관악구와 동작구에 사는 3만여 케이블 TV 가입자들에게 숭실대 교수들이 진행하는 영어, 컴퓨터 강의를 무료로 시청할 수 있게 하고 있다. 화상정보 전달이 가능한 ATM(초고속정보통신망) 설치 공사를

끝낸 후, 이 망을 통해 1998년 5월부터 숭실대 교내 케이블 텔레비전이 제작한 영어, 컴퓨터 강좌와 위성을 통해 수신한 영어방송 등 4개 채널이 교내에서도 PC로, 지역주민들에게는 케이블 TV 채널을 통해 전달되고 있다.

학점이 인정되는 국내 인터넷 가상수업으로는 한국방송통신대학교의 '고전시가강독' 과목을 들 수 있다. 한국방송통신대학교는 국어국문학과 3학년 과정인 '고전시가강독' 과목을 인터넷 가상수업 정규과목으로 선정, 1997년 가을학기부터 운영하고 있다. 이를 위해 방송통신대는 삼성 SDS와 '가상교육체제 공동연구 협정식'을 맺고 삼성 SDS의 '가상학교 제작지원시스템'을 인터넷 가상수업에 활용하고 있다. 이 수업은 학생들이 인터넷에 연결해 가상수업이 진행되는 인터넷사이트에 들어가 리포트 제출, 토론방 참여, 질의응답, 전자우편, 전자게시판, 전자용어집 등을 활용해 학생과 교수간 쌍방향강의가 이뤄질 수 있도록 하고 있다. 인터넷을 통한 재택강의는 서울대, 홍익대, 한양대 등에서 시범적으로 실시한 적이 있으나 학점이 인정되는 정규수업으로는 방송통신대가 처음 실시하였다.

3 순수가상대학

뉴욕타임스에 따르면 애리조나, 콜로라도, 오리건 등 미국 서부 10개 주지사 모임은 가상대학설립을 위한 기본 골격을 정했다(서부주지사대학, http : //www.wgu.edu). 지난 92년부터 뉴욕대, 피닉스대, 카네기 멜론대 등이 평생교육대학원 등 일부 특수 교육과정에 PC 통신을 도입하기도 하였지만 주지사들이 앞장서서 학교건물 없이 가상공간에 문패만을 내건 가상대학을 설립하게 한 경우는 드문 일이다. 이 10개 주가 가상대학 설립에 적극 나서게 된 것은 이 지역이 미국 내에서 빈곤층을 대상으로 한 교육기회가 상대적으로 적은 곳이기 때문이다.

이제까지 TV나 라디오를 이용, 한쪽 방향으로만 진행되던 방송대학과 달리 가상대학은 인터넷을 통해 음성, 화상을 보낼 수 있는 대화형 쌍방향 시스템이다. 과제물도 전자우편으로 주고받고 세미나도 PC 카메라가 달린 영상회의 시스템을 이용한다. 도서관도 필요 없다. 실제 도서관이 아니라 디지털 도서관(전자 도서관)을 이용하여 자료를 얻을 수 있다. 즉 전국 주요대학과 연구소 데이터베이스(DB)에 접속하여 수업에 필요한 자료를 제공받을 수 있다. 시험도 책 펴고 치르는 '오픈 북' 방식으로 진행되고 응시자는 '정보사냥' 능력을 테스트받는다.

신입생 선발요강이 확정되지 않았지만 국경 없는 인터넷의 특성을 감안하면 이러한 가상대학의 등장은 국내 대학교육시장을 열게 하는 계기가 될 것으로 전문가들은 내다보고 있다. 한국교육개발원은 미국 가상대학이 전세계를 향해 입학대상을 확대할 것이라고 내다보고 우리도 교육의 질을 높이고 경쟁력 있는 유사 서비스 개발에 힘써야 한다고 주장한다. 이 가상대학에 대한 정보는 http : //www.westgov.org/smart/펴/펴.html을 참조하면 된다.

핀란드 헬싱키 공과대는 1997년 가을학기부터 '산업경영대학원'을 건물없는 순수 가상대학(Cyber University) 형태로 운영한다. 주로 산업체에 근무하는 직원들을 대상으로 석사, 박사학위 과정이 개설되어 있다. 교과과정은 기업의 문제점을 효율적으로 해결할 수 있는 정보와 기술습득 등 철저한 실무위주이고, 세미나와 현장사례 중심으로 첨단 교육공학을 수업에 최대한 활용한다는 계획이다. 인터넷 등 네트워크를 이용하여 핀란드 내 교육, 연구기관은 물론 하버드, MIT, 런던비즈니스 스쿨, 도교대 등 북미, 유럽, 아시아의 주요대학 · 연구소 등과도 연결되어 있다.

가상교육랜드 에듀넷(http : //edunet.nmc.nm.kr)은 국내에서는 추천할 만한 국내외 가상학교 사이트이다.

국내의 가상학교 중 가장 방대한 범위의 가상교육을 행하고 있는 곳이다. 에듀넷은 교육과 관련된 종합 네트워크로서 구현되었고 실제로 많은 호응을 받고 있다. 초등학교에서부터 중학교, 고등학교, 대학교까지의 광범위한 교육이 행해지고 있으며 그 내용도 다양하다. 예를 들면, 당해연도의 수능시험 문제와 정답이 시험 직후 에듀넷에 게재되기도 한다. 최근에 시작된 위성과외와도 연계되어 위성과외에서 다루어진 내용과 문제들에 관해서 이야기할 수도 있다. 또 이러한 직접적인 학교교육 자료 외에도 교육과 관련된 다양한 정보 및 관련 사이트들에 관한 정보들을 제공하고 있다. 가상학교에 관심이 있는 사람이 아니라도 꼭 한 번은 방문해 보길 바란다.

6-3-4. 인터넷과 학과교육

(1) 학교교육에서의 인터넷 활용

학교교육에서 인터넷을 활용하기 위해서는 교사와 학생들을 구분하여 살펴보는 것이 좋다. 교사들은 다른 수업지도안을 검색하여 참조할 수 있는 기회를 가짐으로써 가장 최근의 수업지도안을 만들 수가 있다. 특히 학부모 및 여타 교육기관과의 연계를 통하여 객관적인 의견을 수렴함으로써 학생들의 문제점을 다각적으로 검토할 수 있는 이점이 있다. 또한, 주제에 대한 관련자료를 수업에 활용할 수 있는 기회도 많아진다. 관련된 여러 가지의 배경 정보를 제시함으로써 신빙성도 높이고 동기 부여에도 일임을 할 수가 있다. 학생의 입장에서도 이는 상당히 긍정적으로 활용된다.

1 인터넷 상담

상담이란 도움을 필요로 하는 사람과 도움을 줄 수 있는 사람 또는 매체와의 개별적인 관계를 통해 새로운 학습이 이루어지는 과정으로 크게 얼굴을 맞대고 하는 상담인 대면상담과 전화, 편지, 컴퓨터 등을 활용한 비대면상담으로 나눌 수 있다. 상담을 위하여 컴퓨터를 활용하면 첫째, 내담자들이 필요로 하는 정보제공이 가능하다. 이것은 상담자에게 정보를 구할 때보다 오히려 방대한 정보를 얻을 수 있는 이점이 있다. 둘째, 도입면담이 가능하다. 내담자들이 키보드나 마우스를 통해 상담자의 질문에 스스로 응답하면, 이러한 정보들이 저장되고 분석되어 진단과 연구, 그리고 피드백에 사용된다. 셋째, 개별적으로 상호작용하는 상담이 가능해진다. 게시판 등의 형태로 한 사람이 자신의 문제를 적어 놓으면 상담자가 그와 관련한 조언을 올려놓은 등의 방법을 쓰거나 대화형태의 방식으로써 상호작용을 하게 된다.

2 E-mail을 통한 교육

문서를 작성해 E-mail을 통하여 상대방에게 보내기도 하고 받은 문서를 읽어 볼 수 있다. 또한, 필요한 자료는 E-mail에 첨부하여 같이 보낼 수가 있다. 자유로운 의사소통을 지원하는 E-mail을 이용하여 면 대 면으로 하기 힘든 대화를 이끌어 낼 수 있는 도구가 될 수도 있으며 지리적으로 떨어져 있는 다른 교사 및 학생과도 자유롭게 의견을 주고받을 수 있다. 교과과정의 보조수단의 기능으로서는 이를 통해 공동의 프로젝트를 수행할 수가 있으며, 관련 주제에 대한 게시를 하여 관심 있는 그룹끼리 서로 의견을 교환할 수 있다는 것이다. 장점으로는 자신이 원하는 시간에 의사소통을 할 수가 있다는 것이며 이는 서로 관련있는 사람과 지역적인 제약없이 신속한 의사소통이 가능하다는 점에서 학습에 많은 도움이 된다고 할 수 있다.

3 웹 설문조사

여러 가지 문제에 대하여 의견을 수렴할 수 있는 수단으로 웹이 활용된다. 웹 설문은 종이로 만들어 배포하는 것과 다르게 같은 시간대에 지역적으로 떨어진 다수에게 전달할 수가 있다. 설문에 응하는 사람들도 손쉽게 웹을 통해 응답한 결과를 전송할 수 있으므로 심리적 부담을 최소화하여 이를 시행할 수가 있다. 과거에는 설문조사의 절차가 자료의 배포 및 수집에 상당한 시간과 노력이 들어 시도하기가 어려웠다. 하지만, 이제는 쉽게 웹을 통해 여러 가지 문제에 대하여 다수의 의견을 물어 문제에 더욱 객관적으로 접근할 수 있는 장치가 마련된 것이다.

4 협동학습

학생들은 서로 협력하여 하나의 목표를 향해 서로 의견을 수렴해 가는 과정을 배우는 것이 중요하다. 하지만, 지역적으로 떨어져 있거나 시간상으로 이를 조정하기가 힘들어 현재까지 주입식 강의에 의존했던 것이 현실이다. 하지만, 웹을 통해 이에 대한 문제점이 많이 해소될 것이다. 학생 개인의 입장에서는 공동의 그룹에서 일어나는 활동들이 여러 구성원에게 제시되므로 의사소통시에 자주 발생하는 개인적인 오해나 갈등의 여지를 많이 줄일 수 있다.

(2) 주요과목 교육

1 국 어

인터넷을 이용한 국어교육에서 가장 중요한 특징은 두 가지이다. 하나는 빠른 색인(indexing)이 가능하다는 것이고, 다른 하나는 문자 정보를 읽는 음성 멀티미디어 정보가 존재한다는 점이다. 빠른 색인의 중요성은 정보사회에서 더욱 강조된다. 어떤 낱말과 표현이 국어 책 중에 어디에 나오는지 찾아야 할 때 컴퓨터를 이용하면 쉽고 정확하게 찾을 수 있다. 또한, 정철의 관동별곡에 나오는 '뎌 경디'라는 표현이 어디에 사용되었는가를 교사와 학생들은 쉽게 찾아낼 수가 있다. 음성 멀티미디어 정보의 경우는 시낭송과 같은 곳에 응용될 수 있다. 현재 많은 시낭송 사이트들이 시와 그 시의 낭송된 음성 멀티미디어 정보를 제공하고 있다.

웹을 통한 국어교육은 일반매체보다 그 전파속도나 영향도가 빠르므로 알고자 하는 부분의 내용과 구체적인 학습구성도에 따라서 어느 장소에서나 컴퓨터라는 매체만 있으면 구애받지 않고 학습할 수 있다. 예를 들어, 현대소설이라는 분야에 궁금증이 있을 때 그 분야에 관련된 사이트를 방문해서 여러 사이트 중 자신이 알고자 하는 부분에 가장 잘 부합되는 영역을 골라 학습할 수 있다.

인터넷의 이용은 기본적으로 모든 방면에서 교육적 효과를 얻을 수 있으며 국어와 외국어를 비롯한 언어영역에서도 그렇다. 디지털화된 언어 정보들은 인터넷을 통해 학생들의 컴퓨터로 쉽게 전송될 수 있다. 윤동주의 시와 멜빌의 'Moby Dick'은 모두 E－Text(전자화된 문자형태)로 변환되어 언제라도 한 번의 마우스 클릭으로 원하는 학생들에게 전송될 수 있다. 컴퓨터를 통해서 손쉽게 문학작품을 접할 수 있다는 것은 대단한 강점이다. 물론 아직까지는 인터넷을 통해 접할 수 있는 문학작품의 범위가 한정되어 있지만 문학 전반에 걸친 Etext화가 진행되고 있는 현재로선 그 가능성을 낙관할 수밖에 없다.

인터넷은 사용자들의 언어능력을 전체적으로 향상시킬 수 있는 기회를 제공한다. 예를 들어, 친구에게 편지를 쓰던 중 '고독함'을 절절히 전하고 싶어질 때가 있다. 그러나 문장력에는 한계가 있으므로 시인의 글을 살짝 인용해 보고자 한다. 그때 인터넷의 검색엔진에 접속하여 '고독'이라는 주제어를 입력하면 수십 개의 주옥같은 문장들이 있는 사이트들이 쏟아진다.

인터넷의 발달은 고전을 인용한 문장의 짜깁기마저 식은 죽 먹기로 만들고 있다. 훌륭한 문장과 표현, 단어들을 쉽게 인용할 수 있는 '인용문' 사이트가 그 주역이다. 콜롬비아대학이 개설한 '친숙한 인용문'(www.columbia.edu/acis/barleby/bartle-tt)은 인용문 사이트의 대표적 사례로 꼽힌다. 고전부터 근대까지 4백여 명에 달하는 저자들의 표현을 쉽게 검색해 볼 수 있다. 이 사이트는 자그마치 1백 년 이상 지난 명저를 인터넷 사이트로 단장한 특이한 경우로, 고전학자인 바틀렛이 1870년경 발표한 문장백과사전을 인터넷으로 검색할 수 있도록 만든 것이다. 두꺼운 책을 일일이 뒤져보아야 했던 노력이 단 한 번의 클릭으로 간편하게 해결된 것이다.

그리스 로마시대의 고전에서만 표현을 찾아주는 사이트도 있다. '인터넷 고전 문헌 보관소(classics.mit.edu)'가 그것이다. 이 사이트의 원래 목적은 4백여 편에 달하는 고전 명작을 영어로 번역해 소개하는 것이다. 마르쿠스 아우렐리우스의 「명상록」, 호모의 「일리아드」 등 명작들을 충실히 번역한 작품으로 처음부터 끝까지 읽어 볼 수도 있다. 초기 화면에서 '찾기'를 택하면 검색어에 따라 주어진 표현을 찾게 된다. 찾은 문장에서 '텍스트' 표시를 클릭하면 문장 앞뒤를 중심으로 출전 전체를 읽을 수 있다.

① **국어공부방** : 국어 학습을 원격으로 실시하는 곳으로 각종 학습지도안에 따른 교사들의 수업을 실시간 및 비실시간으로 실시하는 곳이다.

② **자료방** : 일반적으로 게시판 형태로 이루어져 있으며 자유롭게 국어 자료를 등록하고 다운받을 수 있도록 되어 있다. 국어학습지도안, 임용고시, 교육법 등을 포함한다.

2 영 어

인터넷을 통한 교육으로 가장 효과를 볼 수 있는 과목이 바로 영어이다. 많이 보고, 듣고, 말해야 하는 외국어 교육의 특성상 인터넷은 더없이 좋은 영어교육 환경을 제공한다.

인터넷은 전세계적인 네트워크이므로 기본적으로 영어 중심적이다. 대부분의 인터넷 사이트들은 영어로 제작되어 있다. 단지 인터넷을 돌아다니는 것만으로도 상당한 영어공부가 될 수 있다. 그뿐만 아니라 영어교육 사이트들의 수도 대단히 많다. 각 사이트에서는 멀티미디어 기술을 이용하여 정확한 발음을 제공하며 학생은 반복해서 이 정보를 접속할 수 있다. 학교 교실에서 수십 명이 모여 앉아 한 명의 선생님으로부터 하나의 음성 테이프를 들어야 하는 것에 비하면 교육적인 효과에 있어 인터넷은 대단히 우위에 있다고 볼 수 있다.

영어로 이루어진 각종 자료는 그 자체로 영어 읽기 자료로 활용될 수 있으며, 온라인 영어사전, 온라인 문법교실 등을 통해 모르는 것을 즉시 찾아 확인하고 학습할 수 있다. 수많은 온라인 영어학습 사이트를 통해 속담, 자주 쓰이는 표현 등을 익힐 수 있고, 각종 영어 대화 자료를 원어만의 발음으로 들어가며 공부할 수 있다. 또한, 실시간으로 서비스되는 온라인 방 등을 통해 듣기 능력을 키울 수 있으며, 전세계인과 자유게시판을 통해 소식을 주고받고, 인터넷폰을 통해 대화를 나누거나. 키보드로 온라인 대화를 나누며 말하기 능력을 신장시킬 수 있다.

3 수 학

인터넷을 이용하여 수학교육을 하기 위해서는 수학적 기호들이 컴퓨터로 손쉽게 표현되어야 한다. 컴퓨터에서 이러한 특별한 수학적 기호들을 지원하는 워드프로세서는 있지만(훈민정음, 흔글, MS-Word 등), 텍(Tex)이라는 수식편집 용어를 사용하는 것이 일반적이다. 하지만, 인터넷에서는 워드프로세서나 텍을 사용하여 수식을 나타내는 경우는 많지 않고 이러한 수식을 PS나 pdf파일의 형태로 주로 제공하고 있다. HTML이 수학기호를 충분히 지원해 주지는 않기 때문이다. PS는 포스트스크립트(Postscript)의 약자이며 고스트뷰(Ghostview)라는 PS파일 전용 브라우저와 같은 프로그램을 통해 내용을 볼 수 있다. pdf파일은 Acrobat사의 pdf파일 reader 프로그램으로 볼 수가 있다.

4 사 회

웹을 통하여 전세계적인 문제를 광범위하게 살펴볼 수가 있다. 즉 사회교육이란 가장 최근의 문제를 파악하고 분석하는 것이 중요하므로 이에 대해 웹을 통한 손쉬운 조사활동을 할 수가 있다. 흥미를 고취하기 위하여 관련사회에 대한 자료 및 사람들과의 접촉을 통하여 흥미를 유발할 수 있다는 것도 큰 장점이라고 할 수 있을 것이다. 물론 온라인상의 고동체적 접촉이 면 대 면의 효과를 대신할 수는 없지만 객관적 자료의 수렴 및 검토를 통한 학습의 방향정립을 통하여 시행착오를 줄이고 원하는 주제에 맞는 주관적 의견으로 쉽게 나아갈 수 있도록 해준다. 프로젝트의 수행에 있어서도 문화적 배경에 대한 편견 없이 역할을 분담하여 수행할 수 있다는 것도 큰 장점 중의 하나라고 할 것이다.

5 과 학

한 학습에 학생 수가 많으므로 실제로 여러 가지 실험을 자유롭게 시해하는 데에는 문제가 많다. 여러 가지의 실험을 개인이 다 하기도 힘들므로 서로 분담하여 상대방의 의견을 수렴하여 서로 내용을 상호 보완해 나가는 것이 현실이다. 그러므로 실험에 대한 상호작용적인 실험과정 및 결과에 대한 개별적 피드백을 활성화하기 위해서는 이를 프로그램화하여 제시하는 것이 필요하다. 언어는 틀려도 과학교육에 대하여는 전세계적으로 광범위하게 자료를 이용할 수가 있으므로 웹은 이에 대한 최적의 솔루션을 제공하고 있다. 그 외의 여러 가지 이론을 뒷받침하는 분야들인 북극의 생태계 등도 관련자료를 참조하여 결론으로 이끌어 갈 수 있도록 하고 있다. 과학에 대한 최근의 이슈나 관련자료도 웹을 통해 쉽게 수렴할 수 있는 것도 큰 장점이라고 할 수 있을 것이다.

(3) 예능과목 교육

1 음 악

예능과목 중에서도 특히 음악 과목은 인터넷을 이용할 만한 여지가 대단히 높다. 인터넷에서 접할 수 있는 음악의 양도 엄청나다. 인터넷을 이용한 멀티미디어 중 화상정보와 함께 가장 많은 양을 차지하는 것이 바로 음악정보다. mp3(Mpeg Layer3) 파일은 주문형 오디오(Audio on Demand : AOD)의 대명사가 되어 버렸다. 그 외에 ra(Real Audio)나 wav, midi 형태의 파일들이 인터넷에서 많이 다루어지고 있다. 인터넷에 있는 수많은 AOD 사이트들은 mp3 파일의 경우 대부분 충분한 음질로 실시간에 사용자들의 요구에 부응할 수 있다.

수많은 주문형 오디오 사이트들이 팝에서 재즈, 클래식에 이르기까지 다양한 레퍼토리를 가지고 전세계에 걸쳐 산재해 있다. 바흐나 모차르트, 베토벤과 같은 거장의 주요작품들은 대부분 midi 형태의 파일로 구할 수 있으며 검색엔진을 이용하여 잘 찾으면 몇 개의 mp3 파일도 구할 수 있다. 검색엔진 중에는 naver나 hanmir와 같이 멀티미디어 자료를 파일종류별로 검색해 주는 곳도 있다. 이러한 음악파일들은 훌륭한 교육자료가 될 수 있다.

최근 컴퓨터를 이용한 작곡활동의 발달과 함께 컴퓨터 음악이 전반적으로 눈부시게 발전하였다. Cake Walk라는 프로그램은 가장 이용이 쉬우면서도 비교적 강력한 기능을 갖는 소프트웨어로서 이들 프로그램을 이용하면 손쉽게 작곡, 편곡 등이 가능하다. 인터넷의 몇몇 가상대학에서는 음악이론이나 악기 등에 관해서 강의를 개설 중인데 대부분 유료이다.

2 미 술

전세계의 관련 미술분야에 대한 자료와 동향을 얻을 수 있다는 것은 상당한 매력이다. 특성상 관심영역이 세분화되어 있고 특성화되어 있으므로 공통의 주제를 논의할 사람을 전세계적으로 찾을 수 있다는 것은 큰 장점이 아닐 수 없다. 요즘은 분야도 다양해서 컴퓨터 그래픽, 비디오 등 다양한 매체를 이용하므로 웹을 통한 구현은 큰 장점이다. 유명한 루브르 박물관 등 특정장소에 대한 사이트로 들어가면 세계적인 작품들을 쉽게 감상할 수 있다. 교사와 학생 모두에게 미술 학습에 필요한 전반적 안내를 도모하는 웹사이트가 개설되어 있으므로 각종 자료를 제공받을 수 있으며 교육현장에서 활용 가능한 학습지도안 등을 참고할 수 있다. 또한, 미술 수업에 효과적으로 활용 가능한 시청각 교재에 대한 정보를 통해 미술 교육이 더욱 능동적으로 진행되도록 돕는다.

교실에서 그쳤던 미술 학습에서 벗어나 각종 전시회 안내 등을 통해 직접 보고 느끼는 기회를 제공받을 수 있으며, 인터넷상에서의 작품감상이 가능해 학생들의 미술 학습에 많은 도움을 준다. 전문사이트를 통하여 교과서로는 다하지 못했던 더욱 다양한 작품들을 접할 수 있으므로 더욱 효율적인 미술교육을 할 수 있다.

① **교육자료실** : 미술교육에 대한 각종자료를 수록한다. 크게 3가지로 나누면 학습지도안은 교사가 현장에서 학생을 지도하는 데 활용할 수 있는 새로운 학습방법 등을 제시하고, 문제은행에서는 문제를 낼 때 교사들이 참고할 수 있도록 한다. 또한, 단원별 참고 작품에서는 학생작품 및 작가의 작품을 단원별로 수업에 활용할 수 있도록 제시한다.

② **가상미술강의** : 그리기, 만들기 등 여러 가지 미술 관련 학습을 실시간 및 비실시간으로 실행하여 원격으로 강의를 진행한다. 지금의 미술교육은 텍스트와 그림 등을 제공하여 보여주는 이론교육과 각각의 작품을 감상하는 수준에 머물고 있다. 그러나 컴퓨터 프로그램이 발달할수록 웹에서 직접 그림을 그리는 등의 실기교육도 가능해질 것이다.

③ **관련사이트** : 국내 및 국외의 각종 미술품 전시 현황을 쉽게 찾아볼 수 있도록 되어 있으며, 세계 미술관 및 박물관 등도 같이 제공한다.

6-3-5. 인터넷과 아동교육

인터넷 멀티미디어는 손쉬운 사용자 환경으로 인하여 어린이들도 쉽게 이용할 수 있다. 공부하는 것이 노는 것만큼이나 재미있다면 공부를 싫어할 어린이는 아마 없을 것이다. 인터넷 멀티미디어는 재미있는 교육프로그램을 개발하기 위한 매우 우수한 환경을 제공한다.

예를 들어, 수학야구(Math Baseball)게임(www.gold-pages.com/math/index.html)은 수학을 야구 게임식으로 흥미 있게 배울 수 있도록 고안된 사이트이다.

여기에서 어린이는 복잡한 수학문제를 풀기 위해 책상 앞에 앉아 씨름하는 것이 아니라 단단한 방망이를 들고 멋진 홈런을 날리기 위해 그라운드에 선 타자이다. 컴퓨터가 내미는 수학문제는 상대팀의 투수가 던지는 공인 셈이다. 맞서 싸울 상대팀은 덧셈팀과 곱셈팀이 있다. 덧셈팀과 싸우려면 Addition을 곱셈팀과 싸우려면 Multi plication을 체크한다. 그리고 같은 덧셈팀이나 곱셈팀 가운데서도 쉬운 팀과 어려운 팀을 골라 싸울 수 있다. 팀을 선택했으면 이제 방망이를 들고 그라운드로 나가보자. 등급 선택박스 옆의 플레이볼 단추를 클릭하면 운동장의 모습과 함께 문제가 제시된다. 알맞은 답을 생각해 냈으면 마우스로 대화상자 안을 클릭하여 입력하고 스윙버튼을 누른다. 정답을 맞히면 컴퓨터가 각 문제의 난이도에 따라 1루타(Single), 2루타(Double), 3루타(Triple), 홈런인지를 결정해 맨 위 전광판에 빨간 글씨로 표시해 준다. 트린 답을 쓰면 아웃으로 퇴장당한다. 정답을 화면 맨 위로 띄워 알려주기 때문에 자신이 쓴 답과 비교해 볼 수 있다. 팀의 득점과 아웃당한 선수의 수도 전광판에 표시되기 때문에 자신의 성적을 수시로 점검하여 학습의 성취도를 만끽할 수 있다. 3개의 문제를 틀리면 삼진에 해당하기 때문에 게임이 끝난다. 물론 팀을 다시 선택해 재도전할 수 있다.

이와 같이 인터넷 멀티미디어는 상당히 새로운 형태로 어린이들의 교육에 응용될 수 있다. 아직까지는 소프트웨어가 많이 부족한 것이 현실이지만 기술발달과 더불어 점점 많은 소프트웨어가 출시되리라 본다.

6-3-6. 인터넷(컴퓨터)과 장애인교육

장애인의 인터넷 사용은 인터넷을 통하여 장애가 있는 부분을 보충할 수 있다는 점에서 그 가치를 찾을 수 있다. 눈이 안 보이는 사람은 소리를 통하여 명령어 및 가이드를 받을 수 있으며 귀가 안 들리는 사람은 소리 정보를 그래픽으로 나타내 준다. 만일 사용자가 정신지체인이라면 정보제시 수준을 차별화하여 정신박약 정도 및 유형에 따라 다각적인 방법으로 정보를 제공하여 준다. 먼저, 일반적인 장애에 대한 정보를 제공하는 지명도가 있는 사이트를 기관별로 정리하여 설명하고 후에 세부적인 장애 유형별로 나누어 설명하도록 하겠다.

일반적인 장애 유형별 서비스는 각 기관별로 여러 사이트에서 관리되고 있는데

Iowa주립대학의 Science Technology에서 제공하는 ADA & Disability Information, 장애인과 노인의 환경 증진을 위하여 설립된 HANDITEL, 워싱턴 대학에서 운영하는 DO-IT은 학문적 또는 직업적 분야 및 과학, 수학, 공학 및 대학에서 장애인의 참여를 위해 개설되었고, Yahoo Disabilities는 장애에 대한 전반적인 정보를 체계적으로 분류하여 제공하고 있다. 특히 유형별로 서로 대화를 나눌 수 있는 다양한 대화방에 대한 안내는 상호 정보교환에 큰 도움이 될 것이다. NIDRR은 재활서비스 및 특수교육에 관한 국내 및 국제 프로그램에 대한 기술적인 지원을 제공하고 있으며 National Institute on Life Planning for Persons with Disabilities(NILP)는 장애인과 그 가족들이 최신의 정보를 얻도록 지원한다. 그 외에 장애인의 국제적인 홈페이지(Disabled Peoples International Home Page) 등이 있는데 이는 동등한 인간의 권리를 부여하기 위한 것으로 110여 나라에 걸쳐서 조직이 분포되어 있는데 반 정도는 개발도상국에 있다.

시각장애가 있다는 것은 활자 인쇄물을 통해 학습이나 정보에의 접근할 수 없다는 것을 말한다. 비록 지금까지 컴퓨터를 활용한 다양한 시각장애인용 매체개발에 주력하고 있지만 특수한 문자인식 형태로의 전환이 필요해 다양한 정보 제공원의 활용에 많은 제한점이 있는 것이 현실이다. 컴퓨터를 이용하여 제시된 여러 가지 방법을 보면 일반 문서나 스캐너를 이용해 입력된 기존 활자 정보들을 점자프린터를 통하여 출력하거나 음성합성장치를 활용하여 음성 출력하는 것 등이다. 이러한 방법을 통하여 정보를 습득할 수 있는 기회를 제공한다. 몇몇 선교단체에서 컴퓨터를 지도하고 있으며 맹인용 컴퓨터를 이용한 워드프로세싱과 프로그래밍을 중심으로 하는 훈련도 이루어지고 있다. 이렇게 컴퓨터를 활용하여 여러 가지 형태의 문서를 다양하게 활용하게 되었으며 비슷한 장애인들과 서로 문제를 나누고 정보를 교환할 수 있는 인프라를 구성하게 된 것이다. 최근에는 인터넷을 통해 전세계의 정보를 다양하게 입수할 수 있게 되었고 첨단 정보를 서로 주고받으며 다양한 경험을 쌓을 수 있는 기반을 마련하였다. 다음에 소개하는 하드웨어와 소프트웨어를 적절히 사용하여 이제는 인터넷상의 문서들도 시각장애인이 인식할 수 있는 음성이나 점자 파일형태로 접근할 수 있게 되었다.

(1) 하드웨어

1 음성합성장치

시각장애인이 입력한 내용이나 컴퓨터에 있는 전자파일을 음성으로 출력하는 장치이다. 1992년에 디지콤에서 '가라사대'라는 음성합성장치를 개발하여 시각장애인 컴퓨터에 장착하여 사용하였는데, 이는 한글로 출력할 수 있어 영어에 자신이 없는 시각장애인도 부담 없이 정보를 얻을 수 있다.

2 점자프린터

점자프린터란 입력한 자료를 점역프로그램을 이용하여 점역한 후 종이에 집적 점자로 프린트하는 장치이다. 초기에는 단면만 출력하였으나 최근에는 양면으로 출력할 수 있는 장치가 개발되어 사용 중이다.

3 컴퓨터 전자 제판 시스템

대량으로 점자프린터를 이용하여 출력하면 프린터에 무리도 가고 다수의 사용자에게 많은 양을 보급하는 데에 문제가 있다. 이에 컴퓨터로 입력된 자료로 출판용 원판을 제공하여 다량으로 제작할 수 있는 시스템이다.

4 무지점자기(paper brailer)

점자프린터를 통하여 출력하는 것이 아니라 점에 해당하는 곳이 핀으로 튀어나오면 손으로 만져 읽는 장치이다. 이 장치는 최근에 음성으로도 출력할 수 있는 형태로 발전하였다.

(2) 소프트웨어

1 점역 프로그램

컴퓨터에 있는 전자파일 자료를 통해 점자 프린터로 출력할 수 있도록 만들어 주는 프로그램이다. 이러한 장치를 통하여 일반 자원봉사자들이 입력을 할 수 있으므로 대량의 자료입력이 가능해졌다.

2 음성 출력 프로그램

음성합성장치를 이용하여 음성으로 출력할 수 있도록 한 프로그램을 말한다.

3 TTS(Text To Speech)

텍스트를 음성으로 변화시키는 프로그램으로 하드웨어 장비를 구입하지 않아도 컴퓨터만 있으면 프로그램을 작동시킬 수 있다.

청각장애란 청각경로 어느 부분에 이상이 있어 듣고 이해하는 기능이 부분적 또는 항구적으로 결여되어 있는 상태를 말한다. 즉 청각기관의 한 부분에 이상이 생겨 언어적 정보를 처리하는데 어려움을 겪는 장애로 우리의 편리한 의사소통 수단인 전화기는 청각장애인에게 아무 쓸모가 없다. 청각학습에는 크게 구화학습과 수화학습으로 나누어진다. 구화학습은 보청기를 착용한 상태에서 입 모양을 보고 소리내기 연습을 하는 것이고, 수화학습은 말을 손짓으로 표현해 내는 것이다. 여러 대학에서 수화학습에 대한 관심이 높아져 동아리 활동 등을 통해 일반인의 관심을 이끌어 내고 있으며 인터넷 사이트에서도 수화학습 사이트가 개설되어 일반인도 자유롭게 접할 수 있는 기회가 많아지고 있다. 사회적으로도 청각장애인에 대한 사회적 제도를 개선하여 캡션방송 등을 통해 TV화면 밑에 자막으로 대화내용을 보여주는 선택사항을 두도록 하고 청각장애인용 전화기를 도입하고 소음성 난청 예방을 위한 근로 조건 등을 개선해야 할 것이다. 컴퓨터를 통한 인터넷의 도래로 청각장애인들은 다른 장애인들보다 직접적으로 많은 도움을 받고 있는데 문자화된 정보를 자유롭게 선별해 봄으로써 개별화된 교육환경을 향유하게 되었다. 더구나 인터넷상에서 전세계로부터 많은 가상친구를 사귀게 되어 장애인으로서 같은 처지에 있는 사람들과 정보를 공유할 수 있게 되었다. 일반인과의 커뮤니케이션도 자유롭게 할 수 있어 자신들의 입장 등을 전달할 수 있는 좋은 수단이 되고 있다.

지체장애란 정형외과적 손상이 선천성 소아마비, 뇌성마비에 의한 손상 등 두개골, 관절 및 근육에 장애가 있는 부분과 병적으로 허약하여 심장질환, 백혈병, 당뇨병 등이 있는 것을 통틀어 가리킨다. 한 마디로 건강상의 조건에서 신체적 무능력으로 인하여 학교 및 가정에서 일상적인 활동에 참여할 수 없는 경우를 일컫는다. 이러한 장애에 속하는 사람들도 일반인과 유사한 교육목표를 가지므로 전문가들과 상의하여 각 아동의 필요에 따라 개별적인 교육이 되도록 하여야 할 것이다.

많은 장애인들은 학교시설 및 수업자료를 이용하는 데에 어려움이 있다. 책을 잡거나 페이지를 넘길 수 없는 경우도 있고 학습을 위한 멀티미디어 장비(녹음기, TV, 컴퓨터 등)를 사용할 수 없는 경우가 대부분이다. 그래서 최근에 발달된 의료공학으로 척추 부상이나 전신 혹은 반신마비가 된 사람들이 이미 손상된 신경에 관계없이 마비된 근육을 자극하는 컴퓨터를 통해 혜택을 받고 있다. 1982년 Nan Davis는 마비된 근육으로 걷는 모습을 컴퓨터를 통해 보여 주었다. 이렇게 신체적 결함으로 인한 많은 제약을 해소하고 더욱 나은 학습의 환경을 위해 아래와 같은 컴퓨터 하드웨어 및 소프트웨어가 개발됨으로써 많은 도움을 주고 있다.

3 하드웨어

여러 가지 컴퓨터 주변장치들을 신체장애로 인하여 제대로 다루지 못하는 장애인들을 위하여 다양한 컴퓨터 보조 장비들이 선보이고 있다. 이 기기들은 지체장애인이나 시각 · 청각장애인을 위해 음성 또는 근육의 움직임 등으로 입력하고 점자나 음성 등으로 출력할 수 있다. 뇌성마비나 교통사고로 손발을 쓸 수 없는 장애아를 위해 고개를 흔들거나 호흡으로 작동하는 입력 장치도 등장했으며 장애인 복지단체인 우경복지재단은 손을 움직이지 못하는 장애인을 위해 발로 정보를 입력하는 '쿠션스위치', 목의 움직임을 이용하는 '마운틴 스위치' 등을 개발하고 있다. 시스템공학연구소(SERI)는 최근 일반문서를 점자로 바꿔주는 점역 프로그램 '브라보'를 선보였고 민간 소프트웨어 개발업체인 크린그린사는 PC 통신의 메뉴를 음성으로 읽어 장애인도 사용이 가능한 통신프로그램 '소리샘'을 개발하였다. 이외에도 장애인을 위한 복지제도가 발달한 미국 및 일본에서는 다양한 제품들을 손보이고 있다. 청각장애인의 발성연습을 위해 음성 인식장치와 마이크 등으로 구성된 IBM의 '스피치 뷰어'는 청각장애인이 마이크에 대고 목소리를 냈을 때 음성이 너무 크거나 유무성음을 제대로 구사하지 못할 때 메시지를 통하여 바로잡아 준다.

4 원 버튼 마우스(One Button Mouse)

현재 지체장애인들이 컴퓨터를 용이하게 사용하는 방법으로서 단순히 스위치를 조작하는 방법이 있다. 하지만, 이를 위해서는 별도의 하드웨어와 소프트웨어가 필요하므로 컴퓨터를 사용하는 데에 많은 제약이 따른다. 그러나 기존의 마우스를 대체한 하나의 버튼만 있는 마우스를 사용함으로써 별도의 장비 없이 컴퓨터를 조작할 수 있게 되었다.

크게 커서를 움직이고 물체를 끌(drag) 때 사용하는 방향(direction)부와 커서를 통해 명령을 내릴 때 쓰는 버튼부로 나누어져 있는데 방향부와 버튼부 사이에는 Group-scan으로 이동하며 각 부의 내부 동작들은 Auto-scan으로 선택 대기상태가 표시된다.

① **사용설명** : 스캔 방식으로 동작하는 표시부를 보고 사용자가 원하는 동작의 표시등이 켜질 때 스위치를 동작시키면 원하는 동작이 수행된다.

② **구현특징** : 기존 마우스의 동작분석 구현 알고리즘을 장애인들에게 친숙한 Group-scan과 Auto-scan의 혼합형태로 구현한 것이다.

5 대체 키보드 시스템

일반 키보드를 사용하는 데 어려움이 있는 사람들을 위해 고안된 것으로서, 구성장치를 보면 2개의 키가 동시에 눌려지는 것을 막아주는 키 보호기와 감지 패드를 눌러주기 위한 미니 키보드가 있다.

사용자의 키 누름에 따른 반응속도를 조절할 수 있으며 음성 및 클릭 피드백이 가능하다. tellikey는 IBM PC 및 매킨토시 컴퓨터에서 이용되며 Kenx On Board와 Key Largo는 매킨토시 컴퓨터에서 사용된다.

6 온 스크린 키보드

사용자가 조이스틱, 트랙볼 및 마우스를 사용하여 커서를 이동시켜 스크린에 있는 적절한 키보드를 선택한다. 일반 키보드는 사용할 수 없지만 조이스틱, 트랙볼 및 마우스 등을 사용할 수 있는 장애인에게 주로 사용된다.

7 음성 인식 프로그램

음성을 사용하여 컴퓨터를 통해 문장을 만들고 명령을 내린다.

8 터치 스크린

직접적으로 모니터 위에서 원하는 물체를 선택하여 작동하도록 한다.

9 스캐닝 기능의 단일 스위치

원하는 항목 및 그룹들을 소프트웨어의 단일 스위치를 이용하여 주어진 항목이 강조되었을 때 스위치를 눌러 선택한다.

10 전광펜

컴퓨터의 화면 위에 투명하고 얇은 막을 통해 신호를 전달하는 것으로 화면 위에 펜을 접촉하여 그래픽 영상을 입력한다. 여기에 머리의 움직임만으로 저장되는 머리 지시기에 전광펜을 부착하여 사용할 수 있는데 이것을 광지시기라고 한다.

11 조이스틱

길게 나온 손잡이를 상하 좌우로 움직여 컴퓨터화면 위에 있는 목표물을 움직여서, 선정된 목표물에 대해 누름단추를 사용하여 결과가 일어나게 하는 장치이다.

12 터보공

터보공은 마우스와 같은 원리로 작동되는 입력 장치이다. 마우스는 마우스의 위치를 이동할 때 밑바닥에 있는 공이 회전되지만, 터보공은 밑받침이 공정되어 있고 상부에 있는 공 자체를 회전시켜 화면 위의 커서를 움직인다.

13 글쇠 보호기

운동조정 능력이 부족한 아동이 글쇠판 위에서 필요한 글쇠를 찾는 동안에 다른 글쇠가 눌러지는 것을 방지하기 위하여 글쇠판 위에 설치한 보호 장치이다.

6-3-7. 지체장애별 컴퓨터(인터넷) 학습

(1) 사지마비(양팔, 양다리)

손발을 쓸 수 없기 때문에 음성을 통하여 컴퓨터를 작동하게 하거나 컴퓨터화면에 키보드와 같은 장치를 설치하여 눈동자를 상하좌우로 움직이면서 컴퓨터를 작동시킨다. 인터넷상에서 장애인끼리 서로 보완적인 관계를 통해서 도와가며 어려움을 극복할 수 있도록 하는 것이 중요하므로 인터넷을 통해 효율적으로 정보를 공유하도록 해야 한다.

① 컴퓨터 시뮬레이션을 활용하여 각자의 입장에서 효율적으로 생활할 수 있도록 가상공간에서 실제 체험을 하도록 유도한다.

② 사지를 전혀 쓰지 못하는 경우는 음성을 통하여 명령을 인지시켜 수행하도록 한다. 이를 통해 원하는 음악을 감상하며 정서함양을 기할 수도 있고 여러 다른 프로그램도 수행하여 원하는 분야를 학습할 수 있도록 한다.

(2) 하지마비

하지마비 장애인은 자신의 힘으로는 움직일 수 없으므로 인터넷 가상학교를 이용하면 자신의 실제로 수업을 받는 효과를 얻을 수 있다. 손은 자유롭게 쓸 수 있으므로 인터넷 가상대학을 이용한 정상인 수준의 가상학교 이용이 가능하다. 특히 이 부류의 장애인은 인터넷 화상 교육을 통하여 자신이 정상인과 다르지 않다는 느낌으로 정적인 유대감을 유지시키는 것이 중요하다.

(3) 팔 절단

팔이 절단된 경우는 키보드를 사용할 수 없으므로 음성을 이용하거나 키보드를 이용한 방석스위치를 이용해야 한다. 즉 바닥에 확장된 카드를 위치시키고 주요한 명령어들은 조합을 하여 수행할 수 있도록 한다.

(4) 전신마비

전신이 마비된 경우는 몸을 마음대로 움직일 수 없으므로 음성을 사용하거나 호흡으로 작동하는 부속장치를 활용하여 컴퓨터를 작동시킨다. 이러한 장치를 사용할 때에는 민감한 센서를 이용하여 많은 힘을 들이지 않고 명령을 내릴 수 있도록 해야 한다.

(5) 뇌성마비

뇌성마비의 경우는 정신지체도 수반하기 때문에 특수하게 개발된 프로그램을 사용하여 작동을 단순화하거나 순차적으로 개별학습의 이론을 활용하는 것이 중요하다. 학습되는 양에 주안점을 두기보다는 각 개인의 흥미롭게 사용할 수 있도록 프로그램을 짜서 동기유발을 시키는 것이 중요하다. 초기단계의 프로그램 구성에 있어서는 일반 사물이나 동물 등에 친밀감을 가지도록 생활의 여러 단면을 친근감 있게 제시하는 순서를 가지도록 해야 한다. 다양한 학습의 형태를 보여주어 학습량을 늘리는 것보다는 학습자가 원하는 학습내용을 찾는 데에 주안점을 두고 학습자가 보여주는 지속적인 피드백을 분석하여 점차 학습범위를 넓혀나가는 방법이 도움이 될 것이다.

1 정신지체

정신지체(mental retardation)는 수준 이하의 지적 능력과 적응 행동을 동시에 가지고 있는 장애를 말한다. 일반적으로 미국정신결손협회에서는 통계적으로 유의 있는 평균 이하의 지적 기능의 결과, 혹은 그와 연관되어 나타나는 적응행동에 있어서의 이상을 정신지체라고 정의하였다. 정신지체아에 대한 컴퓨터 교육은 어려움에 당면해 있는데 이는 학습자의 지적 능력에도 기인하지만, 현재의 교육시설이나 교사의 컴퓨터 조작능력의 부족, 그리고 컴퓨터 학습에 대한 학습자의 특성이 잘 분석되고 있지 않기 때문이다. 그럼 정신지체장애자들의 특성을 통해 이에 적합한 인터넷 교육을 조명해 보도록 하자.

① **개인차** : 정신지체는 장애 양상에 따라 학습능력과 잠재적 능력의 차가 매우 심하다. 그러므로 인터넷의 다양한 메뉴를 통해 지체아별로 학습을 수행할 수 있는 방향을 추진한다. 인터넷 학습을 활용하여 정신지체아의 개인차를 포괄할 수 있는 프로그램이 요구된다.

② **부진한 학습전이** : 정신지체아는 미분된 정신구조로 되어 있어서 각 부분의 경계가 경직되어 한 영역에서 학습한 내용이 타 영역에 영향을 미치기가 어렵기 때문에 단편적인 지식습득에 그치기가 쉽다. 이에 대해서 인터넷 프로그램을 활용하여 연관된 내용들이 다양하게 보이도록 한다. CD-ROM 타이틀 프로그램의 경우에서는 한정된 정보들만 반복하기 때문에 가능하면 인터넷을 통해 새로운 문제해결에 응용하거나 일반생활에 응용할 수 있는 가능성을 보여 주도록 한다.

③ **소거의 열악성** : 정신지체장애자들의 형성된 조건과 이에 대한 반응은 소거되기 어렵다. 그래서 고집적인 행동을 하게 되고 새로운 사태에 접해 이를 재정립해 나가는 데 어려움을 가진다. 인터넷의 환경에서는 다양한 가능성을 접하게 하여 이미 습득된 것이 기준이 되는 가능성을 줄이고 새로운 학습을 통해 소거가 되도록 촉진시킬 수 있다.

④ **주의집중과 지속력의 부족** : 정신지체아는 외부세계에 대한 인식이 불명확하고

합리적으로 목적형성이 이루어지지 않아 부정확한 양상을 띠게 된다. 컴퓨터를 통한 인터넷 학습으로 관심을 보이는 영역에 대하여 자극을 줄 수 있도록 유도한다.

⑤ **정신지체장애자들의 학습원리** : 정신지체장애자들의 학습원리는 결국은 일반적인 교수-학습이론이 심화된 것이므로 아래와 같은 상황에 대하여 적절히 적용하여 컴퓨터 및 인터넷을 통한 학습 환경에 익숙해지도록 해야 한다.

⑥ **학습준비성** : 성숙된 정도에 따른 학습지도, 후속학습에 필요한 기초기능의 발달, 학교학습에 대한 정신지체아의 정서적 적응과 태도, 기계적 암기가 아니라 개념적 이해로 이끄는 조직적이고 계열적인 기능발달의 강화 등이 이에 속한다.

⑦ **학습동기의 유발** : 학습욕구를 자극하여 학습영역에 대한 성공적인 경험을 가지게 함으로써 긍정적인 결과가 강화되도록 해야 한다. 능력 이상의 성취가 강요되면 학습에 흥미를 잃게 하는 결과를 가져와 부정적인 학습태도를 강화시킬 수 있다.

⑧ **연습** : 정신지체아들은 자극에 대한 반응이 느리고 힘들게 수행되므로 다양한 방법으로 반복하여 연습할 기회를 주도록 한다.

⑨ **즉각적인 피드백을 통한 강화** : 지체아가 성공적인 경험을 가질 때 즉각적인 보상을 마련하여 바른 행동에 대한 즉각적인 강화가 중요하다.

⑩ **과잉학습** : 지체아들은 학습 후에도 개념이해를 잘하지 못하므로 과잉학습을 하여 학습전이 및 재학습의 충분한 기회를 가지도록 한다.

2 정신지체 정도에 따른 컴퓨터 활용

① **경도 지체 성인** : 정상의 어린이 8살 내지 11살의 지적 수준을 가지고 있으며 3-5학년 생활능력을 가진다. 학습자의 흥미 유발을 이끌어 낼 수 있는 간단한 조작의 인터넷 게임을 활용하여 수업을 진행하도록 한다. 이외에도 인터넷상에서 다양하게 만날 수 있는 정상적인 어린이를 위한 인터넷 프로그램도 적용하여 학습을 하도록 한다. 구체적 프로그램의 형태로는 기본적인 연산(+, -)이 가능하므로 구체적 사물(사과, 블록 등)을 이용한 수 개념에 관한 프로그램 등을 활용할 수 있다.

② **약간 심한 지체 성인** : 정상의 어린이 5살 내지 8살 수준의 행동을 하며 스스로 컴퓨터를 켜고 끌 수 있는 수준이므로 교사가 보여주는 컴퓨터 프로그램의 조작으로 모방학습은 이루어질 수 있으나 학습자 스스로 조작하며 학습을 할 수는 없다. 이를 위한 인터넷 프로그램은 유아용으로 개발된 간단한 조작(4개의 버튼 정도)을 할 수 있는 프로그램을 사용한다.

③ **심한 지체장애인** : 취학 전 정상아동의 수준으로 단순한 언어소통 및 기본적인 신변처리는 할 수 있지만 독립적인 생활은 불가능하므로 교사가 학습자와 면 대 면 교육으로 낮은 수준의 유아용 프로그램을 조작하여 수업을 이끌어 나간다. 이때 프로그램은 주로 기본색상 3가지 정도와 소리에 반응할 수 있도록 구성된 것을 사용한다.

④ **아주 심한 지체장애인** : 정신연령이 3살 이하의 수준으로 단순히 움직임과 소리를 인식할 수 있는 정도이다. 교사가 컴퓨터 프로그램을 보여줄 때 가능한 움직임이 크고 음향효과가 강화된 것을 사용하도록 한다.

3 학습장애

학습장애(learning disabilities)란 지능 및 잠재적 학습능력은 일반인과 다름이 없음에도 불구하고 다른 원인에 의하여 학습성취도가 평균수준에 미달하는 장애를 말한다. 이에 대한 원인으로는 시각 및 청각장애, 영양부족 등의 신체조건, 기초학습 분야의 정상발달을 저해하는 가정, 사회, 학교의 조건에 따른 환경적 요인, 실패 경험의 누적으로 인해 학습된 동기적·정의적 원인 및 주의집중장애, 언어장애에 따른 심리적 요인으로 나누어진다. 이에 대한 학습장애아의 특성을 분류해 보면 다음과 같다.

① **심리적 특성** : 주의산만, 낮은 집중력, 미약한 통제력, 상상력의 결여

② **지적 특성** : 비판능력 부족, 자료의 일반화 및 추상적 능력 부족, 단어와 개념 간의 낮은 결합력

③ **신체적 특성** : 저하된 운동기능, 청각, 언어장애 및 영양실조의 징후

④ **사회적 특성** : 소속단체에 대한 적은 관심도, 규율준수 및 시간엄수 미약, 사회적인 고립

4 학습장애아를 위한 인터넷(컴퓨터) 학습이론

① **학습방법**

㉮ 개별적 학습목표제시— 장애아에게 맞는 수준의 목표를 인터넷상에서 우선 제시한다.

㉯ 선행학습 제공 — 해당 장애아에 대한 취약점을 알려주고 이에 대한 선행학습을 유도한다.

㉰ 학습자료의 활용 — 학습과제의 난이도를 줄이기 위하여 단순화, 명료화시키며 관련된 내용은 인터넷상에서 연결해 놓는다.

㉱ 학습기술교육 — 인터넷상에서 해당 교과목을 학습하기 전에 학습하는 요령에 대한 지도과정을 하여 공부순서 및 학습내용 진행, 평가 방법 등에 대해 먼저 알도록 한다.

㉲ 학습계획서 — 학습장애아들은 지속적인 목표에 대한 추진력이 부족하므로 전체 학습에 대한 일정을 인터넷상에서 자동적으로 기록하여 지속적인 피드백을 줄 수 있도록 한다.

② 학습이론

㉮ 행동주의 — 강화에 의한 학습이론으로 학습장애아의 바람직하지 않은 행동을 제거하고 바람직한 행동을 강화시킬 수 있는 여건을 조작해 주는 것으로 컴퓨터나 인터넷상에서 적절히 피드백을 주어서 행동형성을 강화시키려는 것이다.

㉯ 인지학습 — 학습은 자극과 강화에 대한 수동적인 반응이 아니라 지각과 개념의 능동적인 재구조에 의해 일어난다는 것으로 정보처리이론에 의하면 인간은 정보를 처리하는 무수한 내적인 정신구조로 되어 있다고 본다. 이러한 정신구조들이 계속해서 새로운 사실, 개념 등을 발견해 나가도록 학습을 유도해야 한다.

㉰ 구성주의 — 학습자가 능동적으로 사회의 자료나 정보를 사용하고 다른 사람과의 상호작용을 통해 스스로 지식을 구성해 나간다는 것으로 학습자 개개인이 자신의 경험에 기초해서 지식을 구성한다는 것이다. 학습장애아인 경우는 개인의 가시적인 목표에 치중하기보다는 지식을 능동적으로 구성하도록 유도하여 객관적인 비교에 의하여 개인차를 두어서는 안 되겠다.

③ 정의적 측면

㉮ 인간관계 — 교사와 학습장애인 간에 바람직한 인간관계를 형성하도록 한다.

㉯ 흥미 — 학습장애아가 학습에 흥미를 가질 수 있는 요소를 배가시킨다.

㉰ 성취감 — 학습에 성취감을 가질 수 있도록 학습에 대한 긍정적 피드백을 강화한다.

㉱ 안정감 — 학습장애아가 불안해하지 않고 같이 어려움을 극복하도록 도와 준다.

㉲ 신뢰감 — 학습장애아들이 믿고 문제를 제기할 수 있는 진실한 분위기를 조성하도록 한다.

④ **학습장애아를 위한 인터넷(컴퓨터) 학습전략** : 학습의 흥미를 높여주기 위하여 학습내용, 장소, 시간을 스스로 선택하도록 허용한다.

평가에서 받아야 하는 점수를 미리 제시해 주고 이 수준은 적절하도록 고려한다.

혼자 힘으로 학습하도록 분위기를 유도하고 이에 대한 습관형성을 도와준다.

반복학습을 할 수 있으며 다른 환경에도 적용이 용이하도록 적절한 예를 제시한다.

기억을 도와 주기 위한 보조학습 자료나 참고문헌의 이용이 용이하도록 한다.

학습장애아들은 주의 집중력이 떨어지므로 컴퓨터 가상공간을 활용하여 학습자가 직접 가상공간의 행위 주체자가 되어 학습을 진행해 나가도록 한다.

멀티미디어를 활용하여 학습장애아의 집중력을 강화하도록 동영상, 그림, 소리 등을 적절히 배합한다.

6-4. 웹 기반 교육체제

6-4-1. 웹 기반 교수-학습체제 설계의 특성

웹 기반 교수-학습은 학습자 중심의 교육 패러다임의 변화를 수용할 수 있는 교육 형태로 생각되고 있다. 시간과 공간의 제약이 있는 집합교육의 한계를 벗어나 학습자의 수요와 교구에 맞는 열린 학습을 가능하게 한다는 장점과 상호작용을 할 수 있다는 웹 기반 교수-학습의 특성은 그 교육적 잠재력이 무한한 것으로 인정받고 있지만 그 꿈을 이끌어 내기 위해서는 우수한 웹 기반 교수-학습체제 또는 웹 기반 교육 프로그램을 개발하는 일이 우선이라고 할 것이다.

우수한 프로그램의 개발은 의도하는 목표에 도달하기 위한 체제적인 설계 과정을 전제로 가능하다. 즉, 우수한 교수-학습체제를 만들기 위해서는 교수 설계의 과정이 필요하다는 것이다. Reigeluth(1983)는 교수설계란 기대하는 목표를 성취하기 위하여 최적의 수단을 강구하는 것으로 규정하면서, 교수설계의 과정은 단편적인 교육내용의 전개가 아니라 교육의 구성요소들이 통합적으로 작용하는 체제적인 과정을 거쳐서 이루어진다고 주장한다. 여기에서 체제적 교수설계란 교수의 과정을 이해하고 개선하려는데 그 목적을 두고 있으며, 특히 학습자의 요구와 교수목표를 분석하고, 그러한 요구와 교수목적을 효율적, 효과적으로 성취할 수 있도록 수업 관련 변인 및 요소들을 체계적으로 조직, 운영하며, 또한, 적절한 교수방법을 처방해 주기 위한 교수계획을 수립하는 과정이다. 즉 교육 프로그램의 설계는 학습자, 프로그램 특성, 심리적 환경의 특성, 교과내용 등의 모든 다양한 변인들이 유기적으로 상호작용할 수 있도록 구성함으로써 교육목적에 효과적이면서도 효율적으로 도달하려는 체제적인 접근 과정이라고 할 것이다. 이러한 교수-학습 체제의 설계를 위하여 많은 교수 설계 절차 모델이 개발되어 있다. 대표적이 예로 딕과 캐리의 모형, 가네 등의 모형, 실즈와 리치의 ADDIE 모형들이 있다.

웹 기반 교수-학습 체제의 설계를 위해서는 기존 교수 설계 모형을 적용하는 것이 가능하다. 그러나 기존의 교수설계모형을 그대로 사용하기에는 웹 환경의 특수성에 대한 고려가 부족하다는 것이 일반적인 지적이며, 기존 교수 설계 모형에 특히 웹 기반 환경에 필요한 교수 설계 절차가 보완, 수정되어야 한다는 것이다(정인성, 1997).

그렇다면, 기존 교수 설계 모형을 보완하기 위하여 이해하여야 할 웹 기반 환경의 특성은 무엇인가? 이 질문에 대한 답은 이미 앞에서 여러 장에 거쳐 논의된 바 있으므로 여기에서는 모형 개발과 관련되는 세 가지 기능을 다시 한번 강조하면서, 추후 웹 기반 교수-학습체계 설계의 절차 모형과 연계시키고자 한다.

첫째, 웹 기반 교수-학습체제 설계에서 성공적 학습을 이끄는 방식으로 구성하기 위해서는 웹 기반 가상교육이 갖는 특성, 특히 정보(information) 설계를 고려하여 교육 프로그램을 설계하는 것이 필요하다. 웹 환경에서 정보란 네트워크상에서 교수자가 제공하는 내용이거나 다른 사이트를 통하여 접근 가능한 내용을 의미한다. 웹 환경에서 정보의 선정과 조직은 특히 중요한데 그것은 온라인 환경 속에서는 가치가 없는 정보를 포함하여 대량의 정보가 수없이 저장되어 있으며, 학습자는 그러한 정보의 바다 속에서 방향성을 잃어버릴 위험에 있기 때문이다. 학습자가 대량의 조직화되지 않은 정보에 접근한다는 것이 곧 학습의 효과가 있는 것이 아니기 때문에 가상교육 환경에서는 유용한 정보를 잘 선정하여 어느 정도 조직화되고 탐색 가능한 형태로 조직하여 제공할 필요가 있는 것이다.

둘째, 웹 환경은 정보에의 접근뿐 아니라 학습자간, 강사와 학습자간, 전문가와 학습자 간의 시공간을 초월한 상호작용을 가능하게 한다는데 기존의 교육환경과 다른 특성이 있다. 상호작용의 중요성은 가상환경 뿐만 아니라 기존의 전통적인 교육환경에서도 중요성이 강조되고 있으며 상호작용의 증진전략 등이 제시되고 있다. 그러나 네트워크로 연결된 가상의 환경에서의 상호작용은 사공간의 초월 뿐만 아니라 다양한 인적자원과도 상호작용을 할 수 있어 기존의 상호작용과는 질적, 양적으로 다른 차원의 형태를 취할 수 있게 되었다. 즉, 분산된 학습환경 속에서 지식을 상호 협력하여 생성해 낼 수 있는 방식으로 상호작용이 구성될 수 있는 것이다(Dede, 1995). 이를 위해 조직된 형태의 집단 토론, 비형식적 상호작용, 온라인 포럼, 가상 세미나, 가상 경학 등의 다양한 형태와 수준의 실시간, 비실시간 상호작용 설계가 중요해 진다. 상호작용의 체계적인 설계는 학습자에게 더욱 능동적인 학습환경을 제공해 주기 위한 노력이라고 할 수 있을 것이다.

셋째, 웹 기반 교수-학습 체제는 기존 교육 체제에 비하여 학습자의 자율적이고 독립적 학습 관리를 요구하기 때문에 학습을 지원하는 동기 체제의 설계가 매우 중요하다. 물론 Keller 등(1993)이 기존 교수체제 설계모형에 동기 설계 부분을 포함해야 함을 주장해 왔으나, 웹 기반 체제에서는 학습 동기의 계속적 유지가 곧바로 학습 과정에의 참여와 학습결과로 연결되기 때문에 그 부분에 대한 명시적 설계가 요구되고 있다(송상호, 1998).

기존의 교수-학습체제를 과학적이고 체계적으로 개발하는 데 필요한 절차와 전략을 제공해 주었던 교수체제설계(ISD) 모델들은 어떠한 형태의 교수 체제 설계에도 적용 가능한 분석, 설계, 제작, 운영, 평가의 단계를 제시하여 웹 기반 환경의 구성에서도 그대로 적용될 수 있는 가능성을 보이고 있지만 위에서 언급한 웹 기반 교육의 세 가지 특성을 명시적으로 반영한 교수체제의 설계에 제한점을 가지고 있다(정인성 외, 1997).

본 장에서는 위와 같은 웹 기반 교육 환경의 특성을 효율적으로 반영할 수 있는 웹 기반 교수-학습체제 설계의 절차 모형을 제시하면서, 그 절차 모형을 따라 개발될 수 있는 실제 웹 기반 수업의 대표적 모형들을 개발해 보고자 한다.

6-4-2. 웹 기반 교수-학습체제 설계의 절차적 모형

기존의 교수-학습 체제를 과학적이고 체계적으로 개발하는 데 필요한 절차와 전략을 제공해 주었던 교수체제설계(instructional system design : ISD) 모델들은 웹 기반 가상교육 프로그램의 특성을 효과적, 효율적으로 반영하지 못한다는 제한점을 가지고 있다. 즉, 기존의 교수체제 설계 모델들은 기본적으로 강의실에서의 실시간 상호작용에 기반을 둔 교육 환경을 전제로 하고 있기 때문에 다양한 정보원으로부터 얻을 수 있는 대량의 멀티미디어 정보를 설계, 비실시간 또는 실시간의 분산된 상호작용의 구성, 그리고 자기 주도 학습 관리를 위한 동기 설계 등에 대하여 고려할 수 있는 과정을 분명하게 포함하고 있지 않다. 물론, 교수전략과 매체를 고안하면서 이 부분들이 고려될 수 있겠으나, 웹 기반의 특성들이 명시적으로 드러나 설계할 수 있도록 되어있지 않다는 것이다.

이에 따라 최근 웹 기반 교수-학습체제 설계의 일반적인 접근 방식이나 좀더 체계화된 절차적 모형이 제안된 바 있다. 웹 기반 설계의 접근 방식을 제시하였으며, 이 접근 방식은 교실에서 일어나는 활동에서 중요한 학습의 전제들을 찾아 그 전제들을 웹 기반 수업 개발의 기초로 사용하는 것이다. 그는 교실수업에서 중요한 전제들로서 목적 지향적 학습, 학습 지원 자료의 활용, 개념적 사고 강조, 피드백의 제공, 능동적 학습, 학습 동기 유지 등의 6가지를 분석해내고, 이 각각의 전제를 중심으로 하여 웹 기반 가상수업을 설계하고 있다.

이에 나아가 정인성(Jung, 1997 : 정인성, 1997)은 웹 기반 교육체제를 설계하는 방식에는 Bigelow의 교실 수업 전제 기반의 접근 방식, Gagné의 9가지 수업 사태 기반 접근 방식, 그리고 웹의 두 가지 중요한 요소 중심의 접근 방식이 있다고 주장하면서, 웹 기반 기업교육을 위한 NBISD(Network-Based Instructional Systems Design)모형을 제시하였으며, 오인경(1997)은 이 모델에 기초하여 NISD(Network Instructional Systems Design) 모델을 실제 기업교육 환경에 적용하였다. 여기에서는 지금까지의 웹 기반 교수-학습체제설계와 관련된 접근 방식이나 모형들의 특성을 반영하면서, 위에서 제기한 웹 기반 교육환경의 세 가지 특성인 정보, 상호작용, 동기 설계 부분을 명시적으로 포함한 절차적 설계 모형을 제시하고자 한다.

(1) 모형의 개요

모형을 구성하고 있는 네트워크를 기반으로 하는 웹 기반 교수-학습체제 설계의 절차적 모형은 다음과 같은 특성이 있다. 첫째, 이 설계모형은 기존 교수설계 모형의 5단계 기본 절차를 따른다. 즉, 웹 기반 교수-학습체제 설계의 절차적 모형의 기본

단계는 기존의 체제적 교수설계 절차의 주요한 다섯 단계를 수용하여, 분석, 설계, 개발, 운영, 평가의 웹 기반 체제설계의 절차적 과정을 제안하고 있다.

둘째, 웹 기반 교수-학습체제 설계의 절차적 모형이 기존 ISD 모형과 가장 큰 차이가 나는 부분은 설계 부분이다. 분석, 개발, 운영, 평가 부분의 활동들은 기존 모형과 유사하다. 웹 기반 교수-학습체제 설계의 절차적 모형의 다섯 단계 중 설계 단계에는 정보, 상호작용, 동기적 측면에 대한 활동들이 명시적으로 포함되어 있다.

셋째, 웹 기반 수업설계 모형은 기존 ISD 모형에서 강조하는 바와 유사하게, 순차적인 단계로 구성되는 것이 아니라 역동적, 순환적, 동시적 설계 활동으로 구성된다. 즉, 모형의 각 단계는 몇 가지 중요한 과제 또는 활동으로 구성되며, 각 활동들은 동시에 또는 순환적으로 일어나는 특성이 두드러진다. 또한, 활동별로 계속적이고 형성적인 평가활동이 내재하여 있으며, 내용과 방법은 분리되어 설계되지 않고 동시에 설계, 개발, 평가가 이루어져 하나의 체제로 완성되는 특성이 있다.

(2) 모형의 단계별 활동

웹 기반 교수-학습체제 설계 모형의 단계별 활동들을 구체적으로 설명하면 다음과 같다.

1 분 석

웹 기반 교육체제 설계의 첫 번째 단계는 분석으로 시작하며, 여기에는 요구분석, 내용분석, 학습자분석, 기술 및 환경분석 등의 활동들이 포함된다. 이 활동들은 기존의 교수 체제 설계 모형에서 제한하고 있는 여러 전략을 통하여 이루어진다.

첫째, 요구분석이란 무엇을 가르쳐야 할 것인가에 대한 분석으로 이 활동의 결과, 교수-학습체제의 일반적 목적이 정해진다. 기록 자료의 분석, 관찰을 통한 정보수집, 조사를 통한 정보수집, 공청회를 통한 정보수집, 기존교재 분석 등을 통하여 이루어질 수 있다.

웹 기반 수업으로 적절한 영역이 무엇인가에 대한 여러 논의의 결과를 정리한 정인성 등(1999)에 따르면, 웹 기반 가상수업에 적합한 교과목이나 그렇지 않은 교과목이 따로 존재하는 것은 아니나, 많은 분량의 텍스트 정보나 특정기술, 운동기능의 습득을 목적으로 하는 교과목은 적합하지 않으며, 실물을 활용하는 실험이 요구되는 교과, 지나치리만큼 많은 동영상이나 이미지 자료, 음성 자료 등이 요구되는 과목의 경우에는 오로지 인터넷을 활용하는 수업만으로는 비효율적이라고 지적한다. 반면, 수시로 최신의 정보나 다양한 정보원을 필요로 한 교과, 학습자 중심의 발견 학습이나 탐구학습 활동이 강조되는 교과 학습자들 간의 협력 학습을 통한 공동 과제 해결이 주시되는 교과, 토론을 통한 문제해결 활동이 요구되는 교과 등은 웹 기반 수업을 활용하기 적합하다고 하였다.

둘째는 내용분석 활동이다. 요구분석의 결과 교육이나 훈련이 필요한 경우 교육 영역에 대한 내용분석을 한다. 이때 주제영역이 설정되고 일반적인 수준에서 목표 영역이 기술된다. 아울러 요구분석의 결과에 따라 웹 기반 교육과정의 분야, 내용 영역이 선정되고, 우선 순위화된다. 다음으로, 웹 기반 가상교육의 목표를 수립하는 것으로, 이때 목표는 기존 수업과 비교하여 일반적으로 설정되는 것이 바람직하다. 반드시 습득되어야 할 내용이나 기술 만을 목표 수준에서 기술하고, 개별 학습자가 스스로 할 수 있는 부분은 일반적 수준에서 목적으로 기술한다. 이는 웹 기반 교수-학습이 기존 교육과는 달리 한정된 영역의 내용만을 습득, 이해 차원보다는 참여자 간의 상호작용을 통하여 새로운 지식을 생성해 가는 부분이 많기 때문이다.

세 번째 분석 활동은 학습자 분석이다. 웹 기반 교육이 대상으로 하는 학습자의 일반적 적성과 수업 관련 특성을 분석해 내는데, 특히 구체적 학습 대상자를 한정하기 어려운 웹 기반 평생교육 과정 등에서는 실수요자를 다양한 정보를 활용하여 예측하는 것이 필요하다. 요구분석에서 파악된 교육목적과 내용영역에 맞는 학습 대상 집단을 중심으로 실제 과정에 등록할 교육 수요를 파악하는 것이 필요한 것이다. 학습자 변인 중 특히 웹 기반 교육에 대한 태도나 동기 수준, 인터넷 활용 능력, 타이핑 기술, 정보탐색 기술 정도 등이 파악되어야 할 것이다(정인성 외, 1999).

넷째로 기술 및 환경분석 활동이 이루어져야 한다. 웹 기반 교육 프로그램을 개발할 수 있는 능력과 하드웨어 등이 있는지를 확인하는 과제와 학습환경을 분석해 내는 과제가 있다. 개발 환경과 관련하여 내용 전문가, 설계자, 제작팀의 확보 가능성을 조사한다. 또한, 과정 개발에 활용할 수 있는 저작도구들의 특성을 파악하고 선택 가능하고 실제 활용할 수 있는 저작도구를 확보하는 것이 필요하다. 아울러, 웹 기반 교수-학습이 실제로 운영될 환경을 분석하여야 하는데, 이때 학습 대상자들이 실제로 학습하게 될 환경이 어떠한가를 파악하는 것이 필요하다. 또한, 실제 선정된 내용

영역과 예측되는 학습 대상자의 수에 따라 웹 기반 학습이 운영되기 위하여 필요한 운영자 및 온라인 강사의 역할이 설정된다. 실제로 강사가 학습자와 상호작용하기 위하여 어느 정도의 업무를 담당하게 될지, 학생 수 당 강사의 수의 비율은 어떻게 되어야 할지를 결정할 수 있게 된다.

2 설 계

분석과정에서 나온 산출물을 바탕으로 하여 설계 과정에서는 학습하여야 할 내용과 교수방법을 구체화하는 것이다. 일반적인 집합교육과는 달리 학습자의 자발적인 자기 주도적 학습능력에 따라서 교육의 효과가 좌우될 수 있는 것이 웹 기반 프로그램의 중요한 특성이기도 하다. 이런 점에서 설계 부분은 기존의 교수설계 모형과 웹 기반 교수설계 모형간의 차이를 보여주게 되며, 이는 정보(내용)설계, 상호작용 설계, 동기 설계 활동을 통하여 나타난다.

첫째, 정보설계는 학습 내용의 전달과 상호작용이 컴퓨터의 화면을 통해서 이루어지는 것을 감안할 때 메시지를 어떻게 설계하는가가 중요한 요인이 된다. 다시 말해서, 정보 설계란 미시적인 차원에서 학습자가 공부해야 할 문자 정보, 시청각 자료, 관련 사이트와의 연계 정보 등을 어떠한 방식으로 조직하여 다양한 정보와 학습자간 상호작용이 이루어지도록 할 것인가를 고안하는 활동인 것이다(Grabowski, 1995).

정보설계의 구체적인 활동으로는 우선, 웹 상에서 제공할 내용의 집필과, 링크 가능한 정보를 수집하고, 웹 기반에서 제공할 학습 내용뿐만 아니라 보조매체(CD-ROM, 책, 워크북, 비디오, 오디오 등)가 사용된다면 그에 관한 내용을 집필하는 것을 포함한다. 아울러, 웹 기반이나 CD-ROM에 포함될 영상, 그래픽, 이미지, 음성자료들의 내용을 구성하고, 기존의 활용 가능한 자료를 수집하는 활동이 필요하다. 이때 저작권 문제에 대한 확인도 중요하다.

둘째, 상호작용 설계를 하는 것이다. 상호작용이란 학습자와 학습 내용(정보)간, 학습자와 학습자간, 교수자와 학습자 간의 세 가지 형태로 나누어진다. 우선, 학습자와 학습할 내용과의 상호작용을 위하여 인터페이스 설계 활동이 요구되는 데 이때 주 메뉴 및 서브메뉴를 설계하는 것이다. 즉 학습자가 웹 상의 각종 정보에 어떠한 방식으로 접근, 검색할 것인지를 전체적으로 구상하고, 주 메뉴의 메타포를 결정하며, 그에 따라 서브메뉴 방식을 설계한다. 또한, 외부 DB와의 링크 방식을 설계하여야 하는데, 교육과정에서 주어지는 내용 이외에 관련된 참고자료에 학습자가 접근하는 방식을 설계하는 것이다. 내용 간에도 하이퍼링크를 결정하여, 교육과정의 세부 내용에서 서로 링크되는 부분들을 명기하고 학습자가 어디서 어떠한 방식으로 원하는 정보들을 찾아 학습할 것인지를 설계한다.

다음으로, 필요한 것은 학습자 간의 상호작용 방식을 설계하는 것이다. 전자메일, 대화방, 주제토론 등 학습자간 상호 정보 및 의견교환을 할 수 있도록 하는 기능을 설정하고, 그에 따라 버튼 등을 설계한다. 이때 학습자가 개별적인 자율학습을 하도록 할 것인지, 소집단을 구성하여 협동학습을 하도록 할 것인지, 대집단 활동을 포함할 것인지 등을 설계하도록 한다.

마지막으로 학습자와 교수자와의 상호작용 방식을 설계한다. 분석 과정에서 파악된 교수자, 운영자, 학습자의 물리적 환경을 고려하여 교수자 또는 운영자, 외부 전문가들과 학습자가 어떠한 기능을 활용하여 어떤 방식으로 상호작용할 것인지를 설계한다. 이때 교수자의 피드백을 자동화하는 방식과 응답 빈도, 형태 등을 고려하는 것이 필요하다. 학습 도중의 과제나 구조화된 주제토론, 질의응답의 내용과 횟수, 형태 등을 설계하고 각각의 내용과 평가기준 등을 결정하도록 한다. 웹 기반 교육에서의 상호작용 설계 전략은 후속되는 장들에서 상세히 다루어진다.

셋째, 동기설계를 하는 것이다.

웹 기반 교육 등을 비롯한 각종 원격교육은 학습자의 자기 주도 학습 능력을 필요로 한다. 스스로 학습을 관리하고 이끌어가는 능력은 학습에의 계속적인 동기 유지를 요구하는데 웹 기반 교수-학습체제를 설계함에 있어서 특히 이 부분에 대한 체계적인 설계가 성공적인 가상 학습 성취를 위하여 매우 중요하다.

웹 기반 교수-학습체제에서의 동기설계는 초기의 동기 유발 전략, 적극적 참여를 유도하여 학습과정 중의 동기를 유지시키는 전략을 수립하는 것이다. 가상수업 초기의 동기 유발을 위해서 첫째, 새로운 웹 기반 학습 활동에의 적응을 지원하기 위한 전략들이 세워져야 한다. 예를 들어, 수업 초기에 전화나 팩스, 안내문을 이용한 접속 방법, 전자우편 사용법, 토론 참여 방법, 검색 방법 등에 대한 사전 교육을 제공하면서, 온라인 조교나 기술적 지원을 해 주는 운영자에 대한 계획을 세우는 것이 필요하다.

다음으로, 초기의 동기 유발을 위해서 학습자와 교수자, 학습자들 간의 개인적인 친밀감을 형성하고, 긍정적 태도를 갖도록 하기 위한 설계 전략이 필요하다. 자기소개

코너 운영, 개별 전자 메일을 통한 소개, 면 대 면 오리엔테이션 등 다양한 방법을 통하여 서로 만나기 어려운 참여자들 간에 상호 알 기회를 제공함으로써 친밀감이 형성되면서, 동기 유발에 효과적일 것이다.

수업 초기의 동기 유발을 위한 설계와 아울러 학습 과정상에 그 동기를 계속 유지하도록 하는 설계가 필요하다. 여기서 Keller의 ARCS 모형 등이 이용될 수 있을 것이다. 즉, 학습자의 기존 지식이나 경험과 관련된 사례나 내용을 제시하면서, 토론 주제도 구체적이면서, 학습자가 서로 공유할 수 있고, 현실감 있는 것으로 제시하는 것이 동기 유지에 효과적일 것이다. 아울러 학습내용을 읽고, 체크리스트나, 온라인 퀴즈 등의 형식을 활용하여 학습자의 응답을 요구하는 학습 활동을 설계하는 것도 효과적이다. 수업에 기여하는 참신한 사이트의 소개 및 학습자가 다른 동료에게 그러한 사이트를 소개하도록 하는 것도 지속적인 수업 참여에 도움이 될 것이다.

이러한 전략들에 더하여 교수자가 학습 과정을 지속적으로 모니터하면서 적절하면서 개별화된 피드백을 즉각 제공하는 것, 또는 웹 기반 수업 도중 1-2회 정도 읽을 내용이 없이 쉬어가거나 생각할 여유를 주는 것도 도움이 될 것이다.

마지막으로 평가 부분을 설계하게 된다. 이 부분은 기존 교수 체제 설계의 모형에서도 다루어지는 것으로, 특기할 점은 웹 환경에 적절한 평가 방식을 구성하는 것이다. 웹 기반 교육에서의 평가는 이 수립된 목표 달성 여부를 확인하는 평가와 함께, 학습과정에서 나타난 다양한 학습 효과를 확인할 수 있는 평가가 포함될 수 있다. 즉, 앞의 정보 설계와 상호작용 설계를 어떠한 방식으로 하였는가에 따라 평가의 영역도 달라질 수 있다는 것이다.

웹 기반 교육에서 가능한 평가 방식에는 학습의 진행 상황에 대한 평가, 과제 평가, 토론 등 상호작용의 양과 질에 대한 평가, 그리고 온라인 시험 등이 있으며, 출석 시험이 반드시 필요할 경우 이를 첨가할 수 있다.

3 개 발

설계에 따라 웹 기반 교육 프로그램과 다른 보조 매체 자료를 실제적으로 개발하는 과정이다. 초안(draft)을 작성하여 형성평가를 하고 프로그램을 수정한 뒤 교육 프로그램을 완성하게 된다.

첫째, 스토리보드를 작성하는 일이다. 화면 구성방식을 결정하여, 문자 정보, 시청각 정보, 버튼 등을 총체적으로 구성하여 프로그래밍 과정에서 쉽게 의사소통이 되도록 화면 구성을 한다. 이와 동시에 프로그램 개발 도구를 선정, 보완하는 일이다. 여기서는 기존의 웹 기반 교육 저작도구들을 선정하거나, 부족할 경우 첨가될 기능들을 재설계한다.

둘째, 웹 기반 교육 프로그램에 필요한 비디오, 오디오, 그래픽 자료들을 설계안에 따라서 제작한다. 초기에 확실하게 활용될 것이 결정된 매체는 먼저 제작하거나 수집해 놓는 것이 바람직하다. 아울러 매뉴얼이나 보조 자료 등 웹 기반 교육에 필요한 매체들을 제작한다.

셋째, 개발된 각종 자료들이 스토리보드대로 하나의 웹 과정에 통합되도록 선정된 개발도구를 활용하여 실제로 제작한다.

마지막으로 개발된 웹 과정과 보조 자료들을 소집단의 학습자를 대상으로 형성평가를 하고, 그 결과를 토대로 수정 보완한다. 형성평가는 분석, 설계, 개발을 통해 만들어진 교수-학습 자료를 종합적으로 점검하여 수정 보완하는 작업으로 개발 후에 실제 학습환경과 같이 웹 상에서 보조매체를 함께 활용하면서 소수의 학습자를 대상으로 파일럿 테스트를 하는 것이다.

4 운 영

운영 단계에서는 개발된 웹 기반 교육 프로그램을 대상 학습자에게 제공하고, 교수-학습활동을 수행하는 것이다. 학습자는 웹 기반 학습 활동을 하게 되며, 교수자는 웹 기반 수업을 유지, 관리하는 활동을 하게 된다.

첫째, 웹 기반 교육을 실제 진행하기 위해서 먼저, 학습자와 교수자 및 운영자를 대상으로 한 사전 교육을 하여야 한다. 특히 처음으로 웹 기반 교수-학습에 참여하게 되는 학습자와 교수자, 운영자들이 가지는 두려움이나 부정적인 태도는 사전 교육 단계에서 바뀌어야 할 것이다. 아울러 교수-학습 진행에 필요한 기능을 습득하도록 하고, 특히 수업 설계상의 특성과 상호작용에의 유의점 등이 숙지되어야 할 것이다.

둘째, 웹 기반 교육을 실행하면서 교수자나 운영자 재교육 및 중간 점검 등이 이루어져야 할 것이다. 그간의 교수 설계상의 문제점들이 여기서 드러날 수 있다. 아울러, 제공되지 않았던 정보 중 최신화가 필요한 부분이나 첨가될 부분은 교수자에 의하여 계속 보완될 필요가 있으며, 상호작용이 효과적으로 일어나고 있는지를 계속 점검하여야 할 것이다.

5 평 가

웹 기반 교육 프로그램을 개발하여 적용하고 나면, 그 프로그램의 적절성을 결정하는 과정이 필요하다. 물론 평가는 계속적인 과정으로 프로그램의 적용 후에만 이루어지는 것이 아니라 프로그램 설계의 전 과정에 걸쳐서 이루어지는 형성적인 평가를 포함하는 것이다. 마지막 단계에서의 평가는 학업성취도의 평가와 교육과정 효과에 대한 평가 활동이 포함된다.

첫째, 학업성취도에 대한 평가는 학습 중의 과제를 통한 평가, 학습 후 평가, 학습한 시간 등을 분석하여 설계안에서 마련된 수행 기준에 따라 이루어져야 한다. 이때 의도하지 않은 학습자의 능력 습득, 태도 변화 등에 대한 조사도 필요하다.

둘째, 웹 기반 교수-학습활동 후 전반적인 프로그램 효과를 평가한다. 이는 웹 기반 교수체제를 보완, 수정하기 위한 것으로서, 학습자, 교수자, 운영자, 개발팀 등을 대상으로 실시하는 것이다.

지금까지 웹 기반 교수체제 설계 모형의 각 단계별 특성을 기술하였다. 기존의 교수 체제 설계모델과 과정상에서는 근본적인 차이는 없으나, 각 단계에서의 구체적인 활동들은 웹의 특성을 반영하면서 이루어져야 한다는 것이 지적되었으며, 특히 설계 단계에서는 평가설계에 더하여, 정보, 상호작용, 동기설계를 명시적으로 나타내었다.

6-4-3. 웹 기반 교수-학습 모형

앞에서 제안한 웹 기반 교수-학습체제 설계 모형은 절차적 설계 모형이다. 순환적인 설계 과정을 중시하기는 하나, 웹 기반 교육체제를 개발하기 위하여 필요한 활동들을 단계별로 제시하고 있는 것이다. 이러한 절차적 설계 모형을 따라 실제로 다양한 웹 기반 교수-학습체제가 설계될 수 있으며, 그 체제 내에는 학습목적에 따라 여러 가지 웹 기반 교수-학습모형이 통합되어 있을 수 있다.

실제로 웹 기반 가상수업은 다양한 형태로 설계, 개발될 수 있다. 그러나 웹 기반의 가상 수업이 웹이라는 환경이 가지는 특성을 최대로 이용하면서 교육적으로 효과를 유도하기 위해서는 반드시 고려되어야 할 측면이 있으며, 각 측면에서 어떠한 결정을 내리는가에 따라 가상수업의 서로 다른 모형이 설계될 수 있다. Reeves와 Reeves(1997)는 인터넷 웹 기반의 가상수업의 모델을 제시하고 있는데 이 제안된 모델은 10개 측면을 고려하여 상호작용 학습이 가능한 수업 개발의 방향을 설정하는데 도움을 준다. 그들은 웹 기반 상호작용 학습의 10개 측면으로 1) 교육철학, 2) 학습이론, 3) 목적지향성, 4) 과제지향성, 5) 학습동기원, 6) 교사역할, 7) 메타인지 지원, 8) 협력학습, 9) 문화적 민감성, 10) 구조적 융통성을 들고 있다. 웹은 이러한 10개 측면을 구현하기 위한 도구라는 점을 강조하면서 이 각각 측면에 따라 개발자가 선택한 방향에 따라 다른 형태의 가상 수업모형을 개발할 수 있다고 주장한다.

그러나 Reeves와 Reeves의 10개 측면은 그들이 인정하고 있듯이 개념상 유사한 것을 상호 포함하거나 혼동하고 있어서 더욱 명료화될 필요성이 있다. 예를 들어 1) 교육철학 측면에서 양 극단의 가치를 교수적(insructivist), 구성주의적(constructivist)으로 두면서, 2) 학습이론 측면의 가치를 행동주의적(behavioral), 인지주의적(cognitive)으로 두고 있어서 구성주의를 행동주의, 인지주의와 함께 논의될 수 있는 교육 철학적 입장으로 본다면, 이 두 측면 간에 혼돈이 있음을 알 수 있다. 또한, 그들의 10개 측면 중 목적 지향성, 학습 동기원이나 문화적 민감성, 메타인지적 지원 부분은 웹 기반 가상 수업모형을 개발해 내는데 반드시 고려되어야 할 측면이기보다는 다른 부분들이 어떻게 결정되는가에 따라 종속적으로 결정되는 부분으로 보인다. 즉, 목적 지향성이나 학습 동기원은 교육철학적 입장이 어떠하나에 따라 종속되어 결정되며 문화적 민감성이나 메타인지적 지원 부분은 교사 역할과 협력 학습 전략, 구조적 융통성 측면에서 어떻게 설계하는가에 따라 달라진다고 하겠다. 아울러 협력 학습이나 학습 이론 등은 학습활동이라는 개념 속에서 구체화될 수 있을 것이다. 따라서 Reeves 등이 제시한 10개 측면은 교육철학, 학습활동, 교수자의 역할, 그리고 구조적 융통성의 4가지로 통합, 조정될 수 있을 것이다. 이제, 웹 기반 교수-학습 체제에서 대표적인 모형들을 이 4가지 측면을 고려하여 제안하고자 한다. 이 각각의 모형들은 별도로 혹은 함께 복합적으로 적용될 수 있을 것이다.

(1) 교육 철학적 특성에 따른 모형 분류

웹 기반 교수-학습체제 설계시 전제하고 있는 주요 교육철학적 특성에 따라 웹 기반 교수-학습모형을 분류할 수 있을 것이다(정인성 외, 1998). 이 모형들은 양극단에 행동주의적 교육철학과 구성주의적 교육철학을 두고, 전제하고 있는 철학이 무엇인가에 따라 수없이 나누어질 수 있을 것이지만, 크게는 행동주의적 모형과 구성주의적 모형으로 구분해 볼 수 있다.

1 행동주의적 모형

행동주의적 모형은 관찰 가능한 목표를 중시하고, 새로운 자극-반응 요구-피드백과 강화 제공-수정 및 반복 연습 등 일련의 과정을 통해 학습이 일어나도록 웹 환경을 구성하는 것이다. 행동주의적 모형은 행동주의적 학습원리들을 적용하여 수업을 설계하는 방식으로 기존 교실 학습의 전제들에 기반을 두는 것이 일반적이다. 한 예로 목표 지향적 학습, 학습 내용을 조직화, 피드백의 제공과 학습 동기의 유지 등 기존 교실 수업에서 중시되어온 전제들을 중심으로 이를 웹 기반 학습 환경 속에서 다시 설계하는 것이다.

행동주의적 모형에서 주장하는 것은 한 수업의 목적들이 구체화되었을 때 교수는 무엇을 가르쳐야 할지를 분명히 알고 학생들은 수업을 더 잘 이해할 수 있다는 점이다. 교실 수업을 위해서 교수자가 수업 목표를 명확히 하듯이 가상수업에서도 수업목표가 명확히 분석되어 활용되어져야 한다는 것이다. 수업의 목적은 매우 상세화될 수도 있고, 그렇지 않을 수도 있으나, 이 목표를 달성하기 위하여 다양한 학습 내용들이 구성되고, 학습활동들이 설계되어야 한다.

교실에서의 학습이 교수자의 설명, 교과서, 시청각 매체, 사례, 연습 문제 등 다양한 형태의 자료를 통하여 이루어지듯이, 가상수업에서도 학생이 학습목표를 달성하기 위하여 필요한 자료로 공부할 수 있도록 조직화되어야 하는 것이 행동주의적 모형을 적용한 방식이다. 이 모형에서는 웹의 하이퍼링크 기능이 제한되어 사용된다.

학생이 한 응답이나 과제에 대한 피드백의 제공은 교실 수업이나 가상수업에 있어서 학습이 일어나게 하는 중요한 요소이다. 가상수업은 교실수업에 비하여 더 다양한 형태로, 지속적으로 피드백을 제공해 줄 수 있으므로 이에 대한 설계 전략이 중요하게 된다. 행동주의적 모형에서의 피드백은 즉각적이며 보상 체계와 유지되어 있다.

학습은 내적, 외적 동기의 산물이다. 행동주의적 모형에서는 외적 동기 전략을 더욱 많이 사용하며, 다양한 외적 동기 유지 전략을 활용하여 학습자가 웹 기반 학습을 성공적으로 마칠 수 있도록 관리하는 데 초점을 맞추게 된다.

2 구성주의적 모형

일반적으로 웹 기반 교수-학습체제는 구성주의적 모형을 적용하여 설계하였을 때 더욱 효과적이라고 알려져 있다(임정훈과 정인성, 1998 ; Duffy & Jonassen, 1991 ; 김영환, 1998 ; Hiltz, 1995 ; Bates, 1995). 구성주의적 모형에서는 학습자가 활발하게 토론에 참여하거나 다양한 정보를 스스로 목적에 따라 검색함으로써 새로운 지식을 구성해간다는 전제하에, 학습자가 해결해야 하는 과제를 그들에게 중요한 맥락(context)을 가진 "실제적 과제(authentic tasks)"로 구성한다.

웹 기반 가상수업이 강의실에서의 면대면 수업에 비하여 더 나을 수 있는 중요한 요인은 온라인 환경이 제공하는 교수자나 전문가와 학생간, 학생들 간의 상호작용의 빈도와 질적 수준에 있다고 보고, 수업 참여자들이 다양한 학습 활동을 할 수 있도록 가상 수업을 설계하는 방식이 구성주의적 모형이다. 아울러, 다양한 주제에 관하여 자유롭게 의견을 상호 교환하거나, 과제를 협력하여 완성해가거나, 학생들이 담당교수나 동료학생, 외부 전문가들의 의견을 들으면서 자신의 과제를 완성해 가도록 가상수업을 설계하는 것이다.

행동주의적 입장보다는 학습자의 경험, 요구, 학습능력이 중시되고 지식 구성의 과정을 중시하는 구성주의적 입장을 택하는 것이 웹 기반 환경에 적합하기는 하나, 학습자 특성과 목표에 따라 행동주의와 구성주의의 모형을 조화시킨 형태로 웹 기반 교육체제를 설계하는 것이 바람직할 것이다.

(2) 학습 활동에 따른 모형 분류

웹 기반 환경에서 학습자의 주요 학습활동의 특성이나 학습자가 참여하는 상호작용의 유형에 따라 웹 기반 교수-학습모형을 세 가지로 제시할 수 있다. 즉, 학습자가 웹상의 제공된 학습 정보 DB나 다른 웹 사이트 정보를 검색하면서 스스로 학습하도록 하는 정보검색 모형, 학습자가 정보 검색보다는 교수자와의 상호작용을 통하여 새로운 지식을 구성해가도록 요구하는 지식 구성 모형, 그리고 학습자가 다른 학습자와의 협동 학습이나 토론을 통하여 배우게 되는 협력 학습 모형이 있다.

1 정보 검색 모형

이 모형에서 학습자의 주요 활동은 학습 정보 DB와 웹상의 여러 정보를 검색하면서 자율적으로 혹은 교수자의 제한된 안내 하에 필요한 내용을 공부하는 것이다. 즉, 교재와 학습자 간의 상호작용이 중요시되는 모형으로, 정보는 교수자에 의하여 미리 설계된 학습 내용이거나 다른 웹 사이트의 정보들을 연결해 놓은 형태가 된다.

이 모형은 교수자가 학습 내용과 다른 사이트의 정보를 데이터베이스화하거나 링크하여 제공해 놓고 학습자가 스스로 필요한 정보를 검색하면서 공부하도록 하면서 필요하면 도움을 주는 방식이다. 온라인 정보 서비스, 데이터베이스, 전자 도서관 등이 중요한 정보가 되는 모형이다. 정보 검색 모형은 대량의 정보 DB 속에서 학습자가 자신의 필요에 따라 특정 정보를 검색하면서 새로운 내용을 기억, 이해하려는 학습 목적에 적합하다. 이 모형과 관련하여 Seaton(1993)은 컴퓨터 네트워크가 정보의 창고로 이르는 길을 제공하는 잠재력이 있다고 주장하고 있으며, 이와 유사하게 Harasim(1989)은 이들 정보 창고가 교육과정을 이롭게 하는 온라인 활동의 설계에 통합될 수 있다고 강조한다. 또한, Howse(1991)는 다양한 정보를 접하고 처리능력을 배우고 그것을 사용하는 것은 학습을 증대시킬 뿐만 아니라 이런 기술을 가진 사람을 더욱 강력하게 하므로 웹 기반 교수-학습체제의 설계자는 반드시 정보의 바다인 인터넷을 탐색하고 나아가 학습자들을 돕는 데 네트워크를 활용해야 한다고 강조하고 있다.

정보 검색 모형은 두 가지 형태로 운영될 수 있다. 하나는 교수자가 학습자의 학습 과정을 정기적으로 관리해 주는 형태로, 데이터베이스 내에서 학습자가 매회 공부해야 할 내용 분량과 영역을 지정해 주는 것이다. 이 형태는 학습자가 웹 기반 학습 활동에 익숙하지 못하거나, 자기 주도 학습 능력이 떨어지는 경우에 유용하다.

다른 하나의 형태는 교수자가 모든 내용을 구성해서 제공한 후 학습자가 자신의 스케줄에 맞추어 스스로 학습을 관리하면서 공부하도록 하는 것이다. 이때 학습 목표를 달성하여야 할 기간을 정해줄 수도 있고, 그렇지 않을 수도 있을 것이다. 이 방식은 규칙적으로 학습 시간을 내기 어려운 학습자이면서 자기 주도 학습 능력을 갖추었을 경우 유용할 것이다.

2 지식 구성 모형

이 모형은 학습자가 웹 기반 교육환경에서 교수자와의 대화를 통하여 새로운 지식을 구성해가고 더욱 성취된 사람으로 발전해가도록 하는 형태이다. 학습목표가 주어진 학습내용 습득이나 단순한 정보 검색이 아닌, 전문 지식의 구성, 정보의 적용과 발견, 문제해결 등일 경우 적합한 웹 기반 교수-학습 모형이다. 대용량의 정보를 미리 DB화하여 기초 자료로 사용할 수도 있겠으나 반드시 필요한 것은 아니다. 즉, 많은 학습 내용이나 정보가 요구되는 모형이라기보다는 잘 구조화되고 목적 지향적 상호작용이 요구되는 모형이라고 할 것이다.

지식 구성 모형의 구체적인 형태에는 크게 두 가지가 있다. 첫째는 온라인 도제 형태이다. 온라인 도제(online apprentice) 형태는 웹 상에 스승과 동료를 만날 수 있는 방식으로 구성된 수업으로, 여기서 스승인 교수자는 경험 없는 비숙련자인 학습자에게 현명하고 성실한 조언을 하는 조력자로 역할하면서 학생이 새로운 지식을 구성해가도록 도와 주는 것이다. 교수자에 의한 효과적인 조력이란 학습자들이 궁극적으로 다른 사람, 더욱 많이 성취한 사람이 되도록 하는 여행으로 안내하는 것과 유사하다.

다른 하나의 형태는 특정 주제에 관하여 전문가와의 상호작용을 강조하는 수업으로 학습자는 직접적인 전자메일 등을 통하여 전문가에게 특정 주제에 관한 메시지를 보내고 그에 대한 피드백을 받는 형태로 진행된다. 이 형태의 특성은 학습자가 지식을 구성해가는 과정에서 자신의 의견을 전문가를 통하여 확인하며, 손쉽게 얻기 어려운 정보를 빠르게 접하고, 특정 질문에 대한 전문적 피드백을 얻는다는 것이다.

3 협력 학습 모형

이 모형은 학습자와 다른 학습자 간의 상호작용을 강조한 형태이다. 한 그룹별로 온라인으로 특정 과제를 부여받아 그 과제에서 각 학습자별로 역할을 정하여 과제를 수행해 가거나, 한 과제를 함께 풀어가면서 하나의 해결 방안을 찾아가거나, 소집단 토론 활동을 통하여 다양한 시각과 정보를 공유하면서 학습하는 방식을 말한다. 이 모형은 웹의 다양한 상호작용 기능을 가장 잘 활용한 방식의 수업모형이라고 할 수 있으며, 문제중심 학습(Problem-Based Learning), 자원중심 학습(Resource-Based Learning) 등에 적합한 형태이다.

협력 학습 모형은 소집단 토론 형태, 협동 과제 학습 형태, 온라인 역할극 형태, 온라인 시뮬레이션 형태 등으로 웹 기반 교육에 적용될 수 있다. 소집단 토론 형태는 주어진 토론 주제를 가지고 소집단으로 구성된 학습자들이 함께 의견을 올리고, 다양한 자료와 아이디어를 공유하면서 배우는 방식이다. 전자 공간에서의 논쟁은 이 방식의 대표적 예로, 여기서 논쟁이란 어떤 이슈에 대한 상반된 의견이 제시되고, 둘 이상의 학습자들이 주어진 시간 동안 자신의 주장을 펼치는 구조화된 토론으로 많은 사람의 의견과 관점을 알고 자신의 주장을 발전시킬 수 있다는 장점을 갖는 학습자간 상호작용 방식이다.

협동과제 학습형태는 주어진 과제를 풀어갈 때 여러 학습자가 가장 적절한 답을 구성해가는 방식이거나, 각자의 과제를 해결하면서 다른 학생들의 협력을 얻는 방식이다. 학생들의 쓰기 능력을 신장하기 위한 온라인 협력학습의 경우 학생들은 웹 상에서 자신들이 작성한 글을 다른 학생들에게 보내고, 다른 학생들은 그 글을 읽고, 평가를 해서 피드백을 제공한다. 그 외, 온라인 역할극이나 온라인 시뮬레이션은 여러 학습자가 줄어진 상황 속에서 특정 인물의 역할을 분담하면서 그 상황을 이해하거나, 판단하고, 결정을 내려가는 방식의 웹 기반 협력 학습이다.

(3) 교수자의 역할에 따른 모형 분류

웹 기반 교수-학습과정에서 교수자가 어떤 역할을 하는가에 따라 다양한 모형들이 있을 수 있다. 기존 강의실 수업에서와 유사한 강사 역할을 할 수도 있으며, 학습활동을 지원하고 동기를 부여하는 촉진자 역할을 할 수도 있을 것이다. 또는 가르치거나 촉진하는 활동을 최소로 하면서 다만, 학습을 관리하고 수업을 운영하는 관리자 역할을 할 수도 있다. 여기서 웹 기반 교수-학습체제를 강의 모형, 촉진 모형, 관리 모형으로 나누어 볼 수 있겠다.

1 강의 모형

강의 모형에서의 교수자의 주요 역할은 기존 교실 수업에서와 같이 주로 새로운 내용을 가르치고, 확인하고, 동기를 부여하고, 평가하는 역할이다. 강의 모형을 적용하여 효과적인 웹 기반 교수-학습 체제를 설계하는 방식 중의 하나는 가네(Gagné, 1985)의 9가지 교수 사태를 중심으로 가상수업을 설계하는 방식이다. 가네는 외적인 교수 사태들이 학습자의 내부에서 일어나는 학습을 도와 바람직한 학습 결과를 성취할 수 있도록 설계되어야 한다고 전제하고 이를 학습의 외적 조건이라고 보았다. 가네의 교수 사태는 학습의 과정 도중에 학습자 내부에서 일어나는 일련의 시간적인 변화에 맞추어 교수를 설계하도록 방향을 제시하고 있다.

첫째, 어떠한 수업에서도 처음에 할 일은 학생들의 주의를 집중시키는 것이다. 교실 수업에서는 음성 변화, 갑작스런 제스처의 변화, 시각 자료의 제시 등이 주의를 집중시킬 것이다. 가상수업에서는 강렬한 이미지 자료나 동영상 등의 제시, 교수자의 음성 제공, 애니메이션 등을 이용할 수 있을 것이다.

둘째, 수업의 목표는 교수자나 학생에게 앞으로 가야 할 방향을 알려주는 역할을 한다. 교실에서는 교수자가 음성이나 칠판에 적어서 목표를 제시해 줄 수 있으나. 가상수업에서는 대개 글이나 road map 등 시각 자료로써 화면에 제시해 주는 형태가 바람직하며, 이는 수업을 시작하기 이전에 주어져야 효과가 있을 것이다.

셋째, 새로 배울 내용이 요구하는 선수 지식이나 기술 등을 기억하도록 하여 본 수업에의 이해를 높이려는 목적을 갖는다. 가상수업에서는 이에 대하여 간단한 사전 온라인 테스트나 확인학습 등을 따로 제공하거나 본 학습 내에서 선수학습에 대한 활동을 링크시키는 설계 전략이 있을 것이다.

넷째, 새로운 내용은 다양한 매체와 상징체제를 사용하여 제시될 수 있다. 여기서 중요한 것은 수업의 목표와 학습자의 특성을 고려한 선택이 중요하다는 것이다.

다섯째, 새로운 내용을 배운 후 이를 적용하고 학생에게 의미 있는 형태로 만들려는 활동이 필요하다. 이 활동들은 연습문제 풀이, 사례연구, 반복연습 등의 모습으로 이루어질 것이다.

여섯째, 교수자는 학생들이 스스로 적용, 연습한 후 그 결과를 실제로 해보이도록 요구함으로써 그동안의 학습의 결과를 알 수 있다.

일곱째, 학생들의 수행에 대하여 교수자는 적절한 피드백을 제공함으로써 학습 교정, 또는 강화를 제공하여야 한다.

여덟째, 이렇게 일련의 학습활동과 피드백이 끝나면 이에 대하여 평가를 하게 된다. 이는 수업목표와 일치된 정도를 보는 것이어야 한다.

마지막으로 본 수업에서 배운 것을 더욱 오래 기억하도록 하거나 다른 상황에도 전이하여 적용할 수 있도록 하는 활동이 제공되어야 함을 뜻한다.

이러한 9개의 교수 사태를 차례로 생각하면서 웹 기반 가상수업을 각 사태별로 설계해가는 방식은 더욱 구조화되고 조직된 가상수업을 진행하도록 해준다는 특성이 있는 강의 모형이라고 할 것이다.

2 촉진 모형

촉진 모형에서는 교수자의 역할은 새로운 내용을 직접 가르치는 일보다는 학습자가 학습과정에 적극적으로 참여하면서 학습효과를 높일 수 있도록 학습활동을 지원하고, 동기를 부여하는 등 촉진 활동을 하는 형태이다. 이 촉진 모형은 주로 성인 학습자 대상의 웹 기반 교육을 설계할 때 많이 활용되고 있다.

이 모형에 따르면 교수자는 대체로 4가지 역할과 그에 따른 촉진 활동을 하게 된다.

첫 번째는 교육적 역할이다. 이것은 학습내용과 관련된 역할로 학습자가 학습목표를 달성할 수 있도록 도와 주는 지적 촉진 활동, 내용 관련 질문에의 응답, 과제에 대한 피드백 제공, 토론시 핵심 개념과 원리 등에 초점이 맞추어질 수 있도록 관리하는 활동 등을 포함한다. 두 번째는 사회적 역할이다. 이것은 온라인으로 우호적이면서도 좋은 관계 속에서 학습이 일어날 수 있도록 사회적인 측면의 촉진 활동, 온라인 조별 활동의 활용, 상호 소개 및 개인적 정보의 공유 환경 구성 등의 활동을 포함한다. 세 번째는 운영, 관리하는 활동이며, 학습절차의 명료화 및 학습 관리 지원, 리더십을 가지고 토론 등 상호작용의 방향 제시 등을 함께하게 된다. 마지막으로 기술 측면의 역할이 있다. 사용자가 하드웨어나 소프트웨어에 적응하도록 지원하는 촉진 활동으로서, 초기의 기술적 지원 제공과 필요하면 적절하고 즉각적인 기술적 도움을 제공하는 활동을 포함한다.

3 관리 모형

관리 모형은 학습자가 스스로 웹상에서 공부하는 자율학습 환경 속에서 교수자는 개별 학습과정을 관리해 주고, 조별 협동 활동을 조직, 관리하거나, 토론의 방향 제시 등을 하는 형태이다. 즉, 촉진 모형에서의 운영, 관리적 역할을 주로 하게 되는 형태다.

관리 모형을 적용하기 위한 웹 기반 교육 체제는 자율학습 체제로 구성하여야 한다. 이종연(1998)은 학습자들이 서로 다른 시간과 공간에서 독립적으로 학습하는 형태의 가상수업을 원격 자율학습이라고 칭하면서, 이 학습 형태는 교수자가 미리 만들어 놓은 자율학습 교재를 가지고 학생들이 스스로 학습을 진행하면서, 필요한 상호작용을 하는 방식이라고 설명하고 있다. 관리 모형에서의 교수자는 설계와 개발 과정에서 자율학습 교재를 만드는 역할을 하지만, 가상수업 운영 과정에서는 단지 자율학습을 지원하는 역할, 상호작용을 조직, 관리하는 역할만을 하게 된다.

(4) 구조적 융통성에 따른 모형 분류

웹은 그 기능상 시공 간의 제약을 극복한 개방성을 제공하는 매체이기는 하나 그 기능을 어떻게 활용하는가에 따라 폐쇄적 또는 개방적 교수-학습모형으로 나누어질 수 있다. 전적으로 폐쇄적이거나 개방적인 모형이 존재한다기보다는 이 두 가지 모형 사이에 여러 모형이 있다고 보아야 하겠다.

1 폐쇄적 모형

폐쇄적 모형은 웹 기반 교육 체제에의 자유로운 접근 가능성이 제도적, 기능적으로 제한된 형태의 모형이다. 웹 기반 수업을 들을 수 있는 기준이 높게 설정되어 있거나, 시공간적 제약이 있거나, 학습자가 가진 능력의 다양성이 인정되지 않으면서(정인성·최성우, 1998), 웹 기반 수업 내에서도 웹의 하이퍼링크 기능과 시공간적 제약을 초월한 상호작용의 기능이 제한적으로 활용되고 있는 수업 형태를 가지는 모형이라고 하겠다.

시공간을 초월한 접근 용이성과 학습을 개별화할 수 있는 것은 웹 기반 교수-학습 체제의 특성으로 꼽힌다. 폐쇄적 모형은 이 특성을 살리지 않고, 기존 교실을 중심으로 한 사고를 그대로 적용한 제도를 도입하는 것이다. 만약 A대학 모 교수의 웹 기반 수업을 그 대학 특정학과의 학생들만 들을 수 있도록 규정한다거나, 외부인의 접근 자체를 차단하고 있고, 학습 시간을 누구에게나 같은 정도로 허용한다면, 이는 폐쇄적 모형을 제도적으로 적용한 예라고 할 것이다. 학점을 부여하거나 자격 수여를 목적으로 하는 경우, 수강료를 요청하고 있는 웹 기반 교육인 경우에는 대개 어느 정도의 폐쇄적 모형을 제도적으로 채택하게 된다.

폐쇄적 모형은 제도적 폐쇄성과 아울러 웹 기능의 활용에서 기능적으로 폐쇄된 전략을 적용한다. 교수-학습 체제 설계에서 다른 사이트와의 하이퍼링크가 거의 되지 않도록 하거나, 되어 있더라도 일정한 부분에서만 가능하도록 지정되어 있거나, 상호작용에 있어서도 지정된 참여자들 외에 다른 사람들과의 토론이나 의견 교환이 어렵게 되어 있는 등 웹의 기능 중 외부와의 개방된 관계들을 허용하는 기능들이 제한적으로 사용되는 형태가 바로 폐쇄적 모형이다. 아울러, 학습 내용이나 평가 방식 등이 다양화되어 있지 않고 하나로 고정되어 있는 경우에도 폐쇄적 모형이 적용된 것이다. 하나의 웹 기반 교수-학습 체제가 그 체제 내에서만 링크가 허용되고,

지정된 사람들 간에만 상호작용이 허용되는 경우 폐쇄성이 높다고 할 것이며, 그 체제를 벗어나 링크가 허용되면서, 다양한 상호작용 관계가 생겨날 수 있을 때 개방성이 높다고 할 것이다.

2 개방적 모형

웹 기반 교수－학습 체제의 개방적 모형은 체제에의 접근 용이성을 제도적, 기능적으로 허용한 형태이다. 즉, 학습자가 시·공간적 제약과 자격의 제한 등을 뛰어넘어 한 교육체제에 접근할 수 있도록 하면서 학습능력의 다양성을 제도적으로 허용한 형태이면서(정인성·최성우, 1998), 웹의 하이퍼링크 기능과 자유로운 상호작용 기능을 충분히 활용하고 있는 형태가 바로 개방적 모형이라고 할 것이다.

제도적으로 개방되어 있다 함은 학습자가 어느 지역에 있든, 어느 기관에 소속해 있든, 어떤 학력이나 경력을 가지고 있든 간에, 어떠한 수준의 학습 능력을 가지고 있든 한 체제에의 접근을 허용하는 것으로, 이 개방성의 정도는 제도적으로 허용 정도에 따라 달라진다. 예를 들어, 한 웹 기반 교수－학습 체제가 세계의 누구나 원하는 사람이 등록하여 들을 수 있도록 허용하고 있는 평생교육 또는 교양교육 프로그램이며, 이 체제는 제도적으로 개방되어 있어야 할 것이다. 제도적으로 개방된 웹 기반 교수－학습 모형은 현재 웹에서 제공되는 대부분의 비학위/비학점 사회교육 프로그램에 적용되고 있다.

개방적 모형은 제도적 개방성에 더하여 웹의 다양한 기능을 개방적 형태로 활용하면서 학습 내용이나 평가 방식, 지원 서비스 등을 다양화하는 형태이다. 한 교수－학습 체제 내의 정보 검색이나 상호작용 활동이 아니라 다른 외부 체제나 정보와의 연결과 다양한 참여자들과의 상호작용이 가능하도록 설계하는 것이 개방적 모형의 핵심이며, 여기서 다양한 학습 내용의 선택이 가능하고, 필요한 지원 서비스를 받을 수 있으며, 평가의 시간과 장소, 방법을 선택할 수 있는 가능성이 열려 있다.

완전 개방적 모형에서 어느 정도 개방성을 허용한 모형까지 다양한 수준의 개방적 모형이 있을 수 있다.

6-5. 웹 기반 가상토론

최근 인터넷 서비스 중 하나인 웹의 교육적 활용이 기하급수적으로 늘고 있다.

특히 컴퓨터 네트워크를 활용한 수업은 구성주의자들이 강조하는 정보의 공유를 통한 지식의 습득을 가능하게 하고 상조학습(collaborative learning)을 통한 다각적 관점의 공유를 가능하게 한다(Slatin, 1991). 또한, 자신의 견해를 논리적으로 설득력 있게 펼칠 수 있는 기회를 제공하고, 교사와 학습자, 학습자와 학습자 간의 지식 공유를 통한 지식 구축 과정을 경험하게 한다.

이러한 구성주의 학습 환경을 제공하기 위해 컴퓨터 매개 커뮤니케이션(computer-mediated communication : CMC)의 활용방안이 광범위하게 다루어지고 있다. 그에 따라 교과내용, 교수방법, 교수매체, 학교체제, 교사의 역할에 대한 인식의 변화가 요구되고 있다. 우선, 교과 내용의 경우 교과서와 같은 제한된 문서위주의 내용에 국한되지 않고, 더욱 다양한 사회적 견해를 쉽게 접할 수 있는 방안을 제공해 준다. 교수-학습 유형의 측면에서 볼 때, 컴퓨터 매개 커뮤니케이션은 상조적 학습, 문제해결 학습, 토론식 학습 등을 수행하는 데 필수적인 도구가 될 수 있다. 이 도구를 통해서 학습자들은 여러 가지 사회적 쟁점 현안들에 대해 폭넓은 사고와 다양한 정보 공유가 가능한 가상토론 환경을 경험할 수 있게 된다(Roerden, 1997 ; Horton, 2000).

구성주의에서는 학교교육이 현장의 문제를 다룰 수 있는 지식이나 기능을 가르치는 데 소홀해 왔다는 이유로 학교 학습과정을 비판하고 있다. 즉, 객관주의적 학습관에서는 맥락이나 학습 상황, 개인적 자각, 인지적 유연성, 다양한 관점(Resrick, 1987a ; Brown, Collins & Duguid, 1989a ; Bendar, Cunningham, Duffy & Perry, 1991)과 같은 교육적으로 중요한 특성 등이 무시되어 있다는 것이다. 이들 중에서도 탈 맥락화(decontextualization), 과도한 단순화(oversimplification), 사실적 정보의 단순한 재생 및 재인(simple recognition)은 가장 심각한 학교교육의 문제로 지적되고 있다. 따라서 구성주의에서는 무의미한 단순화나 정보의 탈 맥락적 제시와 같은 현행 방식을 탈피하여 특정 현상이나 쟁점 현안에 대해 다양한 관점이 피력되고 허용되는 학습환경을 구축해야 한다.

한편, 학습자간 합리적인 의사결정력 함양과 같은 고차적인 교육목적 달성을 기대하고 있는 사회과에서는 학습자 간의 효과적인 상호작용과 더불어 다양한 관점이 공유될 수 있는 학습환경을 조성하는 것이 매우 중요하다. 웹이 제공하는 토론 학습환경은 이러한 학습과정을 지원하는 훌륭한 학습수단이 된다. 웹을 활용한 가상 토론 학습환경은 실제적 과제(authentic tasks)를 학습내용으로 다룰 수 있는 가능성을 증대시켜 준다. 학습자는 실제적 과제를 해결하는 과정을 통해, 다양한 관점을 접할 수 있게 되고 그러한 관점을 상조학습을 통해 공유함으로써 사회적으로 바람직한 대안들을 도출하게 될 가능성이 커질 것이다.

정보화 시대에 학습자에게 요구되는 중요한 기능으로써, 상조학습을 통한 지식구축 과정을 공유하고, 그 과정을 통하여 학습자의 초기 관점이 어떻게 사회적으로 바람직한 관점으로 변환되는가를 알아보기로 한다.

사회과는 급격하게 변화하는 상황 속에서 학습자들이 민주적인 방법을 통하여 필요한 정보를 수집하고 그 상황에 적절히 대응하는 해결방안의 모색과정을 강조하고 있다. 이런 과정은 집단 활동을 통한 정보 공유 상황에서 가장 잘 경험할 수 있다. 그러나 현행 입시 위주의 교육 구조 속에서는 개인의 학문적 능력만을 강조하고 있기 때문에, 이러한 정보 공유 과정을 경험하기가 어렵다. 그 결과 학습자는 사회에서 요구하는 다양한 견해의 가치와 그 견해를 통합하는 과정의 중요성을 인식하지 못하게 된다.

시 · 공간적 제약을 극복한 컴퓨터 매개 커뮤니케이션은 제한된 교실상황에서도 다양한 관점의 공유를 가능하게 함으로써, 새로운 교수－학습형태의 가능성을 제시하고 있다. 컴퓨터와 멀티미디어를 연계한 새로운 정보공학 매체인 웹은 각종 학습자원을 연계해 주고, 학습자 스스로 문제해결의 주체가 되는 학습경험을 제공해 준다. 즉, 학습자로 하여금 현재의 지식을 평가하고, 재구성하며, 새로운 지식의 창출을 위한 새로운 관점의 확보를 유도하는 교수매체라 할 수 있다.

구조화된 가상토론 환경에서 교사의 중재와 링크된 학습자료 및 검색 엔진의 활용, 그리고 학습자 간의 토론 경험이 학습자의 관점 변화에 영향을 미치는지를 규명해 보고자 한다.

6-5-1. 사회과 상조적 의사결정과 교육목표의 변화

정보화 시대에서 사회과 교육(social studies)은 사회 현상을 바르게 이해시키고, 사회 지식 습득 및 사회생활에 필요한 기능을 익히게 함으로써 민주 시민으로서의 자질 육성을 목적으로 하는 분야이다. 최근의 사회과 교육은 사회 과학적 탐구 능력을 넘어 개인적 · 사회적 문제들을 합리적으로 해결하는 능력을 키우기 위한 방안들에 관심이 있다.

다양한 사회에서는 갈등을 해결하는 의사결정의 절차와 그 능력이 중시된다. 사회과 교육만큼 사회 현실과 밀접히 관련된 교과는 없다. 이런 점에서 볼 때 사회과에서는 다가올 사회를 예측하고 어떻게 대응할 것인가에 관련하여 새로운 수업설계 방법을 적용해야 한다.

우리가 살고 있는 사회가 급속하게 변하고 있기 때문에 순간마다 우리는 의사결정을 하지 않을 수 없고, 그 결과는 우리의 일생에 많은 영향을 끼친다. 진학, 취직, 결혼 등 인생에 있어 중요한 문제는 어느 것 하나 의사결정을 필요로 하는 문제가 아닌 것이 없다. 민주주의 사회에서는 정책 선택이나 결정의 문제에 국민이 직접 참여하기 때문에 의사결정은 개인적으로 뿐만 아니라 사회적으로도 가장 중요한 과제로 제기되고 있다(차경수, 1997).

한편, 사회과 교육에 컴퓨터가 활용됨으로써 새로운 수업 형태가 시도되고 있는데, Jonassen(1996)은 컴퓨터를 활용한 학습(learning with computer)은 학습을 위한 인지적 도구이며 이 도구가 제공하는 다양한 기능과 자료는 학습자들로 하여금 비판적 사고와 같은 고등정신 기능을 수행하게 하거나 촉진한다고 주장한다.

사회과에서 컴퓨터를 활용한 가상토론 학습은 학습자가 개인적으로는 해결하기 힘든 학습과제나, 논의와 집단 사고를 통해 학습해야 할 내용을 다룰 수 있다. 이 방법의 가장 큰 장점은 다양한 정보의 공유로 학습자가 문제해결의 과정에 직접 참여하여 지적 능력을 신장하고 민주적 태도를 학습할 수 있다는 것이다. 또한, 토론 과정에서 상대방의 의견을 이해하고, 자신의 의견을 합리적으로 제시하는 민주적인 절차를 학습할 수 있다.

컴퓨터를 활용한 상조학습은 학습자의 각기 다른 해석과 접근 방법을 통해 개인적 견해와 사고의 틀을 넓히는 결과를 가져다주는 교수-학습전략이다. 즉, 이러한 전략을 통하여, 합의된 해결방안과 이해에 도달하기 위해 타인에게 자신의 견해를 설득력 있게 제시하는 기술과 더불어 토론을 이끌어 가는 기술도 익히게 된다.

6-5-2. 슈탈(Stahl)의 협동적 의사결정 모형

오늘날 대부분의 사회과 교육학자들이 의사결정 모형을 중요한 것으로 취급하고 있는데, 그 대표적인 학자로는 Stahl(1994), Banks(1990), Woolever & Scott(1988), Engle & Ochoa(1988) 등이 있다. 이들 학자들이 제시하고 있는 모형들은 모두 사회 과학적 탐구과정과 가치탐구 과정을 포함하고 있다. 이것은 곧 의사결정을 하기 위해서는 사실을 인식하고 필요한 지식이나 정보에 대한 사회과학적 탐구 과정과 더불어 학습자 각자의 가치탐구 과정도 반드시 필요하다는 것을 의미하는 것이다. 의사결정은 결국, 이러한 두 개의 상이한 성격의 과정을 거쳐서 최종적으로 이루어진다고 할 수 있다. 이들을 참고로 하여 의사결정을 위한 수업모형의 단계를 요약해 보면, ① 문제의 제기, ② 지식과 가치문제의 확인, ③ 사회탐구에 의한 지식획득, ④ 가치탐구에 의한 가치분석, ⑤ 대안탐색과 결과예측, ⑥ 선택 및 결론, ⑦ 행동 등 7단계로 구분된다(차경수, 1997). 교육적 상황에서는 집단적 문제해결을 위해서 구성원 간의 활발한 의견 교환과 타협 정신의 신장이 강조된다. 민주적인 토론 환경을 통한 협동적 의사결정은 구성원 각자의 다양한 관점의 표현과 수용을 경험하게 한다. 이러한 협동 학습은 창의력과 관용적 태도를 가지게 하며 정확한 지적 표현과 판단 등 비판적 사고력을 시장시킬 수 있다.

여러 의사결정모형 중에서 개별 의사결정과 집단 의사결정이 포함된 Stahl(1994)의 협동적 의사결정모형을 중심으로 학습의 결과로 나타나는 학습자의 관점 변화를 검토해 보고자 한다. 이 모형은 학습자의 초기 관점을 근거로 하여 개별 의사결정이 먼저 이루어지고, 토론 과정을 거쳐 집단적으로 합의를 하는 협동적 의사결정 모형으로서 학습자의 초기 관점 변화를 알아보기에 적합한 모형으로 판단된다.

Stahl(1994)은 구성원 간의 적극적이고 긍정적인 상호작용을 강조하는 협동적 의사결정 모형을 다음과 같이 구체적으로 제시하고 있다.

(1) 수업절차

1 수업목표 설정

교사는 수업목표에 따라 교과내용을 구조화하여 에피소드를 만든다. 예를 들어,

교사는 영국의 대헌장에 관한 수업을 한다고 할 때 대헌장이 나오기까지 왕, 귀족, 시민들이 어떤 과정을 거쳐서 대헌장이 만들어졌는지를 하나의 에피소드로 구성할 수 있다.

2 교사의 배경 설명

교사는 수업하고자 하는 내용에 대한 기본적인 배경 설명을 한다. 예를 들어, 영국의 대헌장이 만들어진 1215년의 시대 상황을 설명해 주고 왕과 귀족, 그리고 시민들의 정치적 위치나 권력 등을 설명해 준다.

3 에피소드 제시

교사는 에피소드를 학습자에게 제시하고, 내용을 충분히 읽고 이해할 수 있도록 한다. Stahl(1994)이 제시한 에피소드의 내용은 1215년의 영국을 배경으로 하고 있으며, 폭군인 존 왕의 권력에 대항하여 귀족과 백성들은 왕의 권력을 제한하고자 왕이 지켜야 될 아홉 가지 협상안을 제안한다. 귀족들은 여러 상황을 고려한 결과, 존 왕이 반드시 동의해야 할 세 가지, 추후에 협상하자고 제의할 세 가지, 또 나머지 세 가지 규칙은 포기할 수 있는 가장 덜 중요한 세 가지 협상안으로 구분한다.

이러한 에피소드의 제시는 구체적인 문제 상황을 학습자간에 공유하게 함으로써 구성주의자들이 주장하는 '학습 맥락'의 중요성을 충분히 고려하고 있는 것이라 할 수 있다(Bednar et al., 1992).

4 개별 의사결정

집단 결정을 하기 전에 개인적으로 의사 결정을 미리 하기 위한 것이다. 예를 들어, 대헌장에 귀족들이 왕에게 서명하기를 요구하는 협상안에 대하여 왕이 승인했을 때 그 결과가 가져올 장 · 단점, 영국 국민에게 주는 이익과 불이익, 그리고 귀족들의 이익과 불이익을 검토하게 한다. 그것이 끝난 다음 집단 토론을 통해 자신의 생각과 다른 구성원의 생각을 수정 · 보완한다.

5 집단 의사결정

개별 의사결정이 끝나면, 각자 의사결정의 선택안과 이유를 가지고 집단 토론을 통해 전체 구성원의 합의 도출에 들어간다.

6 보고

소집단의 의사 결정이 끝났으며 전체 학습에서 간단하게 각 소집단의 집단 의사결정 결과를 보고하고, 교사는 미흡한 부분을 보완해 준다.

7 평가

한 단원이 끝난 다음 개인적인 평가를 한다.

(2) 의사결정 전략

Stahl(1994)은 의사결정 모형이 효과를 얻기 위해서는 다음과 같은 네 가지 의사결정 전략이 수업 모형에 포함되어야 한다고 강조한다.

1 서열화 능력

여러 가지 선택할 수 있는 대안들이 있을 때 학습자들은 대부분 첫 번째나 두 번째 그리고 마지막 대안들에만 관심을 기울이고 그 중간에 위치해 있는 대안들을 소홀히 하는 경향이 있다. 그러므로 이 중간에 있는 대안들까지 모두 신중하게 검토할 수 있는 기회를 제공하여야 한다.

2 강제 선택 전략

학습자들은 일단 선택을 하고 나면 다른 대안들은 모두 포기하도록 해야 신중한 선택을 한다는 것이다.

3 협상 전략

의사결정에는 찬성과 반대만 있는 것이 아니다. 특히 타협은 민주주의 사회에서 가장 필수적인 전략이다. 그러므로 이러한 경험이 의사결정 모형에 포함되어야 한다.

4 창안 결정 전략

학습자의 선택 기회는 열려 있어야 한다는 것이다. 학습자는 주어진 대안을 버릴 수도 있고, 통합할 수도 있으며, 다른 것으로 바꿀 수도 있다.

(3) 구조화된 에피소드의 교육적 효과

적절하게 구조화된 에피소드에 기초한 학습자의 개별적인 고려와 교사의 광범위한 피드백은 다음과 같은 긍정적인 효과가 있다. 첫째, 사회적 사상에 대한 이해력 증진, 둘째, 정확한 정보로 인한 내용 기억력의 증가, 셋째, 학문적 과제에 대한 소수 학생들의 자발적인 참여 증대, 넷째, 사회과 과정에 대한 가치 태도의 증진, 다섯째, 그룹 내의 다른 구성원과의 협력 증가, 여섯째, 과제나 수업 및 학습활동 참여에 있어서의 흥미 증진, 일곱째, 학습자로서의 자아성찰, 여덟째, 소그룹 학생들 간의 학문적 협의 증가이다.

이상에서 소개한 Stahl(1994)의 협동적 의사결정 학습 모형은 교실의 면 대 면(face to face) 상황에서 활용하도록 개발되었다.

6-5-3. 웹 활용 가상토론 학습

인터넷의 급속한 활용과 더불어 교수-학습매체로서 웹의 활용에 대한 관심이 증대되고 있다. 웹을 활용한 가상토론은 전통적인 교실수업을 통해서 획득할 수 있었던 학습성과는 물론, 학습자에게 장소와 시간에 구애받지 않는 학습기회를 부여하고, 동시에 교사와 학습자, 동료 학습자간에 다양한 상호작용의 기회를 제공함으로써 학습의 과정과 결과에 변화를 야기하는 매개체 역할을 하고 있다. 웹은 구성주의적 학습 원리들, 예컨대 능동적인 학습, 실제 학습, 상호작용적이면서 상조적인 학습을 가능하게 하는 매체로써, 기존의 전통적인 교수-학습 활용과 비교하여 독특한 특징을 가지고 있다. 이러한 특징과 그에 따른 교육적 효과를 살펴본다.

(1) 가상토론 학습의 특징

전통적인 교육은 학교라는 물리적 공간에서 이루어지는 교사와 학습자 간의 만남을 교육의 매개로 삼는 반면, 정보화 사회에서는 교사와 학습자간에 매체가 개입되거나 더 나아가 매체가 창조한 가상공간을 교육적 공간으로 활용한다(Hiltz & Truff, 1978). 컴퓨터 매개 커뮤니케이션은 컴퓨터를 매개로 하여 문자화된 메시지를 통해 '일 대일', '일 대 다수', '다수 대 다수'간의 의사교류가 행해지도록 한 커뮤니케이션 과정으로 정의된다. 이러한 컴퓨터 매개 커뮤니케이션이 학교교육 현장에 도입됨에 따라 새로운 교육적 효과가 있게 될 것이다.

웹은 특정 주제에 대한 자료들의 제목과 그 자료가 실제로 저장되어 있는 위치를 연결해 줌으로써, 사용자들이 그 주제에 대한 자료를 효율적으로 활용할 수 있도록 한다(진위교, 1995). 인간의 기억에 저장되어 있는 형식과 유사한 형식으로 정보를 조직하고 있는 하이퍼 텍스트의 가장 큰 특징은 학습자들이 정보를 선정, 구성, 저장, 통합하는 과정을 보조하여 의미를 창출하는데 도움을 준다는 것이다(Horn, 1989). 또한, 웹 자료는 검색할 수 있다. 수많은 자료를 쉽게 이용할 수 있도록 하기 위해 정보검색 도구인 검색엔진을 제공한다.

(2) 가상토론 학습의 교육적 효과

가상토론에서는 면 대 면 토론에 비해 1인 또는 소수의 토론자에 의해 토론이 지배되는 현상을 보이지 않는다(Hiltz, 1990). 이처럼, 특정의 학습자에 의해 토론이 지배되지 않고, 또는 사회적으로 불리한 위치에 있는 토론자들의 참여가 제한되지 않기 때문에 가상토론은 모든 참여자가 공평하게 기회를 가지고 참여하여 민주적 토론이 이루어질 수 있는 환경이 된다.

웹 환경이 상호작용적이면서도 상조적 학습환경을 제공한다는 것은 이미 많은 학자에 의해 강조된 바 있다(임정훈, 1999 ; 정인성, 1999 ; Harasim, 1989 ; Hiltz, 1990). 웹 환경에서의 상조학습은 시간과 공간을 초월한 대화 및 토론할 수 있다는 점, 학습자들이 학습활동에 균등하게 참여할 수 있는 기회가 보장된다는 점, 사회적 상호작용이 활성화되어 능동적 학습참여를 촉진시킨다는 점, 다양한 참조체제를 활용한 상조학습이 가능하다는 점, 네트워크를 활용한 대안 커뮤티케이션 기술을 향상시킨다는 점 등 여러 가지 유용성을 갖고 있다(임정훈, 1999). 그뿐만 아니라, 비동시적 상호작용을 통한 상조학습은 새로운 사고방식이나 새로운 전략을 경험하면서 자신의 잘못된 생각이나 관점을 수정할 수 있게 되며, 다양한 정보의 공유를 통한 문제에 대한 다각적인 접근이 가능하다.

특히, 가상공간에서의 소집단 토론 형태는 주어진 토론 주제를 가지고 소집단으로 구성된 학습자들이 함께 의견을 올리고, 다양한 자료와 아이디어를 공유하면서 배우는 방식이다. 이러한 상조학습은 인지적 부담을 경감시켜 준다는 의미보다는 오히려 사람마다 얼마나 다양한 생각과 견해를 지니고 있는지를 배우게 하는 데 있다. 즉 공유된 시각과 견해에 도달하는 과정에서 차이점과 갈등에 노출되어 다양한 사고력이 길러진다는 것을 의미한다.

웹 기반 토론환경을 통해 학습자들은 자신의 학습과정을 시간을 두고 스스로 검토해 볼 수 있고, 그 분야의 전문가 또는 동료학습자의 비평을 들을 수 있다. 학습자들은 학습의 결과물과 더불어 그것을 얻기까지의 과정을 웹 문서로 작성하여 인터넷에 제시하고, 그 내용과 관련된 전문가나 동료학습자들에게 검토를 의뢰할 수 있다(Berge & Collins, 1993). 또한, Berge와 Collins(1996)에 의하면, 웹은 학습자들의 지식 구성과정을 구체적인 자료로 제시하기 때문에 학습자들이 자신의 학습에 대한 검토와 타인의 비평을 수집할 수 있는 최적의 환경이다. 가상토론에서의 비동시성은 생각할 수 있는 시간의 여유를 허용하기 때문에 깊이 있는 의견을 제시하도록 한다.

가상토론에서 학습자는 학습자료와 웹 상의 여러 정보를 검색하면서 자율적으로 혹은 교수자의 제한된 안내 하에서 필요한 내용을 학습하게 된다(정인성, 1999). 학습자는 학습 과제에 대해 주인의식을 가지고 개별적으로 하이퍼텍스트를 활용하여 각각의 학습자가 인지적 과정에 따라 학습을 주도할 수 있다.

한편, 교사는 학습자들의 학습과정에 적극적으로 개입하지는 않으면서 학습이 더욱 원활하게 이루어질 수 있도록 도움을 제공하는 안내자 및 조언자로서의 역할을 수행하게 된다. 교사는 학습자들이 다양한 관점을 경험하고 평가할 수 있는 기회를 제공해야 한다(조영남, 1999). 즉, 교사는 더 이상 지식의 전수자가 아니라 학습자들이 학습과정에서 부딪치는 어려움을 지원해 주고 경우에 따라서는 함께 문제해결에 참여하며, 학습의 과정을 조정해 주는 코치의 역할을 수행해야 한다.

(3) 학습자의 다양한 관점

지식에 대한 구성주의적 관점은 학습자 개개인이 외부 세계와 상호작용하는 과정에서 지식을 개인적으로 구성하는 것으로 보고, 종래에 중요시되던 '교수'의 개념 대신에 학습자 중심의 '학습' 또는 '학습환경'을 강조한다. 학습환경이란, 학습자가 다양한 학습도구와 정보자원들을 활용하여 자신이 달성하고자 하는 학습 목표를 해결하는 과정에서 다른 학습자와 서로 협동하거나 도울 수 있는 공간을 의미한다(Wilson, 1996).

1 구성주의 학습환경

Jonassen(1991)은 구성주의적 관점에서 학습현상이나 지식의 획득을 다음과 같이 설명하고 있다. : ① 학습은 감각적 · 지각적 경험을 학습자 나름대로 구성해 가는 과정이며, 이러한 경험의 구성 과정을 거쳐 지식은 외부환경에 대한 경험의 개인적 해석을 통해서 형성된다. ② 지식은 또 다른 지식의 구조와 결합하여 새로운 인지구조를 형성하게 된다. ③ 학습은 실제 세계에 대하여 학습자가 경험하는 바를 자신이 인식하는 방식에 따라서 개념화해 가는 적극적 과정이며, 이러한 과정을 통해서 지식은 점차 확장 · 변형되어 가면서 학습 발달이 이루어진다. ④ 학습자가 실제세계에서 경험하게 되는 것의 개인적 해석은 다양한 관점에서 이루어질 수 있고, 그러한 해석은 곧 실재에 대한 개인적이고 주관적인 의미 파악이며 이해이다. ⑤ 학습은 실제세계의 상황적 맥락 속에서 발생한다. 즉 모든 학습은 학습이 이루어지는 실제 환경을 토대로 이루어지는 것이 가장 효과적이다.

구성주의 학습관에서는 구체적인 현실 상황과 유사한 학습환경 속에서 주어진 문제를 학습자 스스로 해결해 감으로써 학습이 이루어진다고 본다. 그러므로 학습자는 적극적이고 능동적이며 자기 주도적으로 학습에 임하며 교사는 보조자, 안내자로서의 역할을 한다. Jonassen(1991)에 의하면 구성주의적 학습평가는 명세적인 학습목표의 도달 여부에 관심이 있는 준거지향 평가방법과 같은 객관주의적 평가방법은 학습을 평가하는 데는 적합하지 못하다고 한다. 따라서 구성주의 평가는 더욱 탈 의도적이어야 하며, 현실 상황에서 다양한 관점과 견해를 나타낼 수 있는 실제 학습과제를 수행하면서 자연스럽게 표출되는 지식구축 현상을 평가해야 한다고 주장한다.

구성주의 원리를 적용한 가상토론 학습환경에서 학습자들은 실제 세계를 각자 조금씩 다르게 해석하고 개별 학습자의 다양한 관점이 존재하기 때문에 학습의 결과와 목표들 또한, 매우 다양해진다. 즉, 각자 구성한 의미와 지식 등이 상조적 학습을 통해 토의, 토론, 협상하는 과정에서 학습자들이 공유된 의미를 창출하게 된다. 따라서 이런 토론 과정은 학습자들이 문제를 정확하게 지각하고 해결하는 방법의 기본이 되기 때문에 평가에서도 매우 중요한 요소가 된다(Bednar et al., 1992).

2 다양한 관점(multiple perspectives)의 교육적 의의

모든 지식은 구성되고 모든 학습은 구성의 과정이며, 많은 세계관이 구성되어질 수 있으므로 다양한 관점이 있을 것이라고 한다(Duffy & Cunningham, 1996). 구성주의자들은 학습내용의 지나친 단순화가 고차원적 학습의 실패를 야기하는 가장 대표적인 원인으로 지적하였다. 한 가지 예로 오직 하나의 관점으로 개념이나 현상을 파악하는 것을 지적했다. 이 같은 비구조적 교과영역에 있어, 한 가지 관점만을 견지할 경우 개념적 이해를 위해 필요한 중요한 측면을 놓치게 되고, 더욱 수준 높은 고등정신 기능을 위해 고려해야 할 내용을 오해하게 되어 결국, 새로운 상황에 적용되었을 때 생길 수 있는 변화에 능동적으로 대처할 수 없게 된다.

지식의 탈 맥락화 또한, 학교 학습에 있어 심각한 문제 중 하나이다. 유의미한 맥락을 제시하지 않을 경우, 여러 가지 다양한 관점에서 문제의 중요성을 파악하기 어렵다. 즉, 맥락없는 지식은 고립되기 쉬우므로 쉽게 잊어버리게 된다. 그뿐만 아니라, 새로운 상황에 전이되기도 어렵다. 비록 학습자들이 어떤 내용은 암기하여 기억하더라도, 실재 현장에 적용될 경우 그 상황에 적절하고 특수한 지식으로 적용되지 못하고 일반적인 수준의 지식으로 단순히 기억될 뿐이다. 학교에서 가르치는 대부분의 정보내용은 그 맥락상의 적합성이 간과되어 버린 채, 진리나 실체로 받아들여지도록 강요되고 있다, 따라서 학습자들은 그들이 관심 있고 실재 현장에서 필요로 하는 내용을 학교에서 전달받을 수 없기 때문에 아무런 중요성이나 적합성, 유의미성이 없는 정보를 헤아릴 수 없이 많이 주입받고 있다(Jonassen, 1991).

Duffy와 Jonassen(1992)은 학습자들이 어떤 쟁점 현안에 대해 다양한 관점을 구성할 줄 알아야 한다고 강조한다. 즉, 하나의 주제를 다양한 각도로 조명해 보고 대안적 시각들을 이해하려고 노력한다. 만약 이해를 구성하는데 초점을 맞추고 실제적(authentic) 문맥을 제공한다면, 다양한 관점들이 연산과 같이 잘 구조화된 내용 영역에 적용될 수 있을 것이다. 물론, 학습자들은 단점뿐만 아니라 장점을 명확히 하는 관점들을 평가해야 한다.

이러한 관점을 달성하기 위한 중심전략은 상호 협력적 학습환경을 조성하는 것이다. 이 환경의 목적은 단순히 경험을 '공유'하는 것을 의미하는 것이 아니라, 관점을 찾고 관점에 대한 증거를 평가하기 위한 것이다. 나아가 이것은 집단 중 누가 "옳은"지에 대해 토의를 한다는 점에서 경쟁적 학습환경이 아니다. 그것은 각 학습자가 각 관점을 이해하려 하고 각 관점을 개발하는데 공헌한다는 점에서 오히려 상호협력적 노력이다.

이와 비슷한 맥락에서, 웹과 같은 컴퓨터 커뮤니케이션 환경은 학습자들이 하나의 주제와 관련된 다양한 관점과 견해를 자유롭고 편리하게 접할 수 있도록 함으로써 그들의 인식을 한 가지의 관점이나 견해에 고착되는 것으로부터 자유롭게 할 뿐 아니라, 다양한 관점들 간의 관계에 대한 탐구를 통해 학습자들 스스로 자신의 관점 내지는 인간으로서의 가치를 정립할 수 있게 한다는 주장도 나오고 있다(Romiszowski & Mason, 1996). 이와 같은 다양한 관점의 교육적 효과를 높이기 위해 웹을 활용한 가상토론 학습환경은 학습자들에게 다양한 학습자료와 동료와의 상호작용 및 효과적인 피드백을 제공한다.

제 7 장

교육미디어(II) : 하드웨어

7-1. CD(Compact Disk)

7-1-1. CD의 탄생배경

CD는 비디오디스크(video disk)를 응용하는 과정에서 탄생되었다. CD의 모체가 되는 비디오디스크는 1961년 미국 스탠퍼드 대학에서 처음 등장했으며, 1970년대 들어 본격적으로 개발되었다. 1970년 6월에 영국의 텔덱(Teldec)사와 독일의 텔레풍켄(Telefunken)사가 공동으로 압전식 비디오디스크를 개발했고, 1972년 8월에는 미국의 RCA사가 정전식을, 같은 해 9월에는 네덜란드 필립스사가 광학식 비디오디스크를 개발했다.

비디오디스크의 상품화가 진전되면서 이의 기록 방식에 대한 논의가 있었고, 1975년경에는 이를 응용한 디지털 방식의 오디오에 대한 연구가 진행됐다. 1977년 디지털 오디오의 시제품이 만들어진 후 여러 방식의 제품들이 제안됐으며, 표준규격의 디지털 오디오를 제정하기 위해 세계 유명 51개 전자/오디오/음반 회사가 표준방식을 심의했다. 이때 필립스(Philips)와 소니(Sony)가 제안한 콤팩트 디스크(Compact Disk ; CD), 일본 빅터(JVC)사가 제안한 고밀도 오디오(Audio High Density, AHD), 텔레풍켄과 텔덱사가 제안한 미니/마이크로 디스크(Minidisc/Microdisc ; MD) 이 세 가지 방식이 심의 대상에 올랐다.

최근 들어 가장 많은 지지를 받은 CD가 디지털 오디오의 표준으로 자리잡게 되었다. CD가 지금과 같이 널리 사용되고 있는 것은 기존의 레코드판으로 요즈음엔 찾기가 힘든 LP(Long Play)의 여러 단점을 개선했기 때문이며, 특히 CD는 직경이 12cm의 작은 크기로 선곡이 편리한 점 등이 그 이유이다.

이후, 1982년 필립스와 소니에 의해 오디오 CD가 개발되었다. 이 두 회사는 자신들이 개발한 이 기술(CD)을 전세계적으로 확산시키기 위해서는 완벽한 규격이 필요하다고 느꼈다. 그래서 만든 규격집이 '레드북(Red Book)'이다. 여기에는 CD에 디지털 방식으로 오디오 신호를 기록하고 읽는 방법이 기록되어 있고, 또한, CD를 읽어들이는 CDP(CD Player)에 대한 규격도 수록되어 있다. 레드북은 곧 국제적으로 공인을 받아서 IEC-908이라는 표준으로 확립되었다. 이후 오디오 CD는 점차 급성장하여 LP를 몰아내고 요즘엔 비디오테이프보다 더 많이 생산되기에 이르렀다. 이렇게 급성장한 까닭은 여러 이유가 있지만 첫 번째로 꼽을 수 있는 것은 잡음이 없다는 사실과 원래의 소리를 그대로 재생할 수 있다는 점이었다. 잡음이 없이 출력되는 특징은 바로 CD가 디지털 방식으로 기록하기 때문이다. 일반적인 카세트 녹음기나 과거의 LP 등에서는 파형(소리)이 직접 기록되지만, CD는 이 신호를 샘플링(sampling)해서 저장한다. 샘플링이란 아주 짧은 시간 간격마다 그때 그때의 소리 신호값을 수치값으로 변환하여 연속적으로 저장하는 것을 말한다. 이렇게 기록된 소리 정보는 나중에 재생할 때도 원래의 소리 정보와 거의 100% 똑같은 내용을 갖는다. 그렇다면, 이런 특징을 그대로 이용하여 소리 정보 대신 컴퓨터의 디지털 정보를 CD에 기록할 수 있으리라는 착안이 생기고 바로 CD-ROM(Compact Disk-Read Only Memory)의 시초가 된 것이다. 이렇게 착안한 CD-ROM은 1983년에 필립스와 소니가 기술적인 내용을 발표했고, 1984년 들어서는 CD-ROM을 읽을 수 있는 CD-ROM 드라이브가 선보이면서 CD-ROM의 시대를 열어갔다. 이에 대한 규격 역시 필립스와 소니에 의해 만들어졌는데, 이 규격집을 '옐로우북(Yellow Book)'이라고 부른다.

7-1-2. CD의 원리

왜 이름을 CD-ROM이라고 부르게 되었을까? CD-ROM이란 이름은 바로 반도체 메모리의 ROM(Read-Only Memory)으로부터 기원한다. 즉 반도체 메모리의 ROM이 한번 데이터를 기억한 이후에는 단지 읽는 작용만 할 수 있는 특징을 갖기 때문이다.

CD/CD-ROM 매체는 플로피디스크(Floppy Disk)에 비해서 비교적 큰 용량을 가졌다는 점에서 하드디스크와 비슷한 특징을 가진다고 생각할 수 있다. 하지만, 실제로 여러 가지 면에서 서로 다르다. 하드디스크나 플로피디스크는 디스크 표면에 자성물질이 있어서 자기 헤드를 사용해서 자기장을 형성하고, 자기장의 방향에 따라 0과 1의 디지털 정보가 기록된다. 반면 CD/CD-ROM은 디스크의 표면에 파인 홈에 레이저빔이 쏘아졌을 때 반사 굴절효과를 이용하여 디지털 정보를 기록한다. 즉 CD-ROM 드라이브(CD 플레이어)는 레이저빔을 이용하는 광학기기인 셈이다.

CD/CD-ROM과 하드디스크는 그 위에 파일을 기록하는 방식에 있어서도 서로 다르다. 하드디스크는 여러 개의 트랙이 있고 각각의 트랙은 일정한 수의 섹터(sector)를 갖고 있다. 여기서 모든 섹터의 길이가 같지 않고 디스크의 가운데로 들어가면서 점차 섹터의 길이가 짧아진다. 그것은 섹터의 크기를 중심부터의 각도로 구별하기 때문이다. 하지만, CD/CD-ROM 상에는 단지 하나의 트랙이 존재할 뿐이다. 이 트랙은 바깥쪽부터 나선형을 그리면서 중심을 향해 돌아간다. 그리고 그 위에 모든 섹터가 차례로 정렬되어 있다. 따라서 각 섹터의 길이는 일정하며, 한 섹터의 크기는 CD/CD-ROM의 종류에 따라 2048바이트 또는 2352바이트의 크기를 갖는다.

섹터의 내용 중 싱크(Sync-synchronization) 정보는 CD-ROM 드라이브(CD 플레이어)에 한 섹터가 시작됨을 알리기 위해 있는 것이고, 헤더와 서브 헤더는 섹터에 대한 정보를, 그리고 ECC(Error Correction Code)는 에러검출용 데이터이다. 이런 식으로 구성되는 CD/CD-ROM의 총용량은 디스크의 종류에 따라서 혹은 저장방식이나 계산방법에 따라 달라지는데 533MB-783MB까지의 크기를 가진다.

한편, 필립스와 소니가 엘로우북(Yellow Book)이라는 이름으로 CD-ROM 규격집을 내놓았는데, 이것은 기존의 오디오 CD와 달리 에러를 감지하고 정정하는 방법에 대한 것이었다. 여기에는 파일단위의 데이터를 다루는 방법에 대해서는 언급이 없었다. 그래서 여러 회사가 나름대로 방법을 정해서 시행하기도 했고, 이의 규격을 제정하기 위해 몇몇 회사들은 연구그룹을 만들기도 했다. 연구그룹 가운데 하이 시에라(High Sierra)라는 그룹이 있었는데, 여기서 CD-ROM에 있는 데이터가 파일 체계를 갖게 해 주는 구조에 대해 연구했다. 그래서 만들어진 규격이 하이 시에라이다. 한편, 이 규격은 다시 세계적인 규격으로 공인을 받게 되는데 이 때는 약간의 개선이 이루어졌고 ISO 9660이라는 정식이름으로 재등장했다. 오늘날 CD/CD-ROM 매체 모두가 이 ISO 9660 구조를 딴 CD롬은 기판과 반사층(은색의 알루미늄), 이들을 보호해 주는 보호층, 타이틀의 제목이나 회사의 로고 등을 쓰는 인쇄층으로 구성된다.

1 투명기판

재료는 폴리카보네이트(Polycabonate)이고, 내구성과 투명도가 높다.

2 반사층

알루미늄을 많이 쓰고 구리와 금도 이용한다. 레이저빔을 반사해 내는 부분이다.

3 보호층

반사층이 산화되거나 흠집이 생기지 않도록 막아준다. 재료는 투명 레커(lacquer)를 쓰고 자외선으로 말린다.

4 인쇄층

CD의 제목이나 회사의 로고 등을 찍는다. 주로 실크 스크린(Silk screen) 인쇄기법을 이용한다. 보호층과 마찬가지로 자외선으로 건조한다.

5 중앙홀(cernter hole)

디스크를 잡고 돌려주기 위한 구멍으로서 지름은 15mm이다.

6 시작 영역(lead in area)

CD의 시작을 알리는 곳으로서 노래의 어드레스, 각 곡의 시간(TOC-Table of Contents : 목록) 등의 정보가 담겨 있다. 노래를 고를 때 이용할 뿐 아니라 전체 노래 수와 연주시간 등을 기록한다. 책의 목차에 해당하는 부분이다. 지름은 46-50mm이다.

7 프로그램 영역(program area)

음악과 신호와 데이터 등을 담고 있는 곳이다. 지름은 50-116mm이다.

8 끝내기 영역(lead out area)

프로그램의 끝을 나타내는 부분이다. 프로그램 영역의 마지막 위치에서 바깥쪽으로 0.5mm까지를 말한다.

공 CD는 투명하지만 강한 레이저빔을 받아 타면 색이 변해 불투명해지는 염료를 CD 속에 채워 놓고, 이것을 CD롬 레이저빔으로 비추면 투명한 곳은 랜드, 타서 불투명해진 곳은 피트로 읽히게 되는 점을 이용한 것이다.

(1) CD의 랜드와 피트

CD에 저장된 데이터를 읽기 위해 CD-ROM Drive는 레이저빔을 쏴 반사층의 표면에서 튕겨 나온 레이저빔을 렌즈를 통해 포토 디렉터(단방향 반사거울)를 통해 빛이 지나온 길이의 장단, 웨이브 길이를 측정한다. 랜드에서는 레이저 빛이 흩어짐 없어 거의 그대로 반사되지만, 피트에서는 레이저 빛이 확산된다.

이러한 차이는 피트로부터 나온 빛이 랜드로부터 나온 빛을 없애버리며, 읽기 메커니즘은 이를 1로 해석한다. 변이가 없는 것은 0으로 받아들여진다. 다시 말해서, 랜드에서 피트, 피트에서 랜드로 변화되는 부분은 1로 해석되고, 랜드나 피트를 읽는 부분은 0으로 해석된다. 그러므로 랜드나 피트가 짧으면 읽는 시간도 짧아지고 0의 숫자도 적어진다.

랜드와 피트는 최소한 3비트(또는 90nm), 최대 11비트(또는 3300nm)로 구성된다. 그 이유는, 데이터의 각 비트들은 나선형 트랙상에서 약 300nm의 길이가 필요하기 때문이다.

왜냐하면, 피트와 랜드가 바로 인접해서 존재한다면, 피트－랜드－피트－랜드－피트와 같은 연속성을 갖게 되고 이는 11111로 표현되어야 하기 때문에 레이저빔으로 이를 충분히 읽어 들이지 못하기 때문이다. 따라서 3개의 랜드 사이에는 항상 2개의 피트가 존재토록 해야 하며, 이는 2개의 1 사이에 최소한 2개의 0이 존재한다는 것을 의미한다. 반면에 피트와 랜드의 연속이 너무 길어서도 안 되며,

반드시 최대 길이를 지켜야 한다. 따라서 두 개의 1 사이에는 두 개 이상, 열 개 이하의 0이 존재하게 된다.

그러나 1byte 내에서는 1과 0의 조합에서 3bit 최소라는 것이 어긋날 수도 있고 복수의 바이트 내에서는 11비트라는 최대 수를 넘어설 수 있다. 따라서 CD-ROM에는 데이터 저장에 사용되어지는 8bit 포맷의 형태로 데이터가 기록되어질 수 없다. 이 문제를 해결하기 위해서 CD-ROM은 8bit 데이터를 채널 비트라는 14bit 패턴으로 변환한다. 이러한 과정을 8-to-14 변환 (EFM : Eight-to-Fourteen Modulation)이라 부른다.

CD-ROM 내의 디코더는 EFM 변환 테이블을 이용해서 8비트 데이터를 14비트 형태로 변환시킨다. 하지만, 14비트 바이트라 할지라도 마지막에서 일어나는 연속적인 1은 막을 수 없는데, 이는 하나가 1로 끝나고 다른 하나가 1로 시작하는 경우를 말한다. 이러한 문제를 피하기 위해 3개의 머징(merging) 비트들이 바이트들 사이에 놓이게 된다.

이래서 컴퓨터에서 일반적으로 사용되는 8비트 바이트들이 CD-ROM에서는 17채널 비트를 필요로 하게 된다.

(2) 마스터링

CD를 만들려면 데이터가 담긴 스템퍼 (stamper)가 있어야 한다. 스템퍼를 만드는 과정을 마스터링(mastering)이라 하고, 이것을 프리마스터링(premastering)과 마스터링(mastering)으로 나뉜다.

1 프리마스터링

아날로그 신호를 디지털 신호로 변환해서 데이터가 담긴 CD 마스터 테이프(master tape)를 만든다.

2 마스터링

① 글라스 마스터 제작은 소다 유리를 이용해 유리의 표면을 평평하게 하고 깨끗하게 한 뒤 말린다. 유리 원판은 지름이 180mm～220mm, 두께 6mm짜리를 많이 이용한다. 유리원판에 피트(pit)를 만들기 위해 포토레지스트(photoresist)를 110～120nm(nano-meter, 1/10억 미터) 만큼 덮는다. 프리마스터링에서 만든 마스터

테이프의 디지털 신호를 CD 형식에 맞게 변조해서 빛을 유리판에 쏜다. 빛을 받은 부분은 물에 녹지 않고 받지 않은 곳은 녹는 원리를 이용해 현상하면 피트가 만들어진다. 이것을 CD의 글라스 마스터(glass master)라 한다.

② 글라스 마스터는 전기적으로 부도체이기 때문에 표면에 니켈(Ni)을 입혀 전도체로 만든다. 이것을 파더(father)라고 부른다.

③ 파더에 니켈도금 처리를 한 뒤 떼어낸 것이 마더(mother), 마더에 다시 니켈도금한 뒤 분리한 것이 선(son) 또는 스템퍼(stamper)이다.

(3) CD 제작과정

CD의 재료는 폴리카보네이트이다. 이 폴리카보네이트를 녹여 액체로 만든 뒤 스템퍼를 이용해 CD를 구워낸다. 여기에 알루미늄 반사층을 입히고 이 반사층을 보호하는 보호층을 만든다. 이후 불량품 검사까지 마친 제품엔 인쇄를 하고 출시를 한다.

CD나 LP(레코드판) 등을 읽을 땐 크게 두 가지 방식이 있다. 먼저, 선속도 일정(Constant Linear Velocity, CLV) 회전이다(초창기 CD에 사용했으며 지금은 CLV, CLV+CAV, CAV방식 등 3가지 방식으로 제조된다). 이는 디스크 면에 기록된 부분이 일정한 시간에 일정한 거리를 움직인다.

다른 방식으로는 기존의 LP 등에서 사용하던 방식으로 각속도 일정(Constant Angular Velocity, CAV) 회전이 있다. 이는 디스크 면에 기록된 부분이 일정한 시간에 일정한 각도가 움직인다는 것으로 같은 속도로 회전한다는 것을 의미한다.

이는 LP(분당 33과 1/3회전) 뿐만 아니라 플로피디스크(분당 300회전)와 하드디스크(3600~7200회전)의 경우도 마찬가지다. 이렇게 되면 디스크 안쪽에서는 헤드 밑을 지나는 기록 면이 천천히 지나가고, 바깥쪽에서는 빨리 지나간다. 그러므로 LP에서는 음질의 차가 생기며, 플로피디스크나 하드디스크에서는 천천히 움직이는 안쪽 트랙을 기준으로 트랙과 섹터를 형성해야 하므로 바깥쪽에서는 기억 공간의 낭비를 가져온다. 이런 단점을 극복하기 위해 한때 매킨토시와 애플 GS에서 사용하던 3.5인치 2DD(800K) 디스켓은 안쪽과 바깥쪽의 트랙당 섹터 수가 달랐다. 그러나 드라이브 메커니즘의 제조가 어려워 1.44M 2HD 디스켓에서부터는 IBM과 같이 했다.

각 속도 일정이 아닌 선 속도 일정으로 하면 이런 기억공간의 낭비를 최소한으로 줄일 수 있다. 즉 안쪽에서는 빨리 돌고, 바깥쪽에서는 천천히 돌아 결과적으로 헤드(광픽업) 밑을 지나가는 디스크 부분이 같은 시간에 같은 길이를 움직이게 되는 것이다. 또 하나 LP나 플로피디스크, 하드디스크들은 바깥쪽에서부터 안쪽으로 읽어 들어간다. 즉, 첫 트랙은 디스크의 바깥쪽에 있다는 것이다. 그러나 CD는 반대로 안쪽에서 바깥쪽으로 읽어간다. 이것은 CD의 크기를 다양하게 만들 수 있다는 것이다. 같은 장소에서 시작하기 때문에 끝나는 시점은 중요하지 않다. 실제 80mm CD(싱글 CD라고도 함)를 보면 알 수 있다. LP의 경우 보통 12인치보다 작은 7인치 싱글판이 있었으나 톤암(tone arm)의 출발위치가 달라 자동 턴테이블(LP Player)을 만드는데 어려움이 많았다.

(4) CD-ROM 드라이브에서 MAX의 의미

CD-ROM 드라이브를 보면 32X MAX, 48X MAX 등을 적어 놓는다. 32나 48은 배속을 나타내며, MAX는 최대속도를 말한다. 이 말이 붙은 것은 CD-ROM이 CAV방식을 쓰기 때문이다. 위에서도 언급을 했지만 CAV방식은 항상 표시된 속도로 데이터를 읽지는 못한다. 디스크가 항상 같은 속도로 회전하기 때문에 바깥쪽의 데이터를 더 빠르게 읽는다. 예를 들어, 32배속 CD-ROM 드라이브라고 하면 최대 32, 평균 24배속의 속도로 데이터를 읽어들인다. 최대 32배속이라는 뜻에서 MAX를 붙인 것이다.

※ Zone CLV 방식은 [CD-R/RW] → [CD-RW의 여러 기술]을 참고하세요.

(5) 디스크의 용량 계산

대부분의 잡지나 서적에도 CD의 용량에 대해서는 자세히 다루지 않는다. 그저 약 600MB 정도로만 표기할 뿐이다. 대강 550MB, 600MB, 650MB 하는 식으로 용량을 매긴다. 이 중 어느 것이 맞는 것일까? 직경 120mm짜리 CD롬은 저장할 수 있는 용량과는 관계없이 제조가격이 같다. 이래서 설명하기가 어려워진다.

원래 CD롬의 근원은 음악을 디지털 데이터로 변환해서 기록하는 매개체, 즉 오디오 CD(CD-DA)이다. 이런 음악 CD의 용량은 아무래도 MB로 표기하지 않는다. 대신 음악이 기록될 수 있는 길이로 표기된다. 우리가 보통 상식으로 알고 있듯이 오디오

CD에 기록될 수 있는 음악은 최대 74분 길이를 갖는다. 하지만, 반드시 74분인 것은 아니다. 정확히 말하자면 오디오 CD에는 3가지 종류가 있는데, 첫 번째가 18분짜리로서 주변에서 흔히 말하는 미니 CD이고, 두 번째가 63분짜리, 그리고 세 번째가 74분짜리이다. 63분짜리와 74분짜리 CD의 크기는 똑같이 직경이 120mm이다. 용량이 차이가 나는 것은 동일한 바탕 면적에 얼마나 더 넓은 면적에 데이터가 기록되었는지의 여부 때문이다. 그러면 기록되는 시간에 따라 어느 정도의 디지털 데이터가 기록될 수 있는지 계산해 보자. 우선 1분은 60초이고, 1초에 75블록의 데이터가 전송되므로 아래와 같은 결과를 갖는다.

시간별 구분	디스크 직경	블록 개수
18분	8Cm	18 * 60 * 75 = 81,000 개
63분	12Cm	63 * 60 * 75 = 283,500 개
74분	12Cm	74 * 60 * 75 = 333,000 개

이제 한 블록에 몇 바이트가 들어가는지만 알면 각 디스크별로 총 몇 바이트의 데이터가 기록되는지 알 수 있다. 불행히도 한 블록당 몇 바이트가 들어가는지의 값은 항상 똑같이 않고, CD의 종류에 따라 달라진다.

CD 종류	한 블록당 바이트
오디오 CD	2,352
CD-ROM (모드 1)	2,048
CD-I (모드 2, 폼 1)	2,048
CD-ROM XA (모드 2, 폼 1)	2,048
Video CD (모드 2, 폼 1)	2,328

가령 오디오 CD가 74분짜리이면 여기에 저장되는 데이터의 양은 333,000 * 2,352 = 783,216,000 바이트가 된다. 이 디스크를 CD롬용으로 사용하면 저장되는 데이터양은 333,000 * 2,048 = 681,984,000 바이트가 된다.

(6) 1MB는 몇 바이트?

우리가 주변에서 흔히 볼 수 있는 3.5인치 디스켓의 최대 용량은 얼마일까?

1.44MB라는 값은 실제 데이터가 저장될 수 있는 용량이고, 최대 용량은 그보다 좀 크다. 계산을 해보자.

3.5 인치 디스켓의 한 면에는 총 80개의 트랙이 있고, 한 트랙은 각각 18개의 섹터로 구성되며, 한 섹터에 512바이트의 데이터가 저장되므로 다음과 같은 계산이 나온다.

80 * 2 * 18 * 512 = 1,474,560 바이트

그런데 1KB = 1024바이트, 1MB = 1000KB하는 식으로 계산을 하면 1,474,560 / 1000 / 1024 = 1.44MB가 정확하게 나온다. 하지만, 이렇게 나온 값은 실제 데이터를 저장할 수 있는 실효값이고, 3.5인치 디스켓의 총 저장능력은 1.6MB이다.

원래 컴퓨터의 기억용량을 계산할 때는 1KB = 1024바이트, 1MB = 1000KB로 계산한다. 하지만, 하드디스크나 플로피디스크 등을 만드는 회사는 1KB = 1000바이트, 그리고 1MB = 1000KB로 계산한다. 즉 자신들의 제품 용량이 커보이도록 하는 것이다. 그리고 1KB = 1024바이트, 1MB = 1024KB로 계산하는 방식까지 CD롬을 계산할 때는 3가지의 방식이 있다.

〈방식 1〉 : 1000 * 1000 바이트

〈방식 2〉 : 1000 * 1024 바이트

〈방식 3〉 : 1024 * 1024 바이트

PC의 바이오스 등에서는 원칙적으로 위의 3가지 방식 중 〈방식 3〉을 사용한다. 대부분의 CD롬 생산업체는 방식 2를 사용하고, 그 외 몇몇 업체는 〈방식 1〉을 사용한다. 이러한 차이 때문에 비록 CD롬의 표준은 ISO-9660이라는 이름으로 존재해도 최대용량은 가변적이 되는 것이다. 그렇다고 위의 계산대로 한다고 CD의 실효값이 나오는 것은 아니다. 그 값(최대값)에서 CD롬의 형식을 갖추기 위해 필요한 약간의 용량을 빼야 정확한 실효값이 나온다. 이런 값들로는 'Lead In', 'Lead Out', 'TOC' (Table Of Contents) 등이 있는데, 이것들을 모두 더하면 약 15MB 정도가 된다. 앞에서 구한 최대값에 이 값을 빼면 실효값을 얻을 수 있다. 다음 표에 여러 가지 CD롬에 따른 용량을 계산했다. 74분짜리 CD의 경우로 모두 333,000의 블록을 갖는다.

(7) CD 트랙의 시간 계산

보통 CD의 연주 시간은 '분, 초, 프레임' 단위로 이루어지며, 레드북을 인용하면 프레임이란 1개의 섹터를 의미한다. 1초에 해당하는 CD 음악은 75개의 섹터를 차지하며. 1 섹터는 1/75초에 해당하는 시간을 의미한다. 그러므로 03 : 25 : 08이라는 시간은 3분 25초+(8/75)초의 의미가 있다. 다시 정리하면 1프레임은 1 섹터를 의미하고, 1섹터는 1/75초라고 했으니 다음과 같은 등식이 성립된다.

1프레임 = 1섹터 = 1/75초

1초 = 75섹터 = 75프레임

이처럼 75프레임은 1초이므로 CD 내에서 03 : 25 : 75라는 시간은 존재하지 않는다. 이는 결국 03 : 26 : 00이 될 것이다.

7-2. 상호작용 비디오

상호작용 비디오(interactive video)는 비디오 기술과 컴퓨터 기술의 단순한 결함 이상의 전혀 새로운 특성이 있는 매체이다. 개별 학습 매체로 쌍방적 의사소통이 가능한 컴퓨터 보조학습(CAI)은 매우 긍정적 효과에도 불구하고 비행훈련이라든지 외과 수술절차 교육과 같은 사실적이고 생동감 있는 시각적 제시를 필요로 하는 상황에서는 적합하지 못하다. 이러한 CAI의 단점을 보완하기 위한 노력의 결과로 나타난 컴퓨터와 비디오디스크의 결합체인 '상호작용 비디오' 매체이다.

7-2-1. 상호작용 비디오의 개념 및 특성

(1) 상호작용 비디오의 개념

상호작용 비디오는 컴퓨터의 힘(power)과 비디오디스크의 힘을 결합하여 각각의 요소와는 다른 특성을 지닌 전혀 새로운 매체를 말한다. 상호작용 비디오란 용어는 일반적인 관점과 전문적인 관점에서 이해될 수 있다. 일반적인 관점에서의 '상호작용 비디오'란 시청자와 상호작용하는 특성을 지닌 시청각적 의사소통 수단을 의미한다.

예를 들면, 다양한 메뉴로부터 정보를 선택하도록 하는 텔레텍스트(teletext)나 프레스텔(prestel) 시스템에 연결하기 위한 가정의 TV활용, 멀리 떨어진 두 교실을 연결하기 위해 사용되는 쌍방적 비디오 연결장치 등이다.

전문적인 관점에서의 상호작용 비디오라는 용어는 개별적 사용을 위한 가장 최신의 정교한 시청각적 의사소통 체제를 일컫는다.

상호작용 비디오 시스템은 연결장치(interface)에 의해 레이저 비디오디스크가 그래픽과 텍스트의 생성기능이 있는 마이크로컴퓨터에 연결되어 있다. 마이크로컴퓨터는 비디오디스크를 조정하며 비디오의 움직이는 화면과 정사진 및 텍스트를 무순검색(random access)할 수 있어 상호작용적 매체 중 개별학습을 위한 가장 강력한 잠재력이 있는 매체이다(Romiszowski, 1988).

전형적인 상호작용 비디오 시스템은 표준 CAI 시스템과 선택적인 주변 장치들, 비디오 플레이어, 컴퓨터와 비디오 플레이어를 연결하는 인터페이스(interface), 비디오 프로그램, 그리고 비디오 플레이어를 조정하는 부가적 지시문과 CAI 프로그램으로 구성된 컴퓨터 소프트웨어 등으로 구성되어 있다. 비디오 플레이어가 영상과 음향을 생성할 수 있는 데 비해 컴퓨터는 텍스트, 그래픽, 그리고 음향을 생성할 수 있다. 이들은 개별적으로 혹은 결합하여 제시될 수 있다.

(2) 상호작용 비디오의 특성

상호작용 비디오는 기존의 수업매체로는 표현하기 어렵거나 불가능한 다음과 같은 특성들이 있다(민병주, 1988).

① 상호작용 비디오디스크는 매우 높은 정보저장 능력 및 유연성이 있다.

비디오디스크는 한 면에 100억 비트(bits)의 정보, 또는 54,000개의 프레임(frame)을 수록할 수 있으며, 이것은 1초에 30프레임씩 작동되어 디스크의 처음부터 끝까지 계속적으로 프레임을 멈추지 않고 실행시키며 30분 정도의 움직이는 영상이 제시될 수 있다. 또한, 비디오디스크는 하나의 디스크 내에 정사진과 움직이는 영상 및 텍스트 등이 조합되어 저장될 수 있다. 정지된 영상들은 사진이나 컴퓨터 그래픽, 비디오테이프, 슬라이드나 필름 등으로부터 편집된다. 그리고 영화 필름이나 비디오테이프 등의 편집을 통해 움직이는 영상들이 디스크 내에 수록되어질 수 있다. 따라서 하나의 비디오디스크 내에는 슬라이드, 영화, 비디오테이프, 컴퓨터 그래픽 등과 같은 여러 유형의 다양한 정보들이 저장되어질 수 있다.

② 상호작용 비디오는 정보의 특정 항목에 쉽고 신속하게 접근할 수 있다.

전축의 경우처럼 디스크 트랙에 바늘을 올려놓을 필요가 없으며, 비디오테이프처럼 애써서 특정 부분에 위치를 맞출 필요가 없다(Romiszowski, 1986).

③ 상호작용 비디오는 여러 종류의 입력 장치들을 이용할 수 있다.

터치 스크린(touch screen), 라이트 팬(light pen), 키패드(key pad), 키보드(keyboard), 음성인지(voice recognition), 마우스(mouse) 등을 사용하여 학습자와 상호작용할 수 있다. 컴퓨터를 터치함으로써 반응하는 터치 스크린 같은 것은 키보드의 문자를 이해하지 못하거나 키보드를 조작할 줄 모르는 저 연령의 학습자에게 매우 효과적이다.

④ 상호작용 비디오는 정지된 화면의 상이 선명하다.

비디오테이프와는 달리 정지된 화면을 볼 때 화면의 상이 떨리지 않으며, 또한, 선명한 상태로 정지된 화면을 오랫동안 제시할 수 있다.

⑤ 상호작용 비디오는 음성과 정지된 영상을 함께 제시할 수 있다.

⑥ 한 번에 한 프레임씩 아주 빠른 속도로 전·후진을 할 수 있다.

상호작용 비디오를 교육현장에 활용할 때는 다음과 같은 교육적 특성이 있다.

① 상호작용 비디오는 상호작용성이 뛰어나다.

수업매체로서의 가장 중요한 특성 중의 하나는 학습자에게 실제 학습 환경을 제시해 줌으로써 학습자가 컴퓨터-비디오 교사와 상호작용할 수 있도록 해 준다는 것이다(Cohen, 1984). 학습자는 학습내용이나 학습진행 방향 등을 선택할 수 있고, 학습하고 싶지 않은 내용은 제외할 수 있으며, 도움이 필요할 때는 도움을 청할 수도 있고, 학습진행 순서 및 시간 등을 저장할 수 있다. 즉, 학습자 자신에게 학습 선택권이 주어지므로 결과적으로 학습자와 매체 사이의 대화가 더욱 증진될 수 있다. 학습자는 수동적인 관찰자에서 능동적인 참여자가 되므로 진정한 의미의 상호작용이 일어나는 것이다(Bosco, 1984).

② 상호작용 비디오는 개별학습을 제공할 수 있다.

개별 학습자의 학습 능력 및 요구에 따라 학습 내용이 다르게 제시됨으로 자신에게 적합한 학습을 진행할 수 있다. 상호작용 비디오는 개별 학습자에게 적절한 피드백을 즉각 제시해 줄 수 있으며, 자신의 학습속도에 맞추어 단원의 학습을 진행해 나갈 수 있다. 또한, 학습단계에 따라 필요한 학습 소요 시간이 조정될 수 있는 융통성이 있어 진정한 의미의 개별학습이 가능하다(Heinich, Molenda & Russel, 1986).

③ 광대한 정보 저장능력을 갖고 있기 때문에 학습자에게 다양하고 풍부한 학습 경험을 제고할 수 있다.

정지된 영상(freeze frame) 및 움직이는 영상 등을 수록하는 광대한 저장능력으로 인하여 여러 가지 사례, 문제 및 시범을 제시할 수 있으며, 다양한 방법으로 정보를 접할 수 있다.

④ 상호작용 비디오는 질적으로 우수한 시뮬레이션을 제공해 준다.

비행 훈련, 외과 수술과 같이 사실적이고 생동감 있는 시각적 이미지의 제시가 요구될 뿐만 아니라 위험하고도 많은 비용이 드는 학습에서 효율적인 모의실험을 제시할 수 있다(Young & Schlieve, 1984).

⑤ 상호작용 비디오는 학습자의 동기를 유발하고 유지시킬 수 있다.

시각적 영상들과 게임 및 시뮬레이션, 개별학습, 신속한 피드백 제공 및 신기 효과(novelty effect)와 같은 상호작용 비디오가 갖고 있는 특성은 학습자의 흥미를 일으키기에 충분하다(Deshler & Gay, 1986).

7-2-2. 상호작용 비디오의 구성요소 및 유형

(1) 구성요소

최신의 상호작용 비디오는 4 가지의 기본 요소들을 갖고 있다(Floyd 1982 ; Romiszowski, 1988).

1 컴퓨터

컴퓨터는 학습자와의 상호작용 활동을 가능하게 하고, 비디오 플레이어와 연결되어 비디오디스크를 조정하는 기능을 하는 상호작용 비디오의 가장 중심이 되는 부분이다. 일반적으로 마이크로컴퓨터가 사용되며, 아주 강력한 컴퓨팅 파워(computing power)가 필요한 것은 아니다. 어떤 크기의 컴퓨터나 사용할 수 있지만, 휴대성(portability)이 있는 것이 바람직하다.

2 연결장치(interface unit)

연결장치는 컴퓨터와 비디오 플레이어 사이의 커뮤니케이션을 가능케 해 주는 장치로서 컴퓨터가 비디오 플레이어를 조정하도록 해 준다. 대부분의 상호작용 비디오는 컴퓨터 내부의 주변 슬롯에 꽂는 내장형 연결장치를 사용한다.

3 비디오디스크 플레이어(videodisc player)

비디오디스크에 저장된 정보를 읽는 기능을 하는 장치로서 레이저빔이 통과하는 원리와 표면으로부터 반사되어지는 두 가지의 원리를 활용하고 있다. 보통은 디스크 표면으로부터 레이저빔이 반사되는 원리를 이용한 플레이어가 많이 사용된다.

4 비디오 모니터

컴퓨터와 비디오 플레이어에 의해 생성되는 시각 및 청각 정보를 제시하는 기능을 한다. 만약 컬러비디오와 그래픽이 사용된다면 컬러모니터가 필요하다.

(2) 상호작용 비디오의 유형

비디오의 상호작용 능력은 컴퓨터와 비디오 각 부분들의 결합 정도에 따라 다르게 나타난다. Romiszowski(1988)는 상호작용 비디오를 상호작용 능력에 따라 4 단계 수준으로 나누어 각 유형을 소개하고 있다.

1 1단계 체제

가장 단순한 체제로서 비디오 플레이어와 모니터로 구성된다. 자료들은 직선형으로 진행되기 때문에 플레이어는 비디오카세트 플레이어일 수 있다. 플레이어는 기억용량이 작고 데이터 처리 능력이 없다. 1단계 체제는 기본적으로 재생장치에 국한된 것이라고 할 수 있으며, 간단한 비디오 재생 시스템보다 약간 더 발전된 것이다. 또한, 이 체제는 무순 검색(random access)을 유용하게 하는 특수한 키패드(key pad)가 있지만, 시스템과 학습자 간에 상호작용이 극히 제한되어 있다. 검색(accessing)은 학습자에 의해 행해지며 이것은 인쇄된 학습 안내서의 지시를 받아 이루어진다.

2 2단계 체제

2단계 체제는 비디오디스크 플레이어(videodisk player)와 내장형 또는 외장형 컨트롤러(controller)로 구성된다. 비디오디스크 플레이어에 마이크로프로세서가 내장된 2단계 체제로서 프로그램 진행 중 특정 부분으로 자동적으로 분지될 수 있다. 이러한 분지는 여러 가지 방법으로 실현되는데 특히 2단계에서는 키패드, 인쇄된 학습 안내서로부터 부호화된 지시를 찾아내도록 하는 바코드 리더(bar code reader), 스크린상에 나타난 메뉴로부터 선택할 수 있는 라이트 펜에 의해서 분지가 가능하다. 또한, 학습자의 손이 스크린에 직접 닿아서 프로그램에 반응할 수 있는 터치스크린 등에 의해 분지가 가능하다.

3 3단계 체제

비디오디스크 플레이어와 마이크로컴퓨터의 모든 능력을 결합한 체제이다. 3단계 체제는 기억 용량이 크고 데이터를 처리하는 능력이 증가되었으며 정교한 분지가 가능한 체제이다.

4 4단계 체제

보통 2개의 비디오 디스크 플레이어와 다중 채널 오디오, 윈도우 기능과 같은 향상된 기능을 포함하고 있는 체제이다. 이 체제는 대부분 즉각적인 피드백과 비교적 복잡한 분지를 가능하게 한다. 3, 4단계 체제는 진정한 상호작용 비디오 체제이다. 이 체제는 상호작용 비디오의 기본적 구성요소인 플레이어, 마이크로컴퓨터, 연결장치, 모니터 등의 4요소들을 모두 갖추고 있다. 이 체제는 모니터의 수와 통제 프로그램의 복잡성의 정도, 그리고 이용할 수 있는 다른 통제 옵션들에 따라 3, 4단계 체제로 분류된다. 4단계 체제는 현재 사용되고 있는 상호작용 비디오의 상호작용 능력에 있어 가장 높은 수준을 갖고 있는 체제이다.

7-2-3. 상호작용 비디오 프로그램의 개발 및 활용

상호작용 비디오 프로그램의 개발은 체계적인 접근 방식을 요구한다. 상호작용 비디오는 개발에 앞서 개발하고자 하는 수업자료가 상호작용 비디오 수업에 적합한지를 결정하는 것이 매우 중요하다. 왜냐하면, 상호작용 비디오는 개발 및 활용상에 있어 다른 매체보다 더 많은 경비가 소요되며 많은 전문인력 및 지식이 필요하기 때문이다. 상호작용 비디오 프로그램의 개발에는 CAI를 개발하기 위해 요구되어지는 기술뿐만 아니라 유능한 비디오 제작자가 알고 있는 모든 기술이 요구된다. 상호작용 비디오 프로그램 개발을 결정하기 전 고려해야 할 사항들을 제시하면 다음과 같다(Sales, Gordon & Anderson, 1986).

첫째, 상호작용 비디오가 전통적인 전달체제 이상의 수업효과를 낼 수 있을 것인가?

둘째, 수업자료가 비디오 부분에서의 어떤 검색(random access)을 필요로 하는가? 그렇지 않다면 비디오 테이프나 슬라이드가 경제적인 면에서 더욱 효과적일 수 있을 것이다.

셋째, 개발하고자 하는 수업 내용이 최신의 것이며 또한, 정확한 것인가? 비디오디스크에 수록될 정보가 곧 시대에 뒤떨어질 것이고 그래서 유용하지 않게 될 것이라면 비싼 비용을 들여 제작할 필요가 없는 것이다.

넷째, 비디오 부분의 재생시간이 30분 이상을 요구하는가? 만약 30분 이상을 요구한다면 적합하지 못하다.

상호작용 비디오 프로그램을 개발하기 위해서는 하드웨어에 관한 철저한 이해뿐만 아니라, 많은 다른 중요한 기술(skill)들이 요구된다(Call, 1983 ; Gayeski & Willioms, 1982). 이들 기술들은 수업설계, 컴퓨터 프로그래밍, 내용에 관한 전문적인 지식, 그리고 비디오 제작 등 네 영역으로 나눌 수 있다.

1 수업설계

상호작용 비디오만을 위한 수업설계 원리들은 아직 설정되어 있지 않지만, CAI 설계를 위한 많은 모형이 상호작용 비디오를 위해 적용될 수 있다(Hannafin et al., 1985). 상호작용 비디오 수업설계는 다음의 여덟 가지 사항을 포함해야 한다. ① 상호작용 프로그램이 요구되는 이유에 대한 상세한 기록 ② 대상 학습자들의 특성에 대한 구체적인 분석 ③ 수업목표 진술 ④ 학습을 사정하기 위한 검사문항 진술 ⑤ 제시되어져야 하는 내용의 개발 및 계열화하기 ⑥ 연습문제 및 피드백 문항 개발하기 ⑦ 스크립트 작성하기 ⑧ 프로그램의 평가계획 등이다.

2 컴퓨터 프로그래밍

저작 소프트웨어(authoring software)는 프로그래밍 과정을 단순화한다. 대부분의 연결장치(interface unit)는 연결 장치와 함께 저작체제나 저작언어를 제공한다. 저작체제는 메뉴방식(menu dirven)이기 때문에, 프로그래머들이 아니더라도 저작할 수 있다. 저작언어는 Basic이나 Pascal과 같은 프로그래밍 언어를 사용하여 단원을 개발하는 것보다 더 적은 시간과 기술이 소요된다(Gayeski & Williams, 1982 ; Kearsley, 1984). 또한, 프로그래밍에 대한 경험은 많지만 프로그래밍 언어를 사용하여 단원을 제작할만한 시간이나 기술이 없는 사람들을 보조한다. 프로그래밍하는데 있어 중요한 부분은 수업의 흐름도를 개발하는 것이다.

수업 흐름도는 수업사태의 계열을 도식화하는 것으로 비디오, 오디오, 컴퓨터 텍스트, 수업을 위해 필요한 다른 매체들과 관련된다. 평가항목들은 수업사태 중에, 혹은 후에 필요한 요점들을 암시한다. 평가항목에 대한 가능한 한 각각의 응답에 대한 분지가 수업 흐름도에 표시되는데 분지는 새로운 수업으로 이끌거나 원래의 내용을 명료화하거나 확장하거나 복습, 혹은 교정하도록 한다.

3 내용에 관한 전문적인 지식

전문적인 지식을 가지고 있는 내용 전문가들이 수업설계 과정에 밀접히 관련되어야 한다. 내용전문가들은 수업목표, 검사문항, 내용, 연습 및 피드백 문항, 스크립트, 순서도를 개발하기 위해 필요한 정보를 제공한다. 내용전문가들은 또한, 개발자의 의도가 학습자에게 실지로 전달되었는가에 대한 프로그램 평가 활동에 참여해야 한다.

4 비디오 제작

비디오 제작은 프로그램의 설계를 완전한 비디오테이프나 비디오디스크로 옮기는 작업이다. 비디오는 오디오와 병행하여 학습사태의 계열성에 맞도록 편집되어야 한다.

소규모의 프로젝트는 한 사람에 의해 개발될 수 있다. 그러나 대부분의 프로젝트는 팀 어프로치(team approach)가 되어야만 더 효율적이고 더 좋은 품질의 프로그램이 된다. 상호작용 비디오 프로그램의 개발에는 많은 기술이 복합적으로 요구되기 때문에 팀 구성원들 사이의 밀접한 협력이 중요하다.

상호작용 비디오 프로그램 개발 과정은 4 가지 주요 단계들—분석(analysis), 설계

(design), 개발(development), 실행(implement)—을 거쳐 이루어진다.

각 단계별 수행 활동들에 대한 흐름을 제시하면 다음과 같다.

① **분석 단계** : 분석의 단계는 프로그램의 수업목적 및 목표의 진술과 대상 학습자 및 재원의 분석, 수행과정 규명, 그리고 상호작용 수준의 결정에 초점을 맞추어 진행된다. 수업목표의 진술은 행동적이고 측정 가능한 행동용어로 표현한다. 목표가 진술된 다음 개발자는 대상 학습자의 나이, 성별, 선수학습 정도, 학습내용에 대한 태도 및 흥미의 정도를 파악한다. 또한, 이 단계에서는 프로그램 개발에 활용 가능한 시각자료, 청각자료 등과 같은 자원을 검토하고 대상 학습자들이 학습하여야 할 내용이 무엇인가를 규명한다. 또한, 프로그램의 목표를 효과적으로 달성하기 위한 가장 적합한 수준을 결정하고 이에 맞춰 하드웨어를 선정한다.

② **설계 단계** : 대상 학습자들에게 가르칠 수업내용을 조직하고 수업활동 방안이 모색되며 프로그램 구성요소들을 결정하는 단계이다. 이 단계에서는 학습자들에게 제시될 내용의 구조 및 개념이 논리적 순서로 계열화되며 수업전략이 수립된다. 또한, 완성된 프로그램의 검토 및 테스트, 평가의 방법과 시기가 결정된다. 설계의 단계에서도 효율적이고 효과적인 비디오디스크 개발을 위해 검토, 수업과정을 반복한다.

③ **개발 단계** : 개발의 단계는 설계의 단계에서 상세하게 진술된 프로그램 개발 계획에 따라 직접적인 제작이 진행되는 단계로서 매우 복잡한 과정을 거치게 되며, 많은 기술이 복합적으로 요구되기 때문에 개발팀 구성원들 간에 밀접한 협력이 특히 요구된다.

이 단계에서 이루어지는 과정은 크게 두 가지로 분류할 수 있다. 하나는 비디오디스크 제작과정으로서 비디오 제작과정 사전 준비, 사전 마스터링(premastering), 내레이션(narration), 테스팅 및 디버깅, 그리고 종합 검토를 거쳐 최종 디스크 마스터링 작업이 수행되는 과정이다. 또 하나의 과정은 비디오 플레이어를 조정하는 부가적 지시문과 CAI 프로그램으로 구성된 컴퓨터 프로그램의 프로그래밍 과정이다. 두 과정에서는 플로 차트와 스토리보드, 그리고 스크립트 작성 작업이 수행된다.

스토리보드의 작성은 CAI 프로그램 개발을 위해 작성되는 스토리보드보다 더 많은 노력을 요구한다. 스토리보드의 양식은 비디오, 오디오, 컴퓨터 텍스트/그래픽, 그리고 프로그램 로직(logics)을 위한 부분으로 나누어져 있다.

개발의 단계에서 특히 중요한 과정은 사전 마스터링이다. 사전 마스터링은 비디오디스크가 일단 제작되면 수정할 수 없게 되므로 수정, 보완작업을 위해 비디오디스크에 수록될 내용을 일단 필름이나 비디오테이프에 기록하여 전체적인 내용을 살피는 과정이다. 철저한 검토와 수정, 보완이 요청되며 통과되면 최종적으로 비디오디스크 제작에 들어가게 된다.

④ **실행 단계** : 개발의 단계에서 완성된 상호작용 비디오 시스템 프로그램은 학습목표의 성취 여부를 알아보기 위해 현장 검사의 과정을 거치게 된다. 현장검사와 수정을 통해 개발된 프로그램이 수업목표에 일치하면 완성된 프로그램을 대상에게 보급하게 된다.

7-2-4. 대화형 TV

대화형 방송은 기본적으로 CATV 서비스에서 발전해 왔다. 예를 들면, VOD(Video on Demand), NOD(News On Demand), 텔레쇼핑(tele-shopping)과 같은 서비스는 CATV 쌍방향 서비스를 이용한 대화형 방송이다. 그러나 지상파 방송이나 위성방송은 한 방향 전송을 근간으로 하고 있으므로, 이러한 환경을 무시할 수 없다. 따라서 대화형 TV의 수신 모드를 3 가지로 분류할 수 있다.

(1) 저장 수신

선택된 방송 프로그램이 모두 수신기의 대용량 메모리에 저장된다. 이것은 기존의 방송이 쌍방향의 네트워크를 근간으로 하지 않고 한 방향이었기 때문에 상향 회선은 최소한의 용량으로 연결하는 것을 가정한다. 몇 시간 분량의 영상을 시청자가 원하는 대로 저장해 놓고, 이들 중에서 시청자가 원하는 시간에 원하는 프로그램을 대화형태로 시청할 수 있다. 수신기에 내장된 메모리의 용량이 클수록 프로그램을 더욱 많이 저장할 수 있다. 저장 공간의 효율적 사용을 위해 압축 부호화를 사용할 수도 있다. 일본에서 개발하고 있는 ISTV(Integrated Services TV, 종합서비스 TV)에서 도입한 홈서버 기술은 이러한 저장 수신을 응용해 실현한 것이다.

(2) 선택 수신

다수의 프로그램 전송이 반복되고 시청자는 이를 선택해서 원하는 시간에 서비스를 받을 수 있다. 이 구조는 실시간을 목표로 한 것이어서 VOD 등에 적합하다. 전송용량이 클수록 대화적 기능이 우수하다.

(3) 쌍방향 전송

이 모드는 시청자가 상향 회선을 통해 수신 측으로부터 방송사에 시청자의 요구나 응답을 전송하고 방송사도 이에 따라 원하는 프로그램이나 정보를 전송해 주게 된다. 상향회선은 시청자의 응답 정도로서 정보량이 많지 않으므로 전화선 등을 이용할 수도 있다.

7-2-5. 홈서버 기술

쌍방향 기술을 이용한 대화형 TV에서 가장 기본적인 모드인 저장 수신의 조건은 대용량의 저장 장치를 수신기가 내장하고 있어야 한다. 더구나 이것은 단순한 저장장치의 기능보다는 홈서버(home server)로서의 역할을 수행해야 한다. 홈서버는 시청자의 기호에 맞는 프로그램을 자동적으로 녹화해 주고, 보고 싶은 프로그램을 언제라도 꺼내 시청할 수 있는 기능을 갖는다. 더구나 대화형 프로그램의 경우에는 시청자가 퀴즈나 혹은 자세한 정보를 방송국에 요구하는 형태로 대화형 TV를 즐길 수 있는 것이다. 일본이 서비스를 계획하고 있는 종합디지털 방송인 ISDB에 대응하는 수신기인 ISTV는 생방송 프로그램만이 아니고 대화형 서비스의 기능을 갖추도록 홈서버를 내장하고 있다.

홈서버는 다음과 같은 기본 기능을 갖는다.

① 복수의 채널을 동시에 기록하고 재생할 수 있음.

② 시청하고 싶은 프로그램을 고속으로 찾아낼 수 있음.

③ 프로그램을 기록하면서 동시에 재생할 수 있는 기능.

④ 프로그램의 하이라이트 부분 등을 요약하여 재생할 수 있는 다이제스트 재생

기능.

⑤ 복수의 프로그램을 자유로 선택하면서 재생할 수 있는 기능.

⑥ 라이브러리 기능(인덱싱 기능).

이러한 기능들을 수행하기 위해서는 고해상도의 프로그램을 실시간으로 녹화 및 재생하여야 하며, 고속의 액세스가 가능하여야 한다. 홈서버는 다음과 같은 3 가지 서비스를 생각할 수 있다. 시청자는 프로그램 · 정보별로 세 종류의 모드 중에 한 가지를 선택하여 정보를 수신한다.

⑦ 일괄 자동 수신은 방송사가 멀티미디어 뉴스, 프로그램 · 정보 등을 임의의 시각에 일괄적으로 송신하고, 이를 홈서버가 인식하여 일괄적으로 수신하여 저장해 놓으면 시청자가 원할 때 시청할 수 있다.

⑧ 일정 시간 간격 자동 갱신은 일정한 시간 간격으로 방송되는 뉴스, 날씨 예보 등을 계속 홈서버에 갱신하여 저장한다.

⑨ 지적 선택은 시청자는 흥미 있는 장르, 테마, 출연자 등을 메뉴를 통해서 지정해 두면, 프로그램이나 정보에 부가된 인덱스 정보로부터 지정해 둔 내용과 관련성을 파악하여 해당 프로그램을 자동으로 저장해 놓는다. 따라서 시청자는 언제든지 자신이 좋아하는 프로그램을 선택하여 볼 수 있게 된다. 이러한 기술을 더욱 발전시킨 것이 에이전트 TV(Agent TV) 서비스이다.

에이전트 TV는, 본인이 좋아하는 분야 혹은 필요한 범위만 지정하면 방송 에이전트, 네트워크 에이전트, 사용자 에이전트가 이 분야에 해당하는 프로그램들을 찾아 TV에 장착되어 있는 홈서버라고 하는 저장 장치에 저장을 해 놓은 개념을 갖는 일종의 인텔리전트 TV를 말한다. 즉, 시청자는 원하는 시간에 메뉴에 표시되어 있는 프로그램들 중에서 보고 싶은 메뉴를 선택하면 해당 프로그램을 시청할 수 있다. 이것은 마치 자신이 좋아하는 프로그램만으로 다시 편성된 방송 순서를 보는 것과 같은 것이다.

(1) 홈서버 요소 기술

홈서버 모델의 내부 구성도를 개괄적으로 나타낸 것으로서, 홈서버는 송신단으로부터 전송되어 오는 방송 신호를 베이스밴드로 복조된 디지털 비트 스트림, 예로서, MPEG-2 TS를 고속 인터페이스가 연결된 하드디스크에 저장한다. 홈서버는 미래

상용화될 기록기술과 현재의 기록기술 특성을 고려하여 반도체 메모리, 하드디스크, 테이프 등에 의해 계층적으로 구성되어야 한다.

홈서버의 기록 장치는 단기간 기록을 위한 1차 메모리(임시용)와 장기간 기록을 위한 2차 메모리(보관(archive)용)로 구성된다. 1차 메모리는 방송 프로그램을 임시로 녹화하기 위한 것으로 고속의 랜덤 액세스가 가능해야 하며, 2차 메모리는 프로그램을 장기간 보관하기 위해 필요한 것으로서 가능한 한 대용량이면서 비용이 적어야 한다.

기록 장치들은 나름대로 특징을 갖고 있다. 반도체 메모리나 하드디스크는 고속의 랜덤 액세스에 의한 데이터의 기록 및 재생이 가능하므로 1차 메모리로서 적합했지만, 테이프는 소형이며 기록 용량이 크고, 비용이 저렴하여 2차 메모리로 적합했지만, 테이프는 소형이며 기록용량이 크고, 비용이 저렴하여 2차 메모리에 적합하다. 1차 메모리로서 사용될 수 있는 비디오 하드디스크는 프로그램을 기록하는 데 있어서, 일정시간 내에 그들을 연속적으로 기록해야 하므로 일반적인 데이터 기록을 위한 구조가 아니고 RAID(Redundant Arrays of Inexpensive Disc) 구조와 같이 병렬 처리에 의한 기록이 가능한 하드디스크이어야 한다. 2차 메모리로서 사용할 수 있는 테이프 미디어는, 테이프 위에 흩어진 위치에 녹화된 프로그램들을 자연스럽게 연속적으로 재생하는 것은 불가능하다. 왜냐하면, 테이프 위에서 연속하여 재생하고 싶은 관련 프로그램들이 따로 떨어져 기록된 경우는 테이프를 주행시키면서 프로그램을 찾는데 시간이 걸리기 때문이다.

따라서 이를 보완하기 위해서는, 테이프의 고속 기록 재생이 가능한 기술을 이용하여 랜덤 액세스와 같은 기능을 갖게 할 수 있다. 연속되게 재생하고 싶은 MPEG-1비트 스트림이 A 부분과 B 부분으로 분리되어 기록되어 있는 경우에 이를 연속적으로 재생하기 위해서 먼저, 영상 프레임 속도보다 훨씬 빠른 속도로 테이프를 주행하면서 A 부분의 MPEG 비트 스트림을 재생해 놓고 이를 실시간에 복호화하여 원영상을 재생하는 동안, 다시 테이프를 고속으로 주행하여 MPEG 비트 스트림을 고속으로 재생해 놓는다. A 부분의 복호화 및 원영상의 재생이 끝나면, 이미 MPEG 비트 스트림을 재생해 놓은 부분을 즉시 복호화하여 원영상을 재생하는 것이다. 이와 같이 고속 주행 및 복호화에 의해 각 부문이 자연스럽게 연결된 프로그램 재생이 가능하게 된다.

TV수신기 기능의 확장성을 위해 홈서버를 계층적 기록 방식으로 실현하는 것이 바람직하다. 이를 위해 시청자가 원하는 서비스 형태에 따라 유연하게 메모리를 선택하여 구성할 수 있게 함으로써 비용 부담을 경감시키는 방법을 생각할 수 있다.

1단계는 반도체 메모리만으로 구성된 간이형으로서 문자, 도형, 음성에 의한 정보 프로그램이나 정지화 서비스에 적합하다. 2단계는 여기에 하드디스크를 추가한 기본형으로서 단시간의 뉴스 등, 동영상 프로그램에 대응하는 것이 가능하다.

3단계는 2단계에 DVD 등의 광디스크나 테이프를 추가한 고기능형으로 장시간의 동영상 프로그램 혹은 개인 라이브러리로서 프로그램을 보존할 수 있는 구조이다. 홈서버는 디지털 방송이 개시되면서 현재와 같은 방송 환경에서 가장 실현성 있는 대화형 TV로 발전해 갈 것이다.

7-3. 캠코더

캠코더는 전자 카메라와 비디오 카세트 레코더의 기능을 결합한 콤팩트한 휴대용 비디오 장비이다. 이것은 종전의 홈 비디오 장비를 대체하여 널리 쓰이고 있다. 캠코더는 충전식 배터리 또는 주 전원을 연결하여 작동시켜 쓰이며, 대부분의 모델은 소형 모니터의 기능을 한 전자식 뷰 파인더를 갖추고 있어서 녹화한 것을 즉시 재생하여 그 결과를 볼 수 있도록 해준다. 간단한 형태의 캠코더는 오직 녹화만이 되는 것이 있는데 이것은 광학 뷰 파인더를 장착하고 있으며 재생기능은 가지고 있지 않다.

7-3-1. 캠코더의 원리

캠코더는 재생의 경우 VTR의 원리, 구조와 거의 동일하다. 또한 본 캠코더의 원리 및 구조의 이해는 “Digital”장의 “DVC(Digital Video Camera)”의 원리에의 사진학습으로서의 상호 연관된 지식이 된다.

(1) **원리(참고** http://210.119.147.69/EC/samsung/av/311_01.htm)

녹화 렌즈를 통한 빛의 신호를 CCD(고체촬상소자)에 의해 전기신호로 변화시킨다. 이 전기신호는 전자회로와 헤드에 의해 테이프에 기록시킨다. 그리고 재생시에는 테이프에 기록된 신호를 읽어 다시 전자회로로 처리하여 TV화면에 재생하여 볼 수 있다. 드럼, 헤드의 구조 및 기록원리는 VTR과 동일하다.

(2) **구조(참고** http://210.119.147.69/FC/samsung/AV/312-01.1.htm)

1 주밍(Zooming)조정

주밍모터의 좌우 회전에 따라 주밍렌즈가 앞뒤로 이동하면서 화상의 크기를 조정한다.

2 초점조정

초점모터의 좌우회전에 의해 초점렌즈가 앞뒤로 이동하면서 정확한 초점을 맞춘다.

(3) **CCD란 ? (참고** http://210.119.147.69/EC/samsung/av/313_01.htm)

캠코더의 심장부이며 렌즈를 통하여 들어온 빛을 분해해서 전기신호로 바꾸어 주는 역할을 한다. 영상의 화질은 이 판의 크기나 촬상소자의 수량(화소수)에 의해 크게 좌우된다. 빛에는 명암, 색상, 색채의 성질이 있는데 빛을 명암으로만 표시하면 흑백이 되지만 빛을 분해하면 적(R), 녹(C), 청(B)의 3원색으로 화소는 포토디이오드로 이루어지고 27만화소, 36만화소, 41만화소가 있으며 숫자가 클수록 화질이 좋다(http://k.daum.net/gna/home/gdetail-view).

이번에 출시된 제품은 DCR-HC90, DCR-HC42, DCR-HC32, DCR-HC21 등으로 그 중에서 가장 상위기종인 DCR-HC90은 331만 화소의 ADVANCED HAD CCD를 탑재하고 와이드 기록에 맞추어 액정 화면도 2.7인치 크기의 와이드 하이브리드 LCD를 채용했다.

그 동안 와이드 촬영을 지원하는 디지털 캠코더는 있었으나 4 : 3 LCD를 탑재하여 와이드 모드로 촬영시 LCD창의 위, 아래가 검게 처리되어 진정한 의미의 와이드 촬영이나 감상이 힘들었다. 2006년 출시한 DCR-HC90, DCR-HC42는 최초로 16 : 9 와이드 LCD를 탑재하여 선명한 화질에 완벽한 와이드 촬영 및 감상이 가능하고 버튼 하나로 4 : 3으로 촬영과 16 : 9 촬영을 쉽게 변환할 수 있다.

별매의 4채널 마이크로폰을 탑재하여 녹화하면 5.1채널 서라운드를 구현할 수 있어 선명한 와이드 화면과 함께 더욱 생동감 있는 영상을 즐길 수도 있다.

또 정지화상 305만 유효화소와 함께 칼 자이스 바리오조나 T* 렌즈를 탑재하여 고해상도의 정지화면 촬영도 가능하여 일반 보급형 디지털 카메라와 견주어도 손색이 없다(http://blog.daum.net-__-ppo/5b/2943497).

7-3-2. 캠코더의 구성요소

(1) 줌렌즈(Zoom Lens)

대부분의 캠코더는 줌렌즈를 내장하고 있어서 촬영이 진행되는 중에 피사체의 크기를 크거나 또는 작게 변화시킬 수 있다. 또한, 많은 모델에 마크로(macro) 장치가 내장되어 있어서 아주 세밀하게 촬영해야 할 때나 크기가 작은 주제의 클로즈업 촬영시에 용이하다.

(2) 마이크로폰(Microphone : Mic)

캠코더는 마이크를 내장하고 있어 촬영하고자 하는 영상을 녹화하는 것과 동시에 하나 또는 두 개의 오디오 트랙에 소리를 녹음할 수 있다. 그 소리의 크기는 자동적으로 조절이 되며 녹화 중에 헤드폰으로 모니터를 할 수 있게 되어 있다.

(3) 전자식 뷰 파인더(Electronic View Finder)

어떤 모델이든 오른쪽 눈에 맞출 수 있도록 조절할 수 있는 것도 있다. 뷰 파인더는 여러 각도로 회전시킬 수 있으며, 스크린을 직접 볼 수 있도록 확대 접안렌즈를 적당한 위치로 올릴 수 있다. 뷰 파인더 내의 경고표시는 노출, 초점, 배터리 충전, 색 온도 및 테이프 상태 등에 문제가 있음을 나타낸다.

모든 캠코더에 있어서 렌즈가 만드는 영상은 카메라의 이미지 센서상에 초점이 모인다. 센서들은 사진전도 튜브 또는 반도체 칩들로 구성되어 있다. 또는 CCD 등으로 불리는 것이 이 센서들이다. 이러한 이미지 센서는 빛을 전자신호로 바꾸어 주는 역할을 한다.

일부 캠코더에는 타이틀 또는 자막 발생기가 내장되어 있어서 촬영한 화면 위에 숫자나 글자를 만들어 삽입시킬 수 있다. 이런 자막 발생기는 별도로 구입해서 사용할 수도 있다.

(4) 조리개(Iris)

조개는 렌즈를 통해서 이미지 센서에 이르는 빛의 양을 조절한다. 이것은 보통

전자회로에 의해 자동으로 작동된다. 그러나 다루기 힘든 미묘한 빛을 조절해야 하는 상황이거나 독창적인 제어가 필요할 때에는 수동으로 조절할 수 있다.

(5) 역광보정기

역광보정기는 광원을 향해서 피사체를 촬영할 때에 조리개를 조절하는데 사용된다. 예를 들어, 실내에서 창문 앞에 서 있는 사람을 촬영할 경우에는 사람이 어둡게 보이는데, 이때 조리개는 그 사람에게 알맞은 노출을 주기 위해 크게 열리게 되므로 뒤의 배경은 노출 과다로 인해서 하얗게 된다. 바로 이런 것을 보정해 주는 기능을 하는 것이 역광보정기이다.

(6) 로우 라이트 컨트롤 (Low Light Control)

로우 라이트 컨트롤은 조명이 부족한 상황에서 촬영할 때 비디오 신호를 증폭시킴으로써 밝은 화면을 만들 때 사용한다. 그러나 이 장치를 사용하면 화면에 노이즈가 증가하고 거친 입자의 화상이 만들어진다.

(7) 화이트 컨트롤 밸런스(White Control Balance)

화이트 밸런스 컨트롤은 어떠한 피사체가 자연광 상태에 있든지 아니면 인공 텅스텐 조명하에 있든지 간에 그 장면의 색채를 충실히 재생시켜 준다. 이 화이트 밸런스는 자동으로 조절이 될 수도 있고, 렌즈 앞에 기준이 되는 흰 종이를 화면에 가득 차도록 촬영하는 방법에 의해 수동으로 조절할 수도 있다.

(8) 페이더(Fader)

페이더는 자동으로 조리개를 원하는 속도에 맞추어 닫아줌으로써 한 장면을 캄캄한 상태가 되도록 페이드 아웃(fade out)시켜 준다. 녹음되는 소리도 동시에 화면과 함께 줄어들어 페이드 아웃된다. 새로운 장면은 페이드 인(fade in)으로 시작된다. 모델에 따라서는 어둡게 보다는 아주 밝게 페이드 되는 것도 있다.

(9) 오토 포커스 시스템(Auto Focus System)

오토 포커스 시스템은 촬영시 자동으로 초점을 조절하기 위하여 빛이나 적외선을 사용한다. 초점은 가장 가까운 물체에 맞추어지는 경향이 있다. 즉, 뷰 파인더를 보면서 원통에 붙은 링(ring)을 돌리며 초점을 맞춘다.

(10) 레코드 모드(Record Mode)

레코드 모드를 누르면 테이프가 헤드드럼을 한 바퀴 돌아서 앞쪽으로 진행하며 녹화를 시작하게 된다. 카운터가 사용 중인 테이프의 양을 눈금으로 나타내 준다.

(11) 포즈(Pause : 일시정지) 모드(Mode)

포즈 모드에서는 테이프가 멈춘 상태가 되지만 헤드 드럼은 계속 돌아가고 있다. 포즈 상태를 너무 오래 지속시키면 테이프가 쉽게 낡아지고 레코딩 헤드와 플레이 백 헤드(playback head)가 고장이 날 수도 있다. 재생 중에 일시 정지시키면 정지된 화면을 볼 수 있다.

(12) 백 스페이싱(Back Spacing)

백 스페이싱은 레코딩이 일시 정지된 상태에서 레코딩된 부분을 자동으로 약간만 되감아 주는 기능을 한다. 포즈를 풀고 다시 스타트를 하면 백 스페이스 구간, 즉 되감겼던 부분이 끝난 데에서부터 새로 레코딩이 시작된다. 이 기능은 편집 점에서 전자장애가 일어나지 않게 해 준다.

(13) 리뷰 기능(Review Facility)

리뷰 기능은 화면을 빨리 돌려서 원하는 장면을 찾아볼 수 있는(picture search) 장치이며 고속으로 플레이 백을 할 수 있게 해 준다. 물론 뷰 파인더를 통해서 볼 수 있다. 어떤 모델은 오토플레이 백 기능을 이용해 레코딩된 거의 마지막 몇 초간을 자동으로 확인해 주는 것도 있다.

(14) 인서트(Insert) 편집기능

인서트 편집기능은 레코딩되어 있는 화면 사이에 새로운 화면을 집어 넣어 신(scene) 자체를 보다 풍요하게 만드는 것이다. 이 경우에 레코딩이 되어 있는 것의 편집 시작점과 끝나는 점에는 정자장애가 일어나지 않는다. 대부분의 모델은 화면만을 바꾸어 놓을 수 있게 되어 있어서 원래의 소리는 인서트(삽입)하여 편집한 부분에도 그대로 살아있다.

(15) 오디오 더빙(Audio Dubbing)

이 기능은 기존의 화면에 아무런 영향을 주지 않으며 이미 녹음되어 있는 테이프의 오디오 트랙상에 새롭게 녹음하는 것이다. 이 때에 기록되는 테이프 부분이 다른 형식에서만 이용할 수 있다.

7-3-3. 캠코더의 레코딩 형식(Recording Formats)

캠코더의 구성과 형식이 어떻든지 간에 레코딩을 하는 원칙은 기존의 비디오 레코딩과 똑같다. 캠코더의 중심부인 드럼은 일정한 한 각도로 설치되어 빠르게 회전하며, 또 다른 중심부는 드럼 위에 장착된 레코딩 헤드들이다. 테이프가 드럼을 지나가면 핸들이 레코더의 이미지 센서로부터 전자 비디오 신호를 받아서 그 신호를 자기진동파로 바꾸어 테이프 위에 이미지 센서의 정보를 기록하게 된다. 헤드 드럼은 일정한 각도로 비스듬히 설치되어 있기 때문에 비디오 신호들은 테이프를 대각선으로 지나가면서 녹화된다.

고정되어 있는 하나의 헤드에 의해 소리가 레코딩되는 방식이 있는데, 이때 이 헤드는 테이프의 가장자리를 따라 직선으로 녹음한다. 또 다른 방식으로는 하이파이 모델이 있다. 이 방식은 회전하는 드럼 위에 헤드가 붙어 있으며, 오디오 신호들이 화면이 녹화될 때에 테이프 트랙 위에 기록된다.

레코딩이 되는 동안에는 동조진동파의 제어트랙이 재생속도를 조절하기 위해 테이프에 입혀지게 된다. 테이프의 내용물이 재생될 때에는 그 제어트랙을 회전하는 헤드들이 탐지하게 된다. 또 플레이 백(playback : 재생) 모드에서는 레코딩할 때의 순서와 반대로 자기진동파가 다시 전자신호로 바뀌어 화면을 만든다.

7-3-4. 캠코더의 교육적 역할

캠코더는 종전의 재래식 비디오와 카메라를 콤팩트하게 결합시킨 휴대용 소형 장비로서, 교실 안이나 밖에서 일어나는 교육활동을 포착, 기록하는데 편리하며, 동시에 즉각적으로 재생할 수 있어 학습자나 교수자가 피드백을 시킬 수 있다. 이러한 즉각적인 피드백으로 학습자와 교수자의 행위 개선(behavior modification)이 타 매체에 비해 용이하게 이루어질 수 있다. 또한, 현장에서 있었던 사건이나 현상 그리고 유명인의 증언 등을 생생하게 교실에서 타 학습자에게 전달해 줄 수 있어서 많은 수의 학습자가 이득을 볼 수 있다. 특히 소형으로 기능이 종래의 가정용 비디오만큼 좋기 때문에 기동성이 있어서 어린 학습자들도 현장 기록학습을 할 수 있다.

비디오와 오디오가 겸비되어 있어 언어학습에도 좋은 미디어가 되며, 줌(Zoom) 기능과 아울러 매크로(macro) 기능이 있어 자연현상을 관찰하는 도구로 바람직하다. 줌 기능과 매크로 기능은 학습자가 과학 실험실에서 실험을 한 결과를 녹화하는데 효율적이다. 또한, 오디오는 post production으로 화면 구성이 이루어진 후에 별도의 필름트랙에 삽입할 수 있어서 학습자의 작품의 완성도를 높일 수 있다. 작품의 완성도를 높이는 데에 도움이 되는 기능으로 인서트 기능을 예로 들 수 있다. 캠코더 사용이 미숙한 학습자나 교수자가 기획에 관계없이 촬영 및 녹화한 작품의 질을 인서트 기능으로 높일 수 있기 때문이다.

7-4. DVD(Digital Versatile Disk)

디스크 한 장에 4.7GB를 저장하는 DVD-ROM 드라이브가 그 동안의 가격과 호환성, 고급 시스템 사양 요구 등의 문제를 해결하면서 새로운 흐름을 형성하고 있다.

DVD는 전문가들의 예상과는 달리 그 움직임이 매우 느렸지만, 최근 들어서는 매우 급속히 움직이고 있다. 특히 DVD-ROM은 고가의 AV용 DVD 플레이어와 달리 비교적 가격이 저렴하며, 이미 포화상태인 CD-ROM 시장을 대체할 것으로 기대되기도 한다. 게다가 이미 활성화되기도 전에 이미 5배속, 6배속 등 속도 경쟁까지 붙어 있다.

여기에 점차 빨라지고 있는 CPU를 사용한 소프트웨어 DVD에 대한 매력은 상당하다. 한 예로, 비디오 CD의 경우 비디오 CD 플레이어의 보급은 거의 전혀 없는데 비해 타이틀 구매는 활발한 편이다. 이는 PC에서 소프트웨어를 구동해 비디오 CD를 감상하고 있다는 것을 증명한다(물론 게임기를 통해서도 감상할 수도 있다).

이러한 상황으로 볼 때 국내 DVD 시장은 이미 PC에서도 DVD를 감상할 수 있는 여건들이 갖추어져 있기 때문에 DVD에 대한 만반의 준비가 다 되어 있는 셈이다. 다만, 국내 DVD 시장이 1997년 빠른 움직임을 보이다가 IMF를 만나는 바람에 아직 상당히 침체하여 있다가 다시 점유율이 높아져 가고 있는 상황이다.

7-4-1. DVD 개념

현재 가장 많이 보급된 DVD는 정확히 말하면 DVD-비디오이다. DVD-비디오는 돌비연구소가 개발한 새로운 입체음향인 돌비 디지털(AC-3)을 채용하여 음질이 뛰어나며, MPEG-II 방식으로 압축해 영상 화질이 뛰어난 디스크이다. 따라서 이를 이용하면 가정에서도 영화관의 음향을 즐길 수 있다.

DVD는 영상과 음성을 동시에 135분(단면, 단층 디스크) 동안 기록해 놓은 디스크로, 대화 방식의 메뉴 화면을 이용해 원하는 부분을 재생할 수 있도록 되어 있다. DVD-비디오 디스크는 한 면에 4.7GB를 기록할 수 있다.

이는 3개 국어를 동시에 더빙하고, 4개 국어의 대사와 고품질의 5.1-채널 디지털 입체 음향이 있는 135분짜리 영화를 수록할 수 있는 용량이다. 이것은 실제로 시장에 나와 있는 영화의 90%를 커버할 수 있는 용량이다. DVD가 주목받기 시작한 것은 멀티미디어의 발전과 함께 기존에 사용하는 매체에 대한 용량의 한계가 나타나면서이다.

특히 아날로그에서 디지털로의 이행은 이러한 용량의 한계를 부추기기 시작했다. 물론 LD(Laser Disc)라는 매체도 있었다. 그러나 이것은 아날로그 방식으로 되어 있고 지름이 30Cm나 되는 크기에 용량은 60분 정도에 지나지 않아, 영화를 기록하기 위해서는 최소한 2장의 LD가 필요했다.

반면 DVD는 단순히 비교해 볼 때 CD의 용량에 비해 7배를 갖는 것이다. 이처럼 DVD는 LD를 개선할 목적으로 개발된 것으로 알려져 있으며, 영상기기인 VCR를 대체하여 아날로그에서 디지털로 변화하는 것을 목표로 한다.

DVD 영상·음성 동시에 135분 대화 방식의 메뉴 화면을 이용해 다양한 형태의 재생 가능 AC-3 5.1채널로 영화관에서 느낄 수 있는 현장감 넘치는 오디오 음성 최대 8개 국어, 자막은 최대 32개 국어를 수록할 수 있다.

비디오 CD 영상·음성 동시에 74분 12cm 크기 콤팩트 디스크에 최대 74분까지 영상 재생 가능하며 MPEG-I에 준한 데이터 압축 기술을 이용해 화질은 VHS 수준, 음질은 CD 수준이다.

CD 8cm—음성만 20분

12cm—음성만 74분

음성 신호가 디지털로 기록돼 있어 원음에 가까운 음질로 오래 사용해도 음질이 떨어지지 않는다.

7-4-2. DVD의 종류

DVD는 처음 비디오 기능의 강화에 주된 목적을 두고 개발되었다. 그러나 구체적인 규격을 협의하는 과정에서 그 활용 범위가 점차 확대되어, DVD는 비디오 디스크보다 '다기능 디스크'로 발전하여 최근에는 약자로서 사용되는 것이 아니라 DVD 자체로 의미를 지니게 되었다 즉, 디지털 다기능 디스크(Digital Versatile Disc)로의 DVD는 CD의 경우처럼(CD가 단지 음악을 담고 있는 원판이 아니라 데이터와 비디오 CD 등처럼 활용 범위가 늘어난 것처럼) 여러 가지 규약을 갖게 되었다. 대략적인 DVD 포럼 규약은 5개 정도지만 여기서 알아 두어야 할 사항은 다음과 같다.

사실 DVD에서는 DVD-R보다는 DVD-RAM이 더 주목받고 있다. 휴렛팩커드와 소니 그리고 필립스에 의해 만들어진 DVD-RAM은 기록과 삭제, 재기록을 수천 번 이상 할 수 있는 제품으로서 CD-RW와 같은 상변화의 원리를 이용했다. 이 역시 별도의 드라이브가 있어야 하고 미디어도 MO처럼 케이스가 있어 기록 면을 보호하고 있다.

(1) DVD-비디오

가정용 영상정보 매체로 출발한 DVD는 MPEG-II 방식의 영상 압축과 AC-3 입체 서라운드 사운드 기능이 핵심이며, 기존 매체가 할 수 없었던 대화형 진행이 가능하다. 일반적으로 DVD라 하면 DVD-비디오를 가리키는데, 현재 가장 주목받는 분야이기도 하다. 그 이유는 DVD-비디오가 실제 안방에서 극장을 능가하는 깨끗한 화질과 뛰어난 음향을 즐길 수 있도록 만들어 줄 것으로 기대되기 때문이다. 따라서 기존의 VCR과 레이저 디스크, 비디오 CD 등을 대체할 것으로 보인다. 정해진 DVD-비디오의 규격은 4.7GB 중 3.4GB 공간은 동영상을 위해, 나머지 1.3GB는 오디오와 자막 등의 부가적인 데이터를 위해 할당됐다.

(2) DVD-ROM

DVD-ROM은 쉽게 말해 CD-ROM의 확장된 개념이다. 기존 CD-ROM 7장의 분량을 1장에 담을 수 있다는 것이 최대 강점이며, 이를 통해 멀티미디어 실현에 필수적인 고용량 저장 공간이 확보되어 엄청난 양의 데이터와 영상, 음향을 자유롭게 담을 수 있게 되었다. CD-ROM과의 차이점은 UDF브리지라는 새로운 파일시스템을 사용한다는 것이다. 이는 기존 CD-ROM의 데이터 기록 표준인 ISO9660 포맷을 사용한 CD-ROM 타이들과 호환성을 유지하기 위함이다. 이 파일시스템은 1GB의 파일 크기를 지원하기 때문에 4GB의 경우 1GB짜리 파일 4개로 나뉘어 저장된다.

(3) DVD-오디오

DVD-오디오는 기존 오디오 CD를 대체할 미디어로, 가전업계 등 40개 업체가 참가하고 있는 규격 표준화 단체 DVD 포럼에서 DVD-오디오 규격 1.0 버전을 발표했다. DVD-오디오는 최고 192kHz/24비트(2채널 때)의 고음질을 수록하고, 최대 6채널까지 멀티채널을 지원하는 것이 특징이다. CD의 16비트 샘플링 주파수가 44.1KHz(샘플링 주파수가 높을수록 음질이 좋다)인 데 반해, 오디오 CD 대체 규격은 96KHz에 24비트이다. 이는 9만 6,000분의 1초마다 음의 고저를 24비트(2에 24승)의 단계로 신호를 잘게 쪼개어 디지털 데이터화했다는 의미다. 24비트의 음질은 인간의 가청 주파수인 20-2만Hz를 넘어가는, 들을 수 없는 소리도 데이터화해서 훨씬 더 부드러운 소리로 재생해 줄 수 있다는 뜻이기도 하다. 때문에 기존 오디오 CD를 능가하는 깨끗한 소리를 제공할 수 있다. 하지만, 74분 정도로 되어 있으며, 지역별 코드도 만들어져 있기도 하다.

7-4-3. DVD-ROM Drive

CD-ROM 드라이브와 마찬가지로 DVD도 속도가 중요하다. 그러나 개념은 조금 다르다. 보통 CD-ROM 드라이브의 1배속이란 150kbps를 말하지만, DVD-ROM 드라이브의 1배속은 1,250kbps로 CD-ROM 드라이브보다 8배 정도 빠르다. 즉 10배속 DVD-ROM 드라이브만 해도 제일 빠른 CD-ROM 드라이브와는 비교할 수 없을 만큼 빠르다.

DVD 초기 시절에 나온 제품은 구입하지 않는게 좋다. 이는 상당수의 DVD 타이틀이 듀얼 레이어(Dual Layer) 기술을 쓰기 때문으로 듀얼 레이어 기술을 쓴 타이틀을 잘 읽지 못할 수 있다.

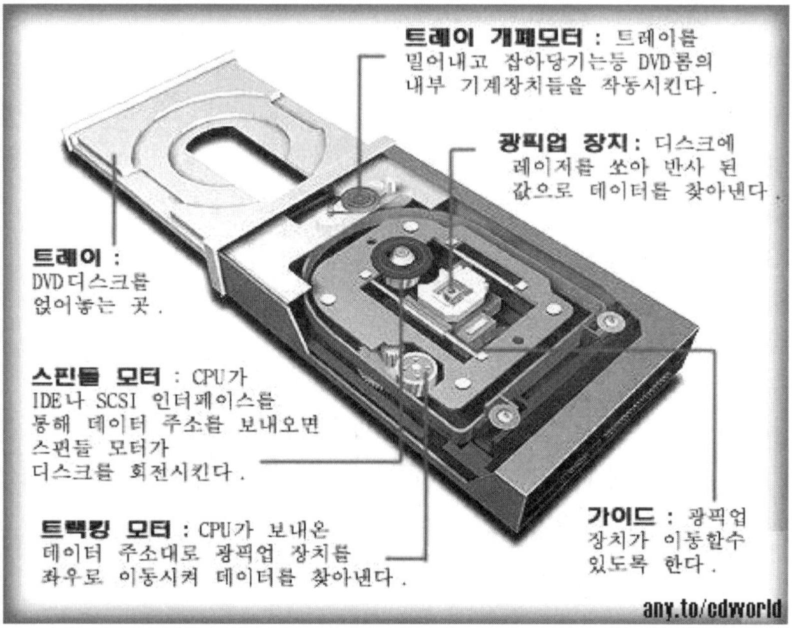

DVD는 속도보다 세대를 나누어 구분하는 것이 일반적이다.

1세대 제품은 1배속 제품을 말한다.

2세대 제품은 2배 빨라진 속도와 듀얼 레이어 DVD 미디어를 쓸 수 있고 인식률은 별로 좋지 않지만 CD-ROM과 CD-RW 미디어를 읽을 수 있다.

3세대 제품은 4배속과 5배속 제품을 지칭한다.

대개는 CD를 거의 완벽하게 인식해 CD-ROM 드라이브를 대체할 정도의 안정된 성능을 보인다.

7-4-4. DVD 타이틀 감상

현재 PC에서 DVD-ROM 드라이브를 사용할 수 있는 범위는 크게 두 가지로 나눌 수 있다. 하나는 CD보다 더욱 큰 용량의 데이터를 사용할 수 있는 DVD-ROM으로서의 사용이고, 다른 하나는 DVD 타이틀을 보기 위한 것이라고 할 수 있다. 현실적으로 전자의 경우는 기존에 사용되고 있는 CD-ROM을 대체하는 역할 외에 거의 장점이 없다. 결국은 후자처럼 DVD 타이틀, 즉 영화를 보기 위한 방법이라고 할 수 있다. 먼저, 소프트웨어 DVD를 사용해 타이틀을 감상하는 방법을 알아보자.

(1) 소프트 DVD를 이용한 DVD 타이틀 감상

MPEG-II 디코딩 보드 없이도 DVD를 감상할 수 있는 소프트웨어 DVD 플레이어는 97년에 이미 출시되기 시작했다. 하지만, 그 당시엔 소프트웨어 DVD를 재생시킬 수 있는 시스템이 상당히 고가의 제품이었다. 그러나 최근에는 그래픽카드에 소프트웨어 DVD가 통합(bundle)되는 경우가 많아 주변에서도 쉽게 찾아볼 수 있다.

이러한 소프트웨어 DVD는 MPEG-II 방식으로 압축되어 있는 동영상을 소프트웨어를 이용해 디코딩하는 것으로 CPU를 사용한다. 반면 MPEG 디코더는 CPU를 사용하지 않고 자체의 MPEG 전용 디코딩 칩을 사용한다. MPEG-II에서 영상을 압축하는 방식은 몇 가지 있다.

그 중 인간의 눈으로 식별이 힘든 색조 신호를 휘도 신호보다 비율을 낮춰 압축하는 방법과 영상을 주파수로 바꿔 움직임의 차이가 없는 저주파수 대역을 압축하는 방법(DCT) 그리고 전 화면과 비교하여 바뀐 부분만 새로 재생하는 방법(Motion

Compensation)이 주로 사용된다.

세 번째 방식은 재생시 현재 화면과 이전 화면을 비교하여 다음 화면을 추정하는 방식으로, 움직임이 있는 부분만 처리하므로 재생 성능이 좋다는 장점이 있다. 이러한 압축을 소프트웨어적으로 풀어 주는 것이다. 최근에는 그래픽카드에서 이러한 모션 추정 방식을 지원하기도 하는데, 이는 소프트웨어 DVD의 성능을 좀더 향상시켜 주어 DVD 재생이 더 부드럽다.

이러한 소프트웨어 DVD를 사용하기 위해서는 셀러론 266MHz 정도의 시스템이 필요하다. 물론 좀더 본격적으로 감상하기 위해서는 이보다 더 높은 사양의 PC가 요구된다. 하지만, 소프트웨어 DVD는 일반 DVD 플레이어에서 사용할 수 있는 대부분의 기능을 사용할 수 있다.

즉 고속 전후진, 멈춤, 다중 언어와 자막, 화면 비율 구성, 영화 등급 등을 지원한다. 조란사의 소프트 DVD를 예로 들면 오디오 모드에는 2채널의 스테레오 출력을 지원하고 있다. 즉, 2채널의 돌비 출력을 위한 서라운드 음향 모드 그리고 3D 오디오 모드로 시뮬레이션된 3D 음향 효과를 지닌 2채널 출력을 사용할 수 있도록 되어 있다.

하지만, 3D 오디오 모드의 경우 좀더 고급 사양의 시스템이어야 정상적으로 사용할 수 있다. 이외에도 다이렉트사운드를 사용할 수 있도록 하여 음향 하드웨어에 대한 직접 액세스도 지원한다. 또한, S/PDIF(Sony/Philips Digital Interface Format) 출력을 생성하는데, 돌비 디지털과 돌비 서라운드는 이러한 S/PDIF를 통해 외부 앰프와 연결, 스피커로 음을 전달한다.

(2) 소프트웨어 DVD의 종류 및 특징

1 조란 소프트DVD v2.5

홈페이지 : http : //www.zoran.com/

최적환경 : ATI 레이지 프로/ 다이아몬드 몬스터 사운드 MX300 / S3 새비지3D

추천환경 : 다이아몬드 몬스터 퓨전(부두밴시)/ 다이아몬드 바이퍼 V550

소프트DVD는 모션 추정을 레이지 프로에서 지원하지만, 레이지 128과 iDCT에서는 지원되지 않는다. 따라서 ATI 레이지 프로 그래픽카드에서는 ATI DVD 플레이어를 사용하는 것이 좋다. 소프트DVD는 최근 다이아몬드사의 MX300 사운드카드에 최적화되어 있는 것으로 알려져 있다.

2 파워DVD v1.5

홈페이지 : http : //www.cyberlink.com.tw/english/products/po-werdvd.htm

최적환경 : SiS 6326 DVD/ S3 새비지3D

추천환경 : S3 새비지3D/ SiS 6326 DVD/ 매트록스 G200 / 엔비디아 리바 TNT/TNT2

최근 다이아몬드사를 제외한 대부분의 그래픽카드에 통합되어 배포되기도 한다. 가장 일반적인 소프트웨어 DVD이며, 무난한 기능과 많은 그래픽카드 칩을 지원하고 한국어도 지원한다.

3 ATI 소프트웨어 DVD 플레이어 v3.1

홈페이지 : http : //www.atitech.com/

최적환경 : ATI 레이지 프로/레이지 128/ 인텔 휘트니/ 포토라/ 네오매직 NMG5 / ST 리바128DV

추천환경 : ATI 레이지 프로/ 레이지 128 기반 카드/ 네오매직 NMG5/ ST 리바128DV/ 매트록스 G200/ 엔비디아 리바 TNT/TNT2

ATI 칩을 사용한다면 소프트웨어 DVD에서는 상당히 편리하다. 일반적인 경우 ATI 칩에서만 사용할 수 있다. 기본 엔진은 시네마스터 엔진 1.0.28을 사용하며, 좀더 업데이트된 소프트웨어 DVD는 Qi(시네마스터) 플레이어 v1.6과 시네마스터 엔진 1.0.29.5291을 사용한다.

4 소프트웨어 씨네마스터 98

홈페이지 : http : //www.qi.com/swcm98.html

최적환경 : ATI 레이지 프로 칩셋

추천환경 : ATI 레이지 프로/ 매트록스 G200/ 엔비디아 리바 TNT/TNT2

기본적인 시네마스터 엔진 : 0.9.04.0725와 시네마스터 플레이어 : 1.4를 사용한다. 하지만, 최근 버전은 시네마스터 엔진 1.0.29.5291과 (시네마스터) 플레이어 1.6을 조합하여 사용하도록 한다.

5 시네마스터 엔진 1.0.29.5291

최적환경 : ATI 레이지 프로/레이지 128/ 인텔 휘트니/ 포토라/ 네오매직 NMG5/ ST 리바128DV

추천환경 : ATI 레이지 프로/ 레이지 128/ 네오매직 NMG5/ ST 리바128DV/ G200/ 엔비디아 리바 TNT/TNT2

CI에서 사용되는 엔진만으로 이를 구동하기 위해서는 Qi 소프트 플레이어 1.6이나 ATI 소프트웨어 DVD 플레이어 v3.1 또는 시네마스터98이 필요하다.

6 Qi(시네마스터) 플레이어 v1.6

홈페이지 : http : //www.qi.com/softindex_right.html#cinemaster-c1%20

Qi 플레이어 v1.6은 단독으로는 실행되지 않으며, 시네마스터 엔진이 필요하다. 앞서도 언급한 바와 같이 Qi(시네마스터) 플레이어 v1.6과 시네마스터 엔진 1.0.29.5291이 필요하다.

7 윈DVD v1.2

홈페이지 : http : //www.intervideoinc.com/products.htm

최적환경 : SiS 6326 DVD/ ATI 레이지 프로/ 레이지 128/ S3 새비지 3D/ 새비지 4/ 네오매직 128XD/ 256 AV/ 인텔 휘트니/ 포토라 SMI 링스 3D/ 엔비디아 리바 TNT/TNT2

추천환경 : ATI 레이지 프로/ SiS 6326 DVD/ S3 새비지 3D/ 새비지 4/ 엔비디아 리바 TNT/TNT2

8 다이렉트 DVD

홈페이지 : http : //www.mgisoft.com/

15MB로 상당히 덩치가 크다. 다이렉트 X와 미디어 런타임 등을 한꺼번에 포함하고 있으며, 대부분의 그래픽카드에서 무리 없이 작동한다.

9 씽DVD 플레이어 v2.03

홈페이지 : http : //www.xingtech.com/video/

최적환경 : S3 새비지 3D

S3의 새비지 3D의 모션 추정 방식을 지원하고 있다. 하지만, 매크로비전과 다소 문제가 있는 것으로 알려져 있다.

7-4-5. 하드웨어를 이용한 DVD 타이틀 감상

소프트웨어 DVD라도 DVD 타이틀 재생에 별 무리가 없다면 하드웨어적인 DVD 키트도 필요하지 않을 수 있다. 하지만, 본격적으로 DVD 영화를 감상할 예정이라면 DVD 키트를 사용하는 것이 합리적이다. DVD 키트의 장점은 PC 사양이 고급이 아니어도 DVD를 재생할 수 있으며, 출력을 통해 TV로 연결할 수 있다.

기존의 VGA가 출력을 하고 있어 소프트웨어 DVD를 TV로 출력할 수 있지만 이와는 다소 차이가 있다. 그래픽카드로서의 출력은 모니터에 보이는 모든 것이 TV 등으로 출력되지만, 키트의 경우는 MPEG 파일만 디코딩하여 출력한다.

일반적으로 DVD의 타이틀을 PC나 TV에서 볼 때, 대부분의 DVD 타이틀이 채택하고 있는 돌비 디지털 음향을 변경해야 한다. 이는 돌비 디지털이 5.1채널, 즉 6개의 스피커를 사용해야 하는 시스템으로 되어 있기 때문이다. 하지만, 가격 등을 고려하여 소프트웨어 DVD 플레이어와 DVD 키트의 장점을 살펴보아야 한다.

7-4-6. DVD 구조

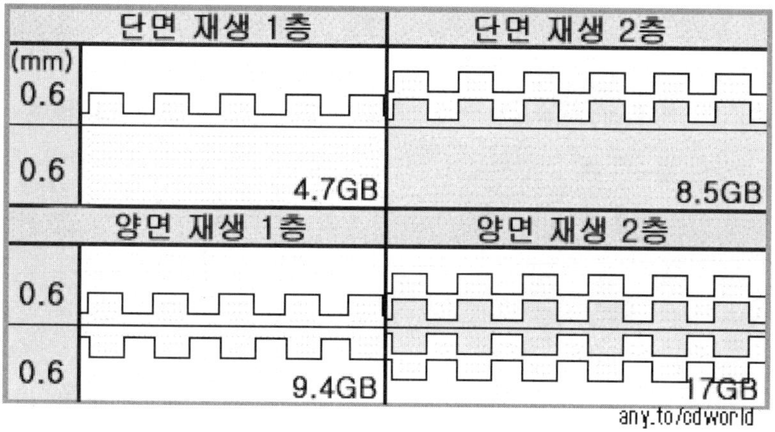

CD와 DVD 디스크 사이에는 근본적으로 몇 가지 다른 점이 있다.

첫째, 디스크에서 정보를 표현하는 가장 작은 DVD 구멍이 0.4㎛인데 비해 CD 구멍은 이보다 큰 0.83㎛이다. 또 DVD 데이터 홈의 간격이 0.74㎛인데 비해, CD 데이터 홈의 간격이 1.6㎛이나 된다. 따라서 DVD는 CD와 크기는 같지만 저장할 수 있는 데이터 용량을 좌우하는 소용돌이 선이 CD의 2배 이상이나 되는 것이다.

DVD 디스크는 1층인가 2층인가에 따라 그림처럼 4종류의 디스크 구조를 생각할 수 있다.

이 가운데 초창기 가장 널리 사용된 것은 한 면 재생 1층 구조 디스크로, 1장에 영화 약 1회분의 영상, 음성 데이터를 수록할 수 있다. 이것은 CD의 7장 분량에 해당하는 대용량이다.

가끔 양면 재생 1층 구조(싱글 레이어 듀얼 사이드 디스크)도 쓰였지만 뒤집어야 하는 불편 때문에 요즘엔 별로 쓰이지 않고, 단면 재생 2층 구조를 가장 많이 사용하고 있다.

DVD 디스크를 재생하기 위해서는 DVD 플레이어가 필요하다. DVD가 CD에 비해 아무리 뛰어난 성능을 가지고 있다고 하더라도, 그 고밀도의 DVD 디스크로부터 데이터를 읽어 들이기 위해서는 그것을 읽기 위한 광 픽업 장치를 가진 플레이어가 있어야 한다.

DVD 플레이어가 고난도의 기술을 필요로 하는 것은 단순히 DVD만을 재생하는 것이 아니라, 기존의 CD도 사용할 수 있어야 하기 때문이다. 이렇게 DVD와 CD 양쪽 모두를 재생시킬 수 있는 DVD 플레이어의 핵심 기술은 어떠한 형태의 광 픽업 장치를 만드느냐에 달려 있다.

광 픽업 장치는 DVD 또는 CD에 수록된 정보를 재생하는 장치이다. 즉 레이저 다이오드로부터 발생된 레이저광을 신호 수단으로 하여 기판의 두께가 각각 0.6mm와 1.2mm이고 서로 다른 밀도를 가진 DVD와 CD에 수록된 두 종류의 디지털 신호를 판독하여 신호 처리부로 전달하도록 하는 역할을 수행하는 것이다. 그런데 780㎚의 적외선 반도체 레이저를 사용하는 CD용 광 픽업 장치로는 DVD의 데이터를 읽을 수 없다. DVD의 데이터를 읽기 위해서는 650㎚의 적외선 반도체 레이저가 필요하다. 또 650㎚의 광 픽업으로 CD를 읽는 것은 파장에는 문제가 없지만 초점 거리가 맞지 않는다는 문제가 있다. CD는 두께가 1.2mm로써 DVD의 0.6mm의 2배여서 정보를 써 넣는 장소가 DVD보다 깊기 때문이다.

현재 개발된 광 픽업 장치를 위한 기술에는 '2렌즈 방식', '액정셔터 방식', '홀로그램 방식', '환형차폐 방식' 등이 있다.

2렌즈 방식은 CD와 DVD에 각각 사용할 2개의 대물렌즈를 붙여서, 기계적으로 전환하는 방식이다.

액정셔터 방식은 셔터를 사용해 대물렌즈의 개구(開口)를 좁게 하여 사용하는 방법이다. 즉, CD를 사용할 때와 DVD를 사용할 때의 대물렌즈 개구부의 열리는 부위를 달리하여 초점거리를 변화시킴으로써 두 개의 초점을 만드는 것이다.

홀로그램 방식은 렌즈의 표면을 미세하게 깎아 일부의 레이저광을 회절시킴으로써, DVD와 CD용 두 개의 초점을 형성시키는 방식이다.

환형차폐 방식은 1개 렌즈에 고리모양으로 홈을 설치함으로써 CD까지 재생시키는 방식이다. 이 환형차폐 방식은 삼성전자에서 독자적으로 개발한 것으로 일본의 DVD 업계조차도 감탄한 기술이다. 예를 들어, 대한독립 만세~~ 할 경우 그러면 이 환형차폐 방식에 대해 자세히 알아보자.

환형차폐 방식에서는 DVD에 적합하게 설계된 대물렌즈의 외곽부분에 환형(環形 : 고리모양)의 둥근 홈을 설치한다. 이 홈이 DVD와 CD 재생시에 적절하게 레이저광을 차폐(가려 막고 덮는 것)시킴으로써, 양쪽의 재생이 가능해지는 것이다. 환형차폐면은 0.6mm 두께인 DVD 디스크의 재생시에는 영향을 주지 않고, 1.2mm의 두꺼운 CD 규격의 디스크에 대해서는 광학 잡음을 제거하여 초점이 잘 맺히도록 한다. 즉 DVD를 재생할 때에는 대물렌즈 전체 영역을 이용하고, CD를 재생할 때는 환형차폐면 안쪽의 좁은 영역만을 이용하는 것이다. 이때 환형차폐면이 광학 잡음을 제거하기 때문에 오히려 기존의 CD 재생시에 발생하는 광학 잡음도 줄일 수 있다.

DVD 원판의 모습은 CD와 동일하다. 크기도 모양도 똑같다. 직경 120mm(4.75인치)의 얇은 알루미늄 원판에 플라스틱 막이 보호막으로 덮여 있는데, 옆면을 자세히 보면 1장짜리 CD와는 달리 2장의 얇은 디스크가 겹쳐져 있는 것을 볼 수 있다. 또 DVD의 두께는 1.2mm로서 CD와 같다. 그러나 이것은 0.6mm 원판을 2개 겹쳐 놓은 것이기 때문에 내부 구조는 CD와 완전히 다르다. 그리고 DVD 디스크는 CD만큼 견고하다. 외부는 플라스틱 막으로 코팅되어 있어 먼지나 긁힘으로부터 보호된다.

기존의 비디오 테이프나 플로피디스크는 자성에 약해서 장기간의 데이터 보관에는 어려움이 많았다. 또한, 비디오 테이프에 수록된 동영상은 시간이 지나면 화질이 떨어지는 열화현상이 나타난다. 그러나 DVD는 빛에 의한 디지털 저장 기술이므로 자성과는 전혀 관계가 없다. 따라서 장기간 데이터를 보관하는 데 유리하다. 안정성 측면에서도 칼로 심하게 긁는 경우를 빼면 문제가 없다. 설령 그런 경우라고 해도 CD나 DVD는 다른 매체보다 데이터 중복성이나 여유 공간 등의 장점으로 쉽게 데이터가 손실되지 않는다.

DVD 타이틀은 현재까지는 DVD-비디오의 타이틀이 압도적으로 많은 편이다. DVD-ROM도 많은 데이터를 필요로 하는 백과사전이나 게임 등에서 주로 발매되고 있다.

MS 백과사전인 엔카르타나 게임인 윙커맨더 IV 등이 대표적인 예이다. 보통 이러한 CD 타이틀이 상당히 많은 분량, 예를 들면 3~5개의 CD로 구성되어 있는데, 이것이 DVD 타이틀 하나로 완성된다는 것은 상당히 편리하며, 앞으로도 많이 이용될 것이다. 하지만, DVD의 가장 많은 부분인 DVD-비디오는 AV와 관련되어 있다. AV는 보통 Audio와 Video라고 일컬어지지만 정확한 용어는 Audio와 Visual이다. 즉, 음향과 영상을 의미하는 것으로, 음향과 영상 모두 디지털로 구성되어 있는 DVD는 분명 AV의 꽃이라고 할 수 있다.

화질의 좋고 나쁨을 평가하는 척도인 수평 해상도를 볼 때 일반적인 VHS 비디오와 비디오 CD는 240본(本) 수준을 제공했다. 이보다 더 깨끗하다는 S-VHS인 경우 400본대를 지원한다. LD는 최고 수준인 420본 이상이다. 하지만, DVD는 무려 500본 수준을 제공한다.

LD와 CD에 비해 월등히 많은 데이터를 담게 된 DVD지만, 압축을 하지 않고서는 많은 양의 정보를 모두 수용할 수 없기 때문이다. 비디오 CD에 적용된 MPEG-I는 CD의 작은 용량 때문에 화질 손상을 감수하면서도 '최대의 압축'에 비중을 두고 있었다. 하지만, MPEG-II는 DVD 같은 대용량 미디어에서 더 좋은 영상을 담기 위해 사용된 압축 기술이다.

MPEG-I는 프레임마다 일정한 양의 데이터를 배정하기 때문에 어떤 장면은 실제 필요한 데이터보다 더 많은 양이 배정되는가 하면, 큰 움직임과 복잡한 배경을 가진 장면에서는 필요한 데이터 양보다 작은 공간을 배정받는 단점이 있었다. 그러나 MPEG-II는 세밀하고 다이나믹한 움직임이 있는 화면일 경우는 압축률을 낮추고,

단순한 화면일 경우는 압축률을 높임으로써 효율적으로 공간 활용을 하며, 애초에 제작된 마스터본의 화상 자체가 고품질이다. 비디오 CD의 MPEG-I 방식은 쉽게 말하면 화질이 가정용 VCR 수준이다.

비디오 CD는 비디오 테이프(VHS)와 같은 352×240(8만 4,000 픽셀)의 저해상도를 제공하며, 화면 포맷도 초당 30프레임 수준이다. 반면 MPEG-II는 이것의 4배 이상인 720×480(NTSC, 34만 픽셀)의 고해상도 화질을 제공한다. 즉, 4배 이상의 세밀하고 깨끗한 영상을 보여 준다. 게다가 초당 60프레임의 화면 포맷을 하고 있어 월등히 부드러운 움직임의 화질을 제공한다.

음향에 있어서도 돌비 디지털 서라운드(Dolby Digital, AC-3)를 지원하는데, AC-3란 DVD-비디오 사운드 트랙에 적용된 한 차원 높은 입체음향 모드의 하나이다. 안방극장 시스템의 혁명적 변화로 불리는 돌비 디지털 서라운드는 영상으로 보이는 공간감과 이동감을 사운드를 통해 느끼게 해준다.

AC-3 방식은 돌비 스테레오를 개발한 돌비연구소가 차세대 AV 음향으로 개발한 것으로, 5.1채널을 지원하므로 동시에 여섯 가지 소리를 개별적으로 구현할 수 있다. 구조는 기존 홈시에터 시스템과 비슷하다.

전면에 스피커 2조와 후면에 스피커 2조, 그리고 중앙에 1개 등 5개 스피커와 이들의 중저음만 보강시켜 출력해 주는 서브 우퍼 스피커로 구성된다. 하지만, 감상할 때 여기저기서 나오는 효과음을 세세히 분리시켜 개별 출력해 주므로 현장감이 배가된다. 또 다채널인 탓에 동시에 채널별로 서로 다른 6개의 소리가 흘러나오기도 한다.

〈음성 출력형태〉

디스크 종류 출력 DVD 비디오-CD CD SETUP MENU

AUDIO OUT

음성출력 2 채널

(R1, L1)

48/96KHZ

샘플링

44.1KHZ

샘플링
44.1KHZ

샘플링
PCM
5.1 채널

(F/R, F/L. R/R, R/L, C/T, S/W)
48KHZ

샘플링
AC-3
디지털 음성 출력 48/96KHZ

샘플링
44.1KHZ

샘플링
44.1KHZ

샘플링
AC-3 5.1 채널시스템 사용시 AC-3
광 디지털 출력 48/96KHZ

샘플링
44.1KHZ

샘플링
44.1KHZ

샘플링
일반 TV및 AMP사용시

DVD는 96kHz의 출력을 사용하는 DTS를 지원할 수 있도록 구성되어 있다. 기존 CD가 44.1kHz의 샘플링 주파수를 갖는 데 비해 좀더 고음질의 사운드를 출력할 수 있다.

비디오로 스포츠 경기나 콘서트를 감상한다고 하자. 이 경우 오직 한 각도에서 찍은 영상만을 볼 수 있다. 하지만, DVD에서는 다양한 각도에서 촬영한 장면을 담아 시청자가 원하는 각도를 선택해서 볼 수 있다. 멀티 앵글을 통해 많게는 9곳에서 찍은 화면을 원하는 방향에서 재생시켜 주는 것이다. 그것도 원하는 앵글만 혹은 모두를 한 화면에 놓고 볼 수도 있다. 예를 들면, 다이빙 선수의 입수 장면을 물 아래나 천장에서, 그리고 측면에서 모두 볼 수 있는 셈이다. 최대 9개의 다른 영상들이 여러 대의 카메라에 의해 동시에 기록되고 저장 가능하기 때문에, 선호하는 시점으로 선택할 수 있다.

DVD는 사용자가 자막으로 원하는 언어를 선택할 수 있는데, 최대 32개국의 언어를 담을 수 있다고 한다. 물론 아예 자막을 표시하지 않게 하는 것도 가능하다. 또 음성도 영어, 중국어, 독일어 등 최대 8개 국어의 사운드 트랙을 선택할 수 있다. 따라서 최고 8개 언어의 더빙과 최고 32개 언어의 자막이 하나의 디스크에 저장될 수 있고, 시청자들은 원하는 대로 그것을 조합할 수 있다. 여기에 미국쪽 타이틀의 경우 기본적으로 CC(Closed Caption : 캡션자막기)를 갖고 있다. 자막과 이러한 캡션의 차이는 자막의 전체 흐름을 내용으로 알려 주는 것이고, 캡션은 대화를 그대로 화면에 전달하는 차이가 있다. 이러한 캡션은 기존 VHS 테이프에서도 이용되고 있지만, DVD에서도 이용할 수 있기도 하다.

영화 '블레이드 러너'는 처음 출시될 때 상업성 때문에 여러 가지 제약을 받자, 감독은 이후 자신이 하고 싶었던 영화로 편집해 다시 출시하기도 했다. 이런 경우는 결론이 완전히 달라지기도 한다. DVD에서는 이때 구태여 두 가지 영화를 따로 구입할 필요가 없다. 멀티스토리로 만들어진 영화일 경우 미리 설정된 여러 갈래의 스토리를 취향대로 골라 볼 수 있게 된다. 슬픈 영화가 싫다면 해피엔딩만 있는 영화로 만들 수 있는 셈이다. 만일 하나의 영화가 극장판, 무삭제판과 감독 삭제판과 같은 여러 판(版)을 가지고 있다면 하나의 디스크에 이러한 모든 판을 저장하는 것이 가능하다. 이는 DVD의 기능에서 메뉴로부터 그 판을 고르는 것도 가능하게 한다. 선택된 판은 일반적인 부분과 각각의 부분을 추가하는 것에 의해 자동으로 구성되고 끊김 없이 재생된다.

DVD는 시청 제한 기능인 페어런탈 코드((Parental Code)를 인지, 설정된 부분을 건너뛸 수 있다. 페어런탈 코드란 '미성년자 관람불가'에 관한 정보를 말하는데, 장면마다 X, G, R등급 식으로(중학생 관람가, 고교생 관람가, 성인용 등) 등급을 매길 수 있어 해당 장면을 보고 싶지 않다고 코드 설정만 하면 문제의 장면이 방영되지 않는 것이다. 물론 멀티스토리로 제작된다면 역시 '낮은 등급'으로 스토리 전개를 바꿔 버려도 무방하다. 대부분은 비밀번호로 보호되고 있는데, 부모 통제 수준이 PG-13으로 설정되어 있으면 부모 통제 관리가 없는 DVD 디스크와 부모 통제 수준이 G, PG, PG-13인 DVD 디스크만 재생된다.

DVD는 16 : 9 비율로, 일반적인 TV 화면 비율인 4 : 3보다 더욱 넓은 화면을 지원한다. 물론 이를 사용하기 위해서는 와이드 화면의 TV 등이 있어야 되겠지만, 기존의 4 : 3 TV 등의 화면 사용자들을 위해 일반 TV 화면으로도 재생할 수 있도록 되어 있다. 일반적으로 와이드 화면용인 방송과 4 : 3 비율로 나타나는 영화를 가능하게 하려면 와이드 화면의 영상은 윗부분과 밑부분에 검은 띠를 가지고 있다. 와이드 화면의 영상을 와이드 TV에서 표시하려면 영상은 윗부분과 밑부분이 검은 띠로 표시된다.

DVD의 발전을 막는 요인으로는 몇 가지를 꼽을 수 있다. 가장 대표적인 것이 지역코드로, DVD의 재생을 지역별로 나누어 관리하는 방식을 말한다. 이들 코드는 6개의 지구 영역 중 하나를 나타내 DVD 비디오 재생을 제한한다.

즉각 플레이어와 DVD-ROM 드라이브에는 하나의 영역코드가 포함되어 있고, 각 디스크 면은 해당 디스크가 재생될 영역을 지정할 수 있으며, 지역코드가 없는 디스크는 모든 플레이어와 모든 영역에서 재생된다. DVD 타이틀은 지역코드가 있어 그 코드에 해당하는 장비에서만 동작한다는 문제가 있다. 한국이 포함된 지역코드

3번으로 세팅한 드라이브에서는 미국, 유럽에서 구입한 지역코드 1번 타이틀이 동작하지 않는 문제인데 2001년 1월부터 생산하는 DVD-ROM에는 이러한 규제가 완전히 의무화된다. 하지만, 이전 제품은 아예 지역제한 기능이 없거나 다른 방법으로 이를 풀 수 있는 코드프리(국가 코드에 상관없이 모든 국가의 제품을 읽을 수 있는 기능)를 할 수 있어 지역과 상관없이 쓸 수 있다.

영역 1 – 미국, 캐나다
영역 2 – 유럽, 일본, 남아프리카, 중동, 이집트, 그린란드
영역 3 – 인도네시아, 한국, 타이완, 태국, 필리핀, 홍콩
영역 4 – 호주, 남아메리카, 중앙아메리카, 멕시코, 뉴질랜드, 태평양 섬, 카리브 지역
영역 5 – 대부분의 아프리카 지역, 전 소련 공화국, 동부 유럽, 인도, 북한, 몽골
영역 6 – 중국(홍콩 제외)

이러한 지역코드를 삽입하는 이유는 극장 흥행을 보호하기 위함이다. 예를 들어, 미국에서 제작된 최신 영화가 한국에서는 두 세 달의 간격을 두고 늦게 개봉된다면, 이미 미국 쪽에서는 한국어로 더빙되거나 자막이 들어가 있는 DVD 타이틀이 출시되어 극장 수입을 저하할 수 있기 때문이다.

이외에 S-VHS와 같은 미디어로 녹화를 하지 못하게 방지하는 것도 있는 것도 DVD 발전의 걸림돌이다. 미국의 매크로비전사의 복제방지 장치를 사용하는 경우가 많은데, 보통 매크로라고 불리는 이 방식은 VCR로 녹화할 때 화질의 열화나 색상이나 화면이 떨리는 등 정상적인 재생 및 녹화가 이루어지지 않도록 구성되어 있다.

디지털 방식인 CGMS(Copy Generation Management System) 방식은 주로 DVD-비디오에서 쓰는 것으로 DVD에 있는 암호화된 키 데이터를 이용해 복사를 막는 것이다. 하지만, 컴퓨터에서 쓰는 DVD롬 드라이브는 이러한 데이터를 복사할 수 있다.

따라서 컴퓨터와 DVD롬 드라이브 간의 확인 작업에서 나오는 결과를 암호화해 암호체계를 이중으로 만들었다. 하지만, 현재에는 이러한 형태의 암호화 기술보다는 CGMS 방식만 쓰고 있는 추세다. 물론 아날로그 출력 역시 다른 상업용 비디오제품처럼 매크로를 걸어 다른 매체로 복사하지 못하게 하고 있다.

참고 문헌

강명희(1997). 인터넷 학습자료 개발 모델. 김영수, 강명희, 정재삼(편). 21세기를 향한 교육공학의 이론과 실제. 서울 : 교육과학사.

강인애(1996). 웹기반 교육과 구성주의. http : //web.edunet4u.net/users

강인애(2000). 왜 구성주의인가. 서울 : 문음사.

강인애(2003). PBL의 이론과 실제. 서울 : 문음사.

강화일(2005). 셋탑박스. 한국통신연구진흥원.

김동식 · 박인우(2003). 멀티미디어와 학습 : 설계 및 개발. 서울 : 피어슨 에듀케이션 코리아.

김명환(2000).인터넷 TV. 방송연구소.

김상훈 · 이재현(2004). 휴대인터넷 연관 서비스간 시장수요 상호영향에 관한 연구. 통신시장, 제 51호, 71p.

김용석 · 김현아 · 방형빈 · 이구순 · 이은상 · 홍현석(2005). 훤히 보이는 WiBrO. 서울 : U-book.

김영석(1997). 멀티미디어와 정보사회. 서울 : 나남출판.

김정원 외(1998). "수학교육에서의 멀티미디어 교수/학습 자료의 유형 분류", 한국수학교육학회 시리즈 E [수학교육 프로시딩], 제7권, pp. 407-422.

김춘옥(2001). 디지털 시대의 방송론. 서울 : 커뮤니케이션 북스.

곽병선(1998). 원격 영재교육 서비스 체제 구축 사업. 자료집. 서울 : 한국교육개발원.

권성호(1990). 교육공학론. 서울 : 양서원.

권호영(2004). IP TV의 동향과 전략. 한국방송영상산업진흥원.
나일주 · 정인성(1996). 교육공학의 이해. 서울 : 학지사.
목영해(1998). 구성주의의 본질적 측면에 대한 몇 가지 고찰. 교육학 연구. 36(1), 171-186.
박석규(2005). DMB의 컨텐츠 전략. 서울산업대, IT정책대학원 방송통신세미나 발표자료.
박팔현(2003). 인터엑티브 TV vs. IP TV. LG 주간경제 12월호.
서울특별시 교육연구원(1996). 수업 모형의 이론과 적용. 서울 : 삼광문화.
서울장평중학교 (http : //element.unitel.co.kr/middle/seoul/changpyoung)
심웅기 · 강숙희(1998). 인터넷을 이용한 수업개선 연구. 자료집. 서울 : 한국교육개발원.
송민정(2005). 디지털 미디어와 콘텐츠의 이해. 서울 : 진한도서.
유영동(1999). 멀티미디어 이론과 활용 서울 : 상조사.
윤승금(1994). CAI학습자 특성별 피드백 유형에 관한 연구. 서울산업대논문 제39집
윤승금(1999). 구성주의 철학과 정보사회의 교수매체 활용방안연구. 서울산업대학교 논문집 제49집.
윤승금(2004). 교육 매체의 이론과 실제. 서울 : 문음사.
윤승금(2004). 멀티미디어를 이용한 교육용 프로그램 개발 : 이론과 실제. 서울 : 복두출판사.
윤승금 · 안미숙(1995). 학습영역의 Taxonomy에 기초한 비디오 자료의 효과 분석. 서울산업대학교 논문집 제 41집.
윤종건(1990). 창의력 : 이론과 실제. 서울 : 정민사.
이돈희(1996). 학교에서의 컴퓨터 통신 활용 실태조사 연구. 자료집. 서울 : 한국교육개발원.
이영수(2005). IP TV 비지니스 모델 및 사업 활성화방안. LG경제연구원.
이태욱 · 김창근(1998). 컴퓨터 교과교육학. 서울 : 형설출판사.
이성호(1985). 교육과정과 평가. 서울 : 양서원.
이성호(1987). 교수방법의 탐구. 서울 : 양서원.
이영수(2005) 인터넷정보 (http : //peabodt.vanderbilt.edu/pro…ded/jasper)
전석호(2003). 정보화와 뉴미디어. 서울 : 태영출판사.
주영주 · 조은순(2002). 교육과 정보화. 서울 : 남두도서.
최동근 · 양용칠, 박인우(1997). 교육방법의 공학적 접근. 서울 : 교육과학사.
허운나(1998). 첨단공학의 교육적 활용 : 인터넷을 중심으로. 「인터넷을 이용한 수업 개선 세미나」 자료집.
월간 Hello PC 1999년 6월호.
월간 Newton 1997년 1월호.

월간 마이크로 소프트웨어 1995년 9월호.

월간 마이크로 소프트웨어 1995년 7월호.

월간 PC사랑 1998년 7월호.

월간 PC사랑 1998년 7월호.

월간 마이크로 소프트웨어 1995년 9월호.

월간 마이크로 소프트웨어 1995년 7월호.

http : //cafe.naver.com/reportshop.cafe ? iframe_url=/ArticleRead.nhn%3Farticleid=15863

http : //blog.naver.com/uprightks ? Redirect=Log&logNo=140019735423

http : //rdirectory.howdeal.net/detail.html ? no=547745

Bell, D.(1973). Thecomingofpost-industrial society : A venture in social forecasting. New York : Basic Books.

Bloom, B.(1976). Human characteristics & social learning〉 N〉Y〉 : McGraw Hall Book Co.

Castells, M(1989). Informational City. Cambridge, MA : Basil Blackwell.

Castells, M.(1996). The rise of network society. Blackwell.

Charles, C. M.(1980). Individualizing instruction. London : The C. M. Mosby Co.

Coleman, S. D.(1997). Constructivist instructional development : Reflecting on practice from an alternative paradigm. In Dills, C. R. & Romiszowski(eds). Instructional Development Paradigms.

Duffy, T. M. & Bednar, A. K.(1991). Attempting to come up to grips with alternative perspectives. Educational Technology. September, 12-45.

Glaser, R.(1966) Training, research and evaluation. N.Y. : John Wiley & Sons.

Hakken, D.(1999). Cyborgs@cyberspace ? : An ethnographer looks to the future. London : Routledge. Resources.

Lumsdaine, A. A.(1968). Cue and response functionns of pictures and words. In Mark May & A.a. Lumsdaine, Learning from films. New Heaven : Yale Univ. Press.

Khan, B. H.(1997). Web-basted instruction.

Zuboff, S.(1988). In the age of the smart machine : The future of work and power. New York : Basic Books.

http : //peabodt,vanderbilt.edu/pro...ded/jasper
http : //www.westgov.org/smart
http : //edunet.nmc.nm.kr
www.columbia.edu/acis/barleby/bartlett

저자 소개

✍ 윤승금

- 서울대학교 사범대학 가정교육학 학사
- 미국 University of Florida 사회학 석사
- 미국 University of Florida 교수매체 및 교육공학 박사수료
- 한국산업인력관리공단 책임연구원
- **현재** : 서울산업대학교 매체공학과 교수
- **저서** : 교육매체의 이론과 실제 외 다수
- **이메일** : appear@snut.ac.kr

✍ 박석규

- 한양대 · 동 대학원, 고려대 정책대학원, 단국대 언론학과 국제관계학 전공
- 현재 서울산업대 IT정책전문대학원에서 박사과정(방송통신정책학) 수료.
- 삼성전자와 중앙경제신문, 경인일보, 세계일보 등 언론사에서 정치, 경제, 사회 취재
- **현재** : 세계일보 부장급 기자로 근무 중.
- **저서** : 정책홍보론 외 다수
- **이메일** : psk406@hanmail.net

✍ 이선희

- 동국대학교 전자공학 학사
- 동국대학교 전자공학 석사
- 동국대학교 전자공한 박사
- **현재** 서울산업대학교 매체공학과 교수
- **저서** : 영상 제작 워크샵 외 다수
- **이메일** : seonhee@snut.ac.kr

유비쿼터스 컴퓨팅 기술과
정보화 교육

초판인쇄 2006년 7월 10일
초판발행 2006년 7월 15일

저 자 윤승금 · 박석규 · 이선희
발행인 김현태
발행처 태영출판사

주 소 (152-705) 서울 구로구 구로동 104-10 동남오피스텔 201호
전 화 02 · 839-3757, 839-3752
팩 스 02 · 837-3754
등 록 2005년 5월 30일 제12-421호
홈페이지 http://www.taeyeongbook.co.kr
E-mail tys2005@paran.com
typub@taeyeongbook.co.kr
ISBN 89-91777-40-6 93370
정 가 15,000원

* 잘못 만들어진 책은 교환해 드립니다.